Brettel
Gestaltung der Führung im Krankenhaus

D1719329

GABLER EDITION WISSENSCHAFT

Unternehmensführung & Controlling

Herausgegeben von
Universitätsprofessor Dr. Wolfgang Becker
Otto-Friedrich-Universität Bamberg
und Universitätsprofessor Dr. Jürgen Weber
Wissenschaftliche Hochschule für Unternehmens-
führung (WHU) – Otto-Beisheim-Hochschule

Die Schriftenreihe präsentiert Ergebnisse der betriebswirtschaftlichen Forschung im Themenfeld Unternehmensführung und Controlling. Die Reihe dient der Weiterentwicklung eines ganzheitlich geprägten Management-Denkens, in dem das Controlling als übergreifende Koordinationsfunktion einen für die Theorie und Praxis der Führung zentralen Stellenwert einnimmt.

Malte Brettel

Gestaltung der Führung im Krankenhaus

Mit einem Geleitwort
von Prof. Dr. Jürgen Weber

DeutscherUniversitätsVerlag

Die Deutsche Bibliothek - CIP-Einheitsaufnahme

Brettel, Malte:
Gestaltung der Führung im Krankenhaus / Malte Brettel.
Mit einem Geleitw. von Jürgen Weber.
- Wiesbaden : Dt. Univ.-Verl. ; Wiesbaden : Gabler, 1997
(Gabler Edition Wissenschaft : Unternehmensführung und Controlling)
Zugl.: Koblenz, Wiss. Hochsch. für Unternehmensführung, Diss., 1996
ISBN 3-8244-6480-2

Der Deutsche Universitäts-Verlag und der Gabler Verlag sind Unternehmen der
Bertelsmann Fachinformation.

Gabler Verlag, Deutscher Universitäts-Verlag, Wiesbaden
© Betriebswirtschaftlicher Verlag Dr. Th. Gabler GmbH, Wiesbaden 1997
Lektorat: Ute Wrasmann

http://www.gabler-online.de

Höchste inhaltliche und technische Qualität unserer Produkte ist unser Ziel. Bei der Produktion
und Auslieferung unserer Bücher wollen wir die Umwelt schonen: Dieses Buch ist auf säurefrei-
em und chlorfrei gebleichtem Papier gedruckt.

Die Wiedergabe von Gebrauchsnamen, Handelsnamen, Warenbezeichnungen usw. in diesem
Werk berechtigt auch ohne besondere Kennzeichnung nicht zu der Annahme, daß solche
Namen im Sinne der Warenzeichen- und Markenschutz-Gesetzgebung als frei zu betrachten
wären und daher von jedermann benutzt werden dürften.

Druck und Buchbinder: Rosch-Buch, Scheßlitz
Printed in Germany

ISBN 3-8244-6480-2

Geleitwort

Führungsfragen im Krankenhaus diskutiert die Betriebswirtschaftslehre zwar schon seit Jahrzehnten, ökonomischer Sachverstand war jedoch angesichts einer „selbstverständlichen" Vollkostenabgeltung nur selten gefragt. Seit kurzer Zeit ist der public-health-Sektor auch in Deutschland unter erheblichen Druck geraten. Insbesondere demographische Entwicklungen machen ein Verharren beim Status quo unmöglich. Es ist das erklärte Ziel der Politik, die Entwicklung der Gesundheitsausgaben eng an die Veränderung des Bruttosozialprodukts anzukoppeln. Hierzu müssen die einzelnen Träger von Gesundheitsleistungen ökonomischer als bislang agieren. Zu diesen Trägern zählen auch und insbesondere Krankenhäuser.

Hier setzt die vorliegende Arbeit an. Sie ist in zweifacher Hinsicht in das Forschungsprogramm meines Lehrstuhls eingebettet:

- Sie führt die Arbeiten zum Controlling in öffentlichen Institutionen fort und verbindet diese mit dem neuesten Stand der Entwicklung der Controlling-theorie.

- Sie macht sich den bisher vorliegenden Stand der am Lehrstuhl entwickelten handlungsorientierten Führungstheorie zu eigen und bezieht diese auf ein spezifisches Erfahrungsobjekt.

Führungsbedarfe werden konsequent aus der Ausprägung von Ausführungsbedarfen abgeleitet. Individuelle Nutzenfunktionen der unterschiedlichen Akteure im Krankenhaus sowie Begrenzungen und Verteilungen des relevanten Wissens – mithin aus der Informationsökonomik bekannte Denkfiguren – sind die Basis für die ausgebreiteten Gedanken. Die Ausführungen zeugen von einer intimen Kenntnis der medizinischen Leistungserstellung. Nur dadurch ist es *Brettel* möglich, präzise Aussagen über deren Führungsgestaltungskonsequenzen zu machen. Auch wenn es angesichts der eher theoretisch klingenden Sprache auf den ersten Blick überrascht, lassen sich den Ausführungen ganz konkrete, unmittelbar praktisch umsetzbare Handlungsempfehlungen entnehmen. Damit wird die Arbeit dem Ziel der WHU, Theorie und Praxis

zu verbinden, in hohem Maße gerecht. *Brettel* verbindet zum einen detailliertes kran-
kenhausspezifisches Know how mit erstaunlich tiefgehendem Wissen über Unternehmensführung. Zum anderen gelingt es ihm, theoretischen Tiefgang mit praxeologischer
Kraft zu verbinden. Dies ist für eine Dissertation ungewöhnlich.

Für mehrere Zielgruppen bietet die Arbeit folglich einen hohen Wert: Wer an
einer Verbesserung der Führungseffizienz im Krankenhaussektor interessiert ist, sollte
das Buch ebenso in die Hand nehmen wie derjenige, der sich über die Verbindung der
Controllingtheorie mit zentralen Elementen der Informationsökonomie informieren
will. Sollten Praktiker sich durch die zunächst „theoretisch" klingende Sprache nicht
abschrecken lassen, so erhalten auch sie wesentliche konkrete Denkanstöße aus der
Arbeit. Ihr ist der breite Leserkreis zu wünschen, den sie verdient.

Prof. Dr. Jürgen Weber

Vorwort

„Hüte Dich vor einem guten Koch und einer jungen Frau", heißt es warnend in einem französischen Sprichwort, um Krankheit zu vermeiden. Da wir in Deutschland scheinbar weder das eine noch das andere tun, werden wir gelegentlich krank, mitunter sogar so gravierend, daß wir ein Krankenhaus aufsuchen müssen. Daß aber auch die Krankenhäuser vielfach über eigene krankhafte wirtschaftliche Zustände klagen, kann kaum Köchen oder jungen Frauen zugeschrieben werden. Demzufolge gilt es, sich auf die konventionellen Methoden der Problemdefinition und Lösungssuche zu beschränken, wie es in der vorliegenden Arbeit geschieht. Sie entstand während meiner Tätigkeit am Lehrstuhl für Betriebswirtschaftslehre, insbesondere Controlling und Logistik, der Wissenschaftlichen Hochschule für Unternehmensführung - Otto-Beisheim-Hochschule - in Vallendar und wurde im Dezember 1996 als Dissertation angenommen.

Nun ist es in Vorworten üblich, Dank auszusprechen, der, so kann man in manchen Fällen vermuten, eher einer Pflichtübung als einem Bekenntnis des Herzens nahekommt. Nicht so hier: die Zeit während der Anfertigung der Arbeit war unvergleichlich schön und anregend in der ihr zwangsläufig eigenen Weise. Dafür gebührt einigen Personen ein ganz besonderer Dank. An erster Stelle gilt dieser meinem verehrten akademischen Lehrer und Doktorvater, Herrn Professor Dr. Jürgen Weber, der mich in einmaliger Weise unterstützt hat. Permanente Gesprächsbereitschaft, in der stets so mitreißend visionäre Gedanken entstehen können, die das Interesse an Lehre und Forschung so unweigerlich entflammen, daß man nie mehr davon lassen möchte, ist nur einer der unzähligen Aspekte, die mir zu der beschriebenen Zeit verholfen haben.

Herrn Prof. Dr. Horst Carus sei herzlich für die spontane Übernahme des Korreferates gedankt - trotz der anderweitigen Belastungen. Die Diskussionen über den Nutzen von Krankenhausleistungen haben mir viele interessante Anregungen gebracht.

VIII   Vorwort

Herzlich danken möchte ich auch Dr. med. Edda Benedek und ihrem Mann Sandor für die interessanten Einblicke in das amerikanische Krankenhauswesen und die dabei genossene liebenswürdige Aufnahme. Vielen Dank auch an Prof. Dr. med. Hans Dieter Brede für seine so spontane Unterstützung.

Ein aufrichtiger Dank gilt auch allen meinen (ehemaligen) Kollegen, Andreas, Armin, Arndt, Arno, Barbara, Eckart, Hanns, Harald, Markus, Martin, Norbert, René, Rüdiger, Sabine, Sebastian, Utz und natürlich Beata, die noch einen letzten Fehler zu finden vermag, wo andere dieses schon mehrmalig vergeblich versucht haben. An dieser Stelle muß aber zugleich betont werden, daß eine solch fröhliche und doch produktive Runde nicht ohne die entsprechende Kontextgestaltung entstehen kann, die einfach perfekt praktiziert wurde. Unter all den genannten sei besonders Utz Schäffer hervorgehoben, der meine beiden Jahre am Lehrstuhl zu der unvergessenen Zeit werden ließ, die sie war.

Den entscheidenden Beitrag dafür, daß eine solche Arbeit entstehen konnte, trägt jedoch meine Familie - vielen Dank. Meinen Eltern ist diese Arbeit gewidmet, in Dankbarkeit.

Malte Brettel

Inhaltsverzeichnis

Abbildungsverzeichnis

Abkürzungsverzeichnis

Abs.	Absatz
Aufl.	Auflage
BGBl.	Bundesgesetzblatt
BPflV	Bundespflegesatzverordnung - Verordnung zur Regelung der Kranken-hauspflegesätze
bzw.	beziehungsweise
CM	Clinical Modification
d.h.	das heißt
DKI	Deutsches Krankenhausinstitut
DM	Deutsche Mark
DRG	Diagnosis Related Group
et al.	et alii
f.	folgende
ff.	fortfolgende
GewO	Gewerbeordnung
GSG	Gesundheitsstrukturgesetz - Gesetz zur Sicherung und Strukturverbes serung der gesetzlichen Krankenversicherung
GuV	Gewinn- und Verlustrechnung
HGB	Handelsgesetzbuch
Hrsg.	Herausgeber
ICD	International Classification of Diseases
KHBV	Krankenhaus-Buchführungsverordnung - Verordnung über die Rech nungs- und Buchführungspflichten von Krankenhäusern
KHG	Krankenhausfinanzierungsgesetz - Gesetz zur wirtschaftlichen Siche rung der Krankenhäuser und zur Regelung der Krankenhauspflegesätze
Mass.	Massachusetts
Mio.	Millionen
Mrd.	Milliarden
N.J.	New Jersey
o.J.	ohne Jahr
o.O.	ohne Ort
o.V.	ohne Verfasser

PAS	Professional Activity Study
PMC	Patient-Management-Categories
PSRO	Professional Standards Review Organization
S.	Seite
Sp.	Spalte
S-O-R-Modell	Stimulus-Organism-Response-Modell
u.a.	und andere
v.Chr.	vor Christus
vgl.	vergleiche
WHU	Wissenschaftliche Hochschule für Unternehmensführung
WHO	World Health Organisation
z.B.	zum Beispiel

Teil A: Einleitung

1 Problemstellung

Seit Jahren steigen die Ausgaben für das Gesundheitswesen stärker an als das Bruttosozialprodukt. Zu diesem Anstieg trägt der Krankenhaussektor überproportional bei, sein Anteil an den Gesamtausgaben lag 1994 bei etwa 32 Prozent.[1] Diese Entwicklung hat nicht nur dazu geführt, daß Szenarien entworfen wurden, die vorsahen, daß in dreißig bis vierzig Jahren das gesamte Bruttosozialprodukt im Gesundheitswesen erwirtschaftet würde,[2] sondern daß auch abseits jeder Polemik das Defizit der gesetzlichen Krankenkassen im Jahr 1995 etwa 7,5 Mrd. DM betrug.[3]

Schon zu Anfang der 70er Jahre ist eine solche Ausgabenentwicklung, vor allem für Krankenhäuser, vorausgesehen worden. Unter anderem deswegen wurde das Gesetz zur wirtschaftlichen Sicherung der Krankenhäuser erlassen, durch das die Krankenhäuser zum sparsamen Wirtschaften angehalten werden sollten.[4] Dieses Postulat zu Wirtschaftlichkeit war jedoch nicht mit entsprechenden Anreizen versehen, im Gegenteil, die Krankenhäuser konnten sich unabhängig davon, welche Kosten sie verursachten - aufgrund der ebenfalls gesetzlich fixierten Selbstkostendeckung in wirtschaftlicher Sicherheit wiegen.[5] Betriebswirtschaftliche Konzepte, die zur Erhöhung der Wirtschaftlichkeit in den Krankenhäusern beitragen konnten, fanden kaum Beachtung.[6] Erst nach vielfältigen Novellierungen der Gesetzgebung[7] wurde mit dem Be-

---

[1] Das überproportionale Wachstum war zwischen 1960 und 1990 zu verzeichnen als der Anteil der Krankenhausbehandlung an den gesamten Leistungsausgaben von 17,5% auf 33,2% anstieg. In den neunziger Jahren ist demgegenüber eine Stagnation des prozentualen Anteils festzustellen, vgl. GERDELMANN, GSG, 1996, S.12.

[2] Vgl. KRÄMER, Kostenexplosion, 1982, S.11ff.

[3] Vgl. FAZ vom 3.7.1996: „Auf die Krankenhäuser kommt eine Null-Runde zu", S.13.

[4] Vgl. Bundesgesetzblatt, Jahrgang 1992, Teil I, S.2266-2334.

[5] Vgl. zu den Anreizwirkungen unterschiedlicher Finanzierungsformen: ADAM, Wirtschaftlichkeit von Krankenhäusern, 1978, S.1ff., FACK, Wirtschaftlichkeitsanreize, 1988, S.26ff. und ergänzend dazu eine mikroökonomische Analyse: HEEß, Krankenhausvergütung, 1988, S.91ff.

[6] „Wer den Rat der Ökonomen, den Rat der Betriebswirte so in den Wind schlägt und vor den Kräften der Unvernunft so kapituliert, wie es auch jetzt wieder geschieht, dem ist wohl nicht zu helfen" formulierte dazu ALBACH Ende der achtziger Jahre, vgl. ALBACH, Klinische Betriebswirtschaftslehre, 1988, S.15

schluß des Gesetzes zur Sicherung und Strukturverbesserung der gesetzlichen Krankenversicherung (Gesundheitsstrukturgesetz) eine einschneidende Zäsur vollzogen.
Spätestens mit Wirkung zum 1.1.1996 sollte die Selbstkostendeckung aufgehoben und
durch neue Formen der Abrechnung, wie z.b. Fallpauschalen,[8] ersetzt werden.[9]

Zum momentanen Zeitpunkt, also Mitte 1996, werden zwar erst etwa ein Fünf-
tel der Beträge über Fallpauschalen entgolten, doch der wirtschaftliche Druck auf die
Krankenhäuser ist bereits erheblich angestiegen.[10] Zudem sind Tendenzen zu erkennen, die Fallpauschalierung zu erweitern, so daß in Zukunft die Selbstkostendeckung
auch faktisch aufgehoben würde. Für die Krankenhäuser bedeutet diese Entwicklung,
daß sie zukünftig die Leistungen zu einem Durchschnittspreis anbieten müßten.[11] Dieser Preis kann einerseits deutlich unter den Selbstkosten liegen, unwirtschaftliches
Verhalten würde damit bestraft, andererseits aber auch höher als die Selbstkosten sein,
es bestünde folglich ein Anreiz zu wirtschaftlichem Verhalten. Für beide Seiten ergibt
sich die Notwendigkeit zur Einführung betriebswirtschaftlicher Methoden. Konzepte
zur Führung der Krankenhäuser zu wirtschaftlicher Leistungserstellung können also
nicht länger ignoriert werden.

Die vorliegende Arbeit ist Teil des Forschungsprogramms am Lehrstuhl für Betriebswirtschaftslehre, insbesondere Controlling und Logistik, an der Wissenschaftlichen Hochschule für Unternehmensführung (WHU). In diesem Forschungsprogramm
geht es darum, die Anwendungsmöglichkeiten des Controlling abseits des klassischen
Unternehmenskontextes zu beschreiben und zudem die Controllingfunktion präzise
abzugrenzen.[12] Das soll vor allem im Hinblick auf die unterschiedlichen Definitionsansätze und die theoretische Fundierung des Controlling sowie das Verhältnis zur Führung geschehen.

---

[7]   Die früheren Reformansätze der Finanzierung waren im Hinblick auf die Ausgaben im Gesund-
      heitswesen kaum von Erfolg gekrönt, vgl. GERDELMANN, Krankenhausfinanzierung, 1985,
      S.167ff. ung MÜLLER, Krankenhausfinanzierung, 1985, S.185ff.

[8]   Vgl. zur Wirkung der Finanzierung durch Fallpauschalen: HANSEN, Wirtschaftlichkeitsanreize,
      1988, S.16ff.

[9]   Vgl. GRUPP, Gesundheitsstrukturgesetz, 1993, S.1ff.

[10] Vgl. MÜLLER, GSG, 1996, S.8ff.

[11] Vgl. SCHELLHAAß, Controlling im Krankenhaus, 1994, S.303.

[12] Vgl. WEBER, Lehrstuhlportrait, 1994, S.16.

Krankenhäuser als Anwendungsmöglichkeit bedürfen nicht nur der Führung und des Controlling,[13] sie präsentieren sich für die Controllingforschung vor allem deshalb als ideal, da sie neben der Leistungserstellung in klassisch plandominant koordinierten Bereichen ein breites Spektrum weiterer Leistungen umfassen, die der Planung weniger zugänglich sind.[14] Gelingt es also, eine Problemlösung für Krankenhäuser zu erzielen, so kann auch ein beträchtlicher Fortschritt für die in klassisch plandominant koordinierten Bereichen beheimatete Controllingforschung erzielt werden.

Wie oben dargestellt, besteht für Krankenhäuser nicht nur ein dringender Bedarf an einem Konzept zur Führung der wirtschaftlichen Leistungserstellung, sondern es ist auch notwendig, aus der Gesamtheit der gegebenen Prämissen der Leistungserstellung im Krankenhaus zu argumentieren. Denn einzelne Problemstellungen zu lösen kann nur aus einem einheitlichen Ganzen gelingen.[15] Werden die Voraussetzungen wie die Verteilung des Wissens im Krankenhaus oder die unterschiedlichen Nutzenfunktionen der einzelnen Handlungsträger nicht beachtet,[16] so können spezielle Problemlösungen auch keine Verbreitung finden.[17]

Durch den Rekurs auf das Controlling bei der Bearbeitung der Problemstellung des Krankenhauses ist gewährleistet, daß die gesamte Problematik des Krankenhauses, „das Ganze", beachtet wird. Denn die Strukturgestaltung der Führung und ihre Koordination im Ablauf werden auf Basis der Primärkoordination der Leistungserstellung - diese stellt nach GUTENBERG die Grundfunktion und den Sinn aller betrieblichen Betätigung dar[18] - fundiert. Dabei sind alle Prämissen der Leistungserstellung und ihrer Führung zu beachten. Insofern stellt das Controlling einen geeigneten Ausgangspunkt

---

[13] Vgl. zum Controlling auch analog: WEBER, Verwaltungsführung, 1991, S.51ff., insbesondere die Abbildung 9 mit den Gründen für die Notwendigkeit des Controlling.

[14] Insofern auch GEORGOPOULOS: „*Thus the work problems of the organization and its members tend to be more variable and more uneven than is the case for industrial and other complex organizations whose principal output is a physical product...*" GEORGOPOULOS, Organization Research, 1972, S.17/18.

[15] Vgl. GUTENBERG, Betriebswirtschaftslehre, 1957, S.612.

[16] Vgl. beispielhaft: MACDONALD, Management, 1994, S.48ff.

[17] Ein analoges Problem stellt das per Gesetz gestellte Postulat an die Wirtschaftlichkeit dar, das wegen der fehlenden Anreize kaum Beachtung fand. Erst durch das Gesundheitsstrukturgesetz sehen sich Krankenhäuser zum Handeln genötigt, vgl. THE BOSTON CONSULTING GROUP, Studie, 1993, S.10.

[18] Vgl. GUTENBERG, Produktion, 1983, S.1.

zur Lösung des Führungsproblems für eine wirtschaftliche Leistungserstellung im Krankenhaus dar.

2 Aufbau der Arbeit

Aufbauend auf der geschilderten Problemstellung wird in Teil B der Arbeit der theoretische Bezugsrahmen der Arbeit vorgestellt. Ausgehend von der Definition des Controlling wird zum Zweck der Präzisierung und Abgrenzung die theoretische Fundierung kritisch betrachtet und erweitert. Grundlage der Erweiterung stellen Faktorkombinationsprozesse als Grundfunktion betrieblicher Leistungserstellung dar, die, um die Wissensbeschränkungen und Nutzenfunktionen der beteiligten Handlungsträger ergänzt, zur Fundierung von unterschiedlichen Führungshandlungen dienen. Erst auf Basis einer solchermaßen hergeleiteten Führung kann es gelingen, die Aufgaben des Controlling zu begründen.

Im darauffolgenden Teil C wird das Erkenntnisobjekt der Arbeit, das Krankenhaus, dargestellt.[19] Dieses Kapitel ist zweigeteilt: Im ersten Teil wird der gesamtwirtschaftliche Rahmen der Führung im Krankenhaus, auch im Sinne einer erweiterten Problemstellung, skizziert. Im zweiten Teil werden die Faktorkombinationsprozesse begründet. Dadurch werden die Prämissen der Führungshandlungen im Krankenhaus, die Besonderheiten bei der Leistungserstellung, die Konkretisierung der Wissensdefizite und die Nutzenfunktionen der Handlungsträger sowie der spezielle Output dargestellt.

Auf der in den beiden vorangegangenen Teilen erarbeiteten Basis kann die Lösung des gestellten Problems erfolgen. Dazu werden in Teil D die resultierenden Führungshandlungen dargestellt. Sie sind eine Folge der Übertragung des theoretischen Bezugsrahmens auf das Krankenhaus.

Im letzten Teil können anhand der Führunghandlungen im Krankenhaus die Aufgaben für den Controller abgeleitet werden. Sie runden die Lösung des Problems der Gewährleistung einer wirtschaftlichen Leistungserstellung im Krankenhaus ab.

---

[19] Erkenntnisobjekt in Abgrenzung zum Erfahrungsobjekt, das viel weiter gefaßt sein kann, vgl. SCHÄFER, Selbstliquidation, 1952, S.613.

Teil B: Theoretischer Bezugsrahmen

1 Controlling als Ausgangspunkt

Das Controlling hat, nachdem es in der Literatur zunächst ausschließlich mit praxisorientierten Beiträgen vertreten war,[1] seit geraumer Zeit auch einen festen Platz in der betriebswirtschaftlich-theoretischen Auseinandersetzung gefunden.[2] Neben der Vielfalt der Konzepte, die sich dabei feststellen läßt, sind ebenso definitorische Einschränkungen erkennbar, die verhindern, daß das Controlling als ein einheitlicher, umfassender und theoretisch fundierter Ansatz Anwendung finden kann.[3] Dies wird im folgenden dargestellt, um darauf aufbauend die Prämissen für eine Weiterentwicklung zu formulieren.

1.1 Definitionsvielfalt im Controlling

Auf den Praxiserfahrungen und den entsprechenden Darstellungen in der Literatur aufbauend, ist in den letzten Jahren verstärkt das Bemühen zu erkennen, das Controlling auch theoretisch zu fundieren.[4] Das hat bislang zu einer **Vielfalt unterschiedlicher Definitionen** geführt, die sich in drei maßgebliche Klassen[5] einteilen lassen.[6] Wesentliches **Abgrenzungskriterium** stellt der Umfang bzw. das Ziel der Controllingaufgabe dar[7]:

---

[1] Vgl. ABROMEIT, Controller, 1959, S.127f., und ZASTROW, Controller, 1955, S.89ff.

[2] Vgl. als erste Beiträge HAHN, Führungsinstrument, 1974, und HAHN, Controller, 1978, S.101ff., sowie zusammenfassend HORVÁTH, Controlling, 1991, S.61.

[3] Dazu gehen die Vorstellungen über das Controlling zu weit auseinander. Vgl. PREIßLER, Controlling, 1994, S.10.

[4] Vgl. eine relativ aktuelle Darstellungen unterschiedlicher Controllingkonzeptionen in ESCHENBACH/NIEDERMAYR, Controlling, 1995, S.53ff.

[5] Zur Einordnung der Literaturbeiträge im Controlling sind verschiedene Klassifikationen vorgenommen worden. Vgl. exemplarisch die unterschiedlichen Ansätze bei RICHTER, Controlling, 1987, S.30ff. und die darin genannte grundsätzliche Kritik sowie KÜPPER, Controlling, 1995, S.8f.

[6] Vgl. WEBER, Controlling, 1995, S.22ff.

[7] SCHÄFFER betont daneben in Anlehnung an Schmidt die Ähnlichkeit mit den Entwicklungsphasen des Controlling. Vgl. SCHÄFFER, Selbstabstimmende Gruppen, 1996, S.5, und SCHMIDT, Controlling, 1986, S.6.

- Die erste Gruppe von Autoren definiert Controlling als **Funktion der Informationsversorgung**. Als wichtig wird dabei insbesondere die Befriedigung des Bedarfes nach Informationen aus dem Rechnungswesen angesehen.[8]

- Eine weitere Anzahl von Definitionen sieht für das Controlling die Aufgabe, die **Ausrichtung der Führung an den Zielen** zu gewährleisten. Das Controlling stärkt den rationalen als Gegengewicht zum irrationalen Teil der Führung.[9]

- Die dritte Klasse umfaßt Autoren, die im Controlling Aufgaben zur **Koordination** der Teilsysteme der Führung des Unternehmens erkennen. Der Gegenstand der Koordinationsaufgabe sind einzelne Führungsteilsysteme bis hin zum gesamten Führungssystem.[10]

Gemeinsam haben die meisten Definitionen, daß sie ihren **Ursprung** in der **Führung des Unternehmens** suchen.[11] Die Informationsbeschaffung, als Schwerpunkt der ersten Gruppe von Definitionen, dient der Steuerung der Unternehmen bzw. ist im Rechnungswesen als Teil des Führungssystems verwurzelt. Dabei ist allerdings auch der deutliche Hinweis zu finden, daß die Unterstützung der Führung durch die Informationsversorgung und die eigentliche Entscheidung zu trennen sind.[12] Noch deutlicher wird die Rolle des Controlling im Zusammenhang mit der Führung bei der

---

[8]   Vgl. beispielhaft BANNOW, Controlling, 1983, S.20ff, BECKER, Controller und Controlling, 1984, S.15ff, HARBERT, Controlling-Begriffe, 1982, S.68f., HEIGL, Controlling, 1978, S.3, MÜLLER, Koordination, 1974, S.683ff., REICHMANN, Controlling, 1985, S.7f., SCHRÖDER, Unternehmens-Controlling, 1992, S.25ff., SCHWEITZER/FRIEDL, Controlling-Konzeption, 1992, S.141ff., und SERFLING, Controlling, 1983, S.17.

[9]   Vgl. beispielhaft DELLMANN, Grundlagen, 1992, S.115f., DEYHLE, Kommentar, 1991, S.2, HAHN, Controlling, 1987, S.3ff., HÜGLER, Controlling, 1988, S.50ff., KRÜGER, Controlling, 1979, S.158ff., MANN, Controlling, 1974, SIEGWART, Controlling-Konzepte, 1986, S.109, und WELGE, Controlling, 1988, S.6.

[10] Vgl. HORVÁTH, Controlling, 1991, 112ff, KÜPPER, Controlling, 1995, 13ff, SCHMIDT, Controlling, 1986, S.44ff., und WEBER, Controlling, 1995, S.50 und unter einem etwas anderen, aber doch umfassenden Verständnis der Koordinationsaufgabe ebenfalls SCHÜLLER, Controllingsysteme, 1984, S.16ff.

[11] Vgl. resumierend HORVÁTH: *„Der Controller ist betriebswirtschaftlicher Berater und Koordinator der Unternehmensführung geworden.“* HORVÁTH, 1991, S.69, Hervorhebung durch den Verfasser. Vgl. auch grundlegend in Thesenform: KÜPPER/WEBER/ZÜND, Selbstverständnis, 1990, S.282f., oder MAYER, Führungskonzept, 1990, S.33ff.

[12] REICHMANN spricht von der *„Beratung von Entscheidungsträgern“* REICHMANN, Kennzahlen, 1985, S.8, und SERFLING führt als Aufgabe explizit die *„Unterstützung der Unternehmensführung“*, nicht aber diese selber an, SERFLING, Controlling, 1983, S.17. Dazu auch im koordinationsorientierten Kontext HORVÁTH: *„Die Entscheidung trifft das Management, der Controller koordiniert Informationsverwendung und Informationsbedarf.“* HORVÁTH, Controller, 1978, S.133.

zweiten Gruppe der Definitionen, sie ist explizit genannt.[13] Und auch die Koordinationsfunktion ist streng auf das Führungssystem des Unternehmens bezogen. Gerade bei dieser dritten Gruppe von Definitionen, aber auch unter Heranziehen der weiteren Ansätze, wird deutlich, wie unterschiedlich sich das zugrundegelegte Verständnis der Führung präsentiert oder wie unterschiedlich es zumindest erscheint.[14]

Verschiedene Auffassungen über das Controlling sind jeweils mit Kritik an den übrigen Ansätzen verbunden. Die geübte Kritik kurz zusammenfassend, stellt sich im Hinblick auf ein umfassendes Controllingverständnis die Frage nach dem Sinn der einzelnen Definitionen und ihren Einschränkungen für die Controllingaufgabe.

Das **Controlling als Informationsversorgung** zu definieren, trägt die Einschränkung in der Begriffsbestimmung mit sich. Es läßt die Frage aufkommen, worin der Wert einer solchen Ausprägung des Controlling gegenüber dem herkömmlichen Rechnungswesen bzw. der Informationswirtschaft liegen soll. Diese begriffliche und inhaltliche Problematik erkennend, sind Abgrenzungen vorgenommen worden,[15] die allerdings unterstellen, daß sich das traditionelle Rechnungswesen nicht in ähnlicher Weise zu den Funktionen und ihren Ausprägungen fortentwickelt hätte, die heute Controlling heißen. Das muß zumindest fraglich bleiben. Dazu schreibt KÜPPER, daß *„die informationsorientierte Konzeption als notwendige Weiterentwicklung des traditionellen Rechnungswesens verstanden werden"*[16] kann. Einen Forschungsbereich ausschließlich durch Umbenennen zu etwas Neuem zu erklären, schafft aber definitorisch und für die Fundierung innerhalb des Wissenschaftsgebäudes keinen Wert: *„Ein sol-*

---

[13] Vgl. beispielsweise DEYHLE, Kommentar, 1991, S.2, SIEGWART, Controlling-Konzepte, 1986, S.109.

[14] Vgl. zur Unterschiedlichkeit der Ansätze, Controlling als Koordinationsfunktion zu definieren, WEBER, Controlling, 1995, S.29f.

[15] Vgl. BECKER, Controller und Controlling, 1984, S.22. Anhand dieser Abgrenzung stellt sich allerdings die Frage, ob die Kunst in der Entwicklung des Controlling oder in der Entwicklung der Abgrenzung liegt. Es ist kaum verständlich, wieso im einen Extrem das Rechnungswesen nur geheime Arbeit verrichten soll, im anderen Extrem das Controlling laufend über die Gewinnfragen kommuniziert. Beispielsweise werden die den Gewinn maßgeblich beeinflussenden Selbstkosten, ob mit der Kalkulation das Controlling oder das Rechnungswesen betraut ist, in ähnlicher Weise berechnet und kommuniziert. Das wird sich kaum ändern, nur weil die damit betraute Stelle Controlling heißt.

[16] KÜPPER, Controlling, 1995, S.11. KÜPPER sieht die eigenständige Funktion einer solchen Controllingdefinition darin, daß die Fragen des Berichtswesens, der Informationsbedarfsermittlung und -bereitstellung stärker fokussiert werden. Offen bleibt auch hier, ob das traditionelle Rechnungswesen sich dieser Aufgaben nicht auch angenommen hätte, wäre nicht die Disziplin des Controlling entstanden.

ches Vorgehen kann dem Anspruch einer schlüssigen und präzisen Verankerung in der Führungstheorie nicht genügen."[17]

Die zweite Gruppe von Definitionen möchte in enger Fassung die **Führung** am Gewinn und in erweiterter Interpretation **an den Zielen ausrichten.** Eingeschlossen sind in diesem Controllingverständnis die *„ergebnisorientierte Planung*"[18] ebenso wie die *„erfolgszielbezogene systeminterne Steuerung und Kontrolle*"[19]. Wie schon bei der ersten Gruppe von Definitionen stellt sich die Frage, welche die originäre Neuerung dieser Definition gegenüber der Planungs- und Kontrolliteratur darstellt.[20] Zudem kann sich bei gegebener Begriffsfassung die Kritik daran entzünden, daß durch die Ausrichtung auf den rationalen der irrationale Teil der Führung ausgeschlossen wird. Gerade bei zunehmender Komplexität und Dynamik der In- und Umwelt von Unternehmen ist das zu verarbeitende Wissen für Führungsentscheidungen aber so hoch, daß es nur noch mit Hilfe von irrationalen Prozessen beispielsweise im Sinne der Intuition, die das rationale Element der Führung ergänzt, zu bewältigen ist.[21] Dieses *„fruchtbare Spannungsverhältnis*"[22] in das Controlling einzubeziehen muß Ziel jeder theoretischen Fundierung sein und sollte deshalb keinesfalls bereits durch die Definition ausgeschlossen werden.

Die dritte Gruppe von Definitionen schließt als umfassendster Ansatz alle Elemente der Führung ein.[23] Er bezieht sich koordinationsorientiert auf das gesamte Führungssystem, das unter anderem sowohl das Informations- als auch das Planungs- und Kontrollsystem als Subsysteme umfaßt. Damit ist ein Großteil der Funktionen, die in

---

[17] WEBER, Controlling, 1995, S.27.

[18] HAHN, Controlling, 1987, S.6.

[19] KRÜGER, Controlling, 1979, S.161.

[20] Vgl. WEBER, Controlling, 1995, S.27.

[21] Vgl. dazu die für das Controlling geschilderte Problemsituation bei HORVÁTH, Controlling, 1991, S.69. Es wird deutlich, daß gerade die rein rationale Ausrichtung der Führung die Komplexität und Dynamik der Umwelt nicht mehr bewältigbar werden läßt. Das Controlling stellt lediglich dann eine Hilfe dar, wenn es immer wieder die zusätzliche rationale Ausrichtung, neben der irrationalen, fordert. Damit tritt jedoch die Frage auf, wie die Abgrenzung der Aufgaben verlaufen soll und ob eine Abgrenzung überhaupt sinnvoll ist.

[22] ALBACH, Dispositiver Faktor, 1990, S.537. Vgl. hierzu auch MARCH, der für organisatorische Veränderungen von einem Gleichgewicht zwischen vernünftigen Veränderungsprozessen und Elementen der Torheit spricht, MARCH, Organisatorische Veränderung, 1990, S.199ff.

[23] Zumindest sind in dieser Gruppe Ansätze vorhanden, die die gesamte Führung einbeziehen, vgl. KÜPPER, Controlling, 1993, Sp.647ff., KÜPPER, Controlling, 1995, 13ff., und WEBER, Controlling, 1995, S.50, anders HORVÁTH, Controlling, 1991, S.108ff.

den ersten beiden Gruppen von Definitionen dem Controlling zugeordnet sind, enthalten. Zudem sind bei der koordinationsorientierten Begriffsbestimmung Problemkreise bzw. Aufgaben zu erkennen,[24] die innerhalb des betriebswirtschaftlichen Theoriegebäudes bislang nicht behandelt wurden und damit eine eigenständige *„Einordnung des Controlling in die Theorie der Unternehmensführung"*[25] erlauben. Aufgrund seines umfassenden Charakters soll der **koordinationsorientierte Controllingansatz** im nächsten Kapitel ausführlicher betrachtet werden, um, auf dieser Basis aufbauend, die Weiterentwicklung der theoretischen Fundierung zu fordern.

1.2 Controlling in koordinationsorientierter Sicht

Die **koordinationsorientierte Sicht** des Controlling ist sowohl in der betriebswirtschaftlichen Literatur als auch in ihrer praktischen Verbreitung nicht unumstritten, sie zeichnet sich jedoch für die Controllingforschung durch ihren **integrativen Charakter** aus.[26] Die koordinationsorientierte Begriffsbestimmung basiert auf einem Beitrag von HORVÁTH,[27] andere Autoren wie SCHMIDT[28], KÜPPER[29] und WEBER[30] haben die Idee aufgenommen und weiterentwickelt.

Auf den ersten Blick erscheint die **Koordinationsaufgabe** bei den verschiedenen Autoren von unterschiedlicher Reichweite, bei näherer Betrachtung allerdings zeigen sich stärkere Ähnlichkeiten. Das wird insbesondere im Vergleich von **HORVÁTH** und **WEBER** deutlich. HORVÁTH definiert das Führungssystem bestehend aus Planungs- und Kontrollsystem sowie aus dem Informationssystem. Diesem fügt er als weiteres Subsystem das Controlling hinzu mit der Aufgabe, die genannten zu koordi-

---

[24] Vgl. WEBER, Controlling, 1995, S.50f.

[25] WEBER, Controlling, 1994, S.48.

[26] So wird im Rahmen der Koordinationssicht für das Controlling von einer *„gewissen Übereinstimmung in seinen Kernaufgaben"* gesprochen, KÜPPER/WEBER/ZÜND, Selbstverständnis, 1990, S.283.

[27] *„Controlling ist heute ein unterstützendes Subsystem der Führung, das Planung, Kontrolle sowie Informationsversorgung koordiniert."* HORVÁTH, Entwicklung, 1978, S.194ff., sowie HORVÁTH, Controller, 1978, 129ff., worin HORVÁTH auch von *„Koordination als Hauptfunktion des Controlling"* spricht (S.131).

[28] SCHMIDT spricht für das Controlling von *„führungsorientierten Koordinations- und Unterstützungsaufgaben"*, SCHMIDT, Controlling, 1986, S.44.

[29] KÜPPER sieht den *„Kern des Controlling in der Koordination des Führungssystems"*, KÜPPER, Controlling, 1995, S.17.

[30] Vgl. WEBER, Controlling, 1995, S.50.

nieren.[31] WEBER definiert das Controlling außerhalb des Führungssystems in der Funktion, dieses zu koordinieren. Das Führungssystem wird bei ihm mit dem Werte-system, dem Planungs-, dem Kontroll-, dem Informations-, dem Organisations- und dem Personalführungssystem weiter gefaßt als bei HORVÁTH, in der Folge ist auch die Koordinationsaufgabe als umfangreicher zu betrachten.[32] Allerdings schränkt WEBER die Controllingfunktion auf plandominant koordinierte Unternehmen ein und nähert sich dadurch insofern HORVÁTH[33] an, der das Controlling insbesondere auf die Ergeb-niszielausrichtung eingrenzt, indem die Plandominanz ebenfalls eine dominante Ori-entierung an den in Plänen festgeschriebenen gewünschten Ergebnissen bedeutet.[34] Dazu führt HORVÁTH, ohne dies allerdings in seiner inhaltlichen Gliederung zu ver-deutlichen, Merkmale der Organisation, des Personalwesens und der Wertvorstellun-gen als für den Controller zu beachtende Gegebenheiten bei der Koordination der ver-bleibenden Subsysteme ein.[35]

SCHMIDT betrachtet die **Koordinationsaufgabe** bezogen auf das ganze Füh-rungssystem, das er in die Subsysteme des Informations-, Ziel-, Planungs-, Kontroll- und Organisationssystem unterteilt.[36] Dem ordnet er die Entlastung und Unterstützung der Unternehmensführung als weitere Ziele zu und schließt implizit das Personalfüh-rungssystem ein, indem er von „*verhaltensbedingten Faktoren*"[37] spricht und „*Anreize zur Förderung eines controllingkonformen Verhaltens*"[38] fordert.

KÜPPER schränkt die **Koordinationsaufgabe** des Controlling am wenigsten ein. Er bezieht sie auf das gesamte Führungssystem und grenzt sie nicht mit dem Hin-

---

[31] Vgl. zum Führungs- und Controllingsystem: HORVÁTH, Controlling, 1991, S.106ff., insbesondere die Abbildung auf S.109. Auch BECKER betrachtet Controlling als eigenes Subsystem, vgl. BECKER, Funktionsprinzipien, 1990, S.296ff.

[32] Zu WEBERS Einordnung des Controlling in das System der Unternehmung bzw. das Verhältnis zum Führungssystem vgl. WEBER, Controlling, 1995, S.300.

[33] „*Die Beschränkung des Controlling auf Unternehmungen, deren Ausführungssystem primär durch Pläne koordiniert werden, erscheint damit sinnvoll ...*" WEBER, Controlling, 1995, S.47.

[34] Vgl. auch WEBER, Beteiligungscontrolling, 1992, S.100: „*Durch die deshalb herausgehobene Rolle des Planungs- und Kontrollsystems sind die Koordinationsaufgaben auf dieses konzen-triert.*"

[35] Vgl. HORVÁTH, Controlling, 1994, S.135f.

[36] Vgl. SCHMIDT, Controlling, 1986, S.56f.

[37] SCHMIDT, Controlling, 1986, S.66.

[38] SCHMIDT, Controlling, 1986, S.69.

weis auf planungsdominant koordinierte Unternehmen ab.[39] Inhaltlich wird allerdings ein Schwerpunkt auf die Koordination der Planung und die Möglichkeiten des Informationssystems gelegt. Damit nähert sich die Definition von KÜPPER an die von WEBER und HORVÁTH an.[40]

Resümierend ist eine größere Ähnlichkeit bei der Controllingauffassung der koordinationsorientierten Vertreter zu erkennen, als ursprünglich zu vermuten war. Im folgenden wird deshalb stellvertretend die **Definition des Controlling** von WEBER vorgestellt, um auf dieser Basis die Notwendigkeit und die Möglichkeiten einer Erweiterung der theoretischen Fundierung des Controlling zu betrachten:[41]

„Controlling bezeichnet eine bestimmte Funktion innerhalb des Führungssystems von solchen Unternehmen, deren Ausführungssystem primär durch Pläne koordiniert wird.

Die vom Controlling wahrgenommene Funktion ist Koordination. Sie umfaßt die Strukturgestaltung aller Führungsteilsysteme, die zwischen diesen bestehenden Abstimmungen sowie die führungsteilsysteminterne Koordination.

Zur Lösung der Koordinationsaufgabe verfügt das Controlling über dieselben Instrumente und Mechanismen, die auch für die Primärkoordination des Ausführungs- durch das Führungssystem anwendbar sind.

---

[39] Vgl. KÜPPER, Controlling, 1995, S.13ff. und zum Führungssystem die Abbildung auf S.15, anders in KÜPPER, Investitions-Controlling, 1991, S.170.

[40] Vgl. dazu die Schwerpunkte bei den Aufgaben und Instrumenten des Controlling in KÜPPER, Controlling, 1995, S.59ff.

[41] WEBER, 1995, S.50. Die Definition ist in dem Sinne beispielhaft ausgewählt, weil sie im folgenden als Grundlage dafür dient, die Notwendigkeit zur Erweiterung der theoretischen Fundierung des Controlling zu verdeutlichen. Das ist anhand der koordinationsorientierten Definition insofern am sinnvollsten darzustellen, als sie durch ihren integrierenden Charakter die anderen Definitionsansätze des Controlling zu einem großen Teil einschließt.

Das Ziel des Controlling besteht darin, Effizienz und Effektivität der Füh-
rung zu erhöhen und die Anpassungsfähigkeit an Veränderungen in der
Um- und Innenwelt des Unternehmens zu steigern. "

Die vorgestellte **Definition** des Controlling zerfällt in **vier Teile**, die jeweils durch einen Absatz repräsentiert werden. Im ersten Absatz erfolgt die definitorische Einschränkung auf plandominant koordinierte Unternehmen, im zweiten Absatz wird die Koordination näher erläutert und in einen Zusammenhang mit den Gedanken der Systemtheorie gebracht, der dritte repräsentiert die Instrumente und der vierte legitimiert die Existenz des Controlling durch das zu erreichende Ziel.

Die Einschränkung auf plandominant koordinierte Unternehmen hat die Frage aufkommen lassen, wie die Controllingfunktion in alternativ koordinierten Bereichen zu gestalten ist.[42] Überdies hat sich die Forschung mit der Übertragung auf andere Institutionen als Unternehmen beschäftigt.[43] Das läßt eine **Erweiterung der Fundierung nützlich** erscheinen, in die die zusätzlichen Forschungsanstrengungen und -ergebnisse zu integrieren sind.[44] Damit beschäftigt sich der folgende Abschnitt.

1.3 Zur Notwendigkeit einer Erweiterung der theoretischen Fundierung des Controlling

Die Frage der **Notwendigkeit einer Erweiterung** der theoretischen Fundierung des Controlling stellt sich aus dem jetzigen Begriffsverständnis und ihrer theoretischen Fundierung. Auf der im vorigen Abschnitt gegebenen vierteiligen Definition aufbauend heißt das, die Frage zu beantworten, was unter der Funktion der Koordination verstanden wird und auf welcher theoretischen Basis die Koordinationsaufgabe erfüllt wird.

Der **Begriff der Koordination** wird in der Definition des Controlling als Strukturgestaltung und Ablaufgestaltung im Sinne einer Abstimmung zwischen und innerhalb der Führungsteilsysteme beschrieben.[45] An anderer Stelle wird dazu von

---

[42]   Vgl. hierzu SCHÄFFER, Selbstabstimmende Gruppen, 1996, insbesondere S.32ff.

[43]   Vgl. dazu exemplarisch WEBER, Übertragbarkeit, 1988, S.171ff., und WEBER, Verwaltungsführung, 1991, S.15ff.

[44]   Vgl. dazu auch die grundsätzlichen Gedanken von RICHTER, Controlling, 1987, S.50ff.

[45]   Vgl. dazu die Definition in WEBER, Controlling, 1995, S.50.

WEBER erläutert: *„Die Literatur zum koordinationsbezogenen Controllingbegriff ...*
führt eine Differenzierung in systembildende und systemkoppelnde Maßnahmen an."[46]
HORVÁTH, auf den die Unterscheidung zurückgeht, erläutert sie so, daß systembildend
die Führungsteilsysteme als aufeinander abgestimmte formale Systeme geschaffen
werden und systemkoppelnd innerhalb des Systemgefüges weitere Abstimmungspro-
zesse stattfinden.[47] Aufgrund des Einzelfallbezugs, den HORVÁTH der systemkoppeln-
den Koordination zuordnet, grenzt sich WEBER von dieser Definition ab, indem er
feststellt:

- *„Die sytembildende Aufgabe des Controlling betrifft die Schaffung der Koordi-*
  nationsvoraussetzungen im Führungssystem. Sie beinhaltet zum einen die Aus-
  bildung von Führungsteilsystemen, zum anderen ihre koordinationsgerechte
  Gestaltung und Ausrichtung.

- *Die systemkoppelnde Aufgabe des Controlling betrifft die Befriedigung konkre-*
  ter Koordinationsbedarfe innerhalb des Führungssystems. Treten solche in
  ähnlicher Form häufig auf, so lassen sich hierfür technokratische Instrumente
  gestalten. Situationsabhängig divergente, selten auftretende und schlecht pro
  gnostizierbare Koordinationsprozesse werden dagegen situationsbezogen durch
  personale Kommunikationsprozesse abgedeckt."[48]

Nimmt man die **Organisationstheorie** zu Hilfe, so ist erkennbar, daß der Begriff der Koordination dort enger gefaßt wird als im vorliegenden Kontext.[49] Unter
Koordination wird organisatorisch die Abstimmung von etwas bereits Bestehendem
verstanden, der Begriff zielt also auf die systemkoppelnde Aufgabe ab.[50] Dagegen abgegrenzt wird die vorangehende Aufgabe der Systembildung, sie ist mit dem Begriff
der Spezialisierung bezeichnet.[51] Mit der Koordination steht sie insofern in logischer

---

[46] WEBER, Controlling, 1995, S.41.

[47] Vgl. HORVÁTH, Controlling, 1994, S.123.

[48] WEBER, Koordinationssicht, 1992, S.177f.

[49] Vgl. KIESER/KUBICEK, Organisation, 1992, S.73ff. zur Spezialisierung und im Vergleich dazu zur
Koordination: S.95ff.

[50] Vgl. KIESER/KUBICEK, Organisation, S.96ff. An die dort vorgestellte Differenzierung lehnt sich
WEBER ebenfalls an, vgl. WEBER, Controlling, 1995, S.43.

[51] Vgl. SCHÄFFER, Selbstabstimmende Gruppen, 1996, S.19.

Verbindung, als nur das koordiniert werden kann, was spezialisiert ist. Dahingehend stellt die Systembildung die Voraussetzung für die anschließende Kopplung dar. Das bedeutet, daß dem Controlling die zweifelsohne vorhandene und notwendige Aufgabe zugewiesen wird, die Ausprägung der Führung[52] in bestimmten noch zu definierenden Kontexten vorzunehmen, also die Struktur des Führungssystems zu gestalten.[53] Folglich spricht WEBER, indem er auf diese systembildende Aufgabe abzielt, auch von „Führung der Führung".[54] Wird dabei die relationale Beziehung berücksichtigt, ist präziser von Metaführung zu sprechen.[55]

An diesem Stand der Definition ist wichtig festzuhalten, daß die Controlling-theorie nicht die Aufgaben der Führung inhaltlich übernimmt, sondern lediglich Gestaltungsempfehlungen für die Ausprägung in unterschiedlichen Kontexten geben kann.[56] Insofern ist eine Analogie zwischen dem Controlling und der Führung zu erkennen: Das Controlling verhält sich zur Führung wie die Führung zur Ausführung, nur auf einer anderen Ebene. Denn es ist auch Aufgabe der Führung, im Rahmen der Primärkoordination die Ausführung zu gestalten, nicht aber diese selbst zu übernehmen.[57]

Das Objekt des Controlling stellt, so ist es definitorisch festgehalten, das **Führungssystem** dar. Dementsprechend muß die Frage geklärt werden, was unter dem Führungssystem zu verstehen ist und wie das Controlling auf dieser Basis die Gestaltungsaufgabe ausfüllt.

„*Die Unternehmung kann als System abgebildet und hierbei unter Anwendung der gebräuchlichen Systemmerkmale charakterisiert werden.*"[58] Folgt man der GUTENBERGschen Differenzierung von **Ausführung und Führung**[59], so ist als Teil

---

[52]   WEBER spricht in diesem Zusammenhang auch von „*Führungstyp-Fit*" WEBER, Beteiligungscontrolling, 1992, S.102.

[53]   Vgl. auch KÜPPER, Controlling, 1995, S.20ff.

[54]   WEBER, Controlling, 1995, S.299.

[55]   Vgl. WEBER/BRETTEL/SCHÄFFER, Unternehmensführung, 1996, S.11.

[56]   Vgl. zur Sinnhaftigkeit der Beschäftigung mit Metaführungsfragen und dem Verhältnis zum Controlling: SCHÄFFER, Selbstabstimmende Gruppen, 1996, S.17ff. und insbesondere S.24ff.

[57]   Vgl. WEBER, Controlling, 1995, S.296.

[58]   HORVÁTH, Controlling, 1994, S.102 unter Verweis auf HABERFELLNER, 1975 und BLEICHER, 1979.

[59]   GUTENBERG, Produktion, 1983, S.11ff. und S.131ff.

der Unternehmung auch die Führung in Form eines Systems abbildbar, als das Führungssystem.[60]

Ein **System** ist als eine Anzahl unterschiedlicher Elemente, die zueinander in Wechselwirkung stehen, zu verstehen.[61] Folgt man der streng funktionalen[62] Betrachtung, die GUTENBERG anwandte, so stehen Faktorkombinationsprozesse im Betrachtungsfokus der Forschung in der Betriebswirtschaftslehre.[63] Diese können auch als Handlungen definiert werden,[64] woraus das resultiert, was HORVÁTH für das Controlling folgendermaßen formuliert: *„Als Systemelemente sehen wir bei der funktionalen Betrachtung der Unternehmung die einzelnen Aufgaben".*[65]

Der Sinn, Handlungen in ein System einzuordnen, liegt darin, daß der Systemansatz in seinem **ordnenden Charakter** die damit verbundenen terminologischen, heuristischen, integrativen bzw. strukturierenden und pragmatischen Funktionen erfüllen kann.[66] Darüber hinaus dient die **Systemtheorie** dazu, Analogie- und Homologiebildung vorzubereiten und damit in begrenztem Rahmen zur Aussagefindung beizutragen.[67] Allerdings sollte sie in ihrer Aussagekraft **nicht überschätzt** werden; unkritisches Systemdenken, damit verbundene Analogien und die resultierenden scheinbar

---

[60] Vgl. beispielhaft zu einer solchen Systembildung außerhalb des Controllingzusammenhangs: BLEICHER/MAYER, Führung, 1976, S.92ff., diese sprechen von Politik- und Managementsystem, sowie WILD, Unternehmensplanung, 1974, S.32ff.

[61] Vgl. BERTALANFFY, Systemlehre, 1949, S.115f.

[62] GUTENBERG übertrug den Begriff des Funktionalen aus der Volkswirtschaftslehre („... *eine Volkswirtschaft in theoretischer Sicht als ein funktionales System ökonomischer Größen auffassen* ...") in die Betriebswirtschaftslehre, vgl. GUTENBERG, Rückblick, 1984, S.1162.

[63] Vgl. GUTENBERG, Produktion, 1983, S.2ff. „*Es bedeutet nun im wesentlichen nur einen Wechsel in der Betrachtungsrichtung, wenn das wissenschaftliche Interesse von den organisatorischen Institutionen und ihrer Problematik weggelenkt und auf diejenigen betriebswirtschaftlichen Grundvorgänge konzentriert wird* ..." GUTENBERG, Unternehmung, 1929, S.25. Es erfolgt also funktional eine Betrachtung der Grundvorgänge. Nur durch eine solche grundlegende Betrachtung ist die „*Einheit der Unternehmensfunktionen*" zu erkennen, ALBACH, Betriebswirtschaftslehre, 1986, S.578.

[64] Vgl. SCHÄFFER, Selbstabstimmende Gruppen, 1996, S.9.

[65] HORVÁTH, Controlling, 1994, S.105, Hervorhebungen im Original.

[66] Vgl. GROCHLA, Organisationstheorie, 1970, S.12ff., insbesondere für die terminologische und heuristische Funktion, daneben HAHN, PuK, 1996, S.6ff., HILL/FEHLBAUM/ULRICH, Organisationslehre, 1981, S.18f., WEBER, Strukturierung, 1994, S.1, und ULRICH, Management, 1984, S.31ff.

[67] Vgl. BERTALANFFY, Systemlehre, 1949, S.125f.

normativen Aussagen sind die Gefahren, die bei der Überbewertung der Systemtheorie entstehen.[68]

So ist dem Systemansatz in der Controllingtheorie ausschließlich ein ordnender Charakter zuzuweisen.[69] Bevor die im System befindlichen Elemente allerdings geordnet werden können, ist eine Aussage darüber zu treffen, wie sie ausgeprägt sein müssen. Dazu kann der Systemansatz keine Hilfestellung leisten. *„Ohne den praktischen Wert des Systemkonzeptes schmälern zu wollen, sollte uns dennoch einleuchten, daß es seine Gestaltungsfunktion nur dann ausreichend erfüllt, wenn ihm durch realwissenschaftliche Theoriebildung die nötige Basis geliefert wird."*[70]

Sieht man es als Aufgabe des Controlling an, die oben herausgearbeitete Funktion der Systembildung im Sinne einer Ausbildung von Führungsteilsystemen und ihrer koordinationsgerechten Gestaltung und Ausrichtung zu erfüllen, ist demzufolge eine **Theorie erforderlich**, die **Aussagen über die Ausprägung der Führungshandlungen** vornimmt. Erst im zweiten Schritt können die Handlungen dann in ein Führungssystem eingeordnet werden. Der Systemansatz muß dementsprechend erweitert werden. Die Möglichkeiten dazu sind im folgenden dargestellt.

1.4 Erweiterung der theoretischen Fundierung des Controlling

Nachdem im vorigen Kapitel die Notwendigkeit einer Erweiterung der theoretischen Fundierung des Controlling erarbeitet wurde, sind im folgenden die Ansätze, die entsprechende **Möglichkeiten** eröffnen, und darauf basierend die **Prämissen** der Erweiterung dargestellt.

1.4.1 Möglichkeiten der Erweiterung des Controlling

Möglichkeiten zur Erweiterung des Controlling bieten alle Theorieansätze, welche die Systemtheorie durch Aussagen zur Ausprägung von Führungshandlungen

---

[68] Vgl. HORVÁTH, Controlling, 1991, S.98 mit Verweis auf PICOT, Organisationsforschung, 1975, S.100.

[69] Vgl. dazu die Betonung des methodischen Aspekts in GROCHLA, Organisationstheorie, 1970, S.16 sowie LUHMANN, Soziale Systeme, 1994, S.19, der von einer Supertheorie spricht. Ergänzend dazu die Anwendung der Systemtheorie auf organisationale Fragen und ihre Eingeschränktheit in KATZ/KAHN, Social Psychology, 1966, S.18ff.

[70] HORVÁTH, Controlling, 1994, S.99.

in unterschiedlichen Kontexten zu ergänzen in der Lage sind. Es können zwei große Gruppen von Theorien identifiziert werden, die diese **Anforderung** erfüllen. Dabei handelt es sich um die eine Gruppe, die auf empirischer Basis zu Aussagen über die Führung gelangt, und die andere, welche die Aussagen theoretisch herleitet.

Den Grundgedanken der empirischen Theorien hat HORVÁTH in das Controlling eingebracht.[71] Er sieht eine mögliche Erweiterung des Controlling durch die **Kontingenztheorie** und stellt die Frage, welche Wirkung einzelne Einflußfaktoren auf die Führung und die Ausprägung des Controlling haben.[72] Das gewinnt vor allem an Bedeutung, wenn dem Controlling nicht nur ein Platz in plandominant koordinierten Industrieunternehmen zugewiesen wird, sondern eine Übertragung der Aufgaben auf weitere institutionelle Formen[73] und alternativ koordinierte[74] Bereiche erfolgt. Denn dabei ist zu erkennen, daß die grundsätzliche Übertragbarkeit jeweils möglich erscheint und die spezifischen Controllingaufgaben große Unterschiedlichkeit aufweisen,[75] es ist aber noch nicht gelungen, einen umfassenden Ansatz zu finden, der die jeweils bestimmenden Kontextfaktoren vereint.

Eine theoretische Basis, um Aussagen über die Führung abzuleiten, wird in den **institutionellen Theorien** gelegt. Sie sind ebenfalls zur Erweiterung der theoretischen Fundierung des Controlling herangezogen worden, bisher allerdings in eingeschränktem Maß.[76] Dabei verstehen es die zugrundeliegenden Ansätze zudem, das fruchtbare Spannungsverhältnis zwischen dem rationalen und dem irrationalen Teil der Führung in die theoretische Analyse einzubeziehen, weshalb es durch eine entsprechende Erweiterung der Controllingtheorie gelingen kann, die Kritik der Beschränkung auf den

---

[71] Vgl. HORVÁTH, Controlling, 1994, S.100ff.

[72] Vgl. dazu auch ZÜND, Begriffsinhalte, 1978, S.8ff., wo ZÜND die Controllertypen in Abhängigkeit vom Umweltzustand definiert, also ein angelehnt kontingenztheoretisches Vorgehen beschreitet. Vgl. auch BAUMGARTNER, Controller-Konzeption, 1980, S.112, der in seiner Abbildung den Kontext als von der Technologie und der Umwelt beeinflußt erkennt.

[73] „Zunehmend finden sich eigenständige Arbeiten, die den Nutzen und die Gestaltung des Controlling nicht nur in erwerbswirtschaftlichen, sondern auch in öffentlichen Unternehmen und Verwaltungen aufzeigen." WEBER, Bereichscontrolling, 1993, S.303.

[74] Alternativ koordiniert sind Bereiche, die nicht dominant durch Pläne koordiniert werden, vgl. SCHÄFFER, Selbstabstimmende Gruppen, 1996, S.32ff.

[75] Vgl. zur Übertragbarkeit: WEBER, Verwaltungsführung, 1991, S.51f. sowie WEBER, Non-Profit-Management, 1996, S.1ff.

[76] Vgl. KÜPPER, Controlling, 1995, S.44ff., und SCHÄFFER, Selbstabstimmende Gruppen, 1996, S.39ff.

rationalen Teil der Führung, wie sie an der zielorientierten Controllingkonzeption ge-übt wird, zu überwinden.[77] Deshalb werden auch die institutionellen Theorien auf ihren Beitrag zur Erweiterung des Controlling überprüft.

Auf den Möglichkeiten der Erweiterung der theoretischen Fundierung aufbau-end, können im Anschluß daran die Prämissen einer vervollständigten Theorie des Controlling beschrieben werden.

1.4.1.1 Die Erweiterung des Controlling durch die Kontingenztheorie

Zur Erweiterung der theoretischen Fundierung hat HORVÁTH die **Berücksichti-gung von Kontextfaktoren** vorgeschlagen. *„Die empirische Erforschung des Kontex-tes kann dem Systementwerfer wichtige Hinweise zur konkreten Systemgestaltung lie-fern."*[78] Das bedeutet, vor der Einordnung der Führungshandlungen in ein Führungs-system die Kontingenztheorie als Aussagesystem für die Gestaltung dieser Handlungen zu nutzen.[79] Um diese Möglichkeit zu untersuchen, wird im folgenden die theoretische Grundlegung der Kontingenztheorie näher betrachtet.[80]

Die Kontingenztheorie ist als Forschungsansatz entstanden, *„der die hohen An-sprüche allgemeiner Theorien aufgibt und versucht, auf einem mittleren Abstraktions-niveau operationale Aussagen über die Beziehungsmuster zwischen Situation, Struktur und Verhalten zu formulieren"*[81]. Erst in Großbritannien,[82] dann in den USA und in der weiteren westlichen Welt hat sich damit ein Forschungszweig gebildet, der einen be-deutenden Raum in der betriebswirtschaftlichen Theorie einnimmt.[83]

---

[77]   Diese an der Gruppe der Definitionen, die eine konsequente Zielausrichtung als Grundlage des Controlling betrachten, geübte Kritik ist hier verallgemeinert. Rekurriert das Controlling auf die gesamte Führung, wie das bei der koordinationsorientierten Sicht geschieht, so hat es neben der rationalen auch die irrationale Schicht des dispositiven Faktors zum Gegenstand, vgl. auch GUTENBERG, Produktion, 1983, S.131ff.

[78]   HORVÁTH, Controlling, 1994, S.102.

[79]   Vgl. dazu auch die modifizierte Anwendung bei KOSMIDER, Mittelstand, 1993, S.4f. und S.48ff.

[80]   Eine umfangreiche kontextuelle Analyse, die allerdings nicht in Anlehnung an die Grundlagen der Kontingenztheorie erstellt wurde, findet sich bei AMSHOFF, Controlling, 1993, S.369ff.

[81]   STAEHLE, Management, 1994, S.48.

[82]   Vgl. BURNS/STALKER, Innovation, 1961, WOODWARD, Management, 1958, und WOODWARD, Industrial Organization, 1965.

[83]   Vgl. BLAU/SCHOENHERR, Organizations, 1971, BLAU/SCOTT, Organizations, 1962, HALL, Structure Variation, 1962, HICKSON/PUGH/PHESEY, Organization Structure, 1969, LA-WRENCE/LORSCH, Organization, 1967, PUGH ET AL., Organization Structures, 1968 und 1969,

Die **Kontingenztheorie**[84] ist **empirisch** geprägt.[85] Sie weist zwei Varianten auf, eine pragmatische und eine analytische.[86] Beide Varianten basieren auf empirisch gefundenen Zusammenhängen, die fragmentarisch oder im Versuch einer Ordnung als Ergebnisse dargestellt werden.[87] Die Beschreibung von Wirkungszusammenhängen steht nicht im Vordergrund.[88]

Für die Controllingtheorie sind von HORVÁTH unter Bezugnahme auf die maßgebliche Literatur als **relevante Kontextfaktoren** die Umwelt[89], die Unternehmungsgröße[90] und die Technologie[91] identifiziert worden.[92] Die aufgezählten Variablen können einzeln oder in Kombination im Rahmen sogenannter multivariabler Erklärungen verwendet werden.[93] Als ein weiterer, wesentlicher Einflußfaktor auf die

---

Pugh/Hickson, Aston Programme,1976, Pugh/Hinnings, Aston II, 1976, und in Deutschland vor allem STAEHLE, Organisation und Führung, 1973.

[84]   Eine Verschiebung des Schwerpunktes der Kontingenztheorie von der Beschreibung der Umwelt-Struktur-Beziehungen zu den Struktur-Verhaltens-Beziehungen hatte zur Folge, daß die entstehenden situativen Ansätze als verhaltenswissenschaftlich bezeichnet wurden. Das Grundmodell des „Contingency Approach" bleibt auch hier bestehen, es wird lediglich auf weitere Betrachtungsobjekte ausgedehnt. Kontingenztheorie und situative Theorie können unter diesem Gesichtspunkt als synonym betrachtet werden.

[85]   Vgl. LAWRENCE/LORSCH, Organization, 1969, S.156f. und 185ff., oder STAEHLE, Organisation und Führung, 1973, S.1ff.

[86]   Letztere trägt ihren Namen nicht, weil sie nach Ursache-Wirkungs-Zusammenhängen auf der Theorieebene sucht, sondern weil sie die statistische Varianz weiter reduziert, vgl. ROTERING, Kooperation, 1993, S.78ff.

[87]   „Innerhalb des situativen Ansatzes sind zwei Hauptvarianten zu unterscheiden, die zwar methodisch durch die gleichen empirischen Vorgehensweisen der Datengewinnung und der statistischen Auswertung zu kennzeichnen sind, die jedoch von unterschiedlichen inhaltlichen Fragestellungen ausgehen und die empirischen Befunde entsprechend unterschiedlich interpretieren sowie unterschiedliche Konsequenzen ziehen." KIESER/KUBICEK, Organisation, 1992, S.62. Vgl. auch MINTZBERG, Organizations, 1979, S.224.

[88]   Vgl. z.B. KUBICEK, Bestimmungsfaktoren, 1980, S.3ff., KIESER/KUBICEK, Organisation, 1992, S.55ff., und LAWRENCE/LORSCH, Organization, 1969, S.14.

[89]   Vgl. LAWRENCE/LORSCH, Organization, 1969, S.185ff. Vgl. für das Controlling auch explizit ZÜND, Controlling, 1979, S.17ff.

[90]   Vgl. BLAU/SCHOENHERR, Organizations, 1971, S.51ff.

[91]   Vgl. WOODWARD, Organizations, 1965 im Vergleich dazu WOODWARD, Management, 1958, in der er auf die Komplexität der Fertigungstypen rekurriert.

[92]   Vgl. HORVÁTH, Controlling, 1994, S.100ff. Vgl. im Zusammenhang mit dem Controlling anders bei AMSHOFF, Controlling, 1993, S.369ff., BAUMGARTNER, Controller-Konzeption, 1980, S.112, und ZÜND, Begriffsinhalte, 1978, S.8ff.

[93]   Vgl. beispielsweise PUGH, Organization Structure, 1968, S.65ff., oder KIESER/KUBICEK, Organisationsstruktur, 1974, S.455ff.

Ausprägung von Führungshandlungen im Unternehmen wird in der Literatur auch die Aufgabe, „task", angesehen.[94]

Die **Kritik** an der Kontingenztheorie entzündet sich, wie die Vertreter dieser Forschungsrichtung selbst einräumen, daran, daß der hohe theoretische Anspruch aufgegeben wird.[95] Es werden keine aus einem Theoriemodell abgeleiteten Hypothesen an den Anfang der empirischen Tests gestellt.[96] Infolgedessen weisen die einzelnen unabhängigen Variablen bei unterschiedlichen Autoren und Untersuchungen keine Einheitlichkeit auf.[97] Damit kann es lediglich gelingen, empirisch zu Beobachtendes zu beschreiben, aber nicht aktiv neu zu gestalten.[98] Gerade das ist jedoch der Anspruch an die Erweiterung der Fundierung des Controlling, es sollen theoriegeleitete Aussagen über die Ausprägung von Führungshandlungen ermöglicht werden.

Die Kontingenztheorie hält damit scheinbar keine Möglichkeiten zur Erweiterung der theoretischen Basis des Controlling vor.[99] Allerdings liegt in ihrem grundsätzlichen Denkmodell eine Möglichkeit, die Fundierung der Führung zu erhellen und auf das Controlling zu übertragen. Nach WEBER ist das Controlling für plandominant koordinierte Bereiche begründet.[100] In diesem Rahmen werden bestimmte Aufgaben der Führung betrachtet und in das Führungssystem eingeordnet. Bei einem Wechsel des Koordinationsmechanismus verändern sich die Aufgaben der Führung.[101] Wie der

---

[94] Vgl. u.a. BURNS/STALKER, Innovation, 1961, S.14ff. oder LEAVITT, Organizational Change, 1965, S.1144ff.

[95] Vgl. STAEHLE, Management, 1994, S.51f.

[96] Die Kontingenztheorie zeigt sich eher als eine „*Forschungspraxis, bei der Daten gesammelt werden und raffinierte statistische Berechnungen (meist in Form von Korrelationsanalysen) durchgeführt werden, ohne daß dabei auf ein theoretisches Konzept zurückgegriffen wird, vor dessen Hintergrund die ermittelten Ergebnisse interpretiert werden können. Auf diese Weise wird unklar, warum sich in den statistischen Analysen dieses oder jenes Resultat ergibt.*" SCHANZ, Betriebswirtschaftslehre, 1979, S.128.

[97] „*Da aber kein Consensus darüber besteht, wie die Strukturvariablen und die Einflußgrößenvariablen zu definieren und ihre Merkmalsausprägungen zu bestimmen sind, besteht die Gefahr, daß die Ergebnisse der dem gleichen Gegenstand gewidmetenUntersuchungen nicht hinreichend genug miteinander vergleichbar sind. Die Tatsache, daß standardisierte Meßinstrumente für die Beschreibung und Erfassung von Organisationsstrukturen fehlen und damit die Ergebnisse der verschiedenen Untersuchungen unvergleichbar werden, wird allgemein in der Literatur als großer Mangel empirischer Organisationsforschung empfunden.*" GUTENBERG, Theorie der Unternehmung, 1989, S.175.

[98] Vgl. GUTENBERG, Theorie der Unternehmung, 1989, S.175ff.

[99] Vgl. auch die Vorbehalte bei HORVÁTH, Controlling, 1991, S.102.

[100] Vgl. WEBER, Controlling, 1995, S.54ff.

[101] Vgl. SCHÄFFER, Selbstabstimmende Gruppen, 1996, oder KOSMIDER, Mittelstand, 1994.

Wechsel ausgeprägt und wovon er abhängig ist, wird zwar im Einzelfall deutlich, jedoch kann nicht von einer einheitlichen Fundierung gesprochen werden.[102] Analog der Kontingenztheorie ist der Controllingforschung der Vorwurf des Fragmentarischen zu machen.[103] Es erscheint also auch für das **Controlling** angebracht, aus einer **einheitlichen Grundlage** von **unabhängigen Variablen** die Aufgaben des Controlling und der Führung zu erklären. Pläne, Planungshandlungen, plandominant koordinierte Bereiche, die dazugehörigen Controlling- und Führungsaufgaben ließen sich so auf der gleichen Basis begründen wie die Aufgaben des Controlling und der Führung in anders koordinierten Bereichen.[104] Differenzierungskriterium ist damit nicht mehr der dominante Koordinationsmechanismus, sondern die Ausprägung der unabhängigen Variablen.[105] Dabei ist es denkbar, im Rahmen der Erweiterung der Fundierung des Controlling auf die Erklärungsvariablen der Kontingenztheorie zu rekurrieren.[106] Damit sie möglichst allgemeingültig angewandt werden können, sollten die Variablen aus den Grundfunktionen der Leistungserstellung resultieren.[107]

Der über das kontingenztheoretische Vorgehen hinausgehende Anspruch muß allerdings darin liegen, nicht nur empirische Phänomene statistisch zu erfassen, sondern eine theoriegeleitete Wirkungskette zu formulieren.[108] Damit ist der Fundierung des Controlling nicht nur erklärender, sondern auch normativer Charakter zuzuweisen, der sich an der Abwägung von Kosten und Nutzen orientiert.[109]

---

[102] So bildet allerdings die plandominant fundierte Controllingdefinition den Ausgangspunkt für die Überlegungen der Übertragung, vgl. SCHÄFFER, Selbstabstimmende Gruppen,1996, S.4ff., oder REISS, Soziale Arbeit, 1993, S.11ff.

[103] Der Vorwurf bezieht sich auf die fehlende Variablenbasis, nicht aber auf den gemeinsamen Ausgangspunkt und ist somit nicht als sehr stark zu bezeichnen.

[104] Insofern auch MCCASKEY: „ ... using a ontingency approach to specify what type of planning is appropriate when" MCCASKEY, Planning, 1974, S.281.

[105] Das bezieht sich insofern auf die Frage, ob die momentan sinnvolle Abgrenzung auf plandominant koordinierte Bereiche bei Definition neuer, unabhängiger Variablen noch ursächlich abgrenzend wirken kann oder nicht vielmehr selbst Folge einer Variablenkonstellation ist.

[106] Vgl. die Rolle der Aufgabe, „task", bei SCHÄFFER, Selbstabstimmende Gruppen, 1996, S.9f.

[107] Vgl. WEBER/BRETTEL/SCHÄFFER, Unternehmensführung, 1996, S.7ff.

[108] Vgl. OCHSENBAUER, Hierarchie, 1989, S.118f., sowie grundsätzlich SCHREYÖGG, Organisationsstruktur, 1978, S.338f.

[109] Vgl. SCHÄFFER, Selbstabstimmende Gruppen, 1996, S.38.

1.4.1.2 Die Erweiterung des Controlling durch die institutionellen Theorien

Die **institutionellen Theorien** versuchen, in einem **theoriegeleiteten Aussagesystem** unterschiedliche Ausprägungen von Organisationen und der Führung zu fundieren. Zudem haben sie neben dem rationalen Teil der Führung auch den irrationalen Teil fruchtbar in die Betriebswirtschaftslehre eingebracht.[110] In Ansätzen finden sich die institutionellen Theorien in der Fundierung des **Controlling** wieder,[111] im folgenden werden sie dahingehend überprüft, ob sie eine inhaltliche **Ergänzung** zur theoretischen Fundierung des Controlling bilden können.

Die **Property-Rights-Theorie** als erste der drei Ausprägungen der institutionellen Theorien beschäftigt sich überwiegend mit Verfügungsrechten.[112] In ihrer Aussagefähigkeit zur Fundierung der Handlungen des gesamten Führungssystems ergibt sich daraus eine Begrenzung.[113] Ähnlich eingeschränkt zeigt sich auch die **Prinzipal-Agenten-Theorie**, die vor allem die Personalführung als Gegenstand der Betrachtung hat.[114] Aus diesen Restriktionen[115] heraus lassen sich diese beiden Ansätze nur bedingt für eine Erweiterung der Fundierung des Controlling verwenden.[116]

Anders stellt sich das bei der **Transaktionskostentheorie** dar.[117] Denn in diesem Ansatz sind gerade die Transaktionen zwischen einzelnen technologischen

---

[110] Vgl. in der Übersicht: ORDELHEIDE, 1983, Sp.1838ff.

[111] Vgl. KAH, Profitcenter, 1994 und KÜPPER, Controlling, 1995, S.44ff.

[112] Vgl. ALCHIAN, Property Rights, 1965, S.815ff., ALCHIAN/DEMSETZ, Economic Organization, 1972, S.777ff., und DEMSETZ, Property Rights, 1967, S.347ff.

[113] Die Begrenzung rührt insbesondere daher, daß die Fokussierung eben auf Verfügungsrechte und nicht auf Handlungen erfolgt, vgl. SCHNEIDER, Betriebswirtschaftslehre, 1987, S.485ff. Vgl. auch allgemein: BUCHANAN, Liberty, 1975, S.17ff.

[114] Zum Vergleich der drei Theorieansätze der Institutionenökonomik und ihrer jeweiligen Schwerpunkte, die zwischen Anreizgestaltung und Transaktionskosten zu finden sind, siehe WILLIAMSON, Economic Organization, 1990, S.65ff., und HUNGENBERG, Zentralisation, 1995, S.28ff. KÜPPER betont in Anlehnung an KAH die Möglichkeiten der umfassenden Analyse des Führungssystems mit der Principal-Agenten-Theorie und führt das mit einer Abbildung aus. Diese zeigt aber auch deutliche Begrenzungen in ihren Aussagemöglichkeiten auf. KÜPPER fügt dem als weitere Einschränkung die begrenzte Anwendbarkeit aufgrund der zugrundegelegten Methodik hinzu, vgl. KÜPPER, Controlling, 1995, S.53ff. und KAH, Profitcenter, 1994, S.15. Die Prinzipal-Agenten-Theorie erhält ihre Bedeutung vor allem bei der Gestaltung von Vertragsverhältnissen und den daraus resultierenden Folgen, vgl. auch HIRSHLEIFER/RILEY, Information, 1992, S.307.

[115] Die Einschränkungen betreffen vor allem die Aussagen, die mit den Theorien als Beitrag zur Fundierung der Führung gemacht werden können. Das bedeutet nicht, daß damit auch die Prämissen als eingeschränkt verwendbar betrachtet werden.

[116] Vgl. SCHÄFFER, Selbstabstimmende Gruppen, 1996, S.39.

[117] Vgl. grundlegend COASE, Nature of the Firm, 1937, S.386ff., sowie WILLIAMSON, Market Failure, 1971, S.112ff., WILLIAMSON, Internal Efficiency, 1973, S.317ff., WILLIAMSON, Markets and

Schnittstellen, die es zu gestalten gilt, von Interesse.[118] Diese können ihren Bezug in allen Handlungen der Führung im Unternehmen finden.[119]

Der **Begriff der Transaktion** wurde von COMMONS in die Ökonomie eingeführt.[120] Er wird definiert auf der Basis der Unterscheidung des rein physischen Tausches und der Vereinbarung darüber.[121] Als Transaktion wird von COMMONS nur die Vereinbarung bezeichnet.[122] WILLIAMSON dagegen definiert als Transaktion den Übergang, in dem Sachen, aber auch Leistungen, zwischen trennbaren Einheiten - das können unterschiedliche Produktionsstufen sein - transferiert werden.[123] Obwohl er die von COMMONS vorgeschlagene Trennung der physischen Ebene und der Transaktionsebene damit scheinbar nicht nachvollzieht, sieht auch er den Sinn der Transaktionskostenanalyse darin, Aussagen über die Gestaltung dieser Schnittstellen vorzunehmen, nicht Prozesse zu optimieren.[124] Diese Sichtweise und die zugrundeliegende Definition der Transaktion sind allerdings bei den Vertretern der Transaktionskostentheorie nicht unumstritten.[125]

Die **Transaktionskosten** werden durch eine Kombination aus menschlichen Faktoren und Umweltfaktoren **bestimmt**.[126] Von Einfluß sind die eingeschränkte Rationalität[127] des Menschen, die maßgeblich von der Umweltunsicherheit und -kom-

---

Hierarchies, 1975, WILLIAMSON, Transaction-Cost-Economics, 1979, S.233ff., und im Überblick: PICOT, Überblick, 1991, S.156ff.

[118] Dazu WILLIAMSON: *„A transaction may thus be said to occur when a good or service is transferred across a technologically separable interface. One stage of processing or assembly activity terminates and another begins."* WILLIAMSON, Modern Corporation, 1981, S.1544.

[119] Vgl insofern auch DEMSETZ, Cost of Transacting, 1968, S.34f.

[120] Vgl. COMMONS, Capitalism, 1924, S.68, und COMMONS, Economics, 1931, S.652.

[121] Vgl. SCHMIDT, Organisationstheorie, 1983, Sp.1855.

[122] Vgl. COMMONS, Economics, 1961, S.58.

[123] Vgl. WILLIAMSON, Economic Institutions, 1985, S.1.

[124] Vgl. WILLIAMSON, Markets and Hierarchies, 1975, S.2.

[125] Vgl. im Überblick: MICHAELIS, Tranaktionskosten, 1985, S.65ff.

[126] Vgl. für den gesamten Absatz die Abbildung in WILLIAMSON, Markets and Hierarchies, 1975, S.40, die einen guten Überblick gibt.

[127] Der Begriff der eingeschränkten Rationalität soll in dieser Arbeit als Gegenstück zur unbegrenzten Rationalität, die eine Informationsverarbeitungskapazität unterstellt, welche weit über die des Menschen hinausgeht, verstanden werden. Die eingeschränkte Rationalität ist insofern keine Einschränkung einzelner Handlungsträger, sondern der ganzen Menschheit mit der Folge, daß *„the scarcity of information-handling ability is an essential feature for the understanding of both individual and organizational behavior."* ARROW, Limits of Organization, 1974, S.37. Vgl. auch ARROW, Rationality, 1987, S.201ff. Aufgrund der bisher unzureichenden Kenntnis des menschlichen Informationsverhaltens hat sich bislang keine Definition der eingeschränkten Rationalität

plexität determiniert ist, und der Opportunismus, der von der Anzahl gleicher Transaktionen abhängt. Im Mittelpunkt des mit diesen Determinanten aufzubauenden Spannungsfeldes ist die Information als zweckgerichtetes Wissen zu finden.[128]

Die **Quantifizierung der Transaktionskosten** wird bisher noch als mit Problemen behaftet dargestellt. Aus diesem Grund werden insbesondere qualitative Aussagen über relativ zueinander stehende Transaktionskosten getroffen.[129]. Dabei zeigen die auf der Transaktionskostentheorie basierenden Arbeiten, daß es zumindest gelingt, mit den gesetzten Annahmen und Prämissen theoriegeleitete qualitative Aussagen zu gewinnen.[130]

Für die **Fundierung des Controlling** ist die Frage ausschlaggebend, inwieweit sich die Gestaltung von Transaktionen verwenden läßt, um Aussagen zur Ausprägung von Führungshandlungen zu treffen. Dazu kann allein die theoretische Grundlage entlehnt werden, ohne dabei auf die mit der Quantifizierung verbundenen Probleme einzugehen.

Das Controlling findet eine Begründung für sein Entstehen in der zunehmenden **Komplexität** und **Dynamik der Umwelt** sowie der daraus resultierenden Unsicherheit der Führungsaufgabe.[131] Es ist die Notwendigkeit entstanden, das Führungssystem den

---

durchgesetzt. Vgl. zum Begriff der eingeschränkten Rationalität in der Gegenüberstellung mit der globalen Rationalität auch MARCH, Bounded Rationality, 1978, S.591, sowie MARCH/SIMON, Organisation und Individuum, 1976, S.129ff.

[128] Vgl. zur Definition des Begriffes der Information als zweckgerichtetes Wissen: WITTMANN, Information, 1980, Sp.894.

[129] Vgl. WILLIAMSON, Organization, 1991, S.16f. Die bisher nur qualitativen Aussagen sind ein überwindbarer Zustand, wie ALBACH im Geleitwort zu DE PAY (DE PAY, Innovationen, 1989) bemerkt: *„Sie zeigt, daß das Mengengerüst der Transaktionskosten grundsätzlich feststellbar ist. ... Auch das Wertgerüst der Transaktionskosten läßt sich, wie die Verfasserin zeigt, ermitteln. In der vorliegenden Arbeit wird noch ein subjektiver Ansatz zur Messung des Wertgerüstes benutzt, doch wird auch hier eine Basis gelegt, auf der weitergebaut werden kann."* ALBACH, Geleitwort, 1989, S.V. Zudem ist die Theorie auch ohne Messung weiterentwickelt worden, vgl. ALBACH, Organisation, 1989, S.23, und wurde gleichfalls in ihrer empirischen Tragfähigkeit bestätigt, vgl. PICOT/SCHNEIDER/LAUB, Transaktionskosten, 1989, S.385.

[130] Vgl. dazu MICHAELIS, Transaktionskosten, 1985, S.303ff., und die auch für die Erweiterung der theoretischen Fundierung des Controlling wichtige Beurteilung der Transaktionskosten als *„allgemeinere Theorie"* (S.303).

[131] Vgl. beispielhaft: WEBER, Übertragbarkeit, 1988, S.172, HORVÁTH, Controlling, 1991, S.69ff. und für die Abhängigkeit der Koordinationsbedingungen von der Komplexität und Dynamik: LAßMANN, Koordination, 1992, S.79ff. Unsicherheit als Gegenteil von Wissen deutet auf die Relevanz des Wissens für die Führung hin, vgl. ARROW, Control, 1963, S.404. In diesem Zusammenhang wird nicht nur die Relevanz von vorhandenem Wissen, sondern auch die Aufnahme desselben, also die Notwendigkeit zu lernen, thematisiert, vgl. exemplarisch ARGYRIS, Organizational Learning, 1990, und SCHEIN, Organizations, 1993.

zugrundeliegenden und sich wandelnden Aufgaben anzupassen.[132] Da die Führungsaufgabe wesentlich an Handlungsträger gebunden ist, relativiert sich die Umweltunsicherheit dahingehend, wie sie durch die einzelnen Handlungsträger wahrgenommen
wird.[133] Die Unterschiedlichkeit in ihrer Wahrnehmung und in der Folge dann auch
ihrer Verarbeitung avanciert damit zu einer zentralen Determinante.[134] Dieses mit eingeschränkter Rationalität zu umschreibende Phänomen[135] wurde in der Transaktionskostentheorie als eine der entscheidenden Prämissen nutzbringend verwendet. Erklärt
wird die eingeschränkte Rationalität unter anderem durch die Komplexität,[136] einen der
wesentlichen Einflußfaktoren für das Controlling.[137] Das legt nahe, die Prämisse der
eingeschränkten Rationalität ebenfalls für die Erweiterung der theoretischen Fundierung des Controlling zu nutzen.

Die zweite Prämisse in der Theorie der Transaktionskosten ist die des **Opportunismus** bei begrenzter Anzahl von Transaktionen.[138] Die Verfolgung eines Eigennutzens durch die individuellen Wirtschaftssubjekte, also die Führungshandelnden und
die, auf die sich die Führungshandlungen beziehen, ist eine Annahme, die in der Ökonomie schon früh Einzug erhalten hat.[139] Wesentlich ist dabei die Anzahl der Transaktionen. Als Beispiel mag das Gefangenendilemma gelten, in dem es bei einperiodigem
Spiel einzig rational erscheint, „*to act opportunistically*"[140]. Für das Controlling erscheint gleichermaßen wichtig, bei der Ausprägung von Führungshandlungen Verhaltensannahmen wie die des Opportunismus der Handlungsträger zu berücksichtigen.[141]
Damit ist auch die Anzahl der Handlungen, auf die sich die Führung bezieht, wesent-

---

[132] Vgl. den Zusammenhang zwischen Effizienz und Efektivität des Führungssystems mit der Komplexität und Dynamik bei WEBER, Controlling, 1994, S.35ff.

[133] Vgl. zu den Einschränkungen bei der Betrachtung des Handlungsträgers WEBER/BRETTEL/
SCHÄFFER, Unternehmensführung, 1996, S.15ff.

[134] Vgl. hierzu auch die Ansätze bei BROCKHOFF, Informationsverarbeitung, 1983, GEMÜNDEN, Informationsverhalten, 1986, und WITTMANN, Unvollkommene Information, 1959.

[135] Vgl. WILLIAMSON, Markets and Hierarchies, 1975, S.21ff.

[136] Vgl. WILLIAMSON, Markets and Hierarchies, 1975, S.23ff.

[137] Vgl. WEBER, Controlling, 1994, S.36.

[138] Vgl. WILLIAMSON, Markets and Hierarchies, 1975, S.26ff.

[139] Vgl. KNIGHT 1921. Es wird als Vorzug der Transaktionskostentheorie beschrieben, daß sie bei
ökonomischer Grundorientierung Verhaltensprämissen einbezieht, vgl. PICOT, Transaktionskostenansatz, 1982, S.281f.

[140] HILL, Cooperation, 1990, S.504.

[141] Vgl. SCHÄFFER, Selbstabstimmende Gruppen, 1996, S.56f.

lich, was für das Controlling insofern an Relevanz gewinnt, als auch die Fragen der Effizienz der unterschiedlichen Koordinationsmechanismen mit der Anzahl ihrer Anwendungsfälle verknüpft sind.[142]

Die institutionelle Theorie der Transaktionskosten erscheint geeignet, in ihren Prämissen eine Ergänzung zur theoretischen Fundierung des Controlling liefern zu können. Die Annahmen der eingeschränkten Rationalität in Kombination mit Verhaltensannahmen stellen sich insofern als fruchtbar dar, als sie im Rahmen der Transaktionskostentheorie zu Aussagen verhelfen, die sich auch empirisch validieren lassen. Damit kann es gelingen, dem Anspruch zur Erweiterung der theoretischen Fundierung des Controlling zu genügen, das fruchtbare Spannungsverhältnis zwischen rationalem und irrationalem Teil der Führung in das Controlling zu integrieren. Bei der Übertragung ist allerdings darauf zu achten, die prozessualen Schwierigkeiten, insbesondere die, die mit der Quantifizierung verbunden sind, zu umgehen. Demgemäß erscheint vorerst eine qualitative Aussagenfindung von größter Nützlichkeit.[143]

1.4.2 Prämissen einer Erweiterung des Controlling

Die Prämissen der Erweiterung des Controlling entstehen aus der Zusammenfassung des bisherigen Controllingansatzes und den oben diskutierten Möglichkeiten seiner theoretischen Erweiterung.

Zuallererst kann die **Systemtheorie nicht bestimmend** für die Fundierung des Controlling sein, dazu ist sie nicht in der Lage. Sie ist vielmehr dazu zu verwenden, eine Aussage für die Einordnung unterschiedlicher Führungshandlungen zu treffen, nachdem die Ausprägung dieser Führungshandlungen theoriegeleitet begründet wurde. Die Aussagen zu den Führungshandlungen sind dabei von viel größerer Wichtigkeit als ihre Einordnung in ein System.

Die **Kontingenztheorie** steht mit ihrer grundsätzlichen **Idee** Pate, anhand der Ausprägungen der unabhängigen Variablen auf die abhängige Variable der Führung zu

---

[142] Vgl. HERZOG, Effizienz, 1994, S.52f.

[143] Diese Aussage wird unterstützt vor dem Hintergrund, daß das Controlling eine Fundierung innerhalb der Führung von Unternehmen sucht, durch die Anmerkungen Gutenbergs über den dispositiven Faktor: *„Quantifizierende Methoden können deshalb für die Analyse dieses Faktors immer nur eine begrenzte Reichweite haben.“* GUTENBERG, Produktion, 1983, S.132.

schließen. Um die Kritik an der Kontingenztheorie selbst zu umgehen, ist das Vorgehen nicht empirisch, sondern theoretisch zu leiten. Besondere Beachtung erhalten dabei die unabhängigen Variablen, die die Führung determinieren.

Die für das Controlling konstituierende Dynamik und Komplexität der Umwelt äußert sich bei Handlungsträgern in ihrer **begrenzten Rationalität**. Diese Prämisse muß bei der Ausprägung von an Handlungsträger gebundenen Führungshandlungen gleichermaßen Berücksichtigung finden wie das **Verfolgen des Eigennutzens** durch die Handlungsträger.

Die **Erweiterung des Controlling** ist umfassend, wenn dadurch die Möglichkeit eröffnet wird, ebenfalls **Bereiche** einzuschließen, die **nicht plandominant koordiniert** sind. Voraussetzung dafür sind unabhängige Variablen, die keiner Einschränkung durch den Koordinationsmechanismus unterliegen, vielmehr ergibt sich dieser dann als Folge der unabhängigen Variablen und ihrer Ausprägung.

Auf Basis der gegebenen Prämissen gilt es, die theoretische Fundierung des Controlling zu erweitern. Im ersten Schritt ist dazu ein Aussagesystem zu finden, mit dem es gelingt, die Ausprägung der Führung theoriegeleitet in Abhängigkeit der noch zu definierenden unabhängigen Variablen zu bestimmen. Im zweiten Schritt sind die sich ergebenden Handlungen dann in ein entsprechendes Führungssystem einzuordnen. Diesen beiden Schritten entspricht das **weitere Vorgehen** der Arbeit.

Dabei haftet der Erweiterung der Fundierung auch künftig das **Problem** an, das für alle Theorien gelten muß: die **Controllingtheorie** wird **nie Vollständigkeit** aufweisen.[144] Als Theorie, die Wirkungen bestimmten Ursachen zuordnet, ist sie ein Konstrukt der menschlichen Logik, das, um dem theoretischen Anspruch zu genügen, den für eine Theorie postulierten Regeln folgt.[145] Ihre empirische Validität ist indes auch nicht zu garantieren: *„Denn das einzig sichere Wissen, das uns die Naturwissenschaft (bzw. die theoretischen Wissenschaften, wie aus dem Kontext des Zitates er-*

---

[144] Dabei sei im folgenden bereits abgesehen von der fehlenden Möglichkeit zur Letztbegründung, vgl. STÖRIG, Philosophie, 1995, S.314ff., sowie ALBERT, Kritische Vernunft, 1968, S.8ff., und KUTSCHERA, Erkenntnistheorie, 1982, S.36ff.

[145] Dazu formulierte schon Einstein im Zusammenhang mit der Mathematik: *„Insofern sich die Sätze der Mathematik auf die Wirklichkeit beziehen, sind sie nicht sicher; und insofern sie sicher sind, beziehen sie sich nicht auf die Wirklichkeit."* EINSTEIN, Weltbild, 1955, S.119.

sichtlich, Anm. des Verfassers) vermitteln kann, ist das über das Verhalten formaler

Systeme, d.h. von Systemen, die nichts anderes sind als vom Menschen erfundene

Spiele, in denen das Beteuern der Wahrheit nicht mehr und nicht weniger ist als die

Feststellung - wie beim Schachspiel -, daß eine bestimmte Stellung der Figuren nach

einer Abfolge regelmäßiger Züge erreicht wurde. Wenn die Naturwissenschaft es als

ihre Aufgabe ansieht, Aussagen über menschliche Erfahrungen zu machen, so gründet

sie diese auf Identifikationen zwischen den primitiven (d.h. undefinierten) Objekten

einer ihrer Formalismen, auf Bestandteile eines ihrer Spiele sowie auf eine bestimmte

Gruppe menschlicher Beobachtungen. Von keiner dieser Korrespondenzmengen läßt

sich jemals die Richtigkeit beweisen."[146] So beläßt man es bei der theoretischen Analyse damit, innerhalb des gefundenen Aussagesystems Richtigkeit und Beweisbarkeit zu postulieren, womit man in das angesprochene Dilemma der Unvollständigkeit geraten muß. Denn schon der Kreter EPIMENIDES und spätestens in diesem Jahrhundert KURT GÖDEL haben gezeigt, daß in einem abgeschlossenen Aussagesystem nicht alles zu beweisen gelingen kann, es folglich immer empirische Phänomene geben muß, die den Beweis schuldig bleiben.[147] Diesen unbeweisbaren Teil wird eine Theorie als einen Aussagezusammenhang nicht abbilden können, sie bleibt demzufolge unvollständig.[148] So verbleibt, die gefundenen Aussagen jeweils empirisch zu überprüfen, was nie mit dem Anspruch der Objektivität versehen werden könnte. *„Wissenschaftliche Behauptungen können nie gewiß sein, höchstens mehr oder weniger glaubwürdig. Und Glaubwürdigkeit ist ein Begriff aus der Individualpsychologie, d.h. ein Begriff, der nur im Hinblick auf einen einzelnen Beobachter sinnvoll ist*"[149], womit sich die Überlegung aufdrängt, die im Zuge dieser Darstellung nicht zu einem Ergebnis geführt werden darf: *„Wir können zwar zählen, aber wir vergessen immer schneller, wie wir aussprechen sollen, bei welchen Dingen es überhaupt wichtig ist, daß sie gezählt werden und warum es überhaupt wichtig ist.*"[150]

---

[146] WEIZENBAUM, Ohnmacht der Vernunft, 1978, S.30.

[147] Vgl. HOFSTADTER, Gödel, 1993, S.17ff.

[148] In Wahrheit spannt sich das Dilemma erst unter Berücksichtigung der fehlenden Letztbegründung auf: Denn aufgrund dieser muß sich eine Theorie immer als abgeschlossenes System präsentieren. Die Abgeschlossenheit des Systems ist aber auch eine Voraussetzung für die Aussagen von Epimenides und Gödel, so daß das Dilemma entstehen kann.

[149] WEIZENBAUM, Ohnmacht der Vernunft, 1978, S.32.

[150] WEIZENBAUM, Ohnmacht der Vernunft, 1978, S.33.

2 Grundlegung der Führung als Basis des Controlling

Aus der theoretischen Herleitung wird deutlich, daß sich das Controlling mit besonderen Fragestellungen im Zusammenhang mit der Führung beschäftigt. Die notwendige Präzisierung der Controllingtheorie muß, so war in den vorangegangenen Abschnitten erkennbar, neben der bereits vorhandenen, aber theoretisch nicht ausreichenden systemischen Verankerung Aussagen zur Ausprägung von Führungshandlungen einbeziehen.

Dazu wird als **erster Baustein** die Definition einer Führungshandlung aus einer handlungstheoretischen Sicht des Unternehmens auf Grundlage des GUTENBERGschen Aussagesystems vorgenommen.[151]

Als **zweiten Baustein** fordern die dargestellten Prämissen der theoretischen Erweiterung, den Menschen als maßgeblichen Produktionsfaktor der Führungshandlungen einzubeziehen. Dieser beeinflußt - wie später beschrieben - in seiner eingeschränkten Eignung, insbesondere der begrenzten Rationalität, die Ausprägung von Führungshandlungen ausschlaggebend.

Diese beiden **Bausteine zusammenführend** können verschiedene Führungshandlungen abgeleitet werden. Diese sind in jeweils unterschiedlichen Kontexten effizient, wodurch sich ein Aussagesystem ergibt, das Ursachen[152] eine Wirkung in Form von unterschiedlichen Führungshandlungen zuweist. Dadurch gelingt es unter Beachtung der gegebenen Prämissen, die gewünschten theoriegeleiteten Aussagen zur Ausprägung der Führung vorzunehmen und somit die Controllingtheorie zu erweitern.

2.1 Grundlegung: Handlungen als erster Baustein

Im folgenden Abschnitt wird zunächst der Rahmen der Betrachtung geschaffen, der teilweise in dieser Form in der bisherigen Controllingtheorie bereits zu finden ist. Darauf aufbauend kann im nachstehenden Abschnitt dann die Grundlage der Produktion im Unternehmen, die Handlung, definiert werden.

---

[151] Vgl. zur Systematisierung WEBER/BRETTEL/SCHÄFFER, Unternehmensführung, 1996, S.4f.

[152] Zur Frage, welche die Ursachen sind, vgl. Kapitel 2.1.2.

2.1.1 GUTENBERGS produktionstheoretische Sicht als Ausgangspunkt

Wird in der Controllingliteratur auf das Führungssystem Bezug genommen, so liegt dem die funktionale[153] **Trennung** eines **Ausführungs-** von eben diesem **Führung**ssystem zugrunde. *„Diese Trennung ist besonders anschaulich am Gutenberg'schen Produktionsfaktorsystem zu erklären.*"[154]

ERICH GUTENBERG hat einen der umfassendsten Ansätze geschaffen, der sich mit den betrieblichen Grundtatbeständen beschäftigt und diese erklärt. Als **Grundfunktion des betrieblichen Handelns** wird die Kombination von produktiven Faktoren identifiziert. Die betriebliche Betätigung bewegt sich demnach um die Frage, wie die produktiven Inputfaktoren im Produktionsprozeß zu kombinieren sind, um die Güter materieller Art zu produzieren oder Dienstleistungen bereitzustellen.[155] Zu den Produktionsfaktoren stellt GUTENBERG fest: *„Das System der produktiven Faktoren besteht aus dem System der Elementarfaktoren: Arbeitsleistungen, Betriebsmittel, Werkstoff und aus dem vierten dispositiven Faktor, der Geschäfts- und Betriebsleitung.*"[156]

In dieser Aufzählung finden sich nicht nur die betrieblichen Faktoren wieder, es ist auch ein Ordnungsverhältnis beschrieben. Das erläutert GUTENBERG näher, indem er schreibt: *„Dieser vierte zusätzliche Faktor sei als Geschäfts- und Betriebsleitung bezeichnet. Ihre Aufgabe besteht darin, die drei Elementarfaktoren zu einer produktiven Kombination zu vereinigen.*"[157] In systemischer Betrachtungsweise werden damit die Kombinationsprozesse, in die die Elementarfaktoren eingehen, einem Ausführungssystem zugeordnet, wogegen sich die Aufgaben des vierten, **dispositiven Faktors, im Führungssystem** finden.

---

[153] Funktional bedeutet in diesem und dem gesamten Zusammenhang der Arbeit, daß sich die einzelnen Funktionen, die beschrieben werden, abstrakt unterscheiden und klassifizieren lassen. Damit sind sie einer trennscharfen theoretischen Analyse zugänglich. Dagegen ist damit nicht auch ausgesagt, daß diese analog den Funktionen von unterschiedlichen Personen ausgeführt werden müssen. Das ist eine Frage der Zuordnung von Handlungen und liegt damit hinter der funktionalen Betrachtung und gleichwohl der gesamten Analyse. Vgl. zu dieser Betrachtungsweise GUTENBERG, Rückblicke, 1989, S.33f.

[154] WEBER, Controlling, 1995, S.32.

[155] Vgl. GUTENBERG, Produktion, 1983, S.3ff.

[156] GUTENBERG, Produktion, 1983, S.8. Zu einer grundsätzlichen Kritik am System der Produktionsfaktoren in der Betriebswirtschaftslehre: SIEPMANN, Betriebswirtschaftslehre, 1996, S.13ff.

[157] GUTENBERG, Produktion, 1983, S.5.

*„Führung und Ausführung in dieser Art zu unterscheiden, hat sich in der Be-
triebswirtschaftslehre seit langem durchgesetzt"*[158] und ist gleichermaßen in der Controllingliteratur zu finden.[159] Damit soll auch die vorliegende Arbeit dieser Unterscheidung folgen.

2.1.2 Definition von Handlungen

Auf der produktionstheoretischen Sicht GUTENBERGS aufbauend, ist es in diesem Abschnitt das Ziel, die Grundtatbestände des wirtschaftlichen Handelns in ihrer
Gesamtheit auf ihre **kleinste mögliche Einheit** in Form einer definitorischen Basis zu
stellen.

*„Ist zur Produktion eines Gutes eine bestimmte Anzahl von verschiedenen Pro-
duktionsfaktoren erforderlich, so ergibt sich die hergestellte Produktmenge als eine
Funktion der in Anspruch genommenen Faktormengen."*[160] Der **wesentliche Tatbe-
stand**, der sich innerhalb einer wirtschaftlichen Einheit über die Zeit abspielt, ist in der
angesprochenen Funktion zu beschreiben. Sie dient dazu, *„aus dem Faktoreinsatz einen Faktorertrag zu machen"*[161], und wird auch als Produktionsfunktion bezeichnet.[162]
Grundlage für den produktiven Einsatz der Funktion ist intelligentes Handeln derer,
die sie stattfinden lassen. Da einzig der Mensch zu intelligentem Handeln befähigt ist,
wird im folgenden die Faktorkombination auf Grundlage einer Produktionsfunktion
wertneutral als Handlung bezeichnet. *„Handeln kann sich dabei sowohl im Tun als
auch im Unterlassen ausdrücken."*[163] Handlungen sind als Kombination von Produktionsfaktoren auf ein bestimmtes Ergebnis gerichtet,[164] das es zu erreichen gilt und das

---

[158] WEBER, Controlling, 1995, S.33.

[159] Vgl. in begrifflicher Abwandlung auch Durchführung statt Ausführung bei HAHN, PuK, 1996,
S.51.

[160] GUTENBERG, Rückblicke, 1989, S.64.

[161] GUTENBERG, Rückblicke, 1989, S.63.

[162] Zum Begriff der Produktionsfunktion auch KLOOCK, Input-Output-Analyse, 1967, S.16ff.

[163] BECKER, Leistungsbeurteilungen, 1992, S.94. Diese Differenzierung ist insofern wichtig, als erstens ein Ziel auch durch Unterlassen erreicht werden kann und zweitens - wie später zu zeigen
sein wird - die für andere Handlungsträger sichtbare „Handlung" des Unterlassens auf Gehirnfunktionen beruht, die das Unterlassen erst zum Ergebnis hat, folglich liegt dem Unterlassen auch
schon eine Handlung zugrunde.

[164] Vgl. die finale Ausrichtung des Faktoreinsatzes: BEUCK, Leistung, 1976, S.32ff.

grundsätzlich als produktiv definiert wird.[165] Quantitativ ausgedrückt, kann der bei einer Handlung stattfindende funktionale Zusammenhang in einer Produktionsfunktion formuliert sein.[166] Daraus ergibt sich als Definition:

> *Eine **Handlung** ist ein produktiver, potentiell zu einem gewünschten Ergebnis führender Faktorkombinationsprozeß.*[167]

Wird nun die aus der produktionstheoretischen Sicht von Gutenberg bekannte und dieser Arbeit ebenfalls zugrundegelegte Trennung von Ausführung und Führung berücksichtigt, so muß gleichermaßen eine **Unterscheidung von Führungs- und Ausführungshandlungen** vorgenommen werden. Dazu müssen die beiden Handlungstypen sinnvoll differenziert und in ein Verhältnis zueinander gesetzt werden.

Handlungen dienen dazu, den Sinn der betrieblichen Existenz zu erfüllen, Güter zu produzieren oder bereitzustellen.[168] Dazu werden die Elementarfaktoren kombiniert. Die Disposition dieser Faktoren obliegt der Geschäfts- und Betriebsleitung, dem vierten, dispositiven Faktor: *„Jede Leistung eines Elementarfaktors ist immer zugleich eine Leistung des dispositiven Faktors."*[169] Damit gründet sich ein **gegenseitiges Abhängigkeitsverhältnis**: Einerseits kommt es nur zu einer produktiven Kombination von Elementarfaktoren, wenn diese durch den vierten Faktor disponiert werden, andererseits verdankt der vierte Faktor seine Existenz der Tatsache, daß disponiert werden muß. Diese Gegenseitigkeitsbeziehung ist grundlegend für die Definition von Führungs- und Ausführungshandlungen.

In Abhängigkeit von der Faktorkombination, die es zu disponieren gilt, haben die Führungshandlungen unterschiedliche Ausprägungen.[170] An dieser Stelle ist deutlich das **kontigenztheoretische Schema** wiederzuerkennen: Als Unabhängige wird die potentielle Ausführungshandlung zur Erfüllung der betrieblichen Aufgaben bzw. des

---

[165] Vgl. WEBER/BRETTEL/SCHÄFFER, Unternehmensführung, 1996, S.7f.

[166] Vgl. GUTENBERG, Produktion, 1983, S.302f.

[167] WEBER/BRETTEL/SCHÄFFER, Unternehmensführung, 1996, S.8., und ebenso WEBER ET AL., Grundgedanken, 1995, S.6.

[168] Vgl. auch KOSIOL, Organisation, 1962, S.42ff.

[169] GUTENBERG, Produktion, 1983, S.132.

[170] Vgl. GUTENBERG, Produktion, 1983, S.131ff., und daneben WILLIAMSON, Modern Corporation, 1981, S.1543, sowie PICOT, Organisation, 1989, S.115.

Sinns der betrieblichen Existenz angenommen, in deren Abhängigkeit sich die Führungshandlung ergibt.[171]

Zusammengenommen ist festzuhalten, daß die Führungshandlung gemäß GUTENBERG die Ausführungshandlung disponiert, dagegen in ihrer Ausprägung von der Ausführungshandlung bzw. der zugrundeliegenden Aufgabe abhängt.[172] In diesem Sinne wird von Erklärung gesprochen gemäß der kontingenztheoretischen Vorstellung der Erklärung der abhängigen durch unabhängige Variablen. Wichtig ist zu beachten, daß diese Phasen nicht gleichzeitig stattfinden können, die Ausprägung der Führungshandlung ist der Disposition[173] vorgelagert.

Ausführungshandlungen bedürfen der Disposition durch Führungshandlungen, um stattfinden zu können. Damit wird für die Definition wesentlich, was unter der Disposition verstanden werden kann bzw. welches ihr Objekt ist. Bestimmt die Führungshandlung die Ausführung,[174] so muß sie sie eindeutig definieren. In Anlehnung an die Physik[175] kann man von vollständiger Definition sprechen, wenn alle relevanten Freiheitsgrade eingeschränkt sind.[176] Genau darauf sollen die Definitionen beruhen.

---

[171] Vgl. die kontingenztheoretischen Quellen, die die Aufgabe und ihre Ausprägung selbst als Variable erklärenden Einflusses definieren: LEAVITT, Organizational Change, 1965, S.1144ff., und LITWAK, Models, 1961, S.177ff. In dem oben beschriebenen Verhältnis wird noch keine Aussage darüber vorgenommen, wie die Unabhängige, also die Aufgabe, zu beschreiben ist, damit sich als Abhängige bestimmte Führungshandlungen ergeben.

[172] In einer späteren Abbildung, der Abildung 1, ist dargestellt, wie das Abhängigkeitsverhältnis inhaltlich beschrieben werden kann. An dieser Stelle sei lediglich gesagt, daß es sich nicht um die Abhängigkeit von einer konkreten Ausführungshandlung handeln kann, denn diese wird erst faktisch durch die Führungshandlung disponiert, sondern um die zugrundeliegende Aufgabe, die sich in der Regel aus einer oder mehreren Ausführungshandlungen zusammensetzt. Aufgrund dieses Aufgabenbegriffs wird im folgenden ausschließlich von Ausführung gesprochen.

[173] Der Begriff der Disposition ist hier in Anlehnung an den dispositiven Faktor von GUTENBERG gewählt. Der Inhalt der Disposition wird im Rahmen der Definition von Führungs- und Ausführungshandlungen näher erläutert.

[174] Vgl. in GUTENBERGS Habilitationsschrift den Begriff der „Durchführung": GUTENBERG, Unternehmung, 1929, S.11.

[175] Vgl. WEBER/BRETTEL/SCHÄFFER, Unternehmensführung, 1996, S.8.

[176] Die betrieblichen Grundtatbestände als Funktion ansehend formulieren ULRICH/FLURI: „Ausführungsfunktionen sind umgekehrt (im Gegensatz zu Führungsfunkitonen, A.d.V.) dadurch charakterisiert, daß bei ihnen die wesentlichen Entscheidungen in bezug auf Ziele, Maßnahmen und Mittel bereits getroffen und vorgegeben sind." ULRICH/FLURI, Management, 1992, S.14. Es verbleiben also keine Freiheitsgrade offen.

*Eine **Ausführungshandlung** ist eine Handlung, deren sämtliche relevanten Freiheitsgrade festgelegt sind.*[177]

Die Führungshandlung ist die Handlung, die zur Festlegung der relevanten Freiheitsgrade beiträgt.[178] Da sie als Handlung definitorisch auch zu einem gewünschten Ergebnis führen muß, ist dieses genau als die Festlegung von Freiheitsgraden zu definieren.[179] Damit ergibt sich die folgende Definition:

*Eine **Führungshandlung** ist eine Handlung, deren gewünschtes Ergebnis darin besteht, Freiheitsgrade anderer Handlungen mittel- oder unmittelbar festzulegen.*[180]

Die relevanten Freiheitsgrade können uno actu durch eine einzige Führungshandlung festgelegt werden,[181] die Festlegung ist aber ebenso in mehreren mittel- und unmittelbaren Führungshandlungen vornehmbar.[182]

Mit der Definition der Handlungen und der Differenzierung in Führungs- und Ausführungshandlungen sind die Grundbestandteile der betrieblichen Leistungserstel-

---

[177] WEBER/BRETTEL/SCHÄFFER, Unternehmensführung, 1996, S.9, und ebenso Weber et al., Grundgedanken, 1995, S.7.

[178] Freiheitsgrade sind dann relevant, wenn sie in bezug auf das gewünschte Ergebnis zu potentiellen Abweichungen führen, vgl. WEBER/BRETTEL/SCHÄFFER, Unternehmensführung, 1996, S.9f.

[179] Schneider definiert in ähnlicher Weise den Führungshandelnden als einen, der die *„Ziele erst im einzelnen festlegen, die Mittel suchen, die Handlungsmöglichkeiten in ihren Beiträgen zum Ziel und ihrer Mittelbeanspruchung erforschen muß und sich für eine Handlungsmöglichkeit entscheiden muß."* SCHNEIDER, Investition und Finanzierung, 1983, S.22. Diese Handlungsmöglichkeit wird dann vom Ausführungshandelnden vorgenommen. Dabei ist zu bemerken, daß SCHNEIDER von den Handelnden, nicht von der Handlung selbst ausgeht.

[180] WEBER/BRETTEL/SCHÄFFER, Unternehmensführung, 1996, S.10, und ebenso Weber et al., Grundgedanken, 1995, S.8. Festzustellen ist, daß die vorgenommenen Definitionen keiner Klassenbildung in dem Sinn entsprechen, daß sie alle im Unternehmen möglichen Handlungen einbeziehen. Denn theoretisch bleibt es möglich, daß Handlungen relevante Freiheitsgrade besitzen, also keine Ausführungshandlungen sind, aber auch keine Freiheitsgrade einschränken bzw. festlegen. Dieser Fall ist praktisch aber unbedeutend. In der Regel werden nämlich Handlungen, die Freiheitsgrade besitzen, als gewünschtes Ergebnis andere Freiheitsgrade zumindest mittelbar einschränken. Andernfalls wären sie nicht produktiv und damit aus der Betrachtung ausgenommen.

[181] Bei der Festlegung von Freiheitsgraden uno actu in einer Führungshandlung ist der Bezug zur Ausführung deutlich. Dagegen ist in dem Fall, daß eine immer weitergehende Einschränkung der Freiheitsgrade durch mehrere Führungshandlungen erfolgt, der Bezug nicht immer eindeutig. In der Regel beziehen sich die ersten Führungshandlungen auf die zugrundeliegenden Ausführungshandlungen gleichermaßen, wie sie die folgenden Führungshandlungen einschränken, es handelt sich also immer um Führungshandlungen. Beziehen sich Handlungen dagegen ausschließlich einschränkend auf andere Führungshandlungen, so kann auch von Metaführungshandlungen gesprochen werden. Dazu vgl. WEBER/BRETTEL/SCHÄFFER, Unternehmensführung, 1996, S.11.

[182] HAHN spricht von *„zeitlicher Verkettung"* und differenziert analog echte Führungsentscheidungen als *„bewußt gestaltende Willensakte"* und Ausführungsentscheidungen, *„die ganz oder doch überwiegend durch Regeln und Vorschriften bestimmt werden."* HAHN, Führung, 1971, S.162.

lung beschrieben.[183] Dabei wurde ihr gegenseitiges Verhältnis dargestellt. Dieses ist aber weder mit Inhalt gefüllt, in welcher Weise die Ausführungshandlungen beschrieben werden müssen, damit sie die Führungshandlungen als Abhängige erklären, noch besteht Klarheit über die Ausprägung von Führungshandlungen. Durch die Einführung des einzigen Trägers intelligenter Handlungen, den Menschen, sollen diese beiden Problemkreise im folgenden eingegrenzt werden.

2.2 Handlungsträger als zweiter Baustein

Der Mensch als einziger Träger intelligenter Handlungen in einem Faktorsystem ist abstrakten Restriktionen ausgesetzt. In der Folge unterliegen auch die Ausprägungen von Handlungen bestimmten **Einschränkungen**, die **durch ihre Träger bedingt** sind.[184] Im Rahmen der vorliegenden Arbeit, für die eine funktionale Betrachtungsweise gewählt ist, werden die Restriktionen des Handlungsträgers, Mensch, in allgemeiner und abstrakter Form, unabhängig von einer einzelnen konkreten Person beschrieben. Das bildet den zweiten Baustein zur Fundierung von Führungshandlungen.[185]

2.2.1 Relevanz der Betrachtung des Handlungsträgers der Führungshandlungen

Das **Produktionsfaktorsystem** von GUTENBERG umfaßt die menschliche Arbeitskraft, Werkzeuge und Betriebsmittel. Als eine produktive, potentiell zu einem gewünschten Ergebnis führende Kombination der Faktoren wurde eine Handlung definiert. Zugrunde liegt dabei bisher analog zu GUTENBERG die vollkommene Verfügbarkeit der Produktionsfaktoren ohne Einschränkungen. Betrachtet man jedoch das reale

---

[183] Leistungserstellung soll als eine Kombination aus verschiedenen Führungs- und Ausführungshandlungen zum Zwecke der Erstellung einer Leistung verstanden werden. Jedwede Leistungserstellung läßt sich durch eine solche Kombination beschreiben, die Handlungen bilden somit den Grundbestandteil.

[184] Insofern GUTENBERG: „Die wissenschaftliche Situation, in der sich die betriebswirtschaftliche Forschung hier befindet, kompliziert sich noch dadurch, daß die betrieblichen Verhältnisse von Maßnahmen abhängig sind, die für diese Aufgaben zuständigen Personen zu treffen haben." GUTENBERG, Betriebswirtschaftslehre, 1957.

[185] Die Betrachtung des Menschen als Führungshandelnden allgemein kann im Gegensatz zum Heranziehen einer speziellen Person als Betrachtungsgegenstand als isolierende Abstraktion angesehen werden, die nur bei funktionaler Betrachtungsweise möglich ist. „Der Mensch ist „Faktor" im Kombinationsprozeß." ALBACH, Organisations- und Personaltheorie, 1982, S.4, vgl. auch ALBACH, Betriebswirtschaftslehre, 1989, S.222ff. Er ist funktional in den Prozeß integriert. Dazu vgl. GUTENBERG, Produktion, 1983, S.298ff, WEBER/BRETTEL/SCHÄFFER, Unternehmensführung, 1996, S.7, zur isolierenden Abstraktion als Inspiration für Gutenberg: THÜNEN, Isolierter Staat, 1842 und in Analogie schon GOETHE in seinen Schriften zur Naturwissenschaft: „Die Funktion ist das Dasein in Tätigkeiten gedacht."

Vorkommen der Faktoren, so ist die Annahme entsprechend zu relativieren.[186] Für die Ausprägung von Führungshandlungen werden nämlich Faktoreinschränkungen relevant, wenn der einzige, zu einer selbständigen Festlegung von Freiheitsgraden fähige Produktionsfaktor zugrunde gelegt wird.[187]

Schon GUTENBERG **schränkte** den **Menschen ein**, indem er schrieb: *„Grundsätzlich ist jeder Mensch mehr als der Träger einer bestimmten betrieblichen Funktion. Als ein Individuum ist er eine unteilbare Einheit und sein Schicksal erfüllt sich nicht nur am Arbeitsplatz."*[188] Die damit zum Ausdruck gebrachte Individualität des Handlungsträgers ergänzte er, indem er bei seiner rational funktionalen Betrachtung den dispositiven Faktor mit einer irrationalen Schicht versah,[189] die zu erklären ihm aufgrund des Standes der dazu notwendigen wissenschaftlichen Disziplinen allerdings versagt bleiben mußte.[190]

Zuerst in volkswirtschaftlichen Betrachtungen, nachfolgend auch in den institutionellen Theorien, wurden die **Einschränkungen des Faktors Mensch** thematisiert und **erforscht**. So beschrieb VON HAYEK schon früh die Problematik, die von der Prämisse der vollkommenen Rationalität ausgeht,[191] SIMON befaßte sich mit dem Phänomen der „bounded rationality"[192] und WILLIAMSON führte es, auf SIMON aufbauend, in die Transaktionskostentheorie ein.[193] Allerdings erfolgte keine Einordnung des eingeschränkten Menschen in ein Produktionsfaktorsystem wie das von GUTENBERG.[194]

---

[186] Vgl. WEBER/BRETTEL/SCHÄFFER, Unternehmensführung, 1996, S.12f.

[187] Hierzu betont GUTENBERG, daß *„die Steuerungsfunktion in dem allgemeinen Sinne, in dem sie hier verstanden wird, ohne den menschlichen Vollzug nicht existent"* ist. GUTENBERG, Rückblicke, 1989, S.68.

[188] GUTENBERG, Rückblicke, 1989, S.69.

[189] Vgl. GUTENBERG, Produktion, 1983, S.132f.

[190] Die unerledigten Dinge in seinem Gedankengebäude erkennend, schreibt GUTENBERG rückblickend: *„Schließlich ist die Wissenschaft ein Prozeß und das Ergebnis der Anstrengungen vieler."* GUTENBERG, Rückblicke, 1989, S.66.

[191] Vgl. VON HAYEK, Knowledge, 1945, S.519ff.

[192] Vgl. grundlegend SIMON, Behavioral Model, 1955, S.99ff., SIMON, Rational Chioce, 1956, S.129ff., und beide zusammengefaßt in SIMON, Models of Man, 1957.

[193] *„Bounded rationality refers to human behavior that is „intendedly rational, but only limitedly so" (SIMON, Administrative Behavior, 1961, p.XXIV). ... Bounded rationality involves neurophysical limits on the one hand and language limits in the other."* WILLIAMSON, Markets and Hierarchies, 1975, S.21.

[194] Vgl. WEBER/BRETTEL/SCHÄFFER, Unternehmensführung, 1996, S.3.

Im Hinblick auf das der Arbeit zugrundegelegte Produktionsfaktorsystem von GUTENBERG muß es nachfolgend darum gehen, die wesentlichen **Einschränkungen** darin einzuordnen und ihre **Führungsrelevanz** zu verdeutlichen.[195]

2.2.1.1 Handlungsträger Mensch

Die **Eignung** des **Handlungsträgers** der Führungshandlungen, des Menschen als intelligenten Lebewesen mit autonomem Willen, kann **in zweierlei Hinsicht eingeschränkt** sein: erstens in seinen Fähigkeiten und zweitens in seiner Bereitschaft zum Handeln.[196] Das ist in den notwendigen Prämissen zur Erweiterung der theoretischen Fundierung des Controlling zum Ausdruck gebracht und wird im folgenden inhaltlich präzisiert.[197]

Eine Führungshandlung führt zur Einschränkung von Freiheitsgraden, dazu werden die Faktoren kombiniert. Das bedeutet, es ist **Wissen** über die eigentlich relevanten Freiheitsgrade und die Notwendigkeit ihrer Einschränkung erforderlich, so daß der Zweck, das gewünschte Ergebnis der Ausführungshandlung zu erzielen, erreicht werden kann.[198] Dieses Wissen kann der Mensch als Träger der Führungshandlungen zwar teilweise generieren, es ist jedoch zu beachten: *„In der Realität besitzt der Mensch nie mehr als bruchstückhaftes Wissen über die Bedingungen, die für seine Handlungen relevant sind"*[199]. Es kann deshalb kaum festgestellt werden, *„die Menschen seien immer oder auch nur im allgemeinen rationale Lebewesen."*[200] Ihre Rationalität im Sinne ihrer kognitiven Fähigkeiten ist begrenzt. Diese Einschränkung bildet in den institutionellen Theorien eine wesentliche Prämisse, die die Ausprägung der

---

[195] Dabei kann es nicht darum gehen, sich nur noch mit den Einschränkungen und nicht mehr mit dem rationalen Teil der Führung zu beschäftigen, vielmehr erscheint es sinnvoll, *„die Frage zu stellen, wie die praktische Implementierung von Wahlverhaltenstheorien sich mit den Verhaltensweisen der Menschen bei der Entscheidungsfindung verbindet"* MARCH, Beschränkte Rationalität, 1990, S.299. Dazu auch GUTENBERG: *„Niemand wird bestreiten, daß es notwendig ist, psychologische Tatbestände, die sich im Bereich der betriebswirtschaftslehre finden, durch mehr als vulgärpsychologische Untersuchungen nachprüfen zu lassen"* GUTENBERG, Fragen der neueren Betriebswirtschaftslehre, 1966, S.5.

[196] Vgl. WEBER/BRETTEL/SCHÄFFER, Unternehmensführung, 1996, S.12.

[197] Vgl. Seite 26ff.

[198] Zur Relevanz der Handlungsträgerbetrachtung schreibt BERTHEL: *„Wissen ist eine psychische Kategorie ... Wissen ist damit stets an den Menschen gebunden."* BERTHEL, Informationssysteme, 1975, S.13f.

[199] SIMON, Entscheidungsverhalten, 1981, S.116.

[200] SIMON, Verwaltungshandeln, 1955, S.43.

Führung und der Organisation maßgeblich beeinflußt. In dieser Funktion ist sie ein
zentraler Aspekt der Charakterisierung des Handlungsträgers Mensch. Die allgemeine
Einschätzung seiner Fähigkeiten beeinflußt als Wissensbeschränkung die Ausprägung
von Führungshandlungen. Wesentlich für Führungshandlungen ist die Spezifizierung
dieser Einschränkungen. Diese Beschreibung findet als **Können-Komponente** Einzug
in die vorliegende Erweiterung der theoretischen Fundierung des Controlling.

GUTENBERG hat neben der irrationalen Schicht, mit der er den dispositiven
Faktor versah, betont, daß der Handlungsträger Mensch eine Erfüllung verfolgt.[201]
Damit ist vorgezeichnet, daß er seine betriebliche Funktion mit seiner eigenen
menschlichen Befriedigung kombiniert. Das kann die Faktorkombinationsprozesse,
also die Handlungen im Unternehmen, wesentlich beeinflussen.[202]

Legen Handlungsträger ihre Ressourcen zu einer gemeinsamen Zweckerrei-
chung zusammen, so geschieht das auf der Grundlage der Verfolgung individueller
Nutzenfunktionen.[203] Der Fall, daß sich die individuellen Nutzenfunktionen mit der
des gebildeten korporativen Akteurs[204] vollständig in Übereinstimmung bringen lassen,
stellt die Ausnahme dar, weswegen die **Opportunismusvermutung** eine effiziente
Verhaltensannahme ist.[205] *„Opportunism extends the conventional assumption that
economic agents are guided by considerations of self-interest to make allowance for
strategic behavior."*[206] Hinzu kommt, daß kognitive Dissonanzen und die oben erarbei-
tete Prämisse der eingeschränkten Rationalität opportunistisches Verhalten noch ver-
stärken können, weil einerseits aus der Sicht von Individuen scheinbar rationales Ver-

---

[201] GUTENBERG, Rückblicke, 1989, S.69.

[202] *„Das Individuum trifft die Grundentscheidungen hinsichtlich der Werte, nach denen seine Tätigkeit ausgerichtet sein soll, hinsichtlich der generellen Methoden, die ihm zur Erreichung dieser
Werte verhelfen sollen, hinsichtlich der Kenntnisse, Fertigkeiten und der Information, die es für
die speziellen Entscheidungen in dem durch die Grundentscheidungen gezogenen Rahmen benötigt. Diese Entscheidungstätigkeit kann man „Hauptplanung" nennen."* SIMON, Verwaltungshandeln, 1955, S.64. Die individuellen Entscheidungen, mithin auch der individuelle Nutzen, sind also die Basis für die Ausprägung anderer Handlungen.

[203] Vgl. VON HAYEK, Verfassung der Freiheit, 1971, S.162ff.

[204] Zum Begriff des korporativen Akteurs und dem zugrundeliegenden Konzept, das zu seiner Bildung führt, vgl. COLEMAN, Macht und Gesellschaftsstruktur, 1979.

[205] Vgl. HERMANN, Dispositiver Faktor, 1994, S.103f.

[206] WILLIAMSON, Markets and Hierarchies, 1975, S.26. Vgl. auch SIMON, Entscheidungsverhalten,
1981, S.119ff., der von zweckgerichtetem Verhalten der Individuen spricht.

halten opportunistisch sein kann[207] und andererseits Wissensbeschränkungen opportunistisches Verhalten verdecken.[208]

Die Annahme opportunistischen Verhaltens, die in den institutionellen Theorien eine der wesentlichen Prämissen darstellt - auf dieser Basis werden Führung, Anreizsysteme und die Organisation fundiert -,[209] bildet entsprechend den gemachten Ausführungen den zweiten zentralen Aspekt zur Beschreibung des Handlungsträgers Mensch. Sein **Wollen** beeinflußt die Ausführungshandlungen und infolgedessen die Ausprägung der Führungshandlungen erheblich. Abgeleitet werden soll das Wollen aus den wahrgenommenen Trieben, Motiven, Werten, Erwartungen und Qualifikationen des Handlungsträgers, was sich zusammengefaßt in der von ihm verfolgten Nutzenfunktion verdeutlicht.[210]

Bei der Betrachtung des Handlungsträgers mit den beiden vorangegangenen Prämissen als Einschränkungen muß eine scharfe **Trennung** zwischen dem **rationalen Entscheidungsverhalten** im Sinne des Verfolgens einer persönlichen Nutzenfunktion **und** der **Einschränkung der Rationalität** im Sinne beschränkter kognitiver Fähigkeiten vorgenommen werden. So schreibt BECKER zur Darstellung des ökonomischen Ansatzes: *„Ich behaupte, daß der ökonomische Ansatz einen wertvollen, einheitlichen Bezugsrahmen für das Verständnis allen menschlichen Verhaltens bietet, obwohl ich selbstverständlich zugebe, daß ein Großteil des Verhaltens noch nicht geklärt ist, und daß nicht-ökonomische Variable ebenso wie Forschungstechniken und Ergebnisse anderer Wissenschaften wesentlich zum Verständnis menschlichen Verhaltens beitragen. D.h., obwohl der ökonomische Ansatz einen umfassenden Bezugsrahmen bietet, stammen viele wichtige Begriffe und Methoden von anderen Disziplinen und werden auch weiterhin von diesen erbracht werden.“*[211] Im folgenden stellt Becker dann fest, daß die erprobte Grundlage des ökonomischen Ansatzes die Nutzenmaximierung durch die

---

[207] Vgl. FESTINGER, Cognitive Dissonance, 1957, S.260ff.

[208] Vgl. die small-number-Problematik und der Übergang zu large numbers in WILLIAMSON, Markets and Hierarchies, 1975, S.26ff. und BUCHANAN, Liberty, 1975, S.31ff.

[209] Vgl. COASE, Social Costs, 1960, S.1ff., ALCHIAN/DEMSETZ, Property Rights, 1973, S.16ff., WILLIAMSON, Markets and Hierarchies, 1975, S.26ff., und GROSSMAN/HART, Principal-Agent Problem, 1983, S.7ff.

[210] Vgl. STAEHLE, Management, 1994, S.148ff.

[211] BECKER, Menschliches Verhalten, 1982, S.15.

einzelnen Handlungsträger ist. Der Nutzenmaximierung wurde im ersten Teil dieses Abschnittes gegenübergestellt, daß sich die Handlungsträger aufgrund bestimmter Einschränkungen nicht rational verhalten würden. Das eröffnet einen scheinbaren Widerspruch.

Dieser Widerspruch läßt sich durch die Differenzierung von **objektiver und subjektiver Rationalität** lösen.[212] Subjektiv verfolgt jeder Handlungsträger seinen Eigennutzen, diese Prämisse wurde oben dargestellt. Aufgrund unterschiedlicher kognitiver Fähigkeiten, Erwartungen und Einschätzungen ist die Nutzenfunktion des einzelnen jedoch inhaltlich nicht objektivierbar, vielmehr erscheint das Einzelverhalten objektiv irrational.[213] Das enthebt nicht der Pflicht, Nutzenfunktionen zu erforschen, gleichzeitig müssen aber auch die menschlichen Fähigkeiten, was die kognitive Verarbeitung betrifft, untersucht werden. *„So notwendig viele nicht-ökonomische Variable für das Verständnis menschlichen Verhaltens sind, so wichtig sind daher auch die Beiträge von Soziologen, Psychologen, Soziobiologen, Historikern, Anthropologen, Politologen, Juristen und anderen."*[214] Der **ökonomische Ansatz** bildet den **Bezugsrahmen**, in den die Forschungsergebnisse integriert werden müssen, insofern sind die Disziplinen zu trennen. Dabei gilt, daß sich die Handlungsträger subjektiv vollkommen rational verhalten, indem sie alle ihre eigene Nutzenfunktion verfolgen, objektiv aber Grenzen der Rationalität im Sinne kognitiver Einschränkungen feststellbar sind.

Auf dieser Basis wird nun im folgenden die Beschreibung des Handlungsträgers vertieft. Es gilt, die Fähigkeiten und sein Verhalten, also die Nutzenmaximierung, so zu operationalisieren, daß sich in Kombination mit der grundlegenden Definition von Handlungen theoriegeleitete **Aussagen zur Ausprägung von Führungshandlungen** ableiten lassen. Dazu soll im folgenden ersten Schritt ein Blick auf die Maßgaben dieser Darstellung geworfen werden. Das geschieht, indem das Grundmodell der Erklärung der Führung durch die Ausführung näher spezifiziert wird.

---

[212] Vgl. SIMON, Entscheidungsverhalten, 1981, S.111f.

[213] Zurückzuführen ist das auch auf die Einflußprozesse, die auf die Nutzenfunktionen wirken und gleiche Stimuli zu unterschiedlichen Wirkungen führen können, vgl. MARCH/SIMON, Organisation und Individuum, 1976, S.37f.

[214] BECKER, Menschliches Verhalten, 1982, S.15.

2.2.1.2 Erklärung der Führung durch Wissensbeschränkungen

Die relevanten Freiheitsgrade einer Ausführungshandlung werden durch Führungshandlungen festgelegt. Notwendige Voraussetzung dafür ist die **Kenntnis** der **einzuschränkenden Freiheitsgrade.** Das ist von der jeweiligen Ausführungshandlung abhängig; der ihr zugrundeliegende produktive Faktorkombinationsprozeß muß vollständig beschrieben und geistig antizipiert werden.[215]

Für die Beschreibung der Ausführungshandlung wird die dem Controlling bisher immanente systemische Betrachtungsweise herangezogen. Zum Zweck der Analyse dienen die **Komplexität** und die **Dynamik.**[216] Das entspricht einer Momentaufnahme, die den Systemzustand als seine Komplexität abbildet und die Veränderung dieser Komplexität über die Zeit durch die Funktion der Dynamik verdeutlicht.[217]

Die Bestimmung der **Komplexität** wird in der Literatur keineswegs einheitlich vorgenommen, in der Regel beruhen die **Definition**en aber auf der Analyse der Systemelemente und deren Beziehungen zueinander.[218] WEBER definiert die Komplexität demnach folgendermaßen:[219]

- Elemente: - Zahl von Elementen

                      - Unterschiedlichkeit der Elemente

                      - Unterschiedlichkeit der Elementzustände

- Beziehungen: - Zahl der Beziehungen

                      - Unterschiedlichkeit der Beziehungen

                      - Unterschiedlichkeit der Beziehungszustände

---

[215] Vgl. SCHÄFFER, Selbstabstimmende Gruppen, 1996, S.51.

[216] Vgl. im Zusammenhang mit der Systemsicht des Controlling die Beschreibung realer Systeme durch die Komplexität: BEER, Management, 1962, S.27ff., und BOULDING, Systems Theory, 1956, S.11ff.

[217] „Das System ist vollständig spezifiziert durch die Gesamtheit der Zustände, in denen es sich befinden kann, und das Verhalten des Systems wurde durch das Fortschreiben von Zustand zu Zustand beschrieben." RAPOPORT, Systemtheorie, 1988, S.9.

[218] Vgl. zum Begriff der Komplexität: KIRSCH, Entscheidungsprobleme, 1988, S.204ff., und im Rahmen der Problemlösung WEAVER, Complexity, 1948, S.536ff.

[219] Vgl. WEBER, Controlling, 1994, S.36.

Verändert sich das durch seine Komplexität beschriebene System, so kann dies als Dynamik dargestellt werden.[220] Die **Dynamik** wird von WEBER **definiert als:**[221]

- Veränderungsgrad der Systemelemente

- Veränderungsgrad der Systembeziehungen

- Veränderungsgeschwindigkeit der Systemelemente

- Veränderungsgeschwindigkeit der Beziehungen

- Grad der Zustandsveränderung

- Veränderungsgeschwindigkeit des Zustandes

Grundsätzlich kann es auf diesem analytischen Wege gelingen, Ausführungs-handlungen zu beschreiben.[222] Es erscheint in diesem Zusammenhang sinnvoll, den analytischen dem holistischen Weg vorzuziehen.[223] Jedoch ergibt sich bei **Hinzunah-me des Handlungsträgers** das Problem, die objektive Komplexität in eine subjektive überführen zu müssen.[224]

Zwei Versuchspersonen, einem professionellen Schachspieler und einem Laien, wurden zwei verschiedene Stellungen der gleichen Anzahl von Figuren auf dem Schachbrett gezeigt, die diese dann in einem gewissen zeitlichen Abstand nachzustel-len hatten.[225] Bei der ersten Stellung handelte es sich um eine in der Schachpraxis mögliche und übliche, bei der zweiten dagegen um eine unmögliche Stellung. Der Laie konnte beide in ungefähr ähnlicher Weise reproduzieren, der Schachspieler dagegen

---

[220] Dabei ist bei jeglicher Veränderung eines Systems Bedingung, daß es noch als solches erkannt werden kann, vgl. RAPOPORT, Systemtheorie, 1988, S.9f.

[221] Vgl. WEBER, Controlling, 1994, S.36.

[222] Vgl. SCHÄFFER, Selbstabstimmende Gruppen, 1996, S.52.

[223] „*Elementaristische Systemtheorien zeichnen sich vor ganzheitlichen durch größere Tiefe resp. dadurch aus, daß jene Systemteile, auf Eigenheiten, Verhalten von Systemelementen, Subsystemen rekurrierend, beschreiben und äußere Merkmale oder Ereignisse an Systemen auf ihre Bestand-teile zurückführen, während ganzheitliche Systemtheorien sich dessen entschlagen.*" RÖWER, Sy-stemtheorie, 1985, S.143f. Vgl. auch RAPOPORT, Systemtheorie, 1988, S.2ff.

[224] Vgl. BROCKHOFF, Informationsverarbeitung, 1983, S.54ff.

[225] Vgl. die Beschreibung dieses Beispiels als Teil umfangreicher Experimente bei: DE GROOT, Chess, 1965, S.321ff.

vermochte die übliche exakt, die unmögliche dagegen kaum nachzustellen.[226] Die objektiv gleiche Komplexität[227] wurde also höchst unterschiedlich empfunden. Das zeigt exemplarisch, daß nicht die objektive Komplexität und Dynamik einer Ausführungshandlung für die Ausprägung der Führungshandlung von maßgeblichem Einfluß ist, sondern die subjektive **Beschreib- und Prognostizierbarkeit** für den jeweiligen Führungshandelnden.[228] Der durch die Ausführunghandlung determinierte objektive Informationsbedarf, das objektiv relevante Wissen zur Festlegung der Freiheitsgrade der Ausführungshandlung,[229] steht dem subjektiven Informationsbedarf[230] eines speziellen Handlungsträgers gegenüber und weicht davon in aller Regel ab.[231]

Damit **konkretisiert sich** das **Modell der Führung**, das der Erweiterung der theoretischen Fundierung zugrundeliegt. Als unabhängige Variable wird die Ausführungshandlung vorausgesetzt, sie dient der Erklärung der Führung. Die Ausführungshandlung kann objektiv durch ihre Komplexität und Dynamik beschrieben werden, das entspricht dem objektiv relevanten Wissen. Für einen Handlungträger wandelt sich dieses objektiv relevante in das subjektiv relevante Wissen, die Komplexität wird zur Beschreibbarkeit[232] und die Dynamik zur Prognostizierbarkeit.[233] Das objektiv und das subjektiv relevante Wissen entsprechen sich in der Regel nicht. Die Differenz resultiert

---

[226] Das ist beispielsweise zu erklären durch Chunkbildung, vgl. NEWELL/SIMON, Problem Solving, 1972, S.780ff.

[227] Nach den oben angeführten Kriterien für die Bestimmung der Komplexität.

[228] Vgl. SZYPERSKI, Informationsbedarf, 1980, Sp.904ff. Vgl. dazu auch die Aussagen zum optimalen Planungshorizont in Verbindung mit der Rationalität des Menschen bei TEICHMANN, Planungshorizont, 1975, S.312.

[229] Dieses objektiv relevante Wissen ist eine fiktive Menge an Wissen, die intersubjektiv nie nachprüfbar ist. Sie entspricht in grober Annäherung dem gesamten relevanten Expertenwissen.

[230] Der subjektive Informationsbedarf ist definiert als die Differenz aus dem vorhandenen und dem subjektiv relevanten Wissen eines Handlungträgers, vgl. dazu BROCKHOFF, Informationsverarbeitung, 1983, S.53f. Das objektiv relevante Wissen führt also durch kognitive Verzerrungen zu einem subjektiv relevanten Wissen, das unter Differenzbildung mit dem vorhandenen Wissen den subjektiven Informationsbedarf bzw. das Wissensdefizit ergibt.

[231] Vgl. PICOT/REICHWALD, Informationswirtschaft, 1991, S.275.

[232] Vgl. WEBER, Controlling, 1995, S.40, der die Relevanz der Beschreibbarkeit für die Fähigkeit der Führung betont. Zur Komplexität schreibt Simon, daß sie als Phänomen vom Menschen teilweise gar nicht wahrgenommen werden kann, SIMON, Artificial, 1969, S.108.

[233] MARCH/SIMON stellen fest: „*The same two sets of factors, the initial state and the environment, determine not only the behavior but also what the internal state will be at the next moment of time.*" MARCH/SIMON, Organizations, 1993, S.28. Es wird also ähnlich differenziert zwischen der Situation der „environment" und der internen Repräsentation. SIMON spricht bei der Prognostizierbarkeit auch von Schwierigkeiten der Antizipation, vgl. SIMON, Entscheidungsverhalten, 1981, S.118.

aus den kognitiven Fähigkeiten des Handlungsträgers, der Können-Komponente.[234] Das beim Handlungsträger vorhandene im Vergleich mit dem subjektiv relevanten Wissen ergibt den subjektiven Informationsbedarf, also das Wissensdefizit des Handlungsträgers. Das bedeutet, daß subjektive Wissensdefizite die wesentliche Determinante für die Ausprägung von Führungshandlungen darstellen. Sie ergeben sich aus der zugrundeliegenden Ausführungshandlung und führen in Abhängigkeit von ihrer Höhe zu unterschiedlichen Führungshandlungen.[235]

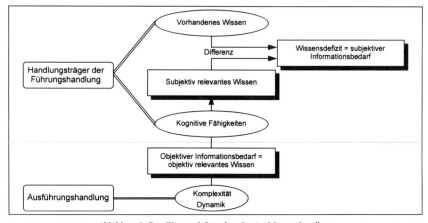

Abbildung 1: Das Wissensdefizit über die Ausführungshandlung

Führungshandlungen aus der Komplexität und Dynamik der zugrundeliegenden Ausführung zu erklären, ist in der **Literatur** vielfach anzutreffen. So erklärt WILLIAMSON die eingeschränkte Rationalität über die Komplexität[236] mit Hilfe des Schachbeispiels von NEUMANN/MORGENSTERN als Wissensdefizit: „...*if the theory of Chess were really fully known there would be nothing left to play.*"[237] Auch GALBRAITH bezieht sich bei seinem Ansatz maßgeblich auf die individuelle Verarbeitung von Informationen: „*It is not uncertainty per se that is of interest. It is information processing, and specifically information processing during actual task execution, that*

---

[234] Ein Ansatz dazu ist die im obigen Beispiel relevante Chunkbildung.

[235] Vgl. WEBER/BRETTEL/SCHÄFFER, Unternehmensführung, 1996, S.18f.

[236] Vgl. WILLIAMSON, Markets and Hierarchies, 1975, S.23ff.

[237] NEUMANN/MORGENSTERN, Economic Behavior, 1953, S.125.

is the key concept."[238] In der deutschen betriebswirtschaftlichen Literatur betont BROCKHOFF die *„Möglichkeiten und Grenzen der effizienzbeeinflussenden menschlichen Informationen in Entscheidungs- und Problemlösungsprozessen"*[239].

In der volkswirtschaftlichen Literatur kann man die Annahme eingeschränkter Rationalität und eingeschränkten Wissens schon früher finden. So schreibt VON HAYEK: *„Die Probleme dieser Welt sind von der „praktischen Schwierigkeit" beherrscht, daß unser Wissen tatsächlich von Vollkommenheit weit entfernt ist.*"[240] Eingeschränktes Wissen bildet für ihn eine zentrale Determinante zur Differenzierung von organisatorischen Handlungen und Ordnungen.[241]

Das in diesem Abschnitt dargestellte Grundmodell, die Ausprägungen von Führungshandlungen durch **Wissensbeschränkungen** über Ausführungshandlungen zu erklären, bedarf nun der **Konkretisierung**. Das erfolgt durch die Betrachtung der Wissensbeschränkungen des Menschen als Resultat seiner kognitiven Fähigkeiten.[242] Darauf aufbauend, kann die zweite Komponente zur Beschreibung des Handlungsträgers Mensch, das Wollen, dargestellt werden.

2.2.2 Wissensbeschränkungen des Produktionsfaktors Mensch als Können

2.2.2.1 Wissensbeschränkungen und Datentransformationsprozesse

Der **Handlungsträger** von Führungshandlungen verfügt über einen bestimmten, begrenzten Bestand an Wissen. Zur Festlegung der Freiheitsgrade der Ausführungshandlung besteht ein objektiver Informationsbedarf, der sich aus der Handlung heraus definiert. Dieses objektiv relevante Wissen wird vom Handlungsträger als sub-

---

[238] GALBRAITH, Organizations, 1973, S.5.

[239] BROCKHOFF, Informationsverarbeitung, 1983, S.53. Vgl. auch WITTE, Informationsverhalten, 1972.

[240] VON HAYEK, Verfassung der Freiheit, 1971, S.30.

[241] Vgl. VON HAYEK, Arten der Ordnung, 1969, S.32ff.

[242] „... *managers in any country should no longer be satisfied with simplistic ideas about knowledge and how it is created."* BUONO, Book Review, 1995, S.188. Die kognitiven Fähigkeiten, das Wissen und der Erwerb von Wissen erhalten immer größere Relevanz, weshalb sich auch die Forschung intensiver damit beschäftigen sollte, vgl. NONAKA/TAKEUCHI, Knowledge-Creating Company, 1995, S.1ff.

jektiv relevantes Wissen wahrgenommen. Aus der Differenz mit dem vorhandenen Wissen resultiert das **Wissensdefizit** als subjektiver Informationsbedarf.[243]

Nimmt man die Komplexität und Dynamik der Ausführungshandlung als gegeben hin, ist das **Wissensdefizit** einzig **durch Datentransformationsprozesse**[244] **abbaubar**, die dem Zweck der Generierung von Wissen dienen.[245] Diese Datentransformationsprozesse sind an die kognitiven Fähigkeiten des Produktionsfaktors der Führungshandlungen, den Menschen, gebunden. Im Rahmen der Forschung zur eingeschränkten Rationalität wurde festgestellt, daß die Fähigkeiten des Menschen begrenzt sind. Damit ist auch die Reduktion des Wissensdefizites zur Festlegung von Freiheitsgraden im Rahmen der Führungshandlungen begrenzt.[246]

Im folgenden sollen zuerst die **Strategien** zur **Reduktion** des **Wissensdefizites** dargestellt werden. Dazu ist eine Einteilung nach den drei relevanten Dimensionen der Datentransformation zugrunde gelegt.[247] Dargestellt wird neben der Möglichkeit zum Aufbau von Wissen auch die Begrenzung zur Datentransformation, die der eingeschränkten Rationalität entspricht. Die Basis ist dabei maßgeblich in denjenigen Naturwissenschaften zu suchen,[248] die die kognitiven Prozesse des Menschen zum Erkenntnisziel haben.[249]

---

[243]   Die folgenden Ausführungen beziehen sich vornehmlich auf das Wissensdefizit und die Strategien zu seiner Reduktion. Eingeschlossen in die Betrachtung sind aber auch die Möglichkeiten zur Reduktion der Differenz zwischen objektiv und subjektiv relevantem Wissen, wie beispielsweise das durch kognitive Fähigkeiten erlernte Chunking.

[244]   In diesem Zusammenhang soll kurz auf zwei Definitionen hingewiesen werden: Daten sind beliebige Repräsentationen von Objekten, die aus Zeichen oder Zeichenketten bestehen, denen eine Bedeutung zugeordnet ist. Durch die nicht zielbezogene Aufnahme von Daten kann Wissen generiert werden. Sind Daten dagegen mit einem für einen Kontext relevanten Neuigkeitsgrad versehen, so handelt es sich um Informationen, vgl. WEBER/BRETTEL/SCHÄFFER, Unternehmensführung, 1996, S.13.

[245]   Vgl. SCHÄFFER, Selbstabstimmende Gruppen, 1996, S.53ff.

[246]   Die Folge sind unterschiedliche Führungshandlungen in Abhängigkeit von der zugrundeliegenden Ausführungshandlung.

[247]   Vgl. WEBER/BRETTEL/SCHÄFFER, Unternehmensführung, 1996, S.25ff.

[248]   Dabei handelt es sich im Rahmen der kognitiven Prozesse vor allem um die Disziplinen der Neurophysiologie und der die Gehirnvorgänge interpretierenden Psychologie, vgl. WEBER/BRETTEL/SCHÄFFER, Unternehmensführung, 1996, S.19ff.

[249]   Es kann dabei allerdings nicht darum gehen, eigene Erkenntnisse zu gewinnen, vielmehr müssen die Erkenntnisse der Nachbardisziplinen in die Betriebswirtschaftslehre fruchtbar integriert werden.

2.2.2.2 Zeitliche Datentransformationsprozesse

Die zeitliche Transformation von Daten erfüllt den Zweck der **Datenspeicherung**. Sie ist insbesondere dann notwendig, wenn zwischen der Aufnahme von Daten und dem Abrufen des dadurch aufgebauten Wissens eine zeitliche Differenz zu verzeichnen ist. Für die Ausprägung von Führungshandlungen ist relevant, wie der Produktionsfaktor Mensch die Datenspeicherungsprozesse bewältigt.[250] Denn sein vorhandenes (gespeichertes) Wissen bzw. die dabei zu verzeichnenden Einschränkungen[251] im Sinne der eingeschränkten Rationalität sind bestimmend für das Wissensdefizit. Mit der folgenden Beschreibung der zeitlichen Datentransformationsprozesse durch den Menschen soll zweierlei erreicht werden: erstens kann damit das für die Führungshandlung wesentliche Wissensdefizit operationalisiert werden, zweitens kann ein Beitrag dazu geleistet werden, die Einschränkung der Rationalität zu erklären.[252]

In **zeitlicher Differenzierung** wird von einer Vierteilung des Gedächtnisses ausgegangen.[253] Jede Wahrnehmung des Menschen wird vom **sensorischen Gedächtnis** verarbeitet, verbleibt darin nur weniger als eine Sekunde lang und wird dann selbständig ausgelöscht.[254] Bei bewußter Wahrnehmung gelangen die Daten in das **primäre Gedächtnis**, in dem sie mehrere Sekunden lang verweilen können. Ausgelöscht werden sie dort erst durch **Überlagerung** durch neue Daten. In diesem Bereich liegt eine der schwerwiegendsten Begrenzungen: Der Mensch kann nur etwa fünf bis sieben Elemente gleichzeitig im primären Gedächtnis lagern.[255]

---

[250] Vgl. ausführlicher WEBER/BRETTEL/SCHÄFFER, Unternehmensführung, 1996, S.26. Die Datenspeicherung des Menschen kann auch technisch unterstützt werden, für die Führungshandlungen ist aber ein selbständig denkender Produktionsfaktor, also der Mensch, konstituierend.

[251] Die Einschränkungen sind bei allen Menschen vorhanden, können aber durchaus interpersonelle Unterschiede aufweisen: Das ist durch die Funktionsabläufe im Gehirn und die Selbstreferentialität bedingt, vgl. ROTH, Gehirn und Selbstorganisation, 1990, S.15.

[252] Diese Aufgaben können jedoch erst dann erfüllt sein, wenn die Datentransformationsprozesse und ihre Einschränkung in allen drei Dimensionen betrachtet worden sind.

[253] Vgl. ERVIN/ANDERS, Memory, 1970, S.163. Die Vierteilung hat die herkömmliche Unterscheidung nach Ebbinghaus in Kurz- und Langzeitgedächtnis stärker differenziert.

[254] Die Kapazität zur Aufnahme ist durch die Sinnesorgane begrenzt, vgl. KUPFERMÜLLER, Grundlagen, 1974, S.209ff.

[255] Als Elemente sind einzelne Symbole, aber auch Symbolkombinationen denkbar. Die Bildung von solchen Kombinationen, die zur Reduktion von Komplexität beitragen, werden mit dem Begriff des chunking umschrieben, vgl. HOFFMANN, Gedächtnis- und Verhaltensorganisation, 1995, S.228ff. Diese Begrenzung wurde auch schon von MILLER, Magical Number Seven, 1956, S.81ff. beschrieben.

Sollen die in das primäre Gedächtnis gelangten Daten nicht verloren gehen, so müssen sie durch Üben bzw. unter Anlegen einer Gedächtnisspur in das **sekundäre Gedächtnis** gelangen.[256] Die Gedächtnisspur entspricht einer anhaltenden Verstärkung der synaptischen Verbindungen verursacht durch excitatorische[257] Potentialänderungen.[258] Diese Verstärkung kann bis zu mehreren Jahren erhalten bleiben[259] und wird erst durch **Interferenz**, also eine inhibitorische Potentialänderung oder eine gegenläufige excitatorische Störung, modifiziert.[260] Bei sehr häufigem Üben gelangen die Daten in das **tertiäre Gedächtnis**, in dem sie in der Regel für immer verbleiben.[261]

---

[256] Vgl. ERVIN/ANDERS, Memory, 1970, S.163ff.

[257] Vgl. zu den Begriffen der excitatorischen und der inhibitorischen Potentialänderung KLIMESCH, Gedächtnispsychologische Repräsentationsannahmen, 1995, S.5ff.

[258] Das Prinzip der synaptischen Modifikation wurde schon 1949 von dem Psychologen Donald Hebb, vgl. HEBB, Organization of Behavior, 1949, gefordert, konnte aber erst mehr als zwanzig Jahre später durch die Neurophysiologie bestätigt werden, vgl. BLISS/LÖMO, Long-lasting Potentation, 1973, S.331ff. Die synaptische Modifikation wird durch die zeitliche und räumliche Summierung von Potentialänderungen und der darauf folgenden Ausschüttung von chemischen Substanzen zwischen den Kontaktstellen der circa einhundert Milliarden Nervenzellen bedingt, vgl. STEVENS, Neuron, 1988, S.1ff., sowie grundlegend LLINAS, Biology of the Brain, 1988, und THOMPSON, Brain, 1985.

[259] Vgl. KLIMESCH, Gedächtnispsychologische Repräsentationsannahmen, 1995, S.7f. Für das Vergessen aus dem sekundären Gedächtnis wird, die Stärke der synaptischen Modifikation berücksichtigend, ein Modell der abnehmenden Grenzvergeßlichkeit unterstellt, vgl. ANDERSON, Cognitive Psychology, 1985.

[260] Vgl. LEVY, Changes at the Synapse, 1985, S.5ff.

[261] Ein Beispiel für etwas dauerhaft Verankertes ist der eigene Name, vgl. insgesamt auch HOFFMANN, Aktives Gedächtnis, 1983.

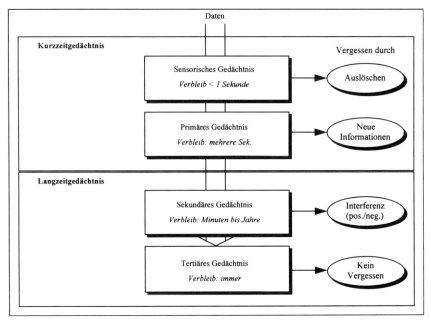

Abbildung 2: Eine zeitliche Differenzierung des menschlichen Gedächtnisses[262]

Die zeitliche Differenzierung bzw. der Verbleib von Daten in den differenzierten Teilen des Gedächtnisses entspricht einer unterschiedlichen Fähigkeit zum Speichern. Dadurch kann der **Bestand von Wissen des Führungshandelnden** erklärt werden. Bei einer solchen Modellbildung darf allerdings nicht davon ausgegangen werden, daß es sich bei den unterschiedenen Gedächtnisteilen auch um örtlich abgrenzbare Bereiche im Gehirn handelt.[263] Es ist lediglich eine Aussage getroffen worden, wie fest verankert das Wissen im Gehirn erscheint und wie lange es in der Folge mit welcher Vergeßlichkeit gespeichert werden kann. Dabei kann ergänzend festgestellt werden,

---

[262] Eigene Erstellung in Anlehnung an SCHMIDT, Zentralnervensystem, 1990, S.166.

[263] Die in der Betriebswirtschaftslehre verbreitete Vorstellung vom menschlichen Gedächtnis als einem Speichermodell wird durch die Gehirnforschung heute abgelehnt. Vielmehr sind von den Gehirnforschern Modelle publiziert worden, die die Gedächtnisarbeit als Konstruktion, nicht als Aufbewahrung interpretieren, vgl. Foerster, Gedächtnis ohne Aufzeichnung, 1985, S.133ff., HEJL, Gedächtnisproblem, 1992, S.325f., KLIMESCH, Gedächtnispsychologische Repräsentationsannahmen, 1995, S.12ff., und anders noch HUBEL/WIESEL, Receptive Fields, 1959, S.574ff.

daß alles Wissen eine Funktion des bisher Wahrgenommenen und Geübten darstellt.[264]
Dieses Phänomen wird mit dem Begriff der **Selbstreferentialität** umschrieben.[265]

2.2.2.3 Inhaltliche Datentransformationsprozesse

Die **inhaltliche Transformation** von Daten gliedert sich in zwei Bereiche: Erstens die **Aufnahme** der Daten und zweitens das **Abrufen** von Wissen. Die Aufnahme stellt die Bedingung für eine Speicherung, also die im vorigen Abschnitt behandelte zeitliche Datentransformation, dar. Das Abrufen wird in diesem Zusammenhang zweckbezogen betrachtet, es dient der Festlegung von Freiheitsgraden.[266] Die Funktionen des Aufnehmens und Abrufens als die beiden Bereiche der inhaltlichen Datentransformation stehen insofern miteinander im Zusammenhang, als sie beide mit der inhaltlichen Unterteilung des Gedächtnisses erklärt werden können.

Das Gedächtnis ist grundsätzlich in einen **deklarativen**, das Wissensgedächtnis, und einen **prozedualen Teil**, das Verhaltensgedächtnis, zu differenzieren. Diese Unterteilung ist nicht alternativ zur zeitlichen Gliederung zu betrachten, sondern ergänzend.

In das **Wissensgedächtnis** werden Daten durch einen kognitiven Prozeß aufgenommen. Daraus entsteht einerseits episodisches Wissen, das entspricht dem Faktenteil, und andererseits semantisch-grammatisches Wissen. Diese Unterteilung stellt in Abbildung 3 die nächste Gliederungsebene dar. Das episodische Wissen kann dabei noch in einen bewußten und einen unbewußten Bereich differenziert werden.[267]

---

[264] Vgl. zum Gedächtnis und scheinbar neuen Problemlösungen: HADAMARD, Invention, 1945 und MARCH/SIMON, Organisation und Individuum, 1976, S.165ff.

[265] Vgl. SCHMIDT, Gedächtnisforschungen, 1992, S.14.

[266] Insofern wird auch von Abrufen von Wissen gesprochen, denn Wissen soll definiert sein als die Menge aller im menschlichen Gedächtnis repräsentierten Daten, die einen Handlungsbezug aufweisen, vgl. SCHÄFFER, Selbstabstimmende Gruppen, 1996, S.47.

[267] Vgl. im Überblick ROSENZWEIG/LEIMANN, Physiological Psychology, 1978, und speziell zum Unbewußten KIHLSTROM, Unconscious, 1987, S.1445ff. Es ist in diesem Zusammenhang offen, ob auch komplexe Lernvorgänge durch Konditionieren erfolgen können. Zumindest ist heute bekannt, daß zum Abrufen des Gelernten eine Konstellation komplexer Bedingungen, auch Assoziationen, vorhanden sein müssen, um zu reproduzieren, vgl. auch ZIMBARDO Psychologie, 1983, S.246ff.

Die Aufnahme in das **Verhaltensgedächtnis** erfolgt durch die sogenannte Konditionierung, also einen Prozeß, in dem eine Assoziation zwischen einem Reiz und einer Reaktion hergestellt wird.[268]

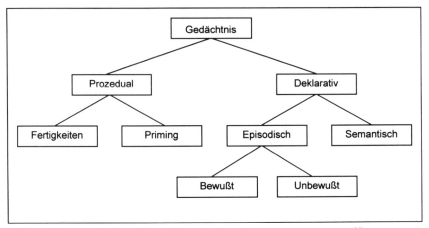

Abbildung 3: Eine vereinfachte inhaltliche Differenzierung des Gedächtnisses[269]

Aufgenommenes und gespeichertes Wissen muß zur Einschränkung von Freiheitsgraden abgerufen werden können. Das ist eine Frage der **Encodierung von Gedächtnisspuren**.[270] Solche Gedächtnisspuren sind im sekundären und tertiären Teil des Gedächtnisses zu finden, dort, wo die Masse an Wissen sehr hoch ist. Grundsätzlich geschieht das Abrufen durch einen **Wiedererkennungsreiz**, der für den deklarativen Teil als *„Netzwerk von Assoziationen"*[271] bezeichnet wird. Diese Art des Abrufens ermöglicht eine freie Reproduktion.[272] Auch die sogenannte „Eselsbrücke" ist dort ein-

---

[268] Vgl. SCHMIDT, Zentralnervensystem, 1990, S.168f. Das prozeduale Gedächtnis in einen bewußten und einen unbewußten Teil zu differenzieren, ist deshalb nicht sinnvoll, weil sich darin ausschließlich konditioniertes Wissen befindet.

[269] Entnommen aus MARKOWITSCH, Gedächtnis, 1992, S.8.

[270] Diese Gedächtnisspuren sind, auch wenn sie objektiv gleiches Wissen repräsentieren, ganz individuell angelegt, vgl. ERVIN/ANDERS, Memory, 1970, S.163ff.

[271] ZIMBARDO, Psychologie, 1983, S.255.

[272] Grundsätzlich ist trotz unterschiedlicher Vorstellungen über die Möglichkeiten des Speicherns und damit auch des Abrufens inzwischen Einigkeit darüber erzielt, daß das Abrufen in einer Art Parallelverarbeitung geschehen muß. Dazu auch HOLLAND ET AL., trotz ihrer regelbasierten Vorstellung über das Gedächtnis: *„An important part of our framework is the use of parallelism in the form of firing multiple rules."* HOLLAND ET AL., Induction, 1987, S.24.

zuordnen. Allerdings ist das freie Reproduzieren an eine ganze Reihe von Bedingungen wie z.b. die Stärke der Assoziation oder die gebildeten Verzerrungen geknüpft.[273]

Neben der beschriebenen Art des Abrufens von Wissen ist noch die Funktion des völlig **unbewußt verlaufenden Wiedererkennens** bekannt. Diese Möglichkeit präsentiert sich zum momentanen Wissenschaftsstand jedoch als relativ unzuverlässig.[274]

Die Darstellung der inhaltlichen Unterteilung des Gedächtnisses dient als Grundlage, die Einschränkungen zu betrachten, die sich ergeben, wenn Daten aufgenommen werden oder Wissen zur Festlegung von Freiheitsgraden abgerufen wird.[275] Damit wird die im Rahmen der Beschreibung der zeitlichen Datentransformationsprozesse begonnene Darstellung der **Grenzen der vollkommenen Rationalität** ergänzt.[276]

Prinzipiell hängen die **Probleme**, die die Einschränkung der Rationalität zum Inhalt haben, mit der **Wiedererkennung**, dem **Assoziationsreiz**, zusammen. Dabei sind die folgenden Begrenzungen feststellbar.[277]

Informationen, die verarbeitet werden müssen, dürfen grundsätzlich die **Verarbeitungskapazität** des einzelnen nicht übersteigen.[278] Andernfalls werden sie verzerrt

---

[273] LOFTUS/PALMER, Reconstruction, 1974, S.585ff. Dazu auch HOLLAND ET AL.: „*Particular kinds of induction are triggered by particular conditions that arise in the context of problem solving.*" HOLLAND ET AL., Induction, 1987, S.9.

[274] Die Forschung, die sich mit der unbewußten Reproduktion beschäftigt, erkennt inzwischen allerdings immer mehr Möglichkeiten, das unbewußte Wissen zuverlässig zu repräsentieren, die Ergebnisse sind aber noch nicht breit bestätigt. So ist davon auszugehen, daß es einer Reihe komplexer Rahmenbedingungen und Assoziationen bedarf, um das unbewußte Wissen zu repräsentieren, vgl. MAUL, Systemtheorie, 1993, S.736, ZIMBARDO, Psychologie, 1983, S.259ff., und beispielhaft POLANYI, Implizites Wissen, 1985, S.14ff., insbesondere S.17.

[275] Für eine ausführlichere Darstellung siehe die angegebene Literatur und daneben WEBER/BRETTEL/SCHÄFFER, Unternehmensführung, 1996, S.30ff.

[276] Der erste Teil ist die eingeschränkte Möglichkeit des Menschen zur Speicherung, die im Rahmen der zeitlichen Datentransformation dargestellt wurde.

[277] Vgl. VON STENGEL, Rationalität, 1992, S.7ff. Dabei ist auch immer wieder bemerkt, daß es Einschränkungen gibt, die sehr wohl zu reduzieren sind, oder mit HOLLAND ET AL.: „*... that such inferential rules, in addition to being induced by people in the course of ordinary daily existence, can be taught.*" HOLAND ET AL., Induction, 1987, S.255. Dagegen werden andere Einschränkungen immer bestehen bleiben, sie sind nicht zu reduzieren, wie am einfachsten anhand von optischen Täuschungen wie der von MÜLLER-LYER gezeigt werden kann, vgl. TVERSKY/KAHNEMANN, Framing of Decisions, 1987, S.82f.

[278] Vgl. MILLER, Disorders, 1964, der sogar nachzuweisen vermochte, daß bei Reizüberflutung bei notwendiger schneller Verarbeitung das Verhalten Gesunder dem der Schizophrenen ähnelt, indem es zu ähnlich falschen Assoziationen kommt.

oder ignoriert, selbst wenn sie kostenlos sind.[279] Die Folge kann eine falsche Assoziationsbildung sein, die in systematische Fehleinschätzungen mündet.[280]

Dieser Einschränkung gesellt sich der sogenannte **Zuweisungsirrtum** (attribution error)[281] hinzu, der beinhaltet, daß den Größen, die sich in der Wahrnehmung als individuell variabel präsentieren, eine größere Bedeutung zugemessen wird als der feststehenden Konstellation der Situation.[282]

Damit hängt das Problem der **Repräsentativität** von Daten eng zusammen.[283] Daten, die mit vorhandenem Wissen des Menschen im Sinne eines Kausal-Schemas verbunden werden können, finden weitaus stärkere Beachtung als zufällige oder diagnostische Daten, die u.U. den gleichen Informationsgehalt haben.[284] Dabei werden auch weder die Größe von Stichproben noch a priori-Wahrscheinlichkeiten ausreichend berücksichtigt.[285]

---

[279] Ein analoges Verhalten des Menschen zeigt sich beim Umgang mit Unsicherheit: „*We often dread uncertainty. A common way of dealing with our knowledge of the uncertainty in life is to ignore it completely, or to invent some „higher rationale" to explain it, often a rationale that makes it more apparent than real.*" DAWES, Rational Choice, 1988, S.256.

[280] „*In addition to heuristics, people use certain knowledge structures in approaching judgement tasks. ... These knowledge structures are invaluable aids to understanding social events, but they may mislead to the extent that they are poor representations of external reality and to the extent that they preclude attention to the details of the actual object at hand.*" NISBETT/ROSS, Human Inference, 1980, S.42. Vgl. auch insgesamt: KAHNEMANN/SLOVIC/TVERSKY, Uncertainty, 1982, S.23ff.

[281] Vgl. grundlegend ROSS, Intuitive Psychologist, 1977. „*When people are required to judge the relative frequency of particular objects or the likelihood of particular events, they often may be influenced by the relative availability of the objects or events, that is, their accessibility in the processes of perception, memory, or construction from imagination.*" NISBETT/ROSS, Human Inference, 1980, S.18f. Vgl. auch HEIDER, Interpersonal Relations, 1958, S.54.

[282] „*A substantial amount of evidence supports the assertion that people overestimate the stability of an individual's behavior across situations and underestimate the contribution of the situation.*" HOLLAND ET AL., Induction, 1986, S.222.

[283] „*When trying to learn the rule clusters that characterize a category or a concept, people do not attend equally to all features in a complex array. Instead they focus on those features that are contained in rules that are proving usefully predictive.*" HOLLAND ET AL., Induction, 1987, S.93. Generell stellen insofern TVERSKY/KAHNEMANN fest, daß „*...people typically rely on the representativeness heuristic...*" TVERSKY/KAHNEMANN, Uncertainty, 1974, S.1124.

[284] „*In making judgement, people assess the degree to which the salient features of the object are representative of, or similar to, the features presumed to be characteristic of the category.*" NISBETT/ROSS, Human Inference, 1980, S.24.

[285] Dazu auch TVERSKY/KAHNEMANN: „*In particular, we have seen that sample size has no effect on subjective sampling distributions, that posterior binomial estimates are determined (in the aggregate case, at least) by sample proportion rather than by sample difference, and that they do not depend on the population proportion. In his evaluation of evidence, man is apparently not a conservative Bayesian: he is not a Bayesian at all.*" TVERSKY/KAHNEMANN, Subjective probability, 1982, S.46.

Im allgemeinen versucht der Mensch, bestehendes Wissen zu bestätigen, nicht aber zu falsifizieren.[286] Das wird als **Bestätigungsbias** beschrieben.[287] Das hat zur Folge, daß Wahrscheinlichkeiten nicht exakt berücksichtigt und bei neuartigen Problemen früh eingegangene Informationen, die zur Bildung eines mentalen Modells führten, überschätzt, später eingehende und korrigierende Informationen dagegen unterschätzt werden.[288] Extrem ausgeprägt ist dieses Phänomen der Verzerrung, wenn die Informationen auf ein mentales Modell treffen, das im Gedächtnis in Form von Wissen bereits vorhanden ist.[289]

Wissen wird am geringsten verzerrt, wenn dazu Assoziationen unterschiedlicher Art vorhanden sind, das Wissen also in verschiedenen Kontexten aufgenommen wurde. Dann ist es auch am leichtesten verfügbar (**Verfügbarkeitsbias**).[290] Die leichtere Verfügbarkeit können gebildete Muster, auch im Sinne von „Eselsbrücken" unterstützen. Schlimmstenfalls führen **fehlende Assoziationen** dazu, daß vorhandenes Wissen nicht reproduziert werden kann.[291]

Den vielfältigen Einschränkungen begegnet der Mensch durch **Strategien zur** künstlichen **Erweiterung** seiner **Datentransformationsfähigkeiten**, die die Einschränkungen teilweise ausgleichen können. Dabei handelt es sich erstens um das „*Chunking*", also die Bildung von Gruppen von Elementen, die als Ganzes behalten werden,[292] zweitens um die **Fokussierung**, also das bewußte Außerachtlassen von

---

[286] Vgl. CHAPMAN/CHAPMAN, Test results, 1982, S.239ff. „*In interpreting the results of these tests, the average clinician may project his own preconceptions and assumptions into his descriptions of the patient.*" (S.239).

[287] Dazu vgl. auch im Zusammenhang mit der Menge des verfügbaren Wissens: „*.... confidence in one´s decisions continues to climb steadily as more information is obtained.*" OSKAMP, Overconfidence, 1982, S.288.

[288] Vgl. auch ROSS/ANDERSON, Attribution process, 1982, S.129ff.

[289] So stellen auch NISBETT/ROSS fest, „*.... that preconceptions can be important to interpreting data and therefore can strongly influence all other tasks that depend on this most basic inferential undertaking.*" NISBETT/ROSS, Human Inference, 1980, S.67.

[290] Daneben wirkt eine ganze Reihe von Faktoren wesentlich auf die Verfügbarkeit von Daten: „*A number of investigators have shown that the memory of pictures is astonishingly good and is markedly better than memory of either words or sentences.*" NISBETT/ROSS, Human Inference, 1980, S.51.

[291] Dazu vgl. auch die in einem anderen Zusammenhang beschriebenen, aber bei der Assoziationsbildung gleichermaßen wichtigen „*Egocentric biases*" bei ROSS/SICOLY, Egocentric biases, 1982, S.179ff.

[292] Dazu grundsätzlich MILLER, Magical Number Seven, 1956, S.81ff.

Wahrnehmungen, Hypothesen oder Merkmalen,[293] und drittens um den **Inkrementa-lismus.**[294]

Zusammenfassend ist festzustellen, daß die inhaltlichen Datentransformations-prozesse, die einerseits dem Aufbau von Wissen, also der Reduktion eines potentiellen Wissensdefizites, andererseits dem Abrufen, also der Reproduktion von Wissen mit dem Ziel der Einschränkung von Freiheitsgraden, dienen, aus einer komplexen Diffe-renzierung des menschlichen Gedächtnisses entspringen und vielfältigen Einschrän-kungen im Sinne einer beschränkten Rationalität unterliegen. Bevor dies gemeinsam mit den beiden anderen Arten der Datentransformation zusammenfassend dargestellt wird, soll im folgenden die räumliche Datentransformation beschrieben werden.

2.2.2.4 Räumliche Datentransformationsprozesse

Nimmt ein Handlungsträger Daten auf oder gibt er Wissen zur Einschränkung von Freiheitsgraden ab, so ist das in der Regel mit der **Überbrückung von Raum au-ßerhalb des Gedächtnisses** verbunden. Dieser auch als Kommunikation bezeichnete Prozeß soll als räumliche Datentransformation beschrieben werden.[295]

Im Rahmen der inhaltlichen Datentransformation wurde dargestellt, daß Men-schen von außen kommende Daten in ein Modell der internen Repräsentation[296] ein-

---

[293] Im Rahmen der Fokussierung werden drei untergeordnete Strategien unterschieden, die des *„successive scanning"*, die des *„conservative focussing"* und die des *„focus gambling"*. Bei der ersten Strategie wird im Rahmen der Problemlösung nur eine Annahme bei der kompletten Durch-suchung des Problemraums gleichzeitig geprüft, bei der zweiten nur immer ein Merkmal von Suchschritt zu Suchschritt verändert und bei der dritten wenige Merkmale „spielerisch" verändert. Vgl. BRUNER/GOODNOW/AUSTIN, Thinking, 1956, S.85ff.

[294] Beim Inkrementalismus wird das Problem, zu dem es begrenztes Wissen abzurufen bzw. durch geeignete Datentransformationsprozesse zu generieren gilt, in inkrementelle Schritte aufgespalten, die sukzessive zu einer Lösung gebracht werden. So können die menschlichen Einschränkungen der Rationalität teilweise umgangen bzw. die Kosten der Lösung eines Problems vermindert wer-den. In Kauf nehmen muß man dabei allerdings eine suboptimale Lösung. Bekannt geworden ist diese Strategie als das *„Muddling Through"* in der Politik, vgl. LINDBLOM, Muddling Through, 1959, S.79ff., und BRAYBROOKE/LINDBLOM, Decision, 1963, S.122ff.

[295] In diesem Rahmen soll keine Aufarbeitung der Kommunikation, sondern eine möglichst allgemei-ne Darstellung der räumlichen Datentransformation erfolgen. Das schon alleine, weil die vor über dreißig Jahren formulierte Feststellung *„Gegenwärtig stellen die von den einzelnen Wissenschaf-ten untersuchten, verschiedenartigen Aspekte der Kommunikation keineswegs eine einheitliche Forschungsrichtung dar, sie bilden lediglich eine gemeinsame Basis, die fruchtbar zu sein ver-spricht"* CHERRY, Kommunikationsforschung, 1963, S.12 noch nichts an Aktualität eingebüßt hat. Von der Einheitlichkeit der Forschung ist auch heute nichts zu bemerken, so daß im folgenden auch auf den Begriff der Kommunikation verzichtet werden soll.

[296] Vgl. für das *„innere bzw. kognitive Modell"* auch KIRSCH, Entscheidungsprozesse II, 1970, S.140.

ordnen, also mit einer eigenen Assoziation verbinden.[297] Dieser Prozeß hat auch für die räumliche Transformation von Daten erhebliche Auswirkungen, die Weitergabe von Daten und Wissen zwischen Handlungsträgern erfolgt nämlich in zwei Teilen: Erstens die räumliche Überbrückung und zweitens die hierin immanente inhaltliche Repräsentation, die eine Interpretation des Weitergegebenen darstellt.[298] Dies berücksichtigend wird in der vorliegenden Arbeit der Unterteilung in eine Inhalts- und Beziehungsebene der räumlichen Datentransformation (im weiteren Sinne) von WATZLAWICK/BEAVIN/ JACKSON gefolgt.[299] Modellhaft wird demgemäß zwischen einer **Nachrichtenebene**, also der Ebene, auf der die reine Weitergabe der Nachrichten[300] geschieht und die bei WATZLAWICK/BEAVIN/JACKSON die Inhaltsebene darstellt, und einer **Interpretationsebene** unterschieden. Letztere entspricht der Beziehungsebene von WATZLA-WICK/BEAVIN/JACKSON, auf der die Nachricht interpretiert wird.[301] Die so definierte räumliche Datentransformation im weiteren Sinne beinhaltet damit die rein räumliche (im engeren Sinne) und die implizit innewohnende inhaltliche Datentransformation.[302]

---

[297] Vgl. SHANNON, Mathematical Theory, 1949, S.31.

[298] Vgl. grundlegend dazu SHANNON/WEAVER, Communication, 1949. Eine philosophische Einführung, die zugleich umfangreicher ist und deshalb mehr als die in dieser Arbeit notwendigen Funktionen, aber auch diese, beinhaltet, gibt HABERMAS, Kommunikatives Handeln, 1995 unter ausführlichem Rekurs auf MEAD, Gesellschaft, 1969.

[299] Vgl. WATZLAWICK/BEAVIN/JACKSON, Kommunikation, 1990, S.53ff.

[300] Eine Nachricht soll als die Gesamtheit der übertragenen Daten verstanden werden. Die Nachrichtenebene entspricht der Inhaltsebene bei WATZLAWICK/BEAVIN/JACKSON.

[301] Vgl. eine Aufarbeitung und modellhafte Darstellung der Funktionen der Kommunikation in DELHEES, Kommunikation, 1994, S.30ff. und ein Selbstdarstellungsdiagramm in ähnlicher Form: S.49.

[302] Vgl. WEBER/BRETTEL/SCHÄFFER, Unternehmensführung, 1996, S.36f.

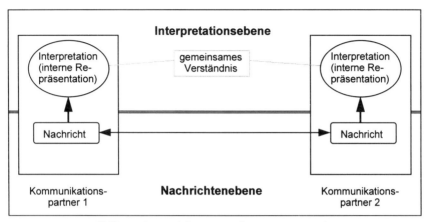

Abbildung 4: Die räumliche Datantransformation im weiteren Sinn

Auf der **Nachrichtenebene**[303] erfolgt die Übertragung von Daten zwischen zwei Handlungsträgern entweder verbal oder nonverbal.[304] Dabei ist eine Entscheidung für verschiedene Übertragungskanäle und -medien zu treffen.[305] Für den Menschen werden die Kanäle angelehnt an seine Wahrnehmungsfähigkeiten[306] differenziert. Die Wahl der Kanäle kann bewußt und unbewußt getroffen werden und beeinflußt damit die Möglichkeiten zur verbalen und nonverbalen Übertragung.[307]

Die Kanäle stehen für die Möglichkeit der Handlungsträger, Daten aufzunehmen. Zusätzlich kann sich zwischen ihnen ein Medium der Übertragung befinden.[308]

---

[303] Das Grundmodell der Nachrichtenübermittlung folgt den Gedanken von SHANNON/WEAVER, Communication, 1949.

[304] „*Es muß ferner daran erinnert werden, daß das „Material" jeglicher Kommunikation keineswegs nur Worte sind, sondern auch alle paralinguistischen Phänomene (wie z.B. Tonfall, Schnelligkeit oder Langsamkeit der Sprache, Pausen, Lachen und Seufzen), Körperhaltung, Ausdrucksbewegungen (Körpersprache) usw. innerhalb eines bestimmten Kontextes umfaßt - kurz, Verhalten jeder Art.*" WATZLAWICK/BEAVIN/JACKSON, Kommunikation, 1990, S.51. Konsequent wird in diesem Zusammenhang auch von der Unmöglichkeit, nicht zu kommunizieren, gesprochen. Vgl ferner LUHMANN, Zweckbegriff und Systemrationalität, 1973.

[305] Vgl. hier auch noch den Begriff des Kommunikationsnetzwerkes als Erweiterung des Bezugs auf den Kanal bei dem hier nicht betrachteten Fall der Übertragung von Nachrichten in Gruppen: WEINERT, Organisationspsychologie, 1987, S.324ff. Für eine Differenzierung der Individual- und der Gruppenkommunikation bei Einordnung der Kommunikationskanäle/-netze vgl. GROSSER, Informationsvermittlung, 1988, S.30ff.

[306] Man unterscheidet auditive, visuelle, taktile, olfaktorische, thermale und gustatorische Kanäle, die einzeln oder in Kombination verwendet werden können, vgl. SCHERER, Gespräch, 1977, S.277ff.

[307] Vgl. FREY, Kommunikation, 1984, S.8.

[308] Als Medien kann man Briefe, Faxe, Mitteilungszettel, das Telefon, Videokonferenzen und das Fehlen eines solchen bei der Face-to-face Übertragung unterscheiden, vgl. PICOT/REICHWALD,

Es dient dazu, räumliche und zeitliche Distanzen zu überwinden, kann sich aber auch als Filter präsentieren, indem es auf bestimmten Kanälen nicht in der Lage ist zu übertragen.[309]

Wesentlich für die Funktion der räumlichen Datentransformation im weiteren Sinne ist die Interpretation, die interne Repräsentation der Nachricht auf der **Interpretationsebene**.[310] Denn die objektiven Eigenschaften der Wahrnehmungen[311] werden immer zu einer subjektiven Wahrnehmung verarbeitet, die der objektiven nicht zwingend entsprechen muß.[312] An dieser Stelle gewinnt die inhaltliche Datentransformation an Relevanz, Wissensbeschränkungen und die im Zusammenhang mit der inhaltlichen Datentransformation beschriebenen Einschränkungen der Rationalität kommen zum Tragen.[313] Das mündet in die interpretatorische Wissensbeschränkung,[314] die dann auftritt, wenn das gemeinsame Verständnis für die Interpretation der Nachrichten nicht vorhanden ist.[315] Das zugrundeliegende Problem liegt darin, daß die gleiche Nachricht mit unterschiedlichen Assoziationen bei den Handlungsträgern verbunden ist, was zu ungleichen Repräsentationen und folglich verschiedenen Interpretationen der Nachricht führt.[316]

Wesentlich für die Ähnlichkeit bei der Interpretation von Nachrichten bzw. damit die Möglichkeit zur Weitergabe von Wissen sind zwei miteinander kombinierte Problemkreise:[317] Erstens resultieren Interpretationsprobleme aus **hoher Spezifität** des

---

Bürokommunikation, 1987, S.34. Nur bei letzterer können alle verfügbaren Kanäle genutzt werden, bei den anderen Kanälen sind sie jeweils begrenzt.

[309]   Beispielsweise kann es beim Faxen kaum gelingen, auditive Signale zu übermitteln.

[310]   Zur Funktion der internen Repräsentation vgl. NEWELL/SIMON, Problem Solving, 1972, S.59ff.

[311]   Vgl. LÜER/WERNER/LASS, Repräsentation, 1995, S.79ff.

[312]   Vgl. SCHMIDT, Zentralnervensystem, 1990, S.156ff.

[313]   Vgl. zur Attribution, die auch im Rahmen der Kommunikation beschrieben wird: HERKNER, Attribution, 1980.

[314]   Die interpretatorische Wissensbeschränkung ist keine zusätzliche Form der eingeschränkten Rationalität, sondern resultiert aus den oben beschriebenen Einschränkungen der inhaltlichen Datentransformationsfähigkeit.

[315]   Vgl. WATZLAWICK/BEAVIN/JACKSON, Kommunikation, 1990, S.22ff.

[316]   In diesem Sinne beschreibt ARROW zur Vereinfachung der Kommunikation den „common approach or a common language" ARROW, Limits of Organization, 1974, S.42. Vgl. auch VON THUN, Reden, 1993, S.44ff.

[317]   Vgl. zur umfangreicheren Aufarbeitung der Probleme bei der Kommunikation: DELHEES, Kommunikation, 1993, S.307ff. mit Verweis u.a. auf die Forschungen von BATESON, Geist, 1982 und WATZLAWICK/WEAKLAND, Interaktion, 1980.

Wissens. Das bedeutet, daß das für die Interpretation notwendige Kontextwissen eine hohe Handlungsträgergebundenheit aufweist.[318] Zweitens entstehen Probleme bei der Weitergabe von Wissen durch geringe Repräsentierbarkeit desselben.[319] Ein Beispiel dafür ist das sogenannte „tacit-knowledge".[320] Die **Repräsentierbarkeit des Wissens** ist eng verbunden mit der inhaltlichen Differenzierung des Gedächtnisses und des daraus resultierenden impliziten oder prozedualen Charakters von Wissen.[321]

Einen wesentlichen Einfluß auf die Höhe des Wissensdefizites bei der Interpretation hat die Wahl des Kanals bzw. des Mediums.[322] Eine Nachrichtenübertragung auf verschiedenen Kanälen mit der Möglichkeit zur Rückkopplung und eventuell vorhandenen assoziativen Redundanzen[323] können das Wissensdefizit wesentlich verringern.[324] Als hilfreich kann sich auch erweisen, aktiv eine gemeinsame interpretatorische Basis zur Nachrichtenübertragung zu schaffen.[325]

Im Rahmen der Darstellung der räumlichen Transformation ist insbesondere erkennbar, wie die einzelnen Prozesse der Datentransformation miteinander zusammenhängen. Auf diese Weise wirken sich Einschränkungen der Rationalität in allen drei Dimensionen gleichermaßen aus. Das wird in der folgenden Zusammenfassung und Darstellung deutlich.

---

[318] Vgl. WEBER/BRETTEL/SCHAFFER, Unternehmensführung, 1996, S.41f.

[319] Repräsentierbarkeit von Wissen steht hier nicht nur für die Schilderung desselben, sondern auch für die Nachvollziehbarkeit der Darstellung. Vgl. hierzu auch die Differenzierung des Wissens in „Wissen von und Wissen über Dinge" WATZLAWICK/BEAVIN/JACKSON, Kommunikation, 1990, S.242ff.

[320] Vgl. die Erläuterung für das sog. „tacit knowledge" in: NONAKA/TAKEUCHI, Knowledge-Creating Company, S.VIIf.

[321] Die Repräsentierbarkeit gestaltet sich besonders schwierig bei Fertigkeiten, vgl. BARNARD, Functions of the Executive, 1938, S.291, WILLIAMSON, Economic Institution, 1985, S.53, POLANYI, Personal Knowledge,1962, S.52f., und MARSCHAK, Economics, 1968, S.14.

[322] In diesem Sinne kann die Interpretation als bestimmend für den Kanal und damit als auf der Metaebene befindlich angesehen werden, vgl. WATZLAWICK/BEAVIN/JACKSON, Kommunikation, 1990, S.56.

[323] Vgl. KAHNEMANN/SLOVIC/TVERSKY, Uncertainty, 1982, S.11ff., und NONAKA/TAKEUCHI, Knowledge-Creating Company, 1995, S.80ff.

[324] Vgl. DELHEES, Soziale Kommunikation, 1994, S.133ff., HAGE, Communication, 1974, S.38f., und REICHWALD, Zeitfaktor,1989, S.318ff.

[325] Vgl. WEBER/BRETTEL/SCHÄFFER, Unternehmensführung, 1996, S.43.

2.2.2.5 Zusammenfassung der Datentransformationsprozesse und ihrer Einschränkungen in einem mentalen Modell

Zur Festlegung der Freiheitsgrade einer bestimmten Ausführungshandlung ist ein bestimmtes Maß an objektiv relevantem Wissen notwendig. Dadurch ist die Ausführungshandlung zu charakterisieren. Dem steht die Führungshandlung gegenüber, deren gewünschtes Ergebnis in genau dieser Festlegung der Freiheitsgrade besteht. Der Handlungsträger dieser Führungshandlung ist der Mensch. Sein Wissen und geeignete Datentransformationsprozesse ermöglichen die Festlegung. Diese und ihre Einschränkungen wurden im einzelnen in den vorangegangenen drei Abschnitten dargestellt. Im folgenden werden die einzelnen Teile in ein **Gesamtmodell** eingeordnet.

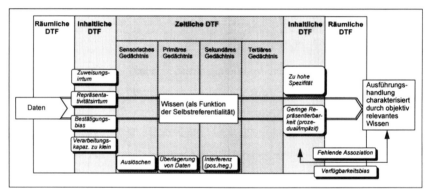

Abbildung 5: Zusammenfassung der Datentransformationsprozesse und deren Einschränkungen

Die Prozesse im Gedächtnis des einzelnen Handlungsträgers spielen sich im Rahmen der inhaltlichen und der zeitlichen Datentransformation ab. Die räumliche Datentransformation bildet insofern eine Schnittstelle, als sie immer eine Ergänzung durch die inhaltliche erfahren muß. Die jeweils doppelte Illustration der inhaltlichen und räumlichen Darstellung erfolgt, um zwischen der Aufnahme von Daten und der Abgabe von Wissen zum Zweck der Festlegung von Freiheitsgraden einer Ausführungshandlung zu unterscheiden. Bezug genommen wird analog zur Führungshandlung auf die Ausführungshandlung. Dadurch werden die in ihrem Zusammenhang entstehenden **Wissensdefizite erläutert**.

Zusammenfassend ergibt sich, daß der Handlungsträger **umfassenden Einschränkungen bei der Datenverarbeitung** unterliegt.[326] Dementsprechend zeigen sich auch seine Fähigkeiten bei der Einschränkung von Freiheitsgraden. Diesen Einschränkungen ist bei der Gestaltung von Führungshandlungen Rechnung zu tragen. Das soll im Anschluß an die zweite maßgebliche Einschränkung des Handlungsträgers, die Wollen-Komponente, dargestellt werden.

2.2.3 Die Verfolgung eines Eigennutzens durch den Produktionsfaktor Mensch als Wollen

Neben der eingeschränkten Rationalität wird ein Handlungsträger durch die Verfolgung seines Eigeninteresses charakterisiert.[327] Dieses Eigeninteresse ist aus der Tatsache begründet, daß der Mensch als einziger im Unternehmen zu intelligenten Handlungen befähigt ist und folglich einen eigenen Willen entwickeln kann.[328] Damit steht er im Gegensatz zu einem vollständig fremdgesteuerten Produktionsfaktor wie einer Maschine. Das **Wollen** des Produktionsfaktors Mensch beeinflußt die Ausführungshandlungen und ist damit konstituierend für die Ausprägung von Führungshandlungen.[329] Dahingehend wird es im folgenden betrachtet.

Opportunismus als Verhaltensannahme wird in der Literatur der Institutionenökonomik auf WILLIAMSON zurückgeführt.[330] Diese Annahme ersetzte die Vorstellung von einer einheitlichen Verfolgung der gleichen Ziele im Unternehmen[331] durch die Erkenntnis, daß die Menschen versuchen, *„immer und in allen Lebenslagen, ihre subjektive Zielfunktion zu maximieren.“*[332] Williamson führt den Opportunismus insofern auf eingeschränkte Rationalität zurück, als er mit mangelndem Kontrollwissen,

---

[326] Die Einschränkungen sind jeweils in den schattierten Kästchen zum Ausdruck gebracht und im vorangegangenen Text beschrieben.

[327] *„Self-interest seeking“* WILLIAMSON, Markets and Hierarchies, 1975, S.26. Vgl. auch BECKER, Menschliches Verhalten, 1982, S.317ff. *„So wird angenommen, daß das Eigeninteresse alle anderen Motive dominiert“* (S.318).

[328] WEBER/BRETTEL/SCHÄFFER, Unternehmensführung, 1996, S.19ff.

[329] Dazu vgl. im Zusammenhang mit dem Controlling: KÜPPER, Controlling, 1995, S.45ff.

[330] Vgl. HERMANN, Dispositiver Faktor, 1994, S.90. Dazu auch die Rolle des Opportunismus in den institutionellen Theorien: WILLIAMSON, Economic Institutions, 1985, S.47f.

[331] Vgl. OUCHI, Williamson, 1977, S.542.

[332] MICHAELIS, Transaktionskosten, 1985, S.106.

insbesondere bei „*small numbers*", argumentiert.[333] Dabei betont er, daß es sich um eine Verhaltensannahme handelt, die nicht auf jeden Handlungsträger zutreffe,[334] aber aufgrund der Tatsache, daß es Opportunisten gäbe, die potentiell kostenträchtig sind, sei diese Annahme effizient.[335]

In der ökonomischen Literatur findet sich eine Verhaltensannahme ähnlich dem Opportunismus schon früh,[336] sie ist allerdings im Laufe der Jahre auch kontrovers bzw. in andere Annahmen mündend diskutiert worden.[337] Wichtigster **Kritikpunkt**, den Williamson selbst einräumt, stellt dar, daß sich nicht alle Handlungsträger einer Unternehmung in einem das unterstellte Verhalten widerspiegelnden Bild einordnen lassen.[338] Eher im Gegenteil müßte das in eine Vielzahl von Bildern münden, mit denen es trotzdem kaum gelänge, alle Verhaltensmuster zu erfassen.[339] Dadurch wirkt die Opportunismusannahme zwar komplexitätsreduzierend, setzt sich aber der Kritik aus, nur ein bestimmtes Menschenbild zu erfassen.[340]

In ihrer Funktion, Komplexität zu reduzieren, verengen Menschenbilder die Realität auf einen bestimmten Ausschnitt.[341] Damit setzen sie sich einer erheblichen Kritik aus, insbesondere wenn sie nur monistisch oder dualistisch aufgebaut sind wie beispielsweise der Ansatz von MCGREGOR.[342] Diese **Kritik** läßt sich erst **umgehen**, wenn zwar auf die Grundannahme der Menschenbilder, die Tatsache der Verfolgung

---

[333] Vgl. WILLIAMSON, Markets and Hierarchies, 1975, S.26ff.

[334] Dazu auch ALBACH, Geleitwort zu Petersen, 1989, S.V.

[335] Vgl. WILLIAMSON, Market Restrictions, 1979, S.957, und WILLIAMSON, Economics of Governance, 1984, S.199ff.

[336] Vgl. die Hinweise in WEBER/BRETTEL/SCHÄFFER, Unternehmensführung, 1996, S.14f.

[337] Vgl. BECKER, Altruism, 1976, S.821, oder MARSCHAK/RADNER, Economic Theory, 1972, S.9, die das Solidaritätsaxiom als andere, ebenfalls nicht ganz unumstrittene, Verhaltensannahme eingeführt haben.

[338] Vgl. WILLIAMSON, Economics of Governance, 1984, S.199.

[339] ROTERING spricht von einer „*Ergänzung der Opportunismusannahme*" ROTERING, Kooperation, 1993, S.110.

[340] Vgl. SCHOLZ, Personalmanagement, 1993, S.402.

[341] Es erscheint zwar durchaus möglich, aus einer Anzahl verschiedener Menschenbilder heraus organisatorische Notwendigkeiten abzuleiten, die Aussagefähigkeit ist aber dennoch begrenzt. Vgl. einen der umfangreichsten, gleichwohl andere zusammenfassenden, Ansatz: SCHEIN, Organizational Psychology, 1965, S.47ff.

[342] Vgl. MCGREGOR, Mensch im Unternehmen, 1973, S.47ff., zur Kritik SCHOLZ, Personalmanagement, 1993, S.405 und weitere dualistische Theorien: ARGYRIS, Personality and Organization, 1957, MASLOW, Motivation and Personality, 1954, und HERZBERG, Motivate Employees, 1968.

des „*self-interest*"[343] rekurriert, jedoch die Anzahl der erklärenden Variablen dabei nicht begrenzt würde.

Grundsätzlich ist nämlich festzustellen, daß jeder Handlungsträger eine eigene **Nutzenfunktion** verfolgt.[344] Sie kann der Nutzenfunktion des korporativen Akteurs, in dem sich der Handlungsträger befindet, entsprechen,[345] dies ist aber nicht immer der Fall. Die individuelle Nutzenfunktion äußert sich in den Handlungen ihrer Träger. Sie sind entweder Handlungen des korporativen Akteurs oder in Abgrenzung dazu solche der darin befindlichen individuellen Einzelpersonen.[346] Die Differenz[347] aus dem Handeln der einzelnen Handlungsträger und dem des korporativen Akteur entspricht im Resultat dem Opportunismus.[348]

Das Handeln eines Handlungsträgers wird angestoßen durch einen bestimmten Anlaß.[349] Dieser Anlaß, auch als Stimulus zu bezeichnen, wird verarbeitet, wobei es zu kognitiven Verzerrungen[350] kommen kann: „*Objektiv gleiche Umweltsituationen werden von verschiedenen Personen unterschiedlich verarbeitet und mit differierenden Verhaltensweisen beantwortet. Objektiv ungleiche Umweltsituationen können von verschiedenen Personen aber auch gleich verarbeitet werden und ohne erkennbare inter-*

---

[343] WILLIAMSON, Markets and Hierarchies, 1975, S.26.

[344] Vgl. MICHAELIS, Transaktionskosten, 1985, S.106ff.

[345] Vgl. zum Begriff des korporativen Akteurs und zur Abgrenzung gegenüber dem Handlungsträger COLEMAN, Macht und Gesellschaftsstruktur, S.1ff.

[346] Vgl. COLEMAN, Gesellschaft, 1986, S.11ff., und das darin beschriebene Beispiel des Eisverkaufens, das den Unterschied zwischen der Handlung einer natürlichen Person und einem korporativen Akteur sowie die sich daraus ergebenden Probleme eindrucksvoll verdeutlicht.

[347] Außer Frage steht, daß Differenzen entstehen müssen, denn auch das Handeln eines korporativen Akteurs ist von einer Einzelperson nur im Rahmen der allgemeinen kognitiven Dissonanz zu unterscheiden möglich, vgl. FESTINGER, Cognitive Dissonance, 1957, S.260ff.

[348] Die Entstehung der Differenz ist wie auch in der Beschreibung der Transaktionskostentheorie bei WILLIAMSON (vgl. WILLIAMSON, Markets and Hierarchies, 1975, S.26ff.) zurückzuführen auf das von Buchanan beschriebene „large-number dilemma", vgl. BUCHANAN, Constitutional Contract, 1977, S.161, und deshalb auch nur ab einer bestimmten Größe einer Organisationseinheit relevant. Die dargestellten Interessenkollisionen sind bei einer Einzelperson, die sich zugleich als korporativer Akteur etabliert, nicht zu erkennen, werden aber gerade im Rahmen des Krankenhauses, das den weiteren Erkenntnisgegenstand der Arbeit bildet, beim Aufeinandertreffen ganz unterschiedlicher Personengruppen, die durch ihr Zusammenwirken das Handeln des korporativen Akteurs ausmachen, als Abweichungen von diesem Handeln besonders deutlich.

[349] Dieser Anlaß kann ein Arbeitsvertrag, der Zusammenschluß zu einem korporativen Akteur oder ein sonstiger Reiz, auch eine vorausgegangene Führungshandlung, darstellen.

[350] Kognitive Verzerrungen sind das Resultat einer eingeschränkten Rationalität, womit an dieser Stelle deutlich wird, daß die Können- und die Wollen-Komponente zur Charakterisierung des Handlungsträgers kaum zu trennen sind.

personale Verhaltensunterschiede beantwortet werden."[351] Im Anschluß an die Verarbeitung, die der reinen Aufnahme dient,[352] erfolgt die Wandlung des Anlasses in eine in einer bestimmten Weise ausgeprägte Handlung, wobei dafür maßgeblich eine Funktion des einzelnen Handlungsträgers ist, die man mit dem Begriff der Nutzenfunktion[353] umschreiben kann.[354] In diese Nutzenfunktion gehen als intervenierende Variable[355] einerseits die Erwartungen und die Eintrittswahrscheinlichkeiten über die Handlungskonsequenzen ein, andererseits sind auch Aspekte des Handlungsträgers selbst wie seine Instinkte, Motive und Werte maßgeblich.[356] Vom **Grundmodell** her entspricht das einem um die kognitiven Einflüsse ergänzten SOR/SIR-Modell.[357]

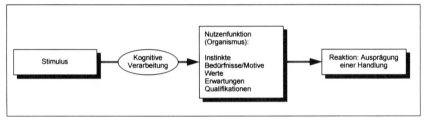

Abbildung 6: Die Nutzenfunktion als Erklärende im S-O-R-Modell[358]

Literarische Vorläufer für das dargestellte Modell sind schon bei BARNARD[359] und MARCH/SIMON[360] zu finden. In der von letzteren entwickelten Anreiz-Beitrags-

---

[351] STAEHLE, Management, 1994, S.148, Hervorhebungen im Original.

[352] Vgl. erklärend LUTHANS, Organizational Behavior, 1985, S.156ff.

[353] Statt der Nutzenfunktion finden sich andere Begriffe wie der des Organismus oder der intervenierenden Variablen. In diesem Zusammenhang soll die Nutzenfunktion als ein die intervenierenden Variablen umfassender Begriff gebraucht werden, vgl. STAEHLE, Management, 1994, S.148ff., sowie SCHOLZ, Personalmanagement, 1993, S.413ff.

[354] Insofern auch MARCH/OLSEN, die für den Entscheidungszyklus analog der Darstellung in der vorliegenden Arbeit feststellen: *„Die Wahrnehmungen (Kognitionen) und Präferenzen von Individuen beeinflussen ihr Verhalten"* MARCH/OLSEN, Unsicherheit, 1990, S.376. Abstrahiert werden soll bei der vorliegenden Beschreibung von der durchaus relevanten Frage der Einschränkung der möglichen Handlungen durch mangelndes Können.

[355] Vgl. zu den intervenierenden Variablen grundlegend ATKINSON/REITMAN, Motive Strength, 1956, S.361ff.

[356] Vgl. STAEHLE, Management, 1994, S. 149ff.

[357] Vgl. grundlegend zu den Stimulus-Response-Modellen und ihren Abwandlungen: BOLLES, Cognition and Motivation, 1974, S.1ff. und SCHOLZ, Personalmanagement, 1993, S.413ff. Wichtig ist im Anschluß an die Differenzierung von subjektiver und objektiver Rationalität, die kognitive Verarbeitung und die den kognitiven Prozesse ebenfalls beinhaltenden Erwartungen einzubeziehen.

[358] Vgl. STAEHLE, Management, 1994, S.148ff., insbesondere S.149.

[359] Vgl. BARNARD, Functions of the Executive, 1938.

Theorie wird die Teilnahmeentscheidung eines Individuums von einem Anreiz (Stimulus) veranlaßt, mit Überlegungen zur Teilnahmeentscheidung und Alternativen (Nutzenfunktion) versehen und in einen Beitrag (Ausprägung einer Handlung) resultierend dargestellt.[361]

Einordnen läßt sich in dieses Modell auch der **Opportunismus**.[362] Im Unterschied zu den herkömmlichen Darstellungen ist aber nicht wesentlich, inwieweit der Kontrollierende durch begrenzte Informationen in Verbindung mit „small numbers" eingeschränkt ist, sondern inwieweit der Opportunist diese Einschränkung erkennt und demgemäß mit „*strategic manipulation*"[363], „*lying, cheating and stealing*"[364] und ähnlichem handelt und zum Handeln die Möglichkeit hat.[365]

Gemäß der vorangegangenen Darstellung sind für die Fundierung der Ausprägung der Führungshandlungen die **Nutzenfunktionen der Handlungsträger** zu ermitteln.[366] Sie zeichnen den Handlungsträger von Führung und Ausführung in Form von Verhaltensannahmen aus. Durch die Existenz kognitiver Verzerrungen, also einer Form von eingeschränkter Rationalität, die sich bei der Wahrnehmung der Stimuli und bei der Bildung der Nutzenfunktionen auswirkt, erhöht sich das für die Führungshandlungen konstituierende Wissensdefizit.

---

[360] Vgl. insbesondere MARCH/SIMON, Organizations, 1958, S.53ff.

[361] Vgl. MARCH/SIMON, Organisation und Individuum, 1976, S.81ff.

[362] Der Opportunismus beschreibt im vorliegenden Modell eine Nutzenfunktion, in der Handlungsträger strategisch ihr Eigeninteresse verfolgen, dazu nicht ehrlich sind und „*more generally, disguise attributes or preferences, distort data, obfuscate issues, and otherwise confuse transactions*" WILLIAMSON, Nature of the Firm, 1981, S.676. Sie reagieren auf den Stimulus des Erkennens einer mangelnden Kontrolle, beispielsweise aufgrund von „small numbers", und der Chance, den eigenen Nutzen auch auf Kosten anderer zu erhöhen, in der beschriebenen Weise.

[363] WILLIAMSON, Markets and Hierarchies, 1975, S.26.

[364] WILLIAMSON, Institutions, 1985, S.47.

[365] Denn lediglich das Erkennen oder zumindest die Vermutung der Einschränkung der Kontrollrationalität durch den Opportunisten kann konstituierend für Opportunismus sein, nicht aber schon das reine Vorhandensein der Einschränkung, vgl. analog FESTINGER, Cognitive Dissonance, 1957, S.264ff.

[366] Es steht außer Frage, daß auch hier vereinfachend gearbeitet werden muß, um die Komplexitätsreduktion und die Ableitung von Aussagen zu erreichen, vgl. RAFFÉE, Betriebswirtschaftslehre, 1974, S.40ff. Doch zeigt sich in der Anwendung im Laufe dieser Arbeit, daß sich dabei sehr wohl nutzbringende Ergebnisse erzielen lassen.

2.3 Unterschiedliche Führungshandlungen als Kombination aus Handlungen und Faktoreinschränkungen

Nachdem als erster Baustein verschiedene Handlungen differenziert sowie ihr Verhältnis zueinander beschrieben und als zweiter Baustein die Einschränkungen des Menschen als maßgeblichen Träger von Führungshandlungen dargestellt wurden, können darauf aufbauend verschiedene **Führungshandlungen differenziert** werden.[367]

Als Basis der Differenzierung der Führungshandlungen dient in konsequenter Anwendung die Definition der Handlung. Die Begriffsfassung trägt als Definitionsmerkmale einerseits das zu erreichende Ergebnis und andererseits den zu diesem Ergebnis führenden Kombinationsprozeß in sich. In dieser Weise werden auch die im folgenden zu beschreibenden Führungshandlungen strukturiert: Im ersten Schritt erfolgt eine Einteilung nach dem Ergebnis. Ergänzend dazu werden die Führungshandlungen im zweiten Schritt nach den unterschiedlichen Prozessen, die dazu dienen, das Ergebnis zu erreichen, differenziert.

2.3.1 Unterschiedliche Ergebnisse von Führungshandlungen

Das **gewünschte Ergebnis** einer Führungshandlung stellt die Festlegung von Freiheitsgraden einer Ausführungshandlung dar. Das kann in unmittelbaren, aber auch in mittelbaren Handlungen geschehen. Dazu wird im folgenden eine Differenzierung entworfen, die sich an der Grundlegung der Definition der Handlungen und den Einschränkungen des Handlungsträgers orientiert.

Die Freiheitsgrade einer Ausführungshandlung festzulegen bedarf einerseits der Kenntnis dieser Freiheitsgrade und ihrer Ausprägungen und andererseits der Wahl einer bestimmten dieser Ausprägungen. Das bedeutet, daß im ersten Schritt Wissen darüber verfügbar sein muß, was festzulegen ist, und darauf aufbauend, wie die Festlegung erfolgen kann.[368] Dieses Wissen ist teilweise beim Handlungsträger der Füh-

---

[367] Für das folgende vgl. WEBER/BRETTEL/SCHÄFFER, Unternehmensführung, 1996, S.44ff.

[368] Um diese abstrakten Ausführungen zu veranschaulichen, sei an ein Beispiel von Schneider, das des Hoffegens, angeknüpft: Als Freiheitsgrade der Ausführungshandlung des Hoffegens können die Wahl des Besens, die Ecke, in der anzufangen ist, die Geschwindigkeit des Fegens, die Besenstellung etc. unterschieden werden. Ausprägungen dieser Freiheitsgrade sind nun beispielsweise die verschiedenen vorhandenen Besen oder die vier Ecken des Hofes, in denen begonnen werden kann. Ist allerdings nur ein Besen vorhanden, so präsentiert sich dieser Freiheitsgrad in Ermangelung von Alternativen als nicht relevant. Darüber ist Wissen zu generieren. Vgl. SCHNEIDER, Invesition und Finanzierung, 1983, S.22.

rungshandlung vorhanden, das verbleibende Wissensdefizit gilt es, durch geeignete Datentransformationsprozesse abzubauen.[369] Ist das geschehen, so können die Freiheitsgrade eingeschränkt werden. In Verbindung mit einem Handlungsträger bedeutet das, daß dieser die geistige Antizipation der Ausführung vornimmt und sich auf diese Weise einen Willen bildet. Infolgedessen soll diese der unmittelbaren Festlegung der Freiheitsgrade der Ausführungshandlung dienende Führungshandlung **Willensbildungshandlung** genannt werden.[370]

Die rein geistige Fiktion der Ausführung ist grundsätzlich noch nicht ausreichend, um diese Realität werden zu lassen. Es bedarf eines zusätzlichen Anstoßes. Dieser kann im einfachsten Fall aus dem Einschalten eines Programms mit der auszuführenden Produktionsfunktion oder aus der reinen Weitergabe des antizipierten Willens im Sinne einer räumlichen Datentransformation bestehen. Letztere ist allerdings, wie oben beschrieben, mit erheblichen kognitiven Einschränkungen durch den Handlungsträger verbunden, so daß es einer Reihe von begleitenden Maßnahmen im Rahmen der räumlichen Datentransformation bedarf. Dazu formuliert GUTENBERG, daß es dem Führungshandelnden obliegt, *„das Geplante Wirklichkeit werden zu lassen, also Sorge dafür zu tragen, daß Hemmungen und Widerstände überwunden werden, die sich dem Gewollten engegenstellen...“*.[371] Der Realisierung des gebildeten Willens stellen sich nicht nur die kognitiven Einschränkungen im Sinne von Fähigkeiten, sondern auch der Wille im Sinne des Eigennutzens des Ausführungshandelnden entgegen. Diesen mit dem gebildeten Willen der Führungshandlung in Übereinstimmung zu bringen, sind weitere begleitende Maßnahmen notwendig. In diesem Sinne soll die der realen[372] Einschränkung von Freiheitsgraden dienende Führungshandlung als **Willensdurchsetzung** bezeichnet werden. Besonders relevant ist die Durchsetzung bei der interpersonellen Trennung von Führung und Ausführung. Doch auch dann, wenn diese

---

[369] In Anlehnung an Galbraith bieten sich bei Vorhandensein eines Wissensdefizites zwei Strategien an: die oben genannte und zudem die der Reduktion des objektiv relevanten Wissens. Letztere wird nicht weiter betrachtet, da von gegebenen Ausführungshandlungen ausgegangen werden muß. Vgl. GALBRAITH, Organizations, 1973, S.15.

[370] Vgl. schon bei GUTENBERG, Unternehmensführung, 1962, S.11: *„Willensbildung“*.

[371] GUTENBERG, Produktion, 1983, S.132.

[372] Real im Gegensatz zu geistig.

beiden Handlungen in einer Person durchgeführt werden, sind in der Regel zusätzliche Maßnahmen erforderlich.[373]

Die dargestellten Einschränkungen der Rationalität der Handlungsträger in Verbindung mit der ihnen innewohnenden Eigenschaft, Eigennutzen zu verfolgen, können bewirken, daß die reale Ausführung nicht der geistig antizipierten entspricht. Um dies feststellen zu können, ist weiteres Wissen erforderlich. Im allgemeinen betriebswirtschaftlichen Sprachgebrauch wird die nach der realen Ausführung erfolgende Wissensgenerierung auch als **Kontrolle** bezeichnet. Dabei ist es möglich, daß diese Führungshandlung lediglich abbildenden Charakter hat oder in eine neue Willensbildungshandlung einmünden kann und damit mittelbar der Festlegung von Freiheitsgraden dient.

Die vorgenommene Differenzierung der Führungshandlungen ist in der Literatur durchaus nicht neu. HAHN hat Anfang der 70er Jahre die Führung in die Willensbildung und die Willensdurchsetzung eingeteilt,[374] wobei die dazu notwendige Informationsgewinnung im Sinne der Wissensgenerierung in den beiden differenzierten Phasen enthalten war.[375] Ein weiterer, der „Zürcher-Ansatz"[376], unterscheidet gleicherweise als Elemente der Führung die Willensbildung und die Willensdurchsetzung, wobei nach sogenannten Rängen differenziert wird, und zwar dem der Führung und dem der Ausführung.[377] Auf der nächsten Ebene werden im „Zürcher-Ansatz" das Element der Willensbildung in Planung und Entscheidung und das der Willensdurch-

---

[373] Darin ist auch die im Volksmund mit „Überwinden des eigenen Schweinehundes" angesprochene Funktion eingeschlossen, vgl dazu. WEBER/BRETTEL/SCHÄFFER, Unternehmensführung, 1996, S.48f., unter Rekurs auf DUDEL, Erregungsübertragung, 1990, S.52f.

[374] Vgl. HAHN, Führung, 1971, S.161ff. Vgl. auch HEINEN über den entscheidungsorientierten Ansatz: „*Konsequenterweise stehen die Prozesse der Willensbildung und Willensdurchsetzung im Mittelpunkt*" HEINEN, Entscheidungsorientierter Ansatz, 1970, S.430.

[375] Interessant dabei ist die Zuordnung der Kontrolle zur Willensdurchsetzung, vgl. HAHN, PuK, 1996, S.3ff., und die Abbildung auf S.48.

[376] Vgl. auch zur Fundierung des Controlling auf Basis des „Zürcher-Ansatzes" BAUMGARTNER, Controller-Konzeption, 1980, insbesondere 58ff. und zur Übertragung auf Krankenhäuser BISIG, Leitungsorganisation, 1981, S.13ff.

[377] Vgl. RÜHLI, Führungsmodell, 1977, S.732ff., und in grundlegender Darstellung RÜHLI, Unternehmungsführung, 1973 und 1977.

setzung in Anordnung und Kontrolle[378] unterteilt, wobei analog dem auch hier Vorgeschlagenen eine rein funktionale Betrachtung erfolgen kann.[379]

2.3.2 Überlagerung unterschiedlicher Prozesse von Führungshandlungen

Die durch das objektiv relevante Wissen charakterisierte Ausführungshandlung wird durch unterschiedliche Führungshandlungen determiniert. Dazu konnten Führungshandlungen mit verschiedenen Ergebnissen unterschieden werden. Zu diesen Ergebnissen kann und muß mit **unterschiedlichen Kombinationsprozessen** gelangt werden. Denn verschieden hohes objektiv relevantes Wissen erfordert andere Prozesse als niedriges Wissen.[380]

Die Kombinationsprozesse der Führungshandlungen unterliegen den Einschränkungen des Handlungsträgers Mensch. **Relevant** sind aufgrund der Bezugnahme auf die Ausführungshandlung insbesondere die **kognitiven Fähigkeiten** im Rahmen der inhaltlichen Datentransformationsprozesse.[381] Denn um das objektiv relevante Wissen bzw. für den Handlungsträger das subjektiv relevante Wissen in die Festlegung von Freiheitsgraden umzusetzen, bedarf es vor allem der inhaltlichen Datentransformation.[382]

Grundsätzlich ist Wissen zwischen einem relativ strukturierten und nachvollziehbaren Prozeß der freien Reproduktion bewußten deklarativen Wissens und einem unstrukturierten, kaum nachvollziehbaren und durch diverse kognitive Einschränkungen getrübten Prozeß der Assoziationsbildung abrufbar. Diese beiden Prozesse bilden die **Endpunkte** eines **Kontinuums**, in das alle existierenden Zwischenformen einzu-

---

[378] An dieser Stelle wird die größte Differenz zu dem hier vorgeschlagenen Ansatz deutlich, indem die Kontrolle wegen ihres gleichermaßen ex post- und ex ante-Charakters nicht nur als Durchsetzung, sondern auch als eigene Wissensgenerierung, die in eine neue Willensbildung eingehen kann, angesehen wird.

[379] Vgl. RÜHLI, Zürcher-Ansatz, 1984, S.350f.

[380] Vgl. WEBER/BRETTEL/SCHÄFFER, Unternehmensführung, 1996, S.51ff.

[381] In Abbildung 5 ist das auf der rechten Seite unter Bezugnahme auf die Ausführungshandlung und die dabei existierenden Einschränkungen der vollkommenen Rationalität verdeutlicht. Natürlich sind auch die weiteren Prozesse der zeitlichen und räumlichen Datentransformation für den Abbau des Wissensdefizites relevant.

[382] Darin ist auch die Generierung von neuen Ideen eingeschlossen, die streng genommen insofern nie neu sein können, als sie aufgrund der Selbstreferentialität immer schon existieren müssen, vgl. SCHMIDT, Gedächtnisforschungen, 1992, S.14.

ordnen sind.[383] Relevant ist dieses Kontinuum natürlich nicht nur beim Abrufen sondern auch bei der räumlichen Datentransformation und der Aufnahme von Wissen.

Das Kontinuum gewinnt dann an Bedeutung, wenn die unterschiedlichen Führungshandlungen dazu genutzt werden, die beschriebenen Einschränkungen der Rationalität zu reduzieren. Denn beispielsweise kann bei der Wissensgenerierung ein dro-
hender Bestätigungsbias durch die Strukturierung des kognitiven Prozesses mit geeigneten Hilfsmitteln vermieden werden.[384] Es wird sich also bewußt der einen Seite des
aufgespannten Kontinuums genähert. Dagegen kann bei zu kleiner Verarbeitungskapazität durch heuristische und unstrukturierte Komplexitätsreduktion, also zum Beispiel durch Chunkbildung,[385] das Problem trotzdem kognitiv zu bewältigen sein.[386] Es
erfolgt also bewußt eine Annäherung an die andere, die unstrukturierte Seite des Kontinuums.[387]

Mit den beiden Endpunkten des Kontinuums beschäftigt sich die Betriebswirtschaftslehre schon eine ganze Zeit lang, wenn auch unter anderer Begriffsfassung und
Grundlegung.[388] So beschrieb BARNARD bereits in den 30er Jahren Handlungen: *„By
'logical processes' I mean concious thinking which could be expressed in words, or
other symbols, that is reasoning. By 'non-logical processes' I mean those not capable
of being expressed in words or as reasoning... ."*[389] Es wird somit diskret zwischen

---

[383] Grundlegend für diese Differenzierung ist, wie dargestellt, die synaptische Modifikation. Sie bewirkt, daß bei Durchlaufen unterschiedlicher Gedächtnisspuren - das ist eine komplexe und nicht
ausreichend erforschte Funktion einer ganzen Reihe von Kontextbedingungen - unterschiedliches
Wissen generiert werden kann. Das ist bei stark ausgeprägten Spuren nachvollziehbar hervorzu-
bringen, bei kaum ausgeprägten dagegen eher zufällig. In diesem Zusammenhang erscheint es
wichtig zu betonen, daß damit die in der Betriebswirtschaftslehre üblichen „storage-retrieval-
Modelle" verlassen werden, vgl. MATURANA, Erkennen, 1982, S.62, und FOERSTER, Gedächtnis
ohne Aufzeichnung, 1985, S.133ff.

[384] Dazu bietet sich schon ein einfaches Punkt-Bewertungsverfahren an.

[385] *„A chunk here means any configuration that is familiar to the subject and can be recognized by
him."* NEWELL/SIMON, Problem Solving, 1972, S.780f., mit Verweis auf GREGG/SIMON, Process
Models, 1967, S.246ff., und GREGG/SIMON, Learning, 1967, S.780ff.

[386] Als Beispiel dafür kann wiederum der Schachspieler dienen, der sich nur auf diese Weise Stellungen merken, seine Chunkbildung aber kaum beschreiben, also für andere nachvollziehbar machen
kann.

[387] Die Kombination aus strukturierten und unstrukturierten kognitiven Prozessen kann man auch
unter das fruchtbare Spannungsverhältnis des rationalen und irrationalen Teils der Führung sub-
sumieren.

[388] Vgl. WEBER/BRETTEL/SCHÄFFER, Unternehmensführung, 1996, S.51ff.

[389] BARNARD, Functions of the Executive, 1938, S.302.

einer strukturierten und beschreibbaren sowie einer das Gegenteil verkörpernden Handlung unterschieden.[390]

Die Bedeutung der zugrundeliegenden Gedächtnisfunktionen und insbesondere die der inhaltlichen Datentransformation erkennend, ist das Kontinuum auf den gesamten Führungsprozeß, also die im vorigen Abschnitt nach dem Ergebnis unterschiedenen Führungshandlungen, zu übertragen und in unterschiedlichen Prozessen mit jeweils gleichem Ergebnis definitorisch festzuhalten.[391]

Im Zusammenhang mit der **Willensbildung** ist in der Literatur als unstrukturierter Prozeß der Begriff der **Intuition** verbreitet.[392] Die Intuitionshandlung entspricht bei Gutenberg der irrationalen Schicht des dispositiven Faktors, dem *„Träger von Impulsen"*[393]. Die eigentlichen Vorgänge bei der Intuition sind kaum einer Analyse zugänglich, der Produktionsprozeß ist folglich kaum bestimmbar und nur vom Ergebnis her zu beurteilen.[394] Dem steht der strukturierte Prozeß gegenüber, der im Rahmen der Willensbildung vielfach in einen Zusammenhang mit der Planung gebracht wird.[395] Da Planung ein komplexes Phänomen darstellt, das über die reine Willensbildung hinausgeht, wird für die strukturierte Willensbildung in der Folge von **Reflexion** gesprochen.[396]

Die **Durchsetzung** des gebildeten Willens orientiert sich ebenfalls am aufgespannten Kontinuum. Die beschreib- und nachvollziehbare Produktionsfunktion zur

---

[390] Diese Handlungen sind allerdings, meist als Willensbildung ausgestaltet, in der einschlägigen Literatur als Planung und als Intuition bezeichnet. Vgl. BECHTLER, Management, 1986, S.31, BENDIXEN/KEMMLER, Innovative Planung, 1972, S.51, SPÄLTLI, Strategiefindung, 1986, S.91, und SIMON ET AL., Decision Making, 1992, S.42ff.

[391] Auch wenn im folgenden nur auf die Endpunkte des Kontinuums fokussiert wird, bleibt es bei der Anwendung im Rahmen der Ausgestaltung von Führungshandlungen wesentlich zu wissen, *„daß nämlich die Effektivität im Management am Ende von der Koppelung analytischer und intuitiver Prozesse abhängt."* MINTZBERG, Management, 1991, S.73.

[392] Vgl. zur Intuition im Zusammenhang mit der Willensbildung SCHÄFFER, Selbstabstimmende Gruppen, 1996, S.95. Die Existenz der Intuition im betriebswirtschaftlichen Zusammenhang wird zunehmend als wichtig erachtet und somit legitimiert, vgl. LANK/LANK, Intuition in Business, 1995, S.18ff.

[393] GUTENBERG, Produktion, 1983, S.6.

[394] GUTENBERG beschreibt sie als *„rational nicht auflösbaren Rest"* GUTENBERG, Produktion, 1983, S.6, vgl. auch KRETSCHMER, Unternehmensplanung, 1976, S.24, SCHLICKSUPP, Ideenfindung, 1987, S.141, und praxisnah, HENDERSON, Entscheidungsfindung, 1993, S.611ff.

[395] Vgl. WEBER ET AL., 1995, S.12f.

[396] Vgl. WEBER/GOELDEL/SCHÄFFER, Planung, 1996, S.7.

konkreten Realisierung des gebildeten Willens wird **explizite Durchsetzung**, die nicht beschreibbare **implizite Durchsetzung** genannt. Es ist erkennbar, daß dabei wesentlich auf die mit der räumlichen Datentransformation verbundenen Interpretationsvorgänge auf der Beziehungsebene rekurriert wird.[397]

Ist nach der Ausführung eine Führungshandlung der **Kontrolle** notwendig, so ist dieser Prozeß geprägt von der Möglichkeit zur Generierung des Abbildungs- bzw. Kontrollwissens. Dafür sind unterschiedliche Handlungen denkbar, die vom Kontinuum der Gedächtnisprozesse eingerahmt sind. Werden Daten bewußt, strukturiert und nachvollziehbar zu Kontrollwissen verarbeitet, wie das beim expliziten Lernen der Fall ist, so wird von **expliziter Kontrolle** gesprochen. Dem steht die unbewußte, assoziative Aufnahme gegenüber, die sich insbesondere in einem hohen Erfahrungsstand äußert[398] und in Anlehnung an das implizite Lernen als **implizite Kontrolle** bezeichnet wird.[399]

Die Differenzierung nach dem Ergebnis und nach dem Prozeß zusammenfassend, ergibt sich ein Bild von insgesamt sechs zu differenzierenden Führungshandlungen.

---

[397] Vgl. WEBER/BRETTEL/SCHÄFFER, Unternehmensführung, 1996, S.58ff.

[398] Vgl. dazu insgesamt, POLANYI, Implizites Wissen, 1985.

[399] Vgl. ausführlich WEBER/BRETTEL/SCHÄFFER, Unternehmensführung, 1996, S.60f.

Prozeßdimension / Ergebnisdimension	Bestimmbarkeit der Produktionsfunktion	
	hoch	*niedrig*
Bildung des Willens	Reflexion	Intuition
Durchsetzung des Willens	Explizite Durchsetzung	Implizite Durchsetzung
Kontrolle	Explizite Kontrolle	Implizite Kontrolle

Abbildung 7: Die Differenzierung der Führungshandlungen nach Ergebnis und Prozeß[400]

Das Kontinuum der Führungshandlungen, differenziert nach drei Klassen, bildet die Grundlage für Aussagen zu Führungshandlungen in Abhängigkeit von der festzulegenden Ausführungshandlung. Damit ist die theoretische Erweiterung des Controlling insofern geschaffen, als diese Aussagen zur Strukturgestaltung des Führungssystems Verwendung finden können. Das ist im nächsten Kapitel dargestellt.

3 Controlling auf Basis der erweiterten theoretischen Fundierung

Das Controlling hat die Struktur- und Ablaufgestaltung des Führungssystems zur Aufgabe. Dies beinhaltet systembildende Aussagen zur Ausprägung von Führungshandlungen und deren Einordnung in ein Führungssystem sowie systemkoppelnde Aussagen zur laufenden Koordination innerhalb und zwischen den gebildeten Subsystemen. Im folgenden wird gezeigt, wie die **Erweiterung der theoretischen Fundierung** des Controlling zur **Bewältigung der Controllingaufgabe** beiträgt. Durch die nachfolgende Anwendung auf ein Erkenntnisobjekt kann dann ein unmittelbarer Test für die Sinnhaftigkeit der Erweiterung gegeben werden.

---

[400] Abbildung nach WEBER/BRETTEL/SCHÄFFER, Unternehmensführung, 1996, S.62.

3.1 Die Strukturgestaltung des Führungssystems auf Basis der erweiterten theoretischen Fundierung des Controlling

Führungshandlungen wurden bisher anhand eines Prozeßkontinuums unterschieden. Die Eckpunkte des Kontinuums bildeten einerseits ein vollständig strukturierter und nachvollziehbarer Prozeß sowie andererseits ein unstrukturierter und nicht nachvollziehbarer Prozeß.[401] Dieses Kontinuum fand auf alle nach dem Ergebnis differenzierten Führungshandlungen gleichermaßen Anwendung. Im folgenden werden deshalb Tendenzaussagen zu den Eckpunkten des Kontinuums in Abhängigkeit von der zugrundeliegenden Ausführungshandlung vorgenommen, ohne den Versuch unternehmen zu können, das Kontinuum vollständig auszufüllen.[402] Damit kann gezeigt werden, welchen Beitrag die Erweiterung der theoretischen Führung des Controlling zu leisten vermag.

Gemäß Abbildung 1[403] ist eine **Ausführungshandlung** durch das zu ihrer Festlegung notwendige objektiv relevante Wissen gekennzeichnet. Dieses Wissen steht für das Erfordernis der Beschreibung der Ausführungshandlung bzw. ihrer **Freiheitsgrade** und deren **festzulegende** Ausprägungen. Wie in Kapitel 2.2.1.2 von Teil B dargestellt, ist diese Beschreibung durch die Analyse der Komplexität und der Dynamik zu realisieren. Für diese Beschreibung bietet sich grundsätzlich ein strukturierter und nachvollziehbarer Prozeß an[404], der für den einzelnen durch eingeschränkte Rationalität gekennzeichneten Handlungsträger von Führungshandlungen allerdings ebenso mit Grenzen versehen ist.

---

[401] GUTENBERG argumentiert in analoger Weise kontextabhängig, indem er sagt: *„Es hängt von den besonderen Umständen des Betriebes ab, wie weit man bei der systematischen Betriebsplanung ins Detail gehen soll."* GUTENBERG, Planung, 1952, S.673.

[402] In der Realität werden sich die Prozesse gerade zwischen den Eckpunkten befinden, das macht das Ausnutzen des fruchtbaren Spannungsverhältnisses zwischen rationalem und irrationalem Teil aus: *„Alles ernsthafte Denken benutzt beide Arten (die Intuition und das systematische Suchen beim Denken, A.d.V.). Ohne das auf früheren Erfahrungen basierende Wiedererkennen würde die Suche in komplexen Gebieten nur mit Schneckengeschwindigkeit vorankommen. ... Daher würden wir vermuten, ... daß nämlich der Experte in der Bewältigung eines Problems oft intuitiv vorgehen kann, wo der Neuling mühsam suchen muß."* SIMON, Homo rationalis, 1993, S.38f.

[403] Siehe S.46.

[404] Konkret bedeutet dies, die Elemente, Beziehung und ihre Veränderung im einzelnen zu analysieren, vgl. Kapitel 2.2.1.2. in Teil B.

Generell ist mit einem **strukturierten Prozeß** Vollständigkeit leichter zu garantieren als mit einem unstrukturierten.[405] Das Ergebnis der Führungshandlung wird nachvollziehbar. Durch die Notwendigkeit der Strukturierung kann es zudem gelingen, den Zuweisungsirrtum, den Repräsentativitätsbias und den Bestätigungsbias zu vermeiden.[406] Durch die Strukturiertheit werden Fehler umgangen, und es wird die Möglichkeit geschaffen, zu delegieren sowie das Delegierte zu kontrollieren.[407]

Den aufgezählten Vorteilen steht gegenüber, daß ein strukturierter Prozeß inflexibel zu werden droht und nur auf eine begrenzt definierte Datenmenge bzw. nur bei guter Bereitstellbarkeit der Daten Anwendung finden kann.[408] An dieser Stelle kommt zum Tragen, daß das objektiv relevante Wissen über kognitive Prozesse in ein subjektiv relevantes Wissen überführt werden muß. Dabei kann es Handlungsträgern gelingen, eine hohe Datenmenge durch interne Komplexitätsreduktion zu bewältigen.[409] Dieser Prozeß ist allerdings nur **begrenzt strukturier- und nicht nachvollziehbar.**[410] Durch solche Prozesse lassen sich die Verarbeitungskapazität des Handlungsträgers erhöhen und somit Ausführungshandlungen geringer Strukturierbarkeit ebenfalls fest-

---

[405] Als diese Aussage bestätigende Analogie kann der Unterschied zwischen dem analytischen und holistischen Zugang in ein System herangezogen werden. Denn es ist gerade eine Kritik an den Holisten, daß in den intuitiven ganzheitlichen Aussagen zwar Wahrheit, aber doch nicht die gesamte Erkenntnis formuliert sein kann, und daß dies durch den ganzheitlichen Zugang auch nicht gewährleistet wird, vgl. RAPOPORT, Systemtheorie, 1988, S.2ff.

[406] Die Notwendigkeit der Strukturierung beinhaltet, daß eine Ausführungshandlung in ihrer Komplexität und Dynamik vollständig beschrieben wird. Auf den Zuweisungsirrtum bezogen finden also Grundkonstellation und Variablen gleichermaßen Beachtung. Insofern kann der Zuweisungsirrtum vermieden werden. Werden dazu die Kausal-Schemen der einzelnen Elemente und Beziehungen, auch in ihrer Veränderlichkeit, beschrieben, so sind damit auch der Repräsentativitätsirrtum und der Bestätigungsbias zu umgehen. Das gilt insbesondere, wenn die Führungshandelnden um die Einschränkungen der Rationalität wissen.

[407] Im Rahmen der räumlichen Datentransformation wurde festgestellt, daß nicht nur eine Übertragung der Nachrichten, sondern auch die Interpretation derselben erforderlich ist. Letztere gestaltet sich umso schwieriger, je spezifischer und schlechter repräsentierbar das Wissen ist. Wird die Festlegung von Freiheitsgraden räumlich weitergegeben, so wird diese Festlegung vom Ausführungshandelnden besser zu interpretieren sein, wenn dahinter ein nachvollziehbarer, strukturierter Prozeß als Hilfe zur Herstellung der Kommensurabilität liegt, im Sinne einer Rückführung auf die „Sprache" des Führungshandelnden, vgl. KIRSCH/MAAßEN, Managementsysteme, 1990, S.456ff.

[408] Vgl. im Zusammenhang mit der Planung zu den Nachteilen derselben, NEWMAN, Administrative Action, 1963, S.78.

[409] Als Beispiel sei hier wiederum die Chunkbildung genannt, vgl. auch SIMON, Product of Thought, 1978, S.11f.

[410] Beim Schachspiel als einem der bekanntesten Beispiele für die Chunkbildung ist zwar eine Strukturierung insofern zu erzielen, als die Schachregeln Anwendung finden - es dürfen beispielsweise nicht beide Könige nebeneinander stehen - und damit die Voraussetzungen für die Chunks zu beschreiben wären, doch die eigentlichen Chunks in Form von Stellungen der Figuren sind dennoch nicht intersubjektiv nachvollziehbar, vgl. NEWELL/SIMON, Problem Solving, 1972, S.749ff.

legen. Daneben zeichnen sich die Prozesse in der Regel durch einen geringeren Aufwand, eine schnellere Suche im Problemraum, einen höheren Ideenreichtum, durch das Nutzen zufälliger Assoziationen und eine höhere Schnelligkeit aus.[411] Der Nachteil, daß sie nicht nachvollziehbar sind, kann mit sich bringen, daß auch das zustandekommende Ergebnis - das können festgelegte Freiheitsgrade sein - nicht zu reproduzieren ist.[412] Zudem sind die Delegations- und Kontrollmöglichkeiten eingeschränkt und es gelingt kaum, die kognitiven Einschränkungen, Zuweisungsirrtum, Repräsentativitätsbias und Bestätigungsbias, ex ante auszuschließen.[413] Die Erhöhung der Verarbeitungskapazität ist nur bis zu einem bestimmten Grad möglich, die Anwendung der unstrukturierten Handlungen insofern begrenzt.[414]

Mit den vorangegangenen Darstellungen lassen sich **grundsätzliche Aussagen** zur **Ausprägung von Führungshandlungen** in Abhängigkeit von den zugrundeliegenden Ausführungshandlungen ableiten. Das erweitert das Controlling insofern, als es dadurch gelingt, die Funktion der Strukturgestaltung theoretisch fundiert auszufüllen und diese Controllingaufgabe als Führungsgestaltung zu etablieren.

3.2 Die Anwendung des theoretisch erweiterten Controlling auf ein Erkenntnisobjekt

Im folgenden wird die führungsgestaltende **Controllingaufgabe auf** ein **konkretes Erkenntnisobjekt** bezogen, das Krankenhaus. Aus der erweiterten theoretischen Fundierung ergeben sich dazu **Anforderungen**, die kurz skizziert werden sollen.

Durch die Bezugnahme der Ausprägung der Führungshandlungen auf die zugrundeliegenden **Ausführungshandlungen** bzw. die **durchzuführende Aufgabe** gilt

---

[411] Dieses Faktum ist allein daraus zu begründen, daß bei einem vorstrukturierten Weg zur Problemlösung die dem Gehirn immanente Prallelverarbeitung nicht ausreichend nutzbar gemacht werden kann. Doch gerade die Parallelverarbeitung läßt die Gedächtnisprozesse schnell ablaufen und ermöglicht somit den Zugriff auf eine relativ hohe Datenmenge innerhalb kurzer Zeit, vgl. TACK, Repräsentation, 1995, S.55ff.

[412] Die mangelnde Nachvollziehbarkeit kann sich insbesondere bei der räumlichen Datentransformation bzw. der ihr immanenten Interpretation von Nachrichten als wesentliche Einschränkung erweisen. Insofern kann das Nachvollziehen eines Produktionsprozesses einer Nachricht auch als Lernprozeß zur Interpretation derselben verstanden werden, vgl. WEBER/BRETTEL/SCHÄFFER, Unternehmensführung, 1996, S.43.

[413] Vgl. die Fußnoten 406 und 407.

[414] Die wesentliche Begrenzung stellt die der menschlichen Verarbeitungskapazität dar, wenn sie durch die unstrukturierte Chunkbildung nicht mehr erhöht werden kann, vgl. HEINER, Behavior, 1983, S.560ff.

es, letztere **grundlegend zu beschreiben**. Auf Basis der Abgrenzung und Definition des Erkennntisobjekts - dies geschieht auch, um neben der theoretischen Problemstellung die reale Problemstellung der Krankenhäuser und die ihr immanenten „Verwaltungen" zu verdeutlichen - werden die Ziele der Leistungserstellung und die Leistungserstellung selbst geschildert. Das geschieht auf Basis der produktionstheoretischen Betrachtung GUTENBERGS.

Mit der Beschreibung der Leistungserstellung (Handlungen als erster Baustein) gelingt es, **Aussagen über das Wissensdefizit** zu formulieren, um dadurch die Können-Komponente der Handlungsträger auszufüllen. Unter Hinzunahme der **Nutzenfunktionen** der Handlungsträger als notwendige Konkretisierung der Wollen-Komponente (Handlungsträger als zweiter Baustein) sind die Führungshandlungen zu fundieren und in dem gegebenen Rahmen in ein Führungssystem einzuordnen.

Teil C: Das Krankenhaus

Im vorangegangenen Teil wurde der theoretische Rahmen der Arbeit dargestellt, in diesem Teil erfolgt die **Betrachtung** des **Erkenntnisobjekts**. Mit dieser Betrachtung werden folgende **Zwecke** verfolgt: Erstens wird die eingangs beschriebene Problemstellung verdeutlicht und ausgeführt. Zweitens muß in diesem Teil die der Führung zugrundeliegende Leistungserstellung geschildert werden. Drittens kann dadurch die These fundiert werden, daß das Erkenntnisobjekt Krankenhaus als Überprüfungsobjekt der Erweiterung der theoretischen Fundierung des Controlling deshalb so gut geeignet ist, weil es ein relativ heterogenes Leistungsspektrum besitzt. Viertens kann durch die Darstellung der Leistungserstellung und der gesamt- wie einzelwirtschaftlichen Regeln erkannt werden, in welchem Rahmen sich die Führung und das Controlling bewegen müssen und welche Besonderheiten bei der Ausprägung von Führungshandlungen restringierend wirken.[1]

1 Krankenhäuser zwischen gesamt- und einzelwirtschaftlicher Betrachtung

Krankenhäuser sind Elemente des **Gesundheitssystems**.[2] Einerseits unterliegen sie durch die systemimmanenten Beziehungen damit dem Einfluß der anderen Elemente dieses Systems wie beispielsweise den Kassenärztlichen Vereinigungen, den Versicherungen, den Patienten oder dem Staat.[3] Andererseits sind sie selbst in der Lage,

---

[1] Auf diese Besonderheiten wird bei der Erarbeitung der Führungshandlungen im Krankenhaus jeweils Bezug genommen.

[2] Wenn hier von einem System und im Anschluß daran dessen Elementen gesprochen wird, so soll die dahintersteckende Systemtheorie wiederum ausschließlich in terminologisch-ordnender Funktion gebraucht werden, vgl. dazu GROCHLA, Organisationstheorie, 1970, S.1ff. Vgl. eine detaillierte Darstellung des Gesundheitswesens in: RÜSCHMANN, Gesundheitswesen, S.17.

[3] Vgl. zu den einzelnen Systemelementen beispielsweise ALBER, Deutschland, S.75ff., ADAM/ZWEIFEL, Preisbildung, 1985, S.11ff., BUCHHOLZ, Wettbewerb, 1983, S.15ff., FORSTER, Wettbewerb, 1980, S.56ff., HAUSLADEN, Kostenrechnung, 1985, S.5ff., und HERDER-DORNEICH, Gesundheitswesen, 1976, S.89.

Einfluß auszuüben.[4] Systemveränderungen können folglich auf der Ebene des Gesamtsystems oder auf der Ebene des einzelnen Elementes ansetzen.[5]

Das **Verhältnis** und der Einfluß eines einzelnen **Elemente**s (**Krankenhaus**) auf
das **Gesamtsystem** (**Gesundheitssystem**) ist kaum vollständig darzustellen.[6] Beschreibbar ist aber das Systemverhalten, und zwar durch einen Komplex von Regeln.[7]
Diese können expliziter oder impliziter Natur sein[8] und bilden den Rahmen für das
Erkenntnisobjekt der Arbeit, das Krankenhaus, in zweierlei Hinsicht: Erstens entfalten
die das Krankenhaus umgebenden, aber unabhängig von diesem entstandenen Regeln
auch einzelwirtschaftlich Wirkung und zweitens können aus dem Krankenhaus selbst
heraus Regeln entstehen, die Einfluß auf das Gesamtsystem haben.[9]

Dieser doppelte Rahmen bildet die Grundlage für die folgende Darstellung des
Krankenhauses als Erkenntnisobjekt. Erstens muß der **gesamtwirtschaftliche Rahmen**, in dem sich das Krankenhaus befindet, erfaßt werden. Es gilt darzustellen, welche Rolle das Krankenhaus im Gesundheitssystem einnimmt und welchen Einflüssen
es unterliegt. Denn nur so kann es gelingen, die Aufgaben der Führung und des Controlling in Krankenhäusern einzuordnen.[10] Zweitens ist das Krankenhaus als einzelnes
Element darzustellen (**Krankenhaus als Betrieb**).[11] Denn auch hierin sind Regeln be-

[4] Vgl. die Diskussion um die Differenzierung zwischen gesamt- und einzelwirtschaftlicher For-
    schung: WÖHE, Einführung, 1986, S.28ff, vgl. auch KOCH, Revision, 1987, S.37ff., oder KRESS,
    Leistungsfunktionen, 1968, S.24ff.

[5] Vgl. für das Krankenhaus beispielsweise KOLF, Controllerfunktion, 1983, S.75ff., und allgemein
    von HAYEK, Konstruktivismus, 1975.

[6] Vgl. von HAYEK, Ergebnisse menschlichen Handelns, 1969, S.97ff., von HAYEK, Verhaltensre-
    geln, 1969, S.144ff., und von HAYEK, Theorie komplexer Phänomene, 1972, S.25ff.

[7] Der Begriff der Regeln orientiert sich an der Verwendung, wie ihn von HAYEK in „Rules and Or-
    ders", 1982, auf den S.48ff entwickelt.

[8] Vgl. von HAYEK, Studies, 1967, S.43ff., und von HAYEK, Verhaltensregeln, 1969, S.144ff.

[9] Vgl. dazu beispielsweise KANEFEND, Kostendämpfung, 1991, insbesondere S.3f oder GÄFGEN,
    Analyse, 1991, S.73ff. Ein anschauliches Beispiel dafür sind die Arbeitsmärkte, denen das Kran-
    kenhaus genauso unterliegt wie andere Wirtschaftssubjekte.

[10] „Auf das Management wirken die rechtlich und tatsächlich vorgegebenen Bedingungen des Ge-
    sundheits- und insbesondere des Krankenhauswesens ein" EICHHORN, Managementprobleme,
    1982, S.258.

[11] Letztendlich wird sich jede Systemveränderung aus dem einzelnen Element heraus vollziehen
    müssen, auch wenn die Regel für das Gesamtsystem erlassen wurde, vgl. RAPOPORT, Sy-
    stemtheorie, 1988, S.10ff. RAPOPORT geht in diesem Zusammenhang auch auf die Probleme der
    mangelnden „Additivität" und „Linearität" ein.

obachtbar, die die Führung und das Controlling im Krankenhaus maßgeblich beeinflussen.[12]

2 Gesamtwirtschaftlicher Rahmen der Führung im Krankenhaus

In diesem Abschnitt geht es um die Darstellung von Krankenhäusern als Elemente des Gesundheitssystems. Das Verhalten von Krankenhäusern ist durch Verhaltensregeln im oben eingeführten Sinn beschreibbar. Diese können explizit erlassen worden sein, aber auch implizit als Verhaltensregeln des Gesamtsystems existieren. Durch diese beiden Komponenten bildet das Gesamtsystem eine **Ordnung**,[13] die in den Extremen entweder ausschließlich gewollt oder völlig spontan entstanden sein kann.[14] Zweifellos haben sich die **Krankenhäuser** autonom entwickelt und waren erst in den letzten Jahren einem immer stärkeren **Ordnungswillen** seitens verschiedener Anspruchsgruppen ausgesetzt.[15] So konnten sich anfangs die einzelnen Elemente innerhalb ihrer institutionsinternen Grenzen im Rahmen einer überschaubaren Komplexität entwickeln.[16] Diese Freiheit zur Entwicklung stieß erst durch den Zwang zur Anpassung an das Umsystem (Gesamtsystem), in der Bundesrepublik als Marktwirtschaft ist das der Markt, an Grenzen.[17] Das bildet einen Problemrahmen, der sich, wie zu zeigen sein wird, so beengend wie nie zuvor darstellt und damit besondere **Implikationen für die Führung** hat.

---

[12] Dabei soll nicht versucht werden, aus dem Einzelverhalten der Elemente auf das Gesamtverhalten des Systems zu schließen, dazu ist das Wissensdefizit zu groß. So wird es gleichermaßen niemandem gelingen, von dem Preis, den ein einzelner für ein bestimmtes Gut zu zahlen bereit ist, auf den Marktpreis zu schließen, vgl. VON HAYEK, Komplexe Phänomene, 1972, S.27.

[13] Zur Beschreibung von Ordnungsprozessen im Rahmen sozialer Systeme sei exemplarisch auf PROBST, Selbst-Organisation, 1987, S.84ff., verwiesen.

[14] Die Grundgedanken zu dieser Teilung stammen von von HAYEK, der die Organisation auf der einen Seite und die spontane oder auch polyzentrische Ordnung auf der anderen Seite unterschied, dazu insbesondere VON HAYEK, Ordnung, 1969, S.32ff.

[15] Vgl. dazu die folgenden Abschnitte.

[16] Institutionsinterne Grenzen bedeuten auch für die Führung eine begrenzte Komplexität, was die Ausprägung von Führungshandlungen entscheidend beeinflußt. Zur Komplexität von sozialen Systemen vgl. POPPER, Historizismus, 1971, S.10, und im Rahmen der Systemtheorie ULRICH/PROBST, Denken und Handeln, 1991, S.57ff., oder RAPOPORT, Systemtheorie, 1988, S.67ff.

[17] Dieses allgemeine Phänomen beschreibt anschaulich BUCHANAN, Liberty, 1975, insbesondere S.35ff.

Anzufangen sein wird deshalb mit einem kurzen Abriß der Historie von Krankenhäusern. Dies dient insbesondere dazu, die These zu validieren, daß sich ein System wie das der Krankenhäuser ursprünglich spontan und unter begrenzter Komplexität entwickeln konnte.[18] Erst als die unterschiedlichen Anspruchsgruppen mit in ihren
Auswirkungen nicht vorhersehbaren[19] Ansprüchen auftraten, entstanden die Probleme,
die es heute zu bearbeiten gilt. Wichtig wird neben der Darstellung der einzelnen Anspruchsgruppen die Tatsache, daß sich durch die von ihnen kreierten[20] Regeln Lösungen - darunter fällt auch die Ausprägung des Führungssystems - nur in einem vorge-
zeichneten Rahmen bewegen können.

2.1 Frühe Historie von Krankenhäusern als kurzer Abriß

Frühe **Vorläufer** unserer heutigen **Krankenhäuser** lassen sich in Indien, dem
alten Ägypten und in Griechenland erkennen.[21] Diese hatten allerdings wenig mit unse-
ren heutigen Krankenhäusern gemein.[22] Immerhin findet sich aber schon in den von
Hippokrates etwa 425 v.Chr. entstandenen Schriften eine erste spezialisierende Trennung von Medizin, Religion und Philosophie, was als erster Schritt dahin betrachtet
werden kann, die Medizin als eigenständiges Fach zu etablieren.[23]

Nach dem Niedergang der großen Reiche der **Antike** waren es die **Christen**,
die als erste institutionalisiert Kranke zur Fürsorge aufnahmen und zwar in ihren
Fremdenherbergen. Diese Institutionen erhielten die Bezeichnung **Hospital**.[24] Sie
zeichneten sich durch die Verquickung von Medizin und Religion aus. Am deutlich-
sten wurde das in der „Unternehmensphilosophie" dieser Hospitäler, die dem Neuen
Testament entnommen war.[25] Die weitere Entwicklung dieser Herbergen verlief sehr

---

[18]   Mit der spontanen Entwicklung der Krankenhäuser ging eine ebensolche Entwicklung ihrer Füh-
       rung einher. Insofern ist mit der gesamtwirtschaftlichen Darstellung auch zu zeigen, daß sich die
       Anforderungen an die Führung in starkem Maße verändert haben.

[19]   Zur Vorhersehbarkeit vgl. von HAYEK, Komplexe Phänomene, 1972, insbesondere S.25ff.

[20]   Das kann in diesem Zusammenhang aktiv und passiv verstanden werden.

[21]   Vgl. HARTWELL, History, 1974, S.4f.

[22]   Vgl. FISCHER, Krankenhauswirtschaft, 1988, S.14.

[23]   Vgl. DARR/RAKICH, Organization, 1978, S.2.

[24]   Lateinisch hospitale bedeutet auf deutsch gastlich, dazu vgl. HÖRMANN, Krankenhausbetriebsleh-
       re, 1988, S.18f.

[25]   Vgl. HELBIG, Krankenhausphilosophie, 1993, S.127f.

vielschichtig und war insbesondere beeinflußt durch die in den verschiedenen Jahrhunderten dominanten Krankheiten.[26]

Die Entstehung der uns heute bekannten modernen Krankenhäuser ist auf das Ende des **18. Jahrhunderts** zurückzudatieren.[27] Seit dieser Zeit verläuft die **Krankenhausentwicklung** zum ersten Mal nicht mehr ausgehend vom einzelnen Element,[28] einer Herberge, sondern von außen beeinflußt zwischen zwei Kontextfaktoren: dem medizinischen Fortschritt und dem sozialen Anspruch.[29] Es waren vor allem die absolutistischen Herrscher, denen am medizinischen Fortschritt gelegen war, um adäquate Mittel zur Erhaltung von Armeen einerseits[30] und Produktivkräften ihres Merkantilismus andererseits zur Verfügung zu haben.[31] Interessanterweise ist das Ende des 18. Jahrhunderts auch die Zeit, in der in Amerika die Periode des Ausbaus des Krankenhauswesens, angestoßen **durch zentrale Stellen**, begann.[32]

Die Klientel des Krankenhauses nahm infolge der Industrialisierung, der stärker werdenden Arbeitsteilung[33] und der stark wachsenden Bevölkerung stetig zu, obwohl auch noch Mitte bis Ende des 19. Jahrhunderts ein Krankenhausaufenthalt nur in Notfällen empfohlen wurde: *„Selbst ein abgesondertes Zimmer im Spital ist nicht so gut wie ein Zimmer in einem beliebigen Privathaus"*, äußerte sich der bedeutende Chirurg BILLROTH über die Verhältnisse in Krankenhäusern.[34] Im **19. Jahrhundert stieg** die

---

[26] Vgl. HARTWELL, History, 1974, S.5ff.

[27] Vgl. WEBER, Managementsystem, 1983, S.45ff.

[28] Die Fremdenherbergen der Christen entstanden in der Regel nicht auf Initiative der Kirche, sondern aufgrund des Engagements eines ortsansässigen Ordens, man konnte in diesen Fällen also noch davon sprechen, daß einzelne Elemente die Entwicklung vorantrieben.

[29] Vgl. FISCHER, Krankenhauswirtschaft, 1988, S.14f.

[30] Zu diesem Punkt vgl. insbesondere SCHADEWALDT, Wirklichkeit des Krankenhauses, 1971, S.288.

[31] Vgl. JETTER, Krankenhaus, 1976, S.321. HÖRMANN, Krankenhausbetriebslehre, 1988, S.19f., bezeichnet Kaiser Josef II. als Gründer des „modernen" Krankenhauswesens durch seinen Entschluß, in Wien einen Gebäudekomplex nur noch für Kranke zu reservieren.

[32] Vgl. DARR/RAKICH, Organization, 1978, S.4f.

[33] Die Pflege von Kranken im Familienverband war bis dato durchaus üblich, setzte allerdings auch voraus, daß Familienmitglieder zur Durchführung der Pflege zu Hause waren. Brachten diese nun aber den Hauptteil ihres Tages in den Fabriken zu, so mußte die Pflege von anderen Institutionen übernommen werden.

[34] Theodor Billroth zitiert nach SCHADEWALDT, Wirklichkeit des Krankenhauses, 1971, S.289.

staatliche Einflußnahme auf das Gesundheitswesen und insbesondere die Kranken-häuser **stetig an.**[35] Zu einem Höhepunkt kam das in Deutschland im Jahr 1883, in dem das Krankenversicherungsgesetz als Teil der Sozialgesetzgebung verabschiedet wur-de.[36] Mit dem zunehmenden weltlichen und insbesondere staatlichen Einfluß im Kran-kenhaussektor ging gleichermaßen ein Wechsel des Krankenhauspersonals von kirch-lich engagierten zu weltlich entlohnten Personen einher.[37] Dies erreichte freilich seine extreme Form erst in der jüngeren Vergangenheit.

Wenn sich der **Staat** im 19. Jahrhundert stärker im karitativen Sinne um seine Bürger zu sorgen begann, so geschah dies unter dem **Motiv:** *„Krankenanstalten sind Waffen der Gesellschaft im Kampf gegen die gesundheitlichen Schäden des Volkskör-pers."*[38] Nicht der einzelne stand im Mittelpunkt des Interesses, sondern wie bei den absolutistischen Herrschern der Volkskörper, wobei über den Zweck bei der Wahl der obigen Formulierung nicht lange zu sinnieren bleibt.

Mit der zunehmenden Zahl der Patienten und bedingt durch die sprunghaft wechselnden politischen und wirtschaftlichen Verhältnisse mit den Höhepunkten der Weltkriege einerseits und der Wirtschaftskrisen, insbesondere der der 20er Jahre, ande-rerseits wurden die **Ansprüche an** das Wirtschaften und an die Leistungsfähigkeit des **Krankenhausbetriebes immer größer.**[39] Hinzu kam, daß nicht nur die Medizintech-nik immer neue Anforderungen zu Veränderungen in das Krankenhaus trug, sondern daß sich auch das Berufsbild des Ärztestandes immer stärker zu profilieren begann.[40]

---

[35] Vgl. BOTERMANN, Finanzwirtschaft, 1985, S.33.

[36] Vgl. PHILIPPI, Krankenhausvergütung, 1987, S.31, SIEBECK, Bundespflegesatzverordnung, 1974, S.278, oder die Dokumentation zur Ausstellung über die Entstehungsgeschichte von Krupp in der Villa Hügel, in zum Ausdruck kommt, daß die Bemühungen der Familie Krupp, die ihre Ar-beiter schon zu Anfang des 19. Jahrhunderts mit Gesundheitsleistungen versorgte, Pate für die Gesetzgebung in der Sozialversicherung gestanden hat.

[37] Vgl. RAUSCH, Freigemeinnützig, 1984, S.38ff.

[38] GROBER, Krankenhaus, 1932, S.III.

[39] Vgl. EICHHORN, Krankenhausfinanzierung, 1991, S.847f.

[40] Vgl. DÖHLER, Historie, 1988, S.49ff.

Mit der vorangegangenen Schilderung läßt sich die Entwicklung des **Kranken-hauswesens**[41] und die **zentrale Rolle**, die es im gesellschaftlichen Leben gespielt hat und auch aktuell ausfüllt, nachvollziehen. Zuerst die Verquickung von Religion und Medizin, im Anschluß daran die zunehmende hoheitliche Einflußnahme führte in ein Korsett einengender Kontextfaktoren.[42] Paradox mutet dabei vor allem an, daß trotz der steigenden Komplexität im Gesundheitswesen durch immer neue Elemente[43] dieses zwar immer unüberschaubarer, der Ruf nach zentraler Steuerung aber immer lauter wurde.[44] Insofern ist aus der Historie heraus verständlich, daß die Leitung von Kran-kenhäusern eher einer **Verwaltung** im Sinne des Sachwaltens als einer aktiven, eigen-ständigen Tätigkeit glich und teilweise immer noch gleicht.[45] Dabei sind es gegenwär-tig wiederum Kontextfaktoren, die einen so engen Rahmen ziehen,[46] daß eine **be-triebswirtschaftliche Fundierung der Führung** Not tut, insbesondere wenn Kran-kenhäuser weiter die Rolle spielen sollen, die von der Gesellschaft postuliert wird. Das ist im folgenden zu zeigen.

2.2 Trägerschaften heute: eine Entwicklung aus der Geschichte

Aus der absolutistischen Tradition heraus wird in der Bundesrepublik die Ge-währleistung des Gesundheits- bzw. **Krankenhauswesens** als **öffentliche Aufgabe** angesehen.[47] Das erklärte Ziel ist dabei eine Vielfalt von Trägern.[48] Als ein solcher Träger eines Krankenhauses gilt der, der es betreibt.[49]

---

[41] Es erscheint durchaus angebracht, von sogenannten gewachsenen Strukturen zu sprechen, wie das im Zusammenhang mit der Entstehung der Krankenversicherung geschieht, vgl. CASSEL/HENKE, Gesetzliche Krankenversicherung, 1988, 15ff.

[42] Vgl. dazu am Beispiel Baden-Württemberg bzw. der Stadt Ulm, geschildert in WEBER, Manage-mentsystem, 1983, S.45ff.

[43] Als ein im letzten Jahrhundert hinzukommendes Element ist beispielsweise das Versicherungswe-sen zu nennen.

[44] Vgl. FISCHER, Krankenhauswirtschaft, 1988, S.20ff. Als Paradox wird der Ruf nach zentraler Steuerung deshalb bezeichnet, da eine zentrale Planung bei gleichzeitig größer werdender Anzahl von Elementen aufgrund von Wissensdefiziten immer schwieriger wird. Eindrücklich sind diese Probleme am Beispiel der DDR, ihrem wirtschaftlichen Scheitern und ihren Experimenten mit zentraler vs. dezentraler Planung erkennbar, vgl. PARIDON, Mauer, 1995, S.15ff.

[45] Vgl. SOBNA, GSG-Bedingungen, 1996, S.23.

[46] Vgl. KESSELS, Kirchliche Krankenhaus, 1983, S.13f.

[47] Vgl. Gesetz zur wirtschaftlichen Sicherung der Krankenhäuser und zur Regelung der Kranken-hauspflegesätze, Krankenhausfinanzierungsgesetz - KHG, in der Fassung vom 26.Mai 1994, §1 Abs.1, vgl. auch HÜBNER, Kostenrechnung, 1980, S.19f.

In der Bundesrepublik ist historisch eine **pluralistische Trägerstruktur** erwachsen.[50] Der Hauptteil der Krankenhäuser wird von **öffentlichen Trägern** bewirtschaftet.[51] Das können Gebietskörperschaften wie der Bund, Länder, Gemeinden und Zusammenschlüsse dieser[52], aber auch Sozialversicherungsträger[53] sein.[54]

Die zweite große Trägergruppe stellt die **freigemeinnützige** dar.[55] Für die Definition des Begriffes der Freigemeinnützigkeit legte Adolph Wagner den Grundstein, indem er neben dem privaten und karitativen das gemeinwirtschaftliche Prinzip einführte.[56] Letzteres unterschied er in freie Gemeinwirtschaften und Zwangsgemeinwirtschaften.[57] Freie Gemeinwirtschaften übernehmen die Bereitstellung von Gemeingütern[58] und sind im Gegensatz zu den Zwangsgemeinwirtschaften[59] in ihrem Entschluß, das zu tun, frei.[60] Das Motiv zur Aufgabenübernahme kann ebenfalls dem der Privatwirtschaften im Sinne WAGNERS entsprechen, es wird lediglich angepaßt durch das

---

[48] Vgl. Krankenhausfinanzierungsgesetz - KHG, §1 Abs.2. Vgl. dazu auch beispielsweise einführend LAMPERT, Freigemeinnützige Krankenhäuser, 1988, S.11ff.

[49] Vgl. HERDER-DORNEICH/WASEM, Krankenhausökonomik, 1986, S.28. Institutional sind dem Krankenhausträger spezielle Aufgaben zuzuweisen, die vornehmlich die Führung der Häuser betreffen. Diese Aufgaben sollen im Rahmen der vorliegenden Arbeit funktional erarbeitet werden, so daß hier die Aufgaben des Trägers nicht weiter vertieft werden, siehe zur Übersicht EICHHORN, Leitung, 1993 und O.V., Krankenhausführung, 1978, S.198ff. Abzugrenzen vom Begriff des Trägers ist die Rechtsform, sie ist nicht an eine bestimmte Trägerschaft gebunden, vgl. KNORR/WERNICH, Rechtsformen, 1991, S.14ff.

[50] Vgl. KÖHRER, Gesetzliche Krankenversicherung, 1991, S.56.

[51] Im Jahr 1993 gab es 917 öffentliche Krankenhäuser mit insgesamt 340.488 Betten. Das bedeutet, daß etwa 43 % der Häuser in öffentlicher Hand waren, vgl. Statistisches Jahrbuch, 1995.

[52] Vgl. auch NAEGLER, Krankenhaus-Management, 1992, S.12.

[53] Ein Beispiel dafür sind die Landesversicherungsanstalten.

[54] Vgl. FALTIN, Krankenhausträger, 1986, S.14.

[55] Im Jahr 1993 gab es 847 freigemeinnützige Krankenhäuser mit insgesamt 210.254 Betten. Das bedeutet, daß etwa 40 % der Häuser unter freigemeinnütziger Trägerschaft standen, vgl. Statistisches Jahrbuch, 1995.

[56] Vgl. WAGNER, Theoretische Sozialökonomik, 1907, S.84.

[57] Vgl. WAGNER, Theoretische Sozialökonomik, 1907, S.99f.

[58] Dazu schreibt Schäffle, von dem Wagner wesentlich beeinflußt wurde, daß die Gemeinwirtschaft Aufgaben übernehmen müsse, die die Privatwirtschaft nicht in „gleicher Vollkommenheit" zu erfüllen in der Lage sei, vgl. SCHÄFFLE, Menschliche Wirthschaft, 1867, S.334.

[59] Die Zwangsgemeinwirtschaften übernehmen die gleichen Aufgaben, aber unter Zwang. Da dieser Zwang nur von der öffentlichen Hand ausgeführt werden kann, entsprächen die Zwangsgemeinwirtschaften den öffentlich getragenen Wirtschaftseinheiten.

[60] Vgl. WAGNER, Theoretische Sozialökonomik, 1907, S.98ff.

Postulat der Rücksichtnahme auf gemeinschaftliche Interessen.[61] Freigemeinnützige wie auch öffentliche Krankenhäuser können ihre Finanzierungslücken durch öffentliche Haushalte ausgleichen.[62]

Die dritte und in ihrem Anteil an den Krankenhausbetten kleinste Gruppe von Trägern ist die der privaten. [63] **Private Krankenhäuser** müssen zur Inbetriebnahme gemäß §30 der GewO von einer höheren Behörde die Genehmigung erhalten.[64] Sie unterscheiden sich von den gemeinwirtschaftlichen Häusern durch das Motiv der Bewirtschaftung, welches in der Regel als das der Gewinnerzielung angegeben wird.[65]

Die Betrachtung der Trägerschaften offeriert ein Bild hoher staatlicher Regulierung der Anbieterseite im Krankenhausmarkt.[66] Denn erstens ist der Marktzugang für private Träger per Gesetz reglementiert.[67] Zweitens dürfen auch freigemeinnützige Träger keine Krankenhäuser errichten, die nicht im Bedarfsplan vorgesehen sind.[68] Drittens behält die öffentliche Hand durch den Ausgleich der Finanzierungslücken in öffentlichen und gemeinnützigen Häusern Einflußmöglichkeiten.[69] In der Konsequenz bedeutet das, daß die Regulierung der Angebotsseite im Krankenhauswesen als so be-

---

[61] Vgl. WAGNER, Theoretische Sozialökonomik, 1907, S.84f.

[62] Vgl. OETTLE/THIEMEYER, Thesen, 1969, S.37, und THIEMEYER, Krankenhausfinanzierung, 1975, S.97.

[63] Im Jahr 1993 gab es 348 private Krankenhäuser mit insgesamt 27.879 Betten. Das bedeutet, daß etwa 17 % der Häuser von privaten Trägern bewirtschaftet wurden, vgl. Statistisches Jahrbuch, 1995.

[64] Vgl. FALTIN, Krankenhausträger, 1986, S.14.

[65] Dazu vgl. beispielhaft für die vielen Beiträge: EICHHORN, Krankenhausbetriebslehre III, 1987, S.14f., ebenfalls in allgemeinem Kontext: WAGNER, Theoretische Sozialökonomik, 1907, S.84 und S.23.

[66] Vgl. GÄFGEN, Krankenhausbedarfsplanung, 1985, S.99ff. Zu dem wirtschaftspolitischen Instrumentalcharakter verschiedener Träger vgl. THIEMEYER, Krankenhauswirtschaft, 1988, S. 23ff., und THIEMEYER, Gemeinwirtschaft, 1985, S. 49-71.

[67] Zur Reglementierung bzw. der Abkehr von einer reinen Marktwirtschaft im Gesundheitswesen vgl. die Diskussion um den amerikanischen Krankenhausmarkt von der Seite der Anbieter beispielsweise in REINHARDT, Gewinnorientierte Krankenhäuser, 1988, S. 261ff.

[68] Dazu vgl. beispielsweise SCHWEFEL/LEIDL, Bedarfsplanung, 1988.

[69] Vgl. THIEMEYER, Krankenhauswirtschaft, 1988, S. 24.

deutend angesehen werden muß,[70] daß die vollständige **Autonomie der Krankenhausleitung lediglich bei der Betriebsführung** gewährleistet ist.[71]

2.3 Staatliche Regulierung im Krankenhauswesen

Seit der Zeit des Absolutismus hat sich die öffentliche Hand die Sorge um das
Gesundheitswesen zur Aufgabe werden lassen.[72] Für das Krankenhauswesen kommt
das im § 1 Abs.1 des KHG und weiteren ergänzenden Gesetzen und Verordnungen
zum Ausdruck.[73] Diese werden im folgenden, in einen geeigneten Kontext eingeordnet, kurz dargestellt.[74] Im Ergebnis wird jeweils gezeigt, daß der **regulierende Rahmen der öffentlichen Hand** inzwischen **bewirkt**, daß das einzelne Krankenhaus ohne

---

[70] Dieses Problem wird aufgegriffen von FISCHER, Krankenhauswirtschaft, 1988, S. 59ff. FISCHER
      geht explizit auf die Problematik der künstlichen Regulierung der Angebotsseite ein und stellt die
      Frage, ob der Bedarf zentral überhaupt so vorhergesehen werden kann, daß auf die Regulierung
      durch den Markt zu verzichten möglich ist. Die Behandlung des Problems erfolgt unter Rekurs auf
      VON HAYEK, Anmaßung, 1975, S.12 ff., und VON HAYEK, Rationalismus, 1969, S.75ff., und wird
      mit einem Beispiel empirisch erläutert. Solange die Leistungserstellung, wie das im Kranken-
      hauswesen der Fall ist, angemeldet und genehmigt werden muß, sind die strategischen Entschei-
      dungen immer insofern begrenzt, als zwar Leistungen aus dem Spektrum gestrichen
      (Spezialisierung), nicht aber bestehende Angebote ausgebaut werden können.

[71] Vgl. auch FRÖMMING, Management im Krankenhaus, 1977, S.45.

[72] Vgl. SCHADEWALDT, Wirklichkeit des Krankenhauses, 1971, S.288.

[73] Zur Komplexität des Regelungsgefüges und den damit verbundenen Problemen vgl. beispielhaft
      POTT, Gesundheitswesen, 1991, S.326ff. und S.361ff.

[74] In den folgenden Abschnitten geht es vornehmlich um das Verständnis der Gesetze und Verord-
      nungen im Kontext des Krankenhauses. Die im Sollkonzept zu entwickelnden Funktionen der
      Führung dürfen sich nämlich nicht an der Vorgabe des gesetzlichen Rahmens orientieren, sondern
      müssen sich am gesellschaftlichen Postulat, insbesondere der Leistungsfähigkeit und der Wirt-
      schaftlichkeit, ausrichten. Beispielsweise ist es in der momentanen Situation der Abrechnung von
      Pflegetagen für die wirtschaftliche Sicherung eines einzelnen Krankenhauses sinnvoll, daß dieses
      die Verweildauer auch über die medizinisch notwendige Zeit hinaus verlängert, allein um die
      Auslastung des Hauses zu maximieren. So hieße es, ein Führungsinstrumentarium zu entwickeln,
      das Patienten gemäß der Höhe ihres Deckungsbeitrages ordnet und gleichzeitig Anhaltspunkte
      gibt, inwieweit eine Verweildauerverlängerung, medizinisch indiziert, nicht auffällt. Einzelwirt-
      schaftlich ist das sinnvoll, gesamtwirtschaftlich kann es das nicht sein, dazu vgl. WIEMEYER,
      Krankenhausfinanzierung, 1984, S.28ff. Der Gesetzgeber steuert massiv gegen solche Tendenzen.
      So ist die momentane Abrechnungssituation zwar noch von der Selbstkostendeckung geprägt,
      Fallpauschalen machen nach vorsichtiger Schätzung erst 20 % der abgedeckten Beträge aus, doch
      ist geplant, die Abrechnung mit Fallpauschalen zu erweitern, vgl. GERDELMANN, GSG, 1996,
      S.16. Fraglich erscheint nämlich, ob die bisher gewählte Steuerung auch zu sinnvollen Ergebnis-
      sen geführt hat. Die immer kürzer werdenden Abstände zwischen den Novellierungen der Geset-
      zesgrundlagen zeugen eher von einer Orientierungslosigkeit, dazu vgl. SIEBEN, Krankenhaus-
      Controlling, 1986, S.155f. Folglich ist auch für ein einzelnes Krankenhaus der Grundgedanke der
      gesetzlichen Regelung relevant, im vorangegangenen Beispiel also die Reduktion der Verweildau-
      ern. Darauf muß sich die Führung eines Krankenhauses in Zukunft beziehen.

eine **betriebswirtschaftlich fundierte Führung** kaum zu überleben in der Lage sein kann.[75]

2.3.1 Finanzierung von Krankenhäusern

Verbindlich für Krankenhäuser[76] ist die Gesetzgebung zur Finanzierung, in der einerseits die Finanzierung der Investitionen, andererseits aber auch die Vergütung der erbrachten Leistungen festgelegt wird. Diese **totale Finanzierung**[77] ist im Krankenhausfinanzierungsgesetz - KHG - niedergelegt.[78] Sie wird aufgrund ihrer Zweiteiligkeit[79] duale Finanzierung genannt.[80]

Als erster Teil werden im Wege **öffentlicher Förderung** die **Investitionen** für den Neubau und für die **Anlagegüter** übernommen.[81] Das geschieht durch Einzelbewilligung oder durch pauschale laufende Förderung.[82] Das Motiv zur Begründung der

---

[75] Vgl. MÜLLER, Gesundheits-Strukturgesetz, 1993, S.13ff., o.V., Steigende Defizite, 1993, S.698ff. und THE BOSTON CONSULTING GROUP, Studie, 1993, S.10, wo zum Ausdruck kommt, daß die Krankenhäuser einen Nachholbedarf in der Implementierung betriebswirtschaftlicher Methoden verspüren.

[76] Das gilt ohne Einschränkung für die öffentlichen und die freigemeinnützigen Krankenhäuser, wenn sie die zusätzlich gestellten Bedingungen erfüllen, vgl. dazu BOTERMANN, Finanzwirtschaft, 1985, S.38f. Die privaten Krankenhäuser dagegen fallen nicht unter diese Finanzierungsgesetzgebung.

[77] Begrifflich angelehnt an PERRIDON/STEINER, Finanzwirtschaft, 1991, S.3ff.

[78] KHG in der Fassung vom 26.Mai 1994, BGBl. I S.1014-1055. Weitere Gesetze und Verordnungen, die die Finanzierung betreffen, sind die Bundespflegesatzverordnung, BPflV und entsprechende Verordnungen und Gesetze der Länder.

[79] Die Selbstkosten des Krankenhauses bei sparsamer Wirtschaftsführung sollten sich aus den Investitionskosten und den Betriebskosten in Form von Pflegesätzen bilden, vgl. BREYER u.a., Krankenhaus-Kostenfunktion, 1987, S.22f., und EICHHORN, Preisbildung, 1979, S.39ff.

[80] Diese Form der Finanzierung fand mit der ersten Fassung des KHG Einzug in die bundesrepublikanische Gesetzgebung. Vgl. zur Entwicklung und Entstehung der Krankenhausfinanzierung EICHHORN, Krankenhausfinanzierung, 1991, S.847ff.

[81] § 2, Abs.2, und § 4, Abs.1, KHG i.d. Fasssung vom 26.5.1994.

[82] § 4, 6 und 8 KHG sowie § 9 und 10 in Verbindung mit § 4 und 5 KHG i.d.Fassung vom 26.5.1994, vgl. zur Erklärung auch LENZEN, Wirtschaftlichkeit, 1984, S.22ff und PURZER/HÄRTLE, Rechnungswesen-Handkommentar, 17.Ergänzung zum KHG, und BOTERMANN, Finanzwirtschaft, 1985, S.31ff.

Übernahme der Investitionskosten durch die öffentliche Hand war die wirtschaftliche Sicherung der Krankenhäuser.[83]

Der zweite Teil der Finanzierung betrifft die **Pflegesätze**, die einerseits durch das KHG und andererseits durch die Bundespflegesatzverordnung geregelt sind.[84] Prospektiv budgetierte Pflegesätze[85] sollen die Betriebskosten des Krankenhauses dekken,[86] wobei die Pflegesätze inzwischen in Abteilungssätze, Fallpauschalen, Sonderentgelte, Basispflegesätze und weitere pauschalierte Vergütungen aufgegliedert sind.[87]

Die duale Finanzierung ist trotz der zahlreichen Novellierungen in den letzten Jahren vermehrt auf **Kritik** gestoßen.[88] Einerseits bezieht sich die Kritik auf die Investitionsfinanzierung und ihren mangelnden Anreiz zum Kapazitätsabbau von nicht ausgelasteten Krankenhausbetten,[89] andererseits wird die Praktik der Betriebskostendeckung kritisiert.[90] Krankenhäuser erhalten einen Anreiz, die Patienten über die medizinisch notwendige Verweildauer hinaus noch zu behalten.[91]

---

[83] In der Diskussion waren vor 1972 auch vollkostendeckende Pflegesätze, die eine Investitionsfinanzierung durch die öffentliche Hand überflüssig gemacht hätten, doch das scheiterte am Widerstand der Sozialversicherungsträger, vgl. EICHHORN, Krankenhausfinanzierung, 1991, S.848.

[84] § 16 ff. KHG und Bundespflegesatzverordnung - BPflV in der Fassung vom 21.12.1992.

[85] Vgl. zu den unterschiedlichen Möglichkeiten des prospektiven Entgeltes: NEUBAUER/UNTERHUBER, Entgeltverfahren, 1984, S.467ff., und zu den Auswirkungen in den USA: RUSSELL/MANNING, Prospective Payment, 1989, S.442f.

[86] Mit dem Inkrafttreten des Gesundheitsstrukturgesetzes - GSG - ist auch offiziell eine Abkehr vom Prinzip der Selbstkostendeckung verbunden. Diese Änderung ist faktisch noch nicht wirksam, da immer noch ca. 80 % der Entgelte des Krankenhauses individuell abgerechnet werden, also breiten Spielraum zur Deckung der individuellen Kosten lassen, vgl. GERDELMANN, GSG, 1996, S.15f.

[87] Vgl. zur näheren Erläuterung der Finanzierung nach dem Gesundheitsstrukturgesetz: MEYER, Krankenhausfinanzierung, 1995, Sp.1240ff., MÜLLER, Gesundheits-Strukturgesetz, 1993, S.13ff., sowie SOBNA, GSG-Bedingungen, 1996, S.22ff.

[88] Es ist nicht möglich, die Kritik an der dualen Finanzierung vollständig aufzuarbeiten. Vielmehr soll das Problembewußtsein geschaffen werden, mit dem sich der einzelwirtschaftliche aus dem gesamtwirtschaftlichen Rahmen besser verstehen läßt.

[89] Vgl. beispielsweise EICHHORN, Krankenhausfinanzierung, 1991, S.852, GERDELMANN, Neuordnung, 1985, S.180ff., MÜLLER, Krankenhausfinanzierung, 1985, S.191ff., MÜLLER, Gesundheits-Strukturgesetz, 1993, S.22, ROBERT BOSCH STIFTUNG, Zwischenbericht Krankenhausfinanzierung, 1983, S.19ff., und SCHWEFEL/LEIDL, Bedarfsplanung, 1988, S.194. Es kann festgestellt werden, daß durch eine staatliche Investitionslenkung Überkapazitäten nicht sinken, sondern geschaffen werden, vgl. HAMM, Wettbewerb, 1985, S.126. Positive Aspekte betont MIS, Pflegesatz, 1985, S.401ff.

[90] Die Erfahrungen mit dem Gesundheitsstrukturgesetz sind noch zu jung, um Aussagen über die Betriebskostendeckung bei starrer Deckelung des Budgets zu machen, es ist aber davon auszuge-

Inzwischen hat auch der Gesetzgeber die Wirkungen der geschilderten Anreize auf das Budget erkannt und kostenbegrenzende Ansätze im Gesundheitsstrukturgesetz - GSG - niedergelegt.[92] Weitere Maßnahmen werden folgen.[93] Das bedeutet als **Implikation** für das einzelne Krankenhaus, daß nach vielen Jahren der Sorglosigkeit aufgrund der herrschenden Selbstdeckung eine **Führung** der Leistungserstellung benötigt wird, mit der der Kostendruck zu bewältigen ist.[94]

2.3.2 Vorgaben zur Planung im Krankenhaus

Mit der Krankenhausgesetzgebungsreform von 1984[95] hat der Gesetzgeber **Pflichtbestandteile** zur **Planung** vorgegeben.[96] Es sind, wie im neuerlich wieder reformierten KHG nachzulesen, unter anderem die voraussichtliche Belegung und die dabei entstehenden Kosten bzw. Abrechnungssätze zu prognostizieren.[97]

In der Bundesrepublik werden von den Ländern ausgehend **Krankenhausbedarfspläne** aufgestellt, in die jedes freigemeinnützige und öffentliche Krankenhaus eingebunden sein muß. Damit folgt der Gesetzgeber dem historischen Gedanken, die Bevölkerung bedarfsgerecht mit Betten zu versorgen.[98] Die jeweils regionale Planung

---

hen, daß die Betriebskosten nicht mehr bei allen Krankenhäusern gedeckt sind, dazu vgl. O.V., Steigende Defizite, 1993, S.698ff.

[91] Vgl. EICHHORN, Preisbildung, 1979, S.48ff., EICHHORN, Krankenhausfinanzierung, 1991, S.854, GERDELMANN, Krankenhausfinanzierung, 1985, S.182ff., MÜLLER, Krankenhausfinanzierung, 1985, S.189f., ROBERT BOSCH STIFTUNG, Zwischenbericht Krankenhausfinanzierung, 1983, S.19ff., und empirisch vergleichend NEUDAUER/GÜNTHER, Finanzierung, 1988.

[92] Dazu vgl. MÜLLER, Gesundheits-Strukturgesetz, 1993, S.13ff.

[93] Vgl. FAZ vom 6.November 1995, S.19: „Den Krankenhäusern werden die Budgets gekürzt" oder O.V., Gesundheitswesen, 1996, S.1.

[94] Wie bereits in der Problemstellung dargestellt, wurde wirtschaftliches Verhalten zwar schon seit der Einführung der dualen Finanzierung postuliert, doch erst die Abschaffung der Selbskostendeckung schafft dazu auch den notwendigen Anreiz. Im Vergleich dazu eine Studie in den USA über Gewinner und Verlierer der Veränderung der Abrechnung und die Konsequenz, die eine stärkere Betonung von Managementmethoden fordert: BRAY et al., Winners and Losers, 1994, S.44ff.

[95] Gesetz zur Neuordnung der Krankenhausfinanzierung, Krankenhausneuordnungsgesetz - KHG, vom 20.12.1984, BGBl. I S.1716ff.

[96] Vgl. SIEBEN/PHILIPPI, Krankenhaus-Controlling, 1986, S.19.

[97] Vgl. § 5 Bundespflegesatzverordnung - BPflV in der Fassung vom 21.12.1992 und beispielhaft aus dem Jahr 1984: PETERSMANN, Krankenhausbedarfsplanung, 1984, S.254f.

[98] Vgl. § 6 Krankenhausfinanzierungsgesetz - KHG in der Fassung vom 21.12.1992.

wird unter Beteiligung der Krankenhausträger auf die einzelwirtschaftliche Ebene her-
untergerechnet.[99] Das kann sich bis in die Abteilungen hinein erstrecken.[100]

Die Krankenhausplanung ist zu keiner Zeit frei von Kritik geblieben.[101] Insbesondere erscheint es fraglich, ob auf der Landesebene das Wissen vorhanden ist, den
Bedarf bis in die Abteilung eines Krankenhauses zu planen, ohne mit Sicherheitsmar-
gen zu rechnen, die zu erheblichen Unterauslastungen führen können.[102] Als **Implikation** für das zu gestaltende **Führungssystem** ergibt sich, daß die Funktion der betriebswirtschaftlichen Planung insofern überprüft werden muß, ob sich nicht abseits
der gesetzlichen Vorgaben eine grundsätzlich eigenständige Rolle ergibt und wie diese
Rolle auszufüllen ist.

2.3.3 Vorgaben zum Rechnungswesen von Krankenhäusern

Krankenhäuser, die gemäß dem **Krankenhausfinanzierungsgesetz** gefördert
werden, unterliegen der Verordnung über die Rechnungs- und Buchführungspflichten
von Krankenhäusern, der Krankenhaus-Buchführungsverordnung - KHBV.[103] Daneben
behalten die maßgeblichen Vorschriften des Handelsgesetzbuches - HGB und die
Grundsätze der ordnungsgemäßen Buchführung gleichermaßen Gültigkeit.[104]

Die **Vorgaben zum Rechnungswesen** der Krankenhäuser unterteilen sich in
solche über das externe Rechnungswesen mit einer Gliederung der Bilanz, der Ge-

---

[99] Vgl. SCHWEFEL/LEIDL, Bedarfsplanung, 1988, S.188.

[100] Vgl. BRUCKENBERGER, Krankenhausfinanzierungsgesetz, 1986, S.25.

[101] Vgl. konkret zur Krankenhausplanung RÜSCHMANN, Krankenhaus-Diagnosestatistik, 1982, S.3,
     UNTERHUBER, Krankenhausversorgung, 1986, S.77ff., WEBER, Managementsystem, 1983,
     S.144ff. und allgemein für das Gesundheitswesen: CARR, Economic Efficiency, 1970, S.195ff.
     Zur Frage „Planung oder keine Planung" siehe allgemein: MARCH/SIMON, Organisation und In-
     dividuum, 1976, S.185ff.

[102] Zur Problematik nicht vorhandenen Wissens bzw. der Anmaßung des Wissens einer übergeordne-
     ten Instanz vgl. von MISES, Gemeinwirtschaft, 1932, insbesondere die Seiten 188ff., von MISES,
     Nationalökonomie, 1940, S.646ff., und davon beeinflußt von HAYEK, Rationalismus, 1969,
     S.75ff., und von HAYEK, Knechtschaft, 1982, S.54ff. Im Krankenhauswesen sind die Kapazitäts-
     auslastungen nicht unbedingt problematisch niedrig. Das rührt aber, wie weiter oben dargestellt
     wurde, daher, daß keinerlei Anreize zum Abbau der Kapazitäten gesetzt werden. Denn eher im
     Gegenteil ist bei Entlohnung durch Tagespflegesätze der Anreiz zur Veweildauerverlängerung
     und zu einer solchermaßen realisierten Kapazitätsauslastung besonders hoch.

[103] Zum Anwendungsbereich vgl. § 1 Abs.2 BPflV.

[104] Vgl. DEUTSCHE KRANKENHAUSGESELLSCHAFT, Rechnungswesen, 1992, S.14.

winn- und Verlustrechnung, einem Anlagenachweis sowie einem Kontenrahmen für die Buchführung und solche über das interne Rechnungswesen, die Kosten- und Leistungsrechung[105].

Mit der Einführung der Vorschriften zur **doppelten Buchführung** ist vom Gesetzgeber vorgesehen, alle Krankenhäuser[106] unabhängig ihrer Rechtsform und Trägerschaft der kaufmännischen Rechnungslegung zu unterwerfen.[107] Damit soll die Abkehr von der Kameralistik hin zu einer bedarfsgerechten Rechnungslegung vollzogen werden.[108] Für das daneben zur Pflicht erhobene **interne Rechnungswesen** hat der Gesetzgeber die Aufgaben der betriebsinternen Steuerung, die Beurteilung der Wirtschaftlichkeit und die Ermittlung der Selbstkosten als Gründe für die Einführung angegeben.[109]

Die Notwendigkeit zur zahlenmäßigen Abbildung des Leistungserstellungsprozesses wurde - das wird aus dem Geschilderten deutlich - zwar erkannt,[110] die Krankenhäuser machen sich jedoch durch die zu allgemeine Ausgestaltung[111] der Rechnungslegungsvorschriften das Rechnungswesen nicht als betriebswirtschaftliches Instrument nutzbar.[112] Das gilt insbesondere für die Kosten- und Leistungsrechnung.[113]

---

[105] Das externe Rechnungswesen ist in § 3 bis 6 der Krankenhaus-Buchführungsverordnung - KHBV in der Fassung vom 24.3.1987, BGBl. I, S.1045ff., festgelegt. Die Gliederung der Bilanz findet sich in Anlage 1 zur KHBV, die Vorschrift zur Gewinn- und Verlustrechnung in Anlage 2 zur KHBV, der Anlagenachweis in Anlage 3 zur KHBV und der Kontenrahmen für die Buchführung in Anlage 4 zur KHBV. Zum internen Rechnungswesen gelten insbesondere § 8 als Vorschrift und die Anlage 5 der KHBV mit einem Kostenstellenrahmen für die Kosten- und Leistungsrechnung.

[106] Ausgenommen sind lediglich die Häuser, die von der Befreiungsvorschrift Gebrauch machen können, vgl. § 9 KHBV. Es wurden allerdings zusätzliche Erleichterungen für die übrigen Häuser gefordert, vgl. NEUBURGER, Rechnungslegung, 1980, S.891f.

[107] Vgl. PURZER/HAERTLE, Handkommentar, S.112ff.

[108] Vgl. DEUTSCHE KRANKENHAUSGESELLSCHAFT, Rechnungswesen, 1992, S.11ff.

[109] Vgl. § 8 KHBV sowie HENTZE, Kosten- und Leistungsrechnung, 1993, S.20ff., wo die einzelnen Rechnungslegungszwecke im Kontext des Krankenhauses erklärt werden.

[110] Vgl. EY, Kostenrechnungsmodell, 1987, S.10f., und LEONHARDT, Grenzplankostenrechnung, 1988, S.5ff.

[111] Vgl. BECKER, Abrechnungssystem, 1983, S.76, und TAUCH, Kosten- und Leistungsrechnung, 1987, S.3ff.

[112] Vgl. DIEDERICHS, Kostenfunktionen, 1991, S.4ff., MARTIUS, Patientenkalkulation, 1989, S.105ff. und zu einem Spektrum an Möglichkeiten der Nutzung des Rechnungswesens im Krankenhaus beispielsweise RÖHRIG, Kosten- und Leistungsrechnung, 1978, S.6ff. und 21ff., oder TAUCH, Budgetierung, 1986, S.10ff.

Als **Implikation** für die Arbeit ist somit festzuhalten: Die Integration des Rechnungswesens in das **Führungssystem** bedarf der Ausgestaltung auf der Basis einer wissenschaftlichen Fundierung.[114]

2.3.4 Vorgaben zur Krankenversicherung

Die **Sozialgesetzgebung** von Bismarck stellt den Beginn der umfassenden Einführung der Krankenversicherung in Deutschland dar.[115] Im Vordergrund standen dabei zwei Effekte: erstens sollte sich die Lage des Ärztestandes verbessern[116], zweitens
sollte sichergestellt sein, daß die Erwerbsbevölkerung ihre Arbeitskraft im notwendigen Maß verwerten konnte.[117] Für Krankenhäuser bedeutete das Jahr 1883, daß nicht

---

[113] Dazu schreibt SIEBEN auf der Basis einer empirischen Untersuchung, daß die Krankenhäuser
       kaum über die Minimalforderungen der KHBV hinausgehen, so daß die an den gesetzlichen Vor-
       schriften geübte Kritik auch gleichzeitig eine Kritik an der realen Kostenrechnung der Kranken-
       häuser bedeutet, vgl. SIEBEN, Krankenhaus-Controlling, 1986, S.233 f. An dieser Einschätzung
       hat sich bisher wenig geändert, vgl. dazu auch die Beiträge, in denen die Anpassung an veränderte
       Gesetzgebung vornehmliches Ziel ist, ohne den gewählten Weg wissenschaftlich zu fundieren,
       FENGLER/KRAUSE, Krankenhaus-Controlling, 1994, S.337. Ein Problem ist allerdings, daß nicht
       einmal das Minimalmodell der Kostenrechnung im Krankenhaus relevante Daten zu liefern in der
       Lage ist, dazu SIEBEN, Krankenhaus-Controlling, 1986, S.232f., vgl. auch THE BOSTON CON-
       SULTING GROUP, Studie, 1993, S.10.

[114] Es existieren durchaus theoretische Ansätze, die die Ausgestaltung der Kosten- und Leistungs-
       rechnung zum Thema haben, beispielsweise CHEN/ZIMMERMANN, Prozeßkostenrechnung, 1995,
       HALEN, Rechnungswesen, 1977, HAUSLADEN, Kostenrechnung, 1985, und HÜBNER, Kostenrech-
       nung, 1980. Die Bearbeitung erfolgt aber nicht im Rahmen der Betrachtung des gesamten Füh-
       rungssystems im Krankenhaus, einzig die Quellen zum Controlling wie RÖHRIG, Controllingsy-
       stem, 1983 oder SIEBEN, Krankenhaus-Controlling, 1986 stellen den Bezug zu anderen Elementen
       des Führungssystems her, ohne dies allerdings in der Vollständigkeit zu tun, wie es WEBER, Con-
       trolling, 1995, vorgezeichnet hat.

[115] Der Sozialgesetzgebung von Bismarck gingen einerseits betriebliche Krankenkassen wie die der
       Familie Krupp andererseits Ländergesetze wie das Preussische Gesetz von 1854 oder das Gesetz
       zur Regelung von Hilfskassen von 1876 voraus. Diese Anstrengungen hatten allerdings begrenz-
       ten Charakter - durch den Ort der Anwendung oder den Personenkreis -, so daß die erste Gesetz-
       gebung, die das überwand, die von Bismarck war, vgl. WINTERSTEIN, Soziale Sicherung, 1980,
       S.70f.

[116] Ein großer Teil der Bevölkerung konnte Arztbesuche nicht bezahlen und frequentierte statt dessen
       die sogenannten Heilkundigen. In der Konsequenz waren die Ärzte auf einen kleinen Teil des
       Volkes, deren Willigkeit behandelt zu werden und deren Spendenbereitschaft angewiesen. Das
       sollte sich mit dem kollektiven Versicherungszwang bei freier Arzt- und Behandlungswahl än-
       dern, vgl. HAUSER/GRAF V.D.SCHULENBURG, Health Maintenance, 1988, S.49ff., und ROSE-
       WITZ/WEBBER, Reformversuche, 1990, S.14f.

[117] Die Sicherung der Arbeitskraft war vor allem für die Arbeiter wesentlich, denn sie verfügten in
       der Regel weder über Rücklagen, noch waren sie durch ein soziales Netz abgesichert. Arbeitsun-
       fähigkeit bedeutete für sie de facto also das Ausbleiben von Einkünften. Daneben konnte auch die
       noch in der frühen Neuzeit übliche Pflege der Kranken im Familienverband nicht mehr gewähr-
       leistet werden, denn oft befand sich die ganze Familie beim Arbeiten und konnte das wegen der
       fehlenden Rücklagen auch kaum unterbrechen.

mehr der Krankenhausträger den Hauptteil der entstehenden Kosten übernahm, sondern die Versicherungen.[118] Mit der Einführung der Versicherung entstand aber auch die Diskussion um deren Ausgestaltung, um die Allokation der gesammelten Mittel und die damit verbundenen Effekte.[119]

In der Bundesrepublik unterscheidet man heute zwischen der **gesetzlichen** und der **privaten Krankenversicherung**, die nach unterschiedlichen Umverteilungsmodi die Krankenversicherungsleistung anbieten.[120] Die gesetzlichen Versicherungen übernehmen einen großen Teil der Leistungen ohne Selbstbeteiligung der Patienten, bei den privaten Versicherungen ist die Selbstbeteiligung eine Funktion des Beitrages.[121]

Die **Effekte und Wirkungen** der Ausgestaltung der Versicherungen unterlagen vor allem in den letzten Jahren massiver Kritik.[122] Insbesondere der Anreiz zur Ausweitung der in Anspruch genommenen Leistungen ohne geschlossene Wirtschaftsrechnung wird als Ursache der überproportional steigenden Ausgaben im Gesundheitswesen angesehen.[123] Folglich wird als Ziel die Erfüllung der steigenden Anzahl der Lei-

---

[118] Vgl. PHILIPPI, Krankenhausvergütung, 1987, S.31ff. Dabei ist auch von Interesse, daß die anfängliche Vergütung eine Tagespauschale für die Pflege war, denn die Pflege nahm zu der damaligen Zeit den größten Teil der Kosten in Anspruch. So ist also der heute noch vorhandene Tagessatz eine aus der Historie erwachsene und vor gut hundert Jahren auch begründbar gewesene Abrechnungseinheit, die, obwohl sie heute mit Kritik überhäuft wird und die Begründung früherer Jahre längst obsolet geworden ist, vor allem aus Gründen der mangelnden Akzeptanz anderer Verfahren nicht geändert wird. Dazu PHILIPPI, Krankenhausvergütung, 1987, S.45f.

[119] Ausführlich dazu BESKE/ZALEWSKI, Gesetzliche Krankenversicherung, 1981, S.47ff., FRIEDMAN/FRIEDMAN, Free to Choose, 1980, S.91ff., MCCLURE, Medical Care, S.279, PHILIPPI, Krankenhausvergütung, 1987, S.117ff., und ROSEWITZ/WEBBER, Reformversuche, 1990, S.14ff.

[120] Vgl. zu den beiden Versicherungsformen: FORSTER, Wettbewerb, 1980.

[121] Vgl. HERDER-DORNEICH/WASEM, Krankenhausökonomik, 1986, S.86ff.

[122] Vgl. BESKE/ZALEWSKI, Gesetzliche Krankenversicheurng, 1981, S.19ff., CASSEL/HENKE, Gesetzliche Krankenversicherung, 1988, S.13ff., HERDER-DORNEICH/WASEM, Krankenhausökonomik, 1986, S.73ff., und eine mikrökonomisch fundierte Analyse: PHELPS, Health Insurance, 1973, S.6ff.

[123] Dazu trägt bei, daß die meisten Leistungen von den Patienten zum Nulltarif in Anspruch genommen werden können, die Ausweitung der Anzahl der Leistungen dagegen durch die Versicherungen finanziert werden muß. Die Versicherungen unterliegen dagegen großen Beschränkungen, die ihnen nicht erlauben, ihre finanzielle Lage durch Erhöhung der Beiträge zu verbessern. Die Politiker, die über die Beiträge mitentscheiden, scheuen sich in ihrem legitimen Streben nach Wählerstimmen ebenfalls, die Versicherungsbeiträge zu erhöhen. Vgl. CASSEL/HENKE, Krankenversicherung, 1988, S.13ff., und SPICKER, Gesundheitswesen, 1988, S.65ff.

stungswünsche bei gleichbleibenden Kosten gefordert.[124] Das ist aber nur bei steigendem Output bei gleichbleibendem Input, also höherer Wirtschaftlichkeit, möglich.[125] Dazu ist ein betriebswirtschaftliches und den Krankenhausrahmenbedingungen angepaßtes **Führungssystem** notwendig.[126]

2.4 Patienten im Krankenhaus

Die Patienten sind das Objekt, an dem die Krankenhausleistung erbracht wird.[127] Gleichzeitig stellen die Bedürfnisse der Patienten die Determinante für das Angebot an Krankenhausleistungen, insbesondere an -betten, dar.[128] Daraus ergibt sich, wie zu zeigen sein wird, für die Krankenhausleitung eine besondere Problemstellung. Denn mit dem **Anstieg der Fallzahlen** in den Krankenhäusern[129] ging in den letzten Jahrzehnten auch eine Steigerung der Gesundheitsausgaben einher,[130] die deutlich über der des Bruttosozialprodukts liegt.[131] Diese Steigerung wird zu einem großen Teil mit dem **Patientenverhalten** und seinen Konsequenzen erklärt.

---

[124] Die in immer kürzeren Abständen aufeinander folgenden Gesetzesänderungen in dieser Hinsicht zeugen ebenso davon wie die momentane Diskussion zur „Notbremse", einer Budgetkürzung bei den Krankenhausausgaben, vgl. FAZ vom 6.11.1995, S.19 und FAZ vom 6.12.1995, S.17.

[125] Vgl. ARNOLD, Wirtschaftlichkeit, 1991, S.607ff., DÉSZY, Krankenhausmanagement, 1993, S.22, und KALTENBACH, Qualitätsmanagement, 1991, S.15.

[126] Die Ausprägung der Führung zu begründen bzw. im Rahmen der Koordinationsfunktion die Bildung und Kopplung der Führungsteilsysteme zu gewährleisten, ist als Hauptaufgabe dem Controlling zuzuschreiben, vgl. WEBER, Verwaltungs- bzw. Unternehmensführung, 1991, S.40ff. Insofern ist es konsequent, daß die Notwendigkeit zur Einführung eines Controlling im Zusammenhang mit öffentlichen Institutionen unter anderem durch die zunehmende Haushaltsmittelknappheit bei ansteigender Komplexität und Dynamik begründet wird, vgl. WEBER, Verwaltungs- bzw. Unternehmensführung, 1991, S.52ff. Einer zunehmenden Haushaltsmittelknappheit entspricht auch die zwangsweise Erstellung von immer mehr Leistungen mit gleichbleibendem Budget.

[127] Siehe dazu den Leistungserstellungsprozeß und insbesondere das Kapitel 3.2.3.

[128] Vgl. dazu Kapitel 2.3.2.

[129] Vgl. PRÖBDORF, Krankenhäuser, 1989, S.618f.

[130] Vgl. DEUTSCHE KRANKENHAUSGESELLSCHAFT, Zahlen, 1993, S.40 und S.57. Dazu im Vergleich die Entwicklung in anderen europäischen Ländern, die von einem ähnlichen Anstieg gekennzeichnet ist: ABEL-SMITH, Cost Containment, 1984, und SCHNEIDER et al., Gesundheitssysteme, 1989.

[131] Das Bruttosozialprodukt ist in der Zeit von 1960 bis 1989 von 303,0 auf 2.249,1 Mrd. DM gestiegen, was einen Anstieg um das knapp 7,5fache bedeutet. Die Ausgaben der Gesetzlichen Krankenversicherung für die Krankenhausbehandlung dagegen sind in der gleichen Zeit um das 27,4fache angewachsen.

In verschiedenen Untersuchungen ist der Anstieg der **Gesundheitsausgaben angebotsinduziert** begründet worden: HAVIGHURST hat die These aufgestellt, daß *„hospital utilization is widely thought to be in large measure a function of bed availability."*[132] ROEMER meinte zu einem früheren Zeitpunkt ebenfalls diesen Zusammenhang zu erfassen;[133] dagegen stellte FELDSTEIN nur eine schwache Korrelation zwischen dem Bettenangebot und der Fallzahl fest[134], und ROSENTHAL bestritt die Abhängigkeit sogar.[135]

Doch während der Einfluß des Angebots zwiespältig als Einflußdeterminante auf gestiegene Fallzahlen diskutiert wurde, so herrschte über **andere Faktoren** Einigkeit. *„Demand factors account for a major portion of the growth in hospital costs with rising incomes and reduced out-of-pocket payment"* formulierte DAVIS als Ergebnis ihrer Untersuchung[136] und FELDSTEIN bestätigte dies.[137] Gleichzeitig wurde mit der geänderten Finanzierung[138] eine weitere Erklärungsdeterminante für den Anstieg der Nachfrage gegeben.[139]

In vier Gruppen ordnen ADAY/EICHHORN in Zusammenfassung unterschiedlicher Studien[140] zum **Nachfrageverhalten** die bestimmenden Faktoren ein:[141]

---

[132] HAVIGHURST, Regulating Health, 1974.

[133] ROEMER, Bed supply, 1961, S.36ff. Ähnlich argumentiert in einem analogen Zusammenhang auch SCHULENBURG, Ärzteschwemme, 1985, S.7f. Fortschritt in der Medizintechnik kann durchaus auch als angebotsinduzierend betrachtet werden, vgl. SIEBEN, Krankenhaus-Controlling, 1986, S.152f.

[134] FELDSTEIN, Health Service Efficiency, 1968.

[135] ROSENTHAL, Demand, 1964.

[136] DAVIS, Hospital Costs, 1973, S.18ff.

[137] FELDSTEIN, Hospital Care, 1971, S.23ff.

[138] FELDSTEIN spielt auf die Zunahme der Anzahl der Leistungen an, die selbstbehaltfrei in den Vereinigten Staaten in Anspruch zu nehmen sind. Das birgt natürlich auch den Anreiz in sich, diese Leistungen zu nutzen. Das wird als Olson Effekt von Kollektiv-Gütern umschrieben, vgl.: OLSON, Kollektives Handeln, 1968.

[139] In den Vereinigten Staaten ist der Einfluß der verschiedenen Formen der Finanzierung besser zu beobachten, da es dort eine Anzahl an Leistungen gab und noch gibt, die die Konsumenten selbst bezahlen müssen, die Nachfrageentscheidung also mit einer echten Budgetrestriktion verbunden ist, dazu DAVIS, Technology, 1974, S.291ff., PETERS/SCHÄR, Krankenhaus, 1994, S.20., ROSENBERG, Selbstbeteiligung, 1983, S.165ff., SORKIN, Health Care, 1986, S.72ff., und UNTERHUBER, Krankenhausversorgung, 1986, S.47ff.

[140] Vgl. hier außerdem HENKE, Gesundheitsausgaben, 1985, S.484ff.

1. Physiologisch objektiv bestimmte Nachfrage[142]

2. Wahrnehmung des Konsumenten über seinen Gesundheitszustand[143]

3. Ökonomische Variablen wie Preis, Versicherung und Einkommen[144]

4. Demographische Variablen wie Geschlecht, Alter, Rasse oder Ausbildung.[145]

Der Kostenanstieg im Gesundheitswesen ist folglich zum Teil auf die Verteuerung der medizinischen Leistungen und Geräte zurückzuführen,[146] wobei die Inflation nicht nur eine verteuernde Rolle spielt.[147] Der andere für den Kostenanstieg verantwortliche Teil entfällt auf die Nachfrager,[148] allerdings ist er nicht von so starkem Einfluß wie der erste.[149]

---

[141] Vgl. ADAY/EICHHORN, Health Services, 1972, S.7ff. In dieser Studie ist auch der Einfluß der verschiedenen Merkmale näher differenziert.

[142] Ein Knochenbruch ist physiologisch leicht objektivierbar, Migräne oder Schwindelgefühl sind das dagegen nicht. In den letzteren beiden Fällen spielt die Konsumentenwahrnehmung eine große Rolle. Für medizinische Entscheidungen ist folglich nicht immer Objektivität garantierbar, vgl. GÄFGEN, Allokationsentscheidungen, 1984, S.4. In die physiologisch objektive Nachfrage geht auch die Veränderung des Erkrankungsspektrums ein, die zu einer Zunahme von Behandlungsfällen führen kann, vgl. ANDERSCH, Krankenhausentwicklung, 1990, S.59ff.

[143] Vgl. dazu auch ROHDE, Soziologie, 1974, S.230ff.

[144] Preiseffekte sind in der Bundesrepublik nur bei der Wahl der Krankenversicherung zu beobachten. Diese hat aber nur indirekt Einfluß auf die nachgefragten Leistungen, dazu PHELPS, Health Insurance, 1973, S.152. Zur Frage der Abhängigkeit des Nachfrageverhaltens vom Einkommen siehe auch MALENBAUM, Health, 1970, S.31ff.

[145] Zur Überalterung vgl. ARNOLD, Wirtschaftlichkeit, 1991, S.609f., DEUTSCHE KRANKENHAUSGESELLSCHAFT, Zahlen, 1993, S.67ff., und SIEBEN, Krankenhaus-Controlling, 1986, S.153f. EICHHORN führt in bezug auf den Patienten eine andere Einteilung in Persönlichkeits- und Krankheitsmuster ein, in der sich allerdings die genannten Faktoren auch wiederfinden, siehe EICHHORN, Freigemeinnützige Krankenhäuser, 1988, S.59ff.

[146] Vgl. ALTMAN/EICHENHOLZ, Hospital Costs, 1974, S.2693ff., und SCHULZ/JOHNSON, Management, 1990, S.36. Dabei ist mit der Verteuerung auch eine Leistungsverbesserung verbunden, so daß die Argumentation als zulässig gelten muß, daß der eigentliche Kostentreiber die Verbesserung der Leistungen darstellt, vgl. FELDSTEIN, Cost of Hospitals, 1977, S.40ff.

[147] Vgl. GAINES, Inflation, 1974, S.1f., LEIGHTON/LAMBO ET AL., Psychiatric Disorder, 1963, S.9ff., und PAULY, Economic aspects, 1974, S.219ff. Die Nachfrage nach Krankenhausleistungen kann sich beispielsweise durch inflatorisch bedingte Veränderungen in den Konsumgewohnheiten neu gestalten.

[148] Dazu trägt sicher auch bei, daß die einzig maßgebliche Restriktion, die der gesetzlich versicherte Nachfrager bei den meisten medizinischen Leistungen noch budgetieren muß, die von ihm investierte Zeit ist, der Anreiz zur Reduktion von erhaltenen Leistungen also als gering bezeichnet werden kann, vgl. dazu GROSSMAN, Demand for Health, 1972, S.xivf.

[149] Dazu vgl. SCHNEIDER et al., Gesundheitssysteme, 1989, S.373ff., insbesondere S.374 und S.396.

So formulierte BOULDING: „*Nur der Sklave habe Bedarf; der freie Mann dage-gen genieße die Möglichkeiten der Nachfrage*", um einen ersten Schritt hin auf die auch im Gesundheitswesen notwendige Unterscheidung der Begriffe der Nachfrage und des Bedarfs vorzunehmen.[150] In Verbindung mit seinem gleichnishaft erwähnten Beispiel von der Beschreibbarkeit der Welt[151] führt er als **Unterscheidung**skriterium zwischen **Bedarf und Nachfrage** die Souveränität als eine besondere Art des Wissens ein.[152] Dem Patienten fehlt das Wissen über die Behandlungsalternativen gleicherma-ßen wie über die Wert- und Nützlichkeitskriterien, nach denen er die Auswahl treffen könnte,[153] er verfügt also nicht über die volle Konsumentensouveränität.[154] So äußert der Patient zuallererst eine Nachfrage nach Wissen.[155] Bei subjektiv empfundenem ausreichendem Wissensstand kann daraufhin allerdings eine Nachfrage nach konkreten Gesundheitsleistungen erfolgen.[156]

Aus der vorangegangenen Darstellung resultieren zwei **Problemkreise für** die Ausprägung der **Führung** im Krankenhaus: Erstens ist dem Übergang von Wissen be-sondere Bedeutung zuzumessen.[157] Das ist auch wichtig im Zusammenhang mit der dem Konsumenten eingeräumten gesetzlichen Mitbestimmung.[158] Zudem ist zwar ein Nachfrageanstieg nach Leistungen zu erkennen, ein erhebliches Potential für die Re-

---

[150] Vgl. allgemein BOULDING, Theorie, 1978, S.27., oder RÖHM, Krankenhauswesen, 1986, S.10ff.

[151] Vgl. CHARDIN, Zukunft, 1963.

[152] Vgl. BOULDING, Beyond Economics, 1968, S.141ff., wobei anzumerken bleibt, daß der den Ab-schnitt einleitende Satz seine inhaltliche Ausfüllung vor allem durch die Souveränität, weniger durch das Wissen erhält.

[153] Dieses Phänomen ist allerdings nicht nur bei Ärzten, sondern auch beispielsweise bei Anwälten zu beobachten.

[154] Die Konsumentensouveränität steht für ein Bild, „*wonach Verbraucher unter vollkommener In-formation über ihre Bedürfnisse und über Güter als Mittel der Bedürfnisbefriedigung ihre Ent-scheidung nutzenmaximierend treffen und ihre Nachfrage das Güterangebot lenkt*". KUHLMANN, Verbraucherpolitik, 1995, Sp.2530.

[155] Vgl. BOULDING, Theorie, 1978, S.27.

[156] Die Unterscheidung zwischen Bedarf und Nachfrage wird als theoretisches Problem im Rahmen des Gesundheitswesens deshalb als relevant angesehen, weil die Konsumentensouveränität bei Gesundheitsleistungen als besonders gering betrachtet wird, dazu: MCEWIN/HALL, Nachfrage oder Bedarf, 1978, BUSCH, Patientenaufkommen, 1977, S.16ff., ARROW, Uncertainty, 1963, S.941ff.

[157] So kann auch die primär zu erbringende und zu konsumierende Leistung als Informationsleistung zur Erhöhung des Wissens interpretiert werden.

[158] Vgl. DEUTSCH, Arztrecht, 1993, S.36ff., und LAUFS, Arztrecht, 1993, S.86ff.

duktion der Gesundheitsausgaben liegt jedoch in der Erhöhung der Effizienz und Effektivität der Leistungen. Nur letzteres kann der Gegenstand der betriebswirtschaftlichen Betrachtung und damit der vorliegenden Arbeit sein.

2.5 Marktliche Einflüsse im Krankenhauswesen

Neben expliziten gesetzlichen Regeln üben in einem begrenzten Rahmen auch die Regeln des Marktes einen Einfluß auf das Krankenhaus aus. Sofern sich daraus **Besonderheiten für die Führung** im Krankenhaus ergeben, sollen diese im folgenden dargestellt werden.

2.5.1 Menschen als Produktionsfaktoren im Krankenhaus

Das Krankenhaus ist ein personalintensiver Dienstleistungsbetrieb, etwa zwei Drittel der Gesamtkosten entfallen auf das **Personal**.[159] Letzteres ist grob einzuteilen in die Ärzteschaft, das Pflegepersonal, das medizinische und nichtmedizinische Hilfspersonal sowie die Verwaltungsangestellten.[160]

Die Stellung und Entlohnung der **Ärzteschaft** hat sich in den letzten hundert Jahren nicht wesentlich verändert.[161] Der Anteil des ärztlichen Dienstes je belegtes Bett ist zwar in den letzten 15 Jahren stetig gestiegen[162], der Prozentsatz ihrer Kosten an den Gesamtkosten aber ungefähr gleich geblieben.[163] Die gestiegene Nachfrage nach ärztlichem Personal konnte in den letzten Jahren problemlos gedeckt werden.[164]

---

[159] Die Deutsche Krankenhausgesellschaft nennt für das durchschnittliche Krankenhaus, West, im Jahre 1990 einen Anteil von 67,9 % Personalkosten, wovon 36,3 % auf den Pflegedienst entfallen, 20,4 % auf den Ärztlichen Dienst und die restlichen 43,3 % auf die Funktions- und Verwaltungsdienste, vgl. DEUTSCHE KRANKENHAUSGESELLSCHAFT, Zahlen, Daten, Fakten, 1993, S.38.

[160] Vgl. HERDER-DORNEICH/WASEM, Krankenhausökonomik, 1986, S.53ff. Zu anderen Schichtungen beispielsweise OETTLE, Betriebsführung, 1983, S.16ff.

[161] Vgl. ROSEWITZ/WEBBER, Reformversuche, 1990, S.14f. Auf die Professionalisierung und ihre Auswirkungen wird in einem späteren Kapitel eingegangen. Vgl. weitergehend zum ärztlichen Personal: KOLF, Controllerfunktion, 1983, S.136ff.

[162] Vgl. DEUTSCHE KRANKENHAUSGESELLSCHAFT, Zahlen, Daten, Fakten, 1993, S.52.

[163] Eigene Berechnung auf Basis DEUTSCHE KRANKENHAUSGESELLSCHAFT, Zahlen, Daten, Fakten, 1993, S.54. Danach betrug der Kostenanteil für die Ärzte bei steigenden Gesamtkosten gleichbleibend etwa 20 % der Personalkosten und etwa 14 % der Gesamtkosten. Der gleichbleibende Anteil an den Personalkosten zeigt, daß mit dem Anstieg der ärztlichen Betreuung je Bett auch die sonstige Personalintensität, insbesondere aber die Pflegeintensität gestiegen ist. Zudem ist festzustellen, daß der Kostenanstieg der medizinisch-technischen Gerätschaften höher war als der der Per-

Im Bereich der **Pflegekräfte** hat in den letzten Jahren eine deutliche Wandlung stattgefunden: statt Ordensschwestern oder anderer karitativ Arbeitenden sind angestellte Mitarbeiter mit tariflicher Arbeitszeit und auch sonst üblichen Ansprüchen von Arbeitnehmern im Krankenhaus tätig.[165] Das hat erhebliche Konsequenzen für die Personalkosten, und das Krankenhaus unterliegt damit genauso dem Arbeitsmarkt wie jedes andere Unternehmen.[166]

Die **Verwaltung** der Krankenhäuser präsentiert sich sehr heterogen und wird wesentlich durch die Trägerschaft beeinflußt.[167]

Insgesamt ist festzustellen, daß das Krankenhauspersonal in seiner Verfügbarkeit und seinem Einsatz nicht mehr von dem anderer Unternehmen und Dienstleister zu unterscheiden ist.[168] Spätestens durch die Verweltlichung des Pflegepersonals wurde der letzte Schritt dahin vollzogen.[169] Für die Ausprägung der Führung hat das zur Konsequenz, daß der Beachtung der Handlungsträger keine Besonderheiten zukommen, die über die üblichen Personalführungsfunktionen hinausgehen.

---

sonalkosten, weshalb die Personalkosten trotz steigender Personalintensität im Anteil der Gesamtkosten unverändert blieben.

[164] Zwischen 1960 und 1990 hat sich die Anzahl der Krankenhausärzte im Bundesgebiet, West, in etwa verdreifacht, dagegen war der Anstieg der niedergelassenen Ärzte weit geringer vgl. DEUTSCHE KRANKENHAUSGESELLSCHAFT, Zahlen, Daten, Fakten, 1993, S.47.

[165] Vgl. SPIEGELHALTER, Krankenhaus, 1977, S.5f.

[166] Der Pflegebereich verursacht heute allein durch das Personal etwa ein Viertel der Gesamtkosten. Diese Kosten sind bei gemeinnützigen kirchlich getragenen Krankenhäusern zu den Zeiten, als noch Ordensschwestern in der Pflege tätig waren, nicht aufgetreten. Darauf ist folglich ein erheblicher Anstieg der Krankenhauskosten zurückzuführen. Ansätze, diese Kosten durch eine geringere Entlohnung zu begrenzen, mündeten in den sogenannten Pflegenotstand. Denn es war für die Arbeitnehmer nicht einzusehen, warum sie im Krankenhaus für eine geringere Entlohnung arbeiten sollten als in sonstigen Institutionen. Der immer noch bestehende Entlohnungsnachteil ist für Pflegekräfte kaum auszugleichen, Ärzte dagegen erfahren einen gewissen Ausgleich durch das ihnen anhaftende Prestige, vgl. dazu CULYER, Incentives, 1989, S.20, DAHLGAARD, Personalplanung, 1982, insbesondere S.120ff., DARR/RAKICH, Hospital Organization, 1978, S.147ff., GEIßLER, Gesundheitsberufe, 1985, S.15ff., HERDER-DORNEICH/WASEM, Krankenhausökonomik, 1986, S.53ff., KUNZE/RUMPOLD, Kostenrechnung, 1981, S.120ff., und SIEBEN, Planungs- und Kontrollhemmnisse, 1985, S.80f.

[167] Das Verwaltungspersonal besteht bei öffentlich-gemeinnützigen Krankenhäusern oft aus öffentlichen Angestellten oder Politikern, bei den privaten Krankenhäusern handelt es sich auch um betriebswirtschaftlich ausgebildete Manager. Vgl. HERDER-DORNEICH/WASEM, Krankenhausökonomik, 1986, S.67ff., und SIEBEN, Krankenhaus-Controlling, 1986, S.55ff. In dieser Arbeit soll die Verwaltung einheitlich als Krankenhausleitung bezeichnet werden.

[168] Vgl. auch RIEFENSTAHL, Motivationssysteme, 19990, S.4ff.

[169] Diese Aussage ist hier insbesondere bezogen auf das früher kirchliche Pflegepersonal.

2.5.2 Entwicklungen in der Medizintechnik

Die Entwicklung der Medizintechnik soll in diesem Rahmen nur in einem Aspekt behandelt werden: **Anbieter der Medizintechnik können** mit ihrem Angebot eine **Nachfrage** nach Leistungen **schaffen**, denen sich das Krankenhaus nicht verschließen kann.[170] Früher erfolgte bei Krankheitsbildern, die als unheilbar galten, oft gar keine Behandlung. Das verursachte natürlich auch keine Kosten. Heute dagegen wird bei fast jeder Krankheit ein mit Kosten verbundener Heilungsversuch unternommen, der Fortschritt der Technik ließ dies möglich werden. Damit wurde aber auch erst die Diskussion um Kosten, Mittel und ihre **Allokation notwendig**. *„Bei jedem Fortschritt der Wissenschaft und Technik und ihrer Anwendung werden Fragen der moralischen und wirtschaftlichen Bewertung und Beherrschung aufgeworfen".*[171]

Fortschreitende technische Entwicklungen führen zu veränderter Leistungserstellung. Das ist eine Möglichkeit zur Differenzierung und gleichzeitig ein Bereich der wirtschaftlichen Bewertung und Auswahl.[172] Die Allokation von Ressourcen und ihre wirtschaftliche Verwendung wird folglich eine immer wichtigere Funktion der **Führung** in Krankenhäusern.[173]

2.6 Arbeitsdefinition und Ziele des Krankenhauses

Vom Gesetzgeber werden Krankenhäuser definiert als *„Einrichtungen, in denen durch ärztliche und pflegerische Hilfeleistungen Krankheiten, Leiden oder Körper-*

---

[170] Die Anbieterseite auf dem Markt für Medizintechnik unterliegt keiner Beschränkung, sie kann nicht nur ungehindert forschen, sie kann auch die daraus entstehenden Produkte am Markt anbieten und dadurch eine Nachfrage induzieren. Die Krankenhäuser befinden sich an der Schnittstelle zu diesem Markt, sie können sich den Kräften des Angebotes aber kaum entziehen. Ein Beispiel ist der Fortschritt in der Zahnheilkunde: Die momentan verbreiteten konventionellen Bohrer sind völlig ausreichend, um die Behandlung vorzunehmen, es werden dennoch neue Techniken, wie das Laserbohren, erforscht und auf den Markt gebracht.

[171] SASS, Gesundheitswesen, 1988, S.93. Vgl. dazu auch die Diskussion um die Allokation im amerikanischen und britischen Gesundheitswesen bei AARON/SCHWARTZ, Hospital Care, S.27ff., und MOONEY, Economics, 1992, S.5ff.

[172] Daneben kann auch eine moralische Bewertung erfolgen, die im Rahmen dieser Arbeit aber nicht behandelt werden soll.

[173] Veränderte Leistungen finden sich im Leistungssystem, die Entscheidungen dazu müssen aber im Führungssystem getroffen werden. Dieses auszubilden ist eine Aufgabe der Arbeit. Ein Beispiel für veränderte Leistungserstellung ist jeglicher technischer Fortschritt wie die Veränderung der chirurgischen Methoden von der konventionellen Chirurgie hin zum Operieren mit Endoskopen.

schäden festgestellt, geheilt oder gelindert werden sollen oder Geburtshilfe geleistet wird und in denen die zu versorgenden Personen untergebracht und verpflegt werden können"[174]. In dieser **Begriffsbestimmung** sind neben einer im Ansatz vorhandenen Beschreibung des Leistungsprofils von Krankenhäusern[175] auch die Inanspruchnehmer dieser Leistungen in vollständiger Aufzählung[176] enthalten. Deshalb soll diese Definition grundlegend für die vorliegende Arbeit sein.

Mit dieser Definition wird deutlich, was Krankenhäuser miteinander gemeinsam haben, die Unterschiede präsentieren sich am einfachsten durch die verschiedenen **Systematisierungskriterien**, mit denen man sie einteilen kann. Zu differenzieren sind Krankenhäuser nach der Trägerschaft[177], der Größe[178], ihrer Rechtsform[179], dem An-

---

[174] § 2 Krankenhausfinanzierungsgesetz - KHG - in der Fassung vom 10. April 1991, BGBl. I S. 886, zuletzt geändert am 26. Mai 1994.

[175] Die Definition gibt einen Hinweis auf Diagnose, Therapie, Pflege, Unterbringung und Versorgung, sagt aber nichts über die einzelnen Leistungen selbst aus.

[176] Die Inanspruchnehmer der Krankenhausleistungen werden im folgenden nur noch Patienten genannt, ohne dabei zu unterscheiden, ob sie wegen einer Krankheit, eines Körperschadens oder einer Geburt das Krankenhaus aufsuchen.

[177] Zur Systematisierung der Träger vgl. Kapitel 2.2.

[178] Es werden vier Größenklassen unterschieden, die ursprünglich im KHG festgeschrieben waren: kleiner als 250 Betten, 250 bis 350 Betten, 350 bis 650 Betten und größer als 650 Betten.

[179] Man unterscheidet öffentlich-rechtliche und privat-rechtliche Formen. Bei den öffentlich-rechtlichen Formen gibt es Betriebe mit eigener Rechtspersönlichkeit, öffentlich-rechtliche Stiftungen und solche ohne eigene Rechtspersönlichkeit, Regiebetriebe. Beispiel für eine privat-rechtliche Form ist die GmbH, es werden inzwischen sogar Krankenhäuser als Aktiengesellschaften geführt.

gebotsverhalten[180], den angebotenen Versorgungsbereichen[181], der Zweckbestimmung[182] und der ärztlich-pflegerischen Zielsetzung[183].

Insgesamt erfolgt die Erstellung der Leistungen im Krankenhaus nach definierten **Zielen**. An diesen Zielen orientiert sich gleichermaßen die Führung bei der geistigen Antizipation und Durchsetzung der gewünschten Leistungserstellung. Demgemäß können zur Fundierung eines Führungssystems von Krankenhäusern Ziele festgestellt werden, die im folgenden beschrieben werden sollen.[184]

---

[180] Im Rahmen des Angebotsverhaltens wird zwischen dem bedarfswirtschaftlichen und dem erwerbswirtschaftlichen Verhalten unterschieden. Das ist eng verknüpft mit der Trägerschaft: Krankenhäuser öffentlicher und freigemeinnütziger Trägerschaft sind dem bedarfswirtschaftlichen Ziel verhaftet, private Krankenhäuser dagegen verfolgen erwerbswirtschaftliche Ziele. Damit decken letztere allerdings ebenso einen Bedarf, und sie unterscheiden sich oft überhaupt nicht von den Häusern anderer Zielsetzung.

[181] Es wird differenziert in eine Grund-, Regel- und Maximalversorgung. Die Grundversorgung umfaßt zumindest die Abteilungen der Chirurgie, der inneren Medizin und der Gynäkologie und sollte ortsnah sein. Die Regelversorgung wird als eine Versorgung mit Einrichtung von gehobener Breitenwirkung beschrieben. Der Zusammenhang zwischen den Versorgungsstufen und der Größe des Krankenhauses wird in diesem Zusammenhang schon deutlich. Häuser der Maximalversorgung enthalten alle wichtigen medizinischen Fachrichtungen und erbringen in diesem Rahmen auch Spezialleistungen, die die Häuser der Grund- und Regelversorgung nicht zu erbringen in der Lage sind.

[182] Nach der Zweckbestimmung erfolgt eine Differenzierung in Akut- und Sonderkrankenhäuser. Diese Unterscheidung wird auch vom Statistischen Bundesamt nachvollzogen und geht im wesentlichen auf das Kriterium der Intensität der Behandlung zurück. Danach finden sich in Akut-Krankenhäusern Patienten, die kurzfristig und nicht an einer chronischen Krankheit behandelt werden, wogegen als Sonderkrankenhäuser Kurkrankenhäuser, Psychiatrien oder Rehabilitationszentren gelten.

[183] Nach diesem Kriterium werden allgemeine Krankenhäuser, Fachkrankenhäuser und Sonderkrankenhäuser unterschieden. Allgemeine Krankenhäuser besitzen mehrere, auch voneinander unabhängige Fachabteilungen und nehmen alle Patienten auf. Fachkrankenhäuser erfahren gegenüber den allgemeinen Krankenhäusern eine Spezialisierung entweder nach der Krankheits- oder nach der Behandlungsart. Sonderkrankenhäuser begründen ihren besonderen Auftrag entweder nach der zu behandelnden Personengruppe, z.B. Gefängniskrankenhaus, oder nach der Versorgungsmaßnahme, z.B. Kurkrankenhäuser.

[184] Krankenhäuser werden bei der vorgenommenen Definition vor allem durch die Gemeinnützigkeit in die Gruppe der Non-Profit Organisationen eingeordnet. Nimmt man allerdings die einzelnen Systematisierungsansätze zu Hilfe, so fällt die Eindeutigkeit der Einordnung, wie sie oft vorgenommen wird, nicht so klar in den Blick. Mit der Einteilung von BLAU/SCOTT, Organizations, 1962, S.45ff., sollte der Hauptnutzende der Patient sein, das ist aber ebenso in privaten Krankenhäusern möglich. In der Systematisierung von SCHWARZ, Morphologie, 1979, S.46ff., fallen die Krankenhäuser gemeinwirtschaftlicher Prägung in den Bereich der Karitativwirtschaften. SMITH/BALDWIN/WHITE, Nonprofit Sector, 1988, S.1.1ff. lassen Krankenhäuser in ihrer unscharfen Aufzählung in mehreren Kategorien stehen. Folglich ist es durchaus möglich, je nach Systematisierungskriterien die Krankenhäuser in den Bereich der Non-Profit Organisationen und hierin auch noch spezieller einzuordnen; die Verschiedenheit der dabei existierenden Möglichkeiten macht aber gleichzeitig die Fragwürdigkeit einer Kategorisierung deutlich. Für eine Arbeit, die sich mit der Führung der erstellten Leistungen beschäftigt, ist die Abgrenzung nicht von besonde-

Die Krankenhäuser sind ein Teil des deutschen **Gesundheitswesens**. Aus der Rolle, Element eines Systems zu sein, können die Ziele der Krankenhäuser aus den Zielen des Gesamtsystems, dem Gesundheitssystem, abgeleitet werden. Verknüpft werden müssen sie mit möglichen einzelwirtschaftlichen Zielen.

Die **Ziele des Gesundheitswesens** können in zwei Gruppen aufgeteilt werden, die Sach- und die Formalziele.[185] Zum Sachziel wird die Erstellung der Gesundheitsleistung erklärt[186], was vor allem die Verhinderung von Krankheiten sowie deren Linderung umfaßt.[187] Das Formalziel bezieht sich auf die Wirtschaftlichkeit[188]: die Gesundheitsleistung soll effektiv und effizient erstellt werden.[189]

Einzelwirtschaftlich wird ebenfalls der Unterteilung von Sach- und Formalzielen gefolgt.[190] Einen ersten Hinweis auf die **Ziele** der **einzelnen Krankenhäuser** gibt dabei das Krankenhausfinanzierungsgesetz - KHG: *„Zweck dieses Gesetzes ist die wirtschaftliche Sicherung der Krankenhäuser, um eine bedarfsgerechte Versorgung der Bevölkerung mit leistungsfähigen, eigenverantwortlich wirtschaftenden Krankenhäusern zu gewährleisten und zu sozial tragbaren Pflegesätzen beizutragen."*[191] Damit wird das gesamtwirtschaftlich formulierte Sachziel der Leistungserstellung in Form der

---

rem Interesse. Die Art, wie die wirtschaftliche Kombination von produktiven Faktoren in einem offenen soziotechnischen System zu führen ist, steht im Vordergrund. Darin unterscheiden sich allerdings gemeinnützige nicht von privaten Institutionen.

[185] Dazu allgemein HEINEN, Zielsystem, 1966, KOSIOL, Unternehmung, 1966, S.212, sowie WITTE/HAUSCHILDT, Öffentliche Unternehmung, 1966.

[186] Zur Erstellung der Gesundheitsleistung gehört ebenfalls die Leistungsbereitschaft, also die Bereitstellung von Ressourcen ideeller, menschlicher, finanzieller, wissenschaftlicher, medizinisch-technischer, pharmazeutischer und infrastruktureller Art, vgl. BUCHHOLZ, Wettbewerb, 1983, S.14.

[187] Vgl. FIEDLER, Gesundheitswesen, 1978, S.10ff.

[188] Zum Begriff der Wirtschaftlichkeit allgemein: EICHHORN, Wirtschaftliches Verhalten, 1975, S.329ff., GORNAS, Verwaltungskostenrechnung, 1992, S.56ff., sowie im Zusammenhang mit dem Krankenhaus: GIUDICE, Krankenhausbetrieb, 1990, S.6ff., und Methoden zu ihrer Ermittlung im Gesundheitswesen KLAUSING, Gesundheitswesen, 1981, S.79ff., MEYER/WOHLMANNSTETTER, Effizienzmessung, 1985, S.262ff., TIMMERMANN/SIEBIG, Wirtschaftlichkeitsmessung, 1980, S.125ff., und kritisch BAUER, Wirtschaftlichkeitsprüfung, 1979, S.221ff., sowie im Zusammenhang mit der Qualität BURKENS/SWERTZ, Qualitätsbeurteilung, 1976, S.411ff., und aus externer Sicht ZIMMERMANN, Wirtschaftlichkeitsbeurteilung, 1982, S.148ff.

[189] Vgl. BUCHHOLZ, Wettbewerb, 1983, S.14.

[190] Vgl. für eine andere Form eines öffentlichen Betriebes, die Studentenwerke WEBER, Rechnungswesen, 1983, S.33ff.

[191] § 1 Krankenhausfinanzierungsgesetz - KHG.

bedarfsgerechten Versorgung auf das einzelne Krankenhaus übertragen.[192] Die Leistung sollte über den notwendigen Zeitraum, also langfristig, vorgehalten werden.[193] In der Formulierung der sozial tragbaren Pflegesätze findet sich die Wirtschaftlichkeit wieder: Dem Krankenhaus wird zur Deckung der Kosten einzig ein Pflegesatz zugeführt, das ist sein Budget.[194] Sozial tragbar ist über den reinen Wortlaut in zwei Dimensionen auslegbar: es wird eine effiziente wie effektive[195] Leistungserstellung gefordert, und die Sätze müssen so kalkuliert sein, daß eine langfristige Bedarfsdeckung gewährleistet bleibt.[196]

Sach- und Formalziel[197] des Krankenhauses können kombinatorisch auf dreierlei Weise in ein Ober- bzw. Unterordnungsverhältnis gebracht werden.[198] Fraglich erscheint allerdings der **Wert einer** solchen **Ordnung in** einem dadurch entstehenden **Zielsystem.**[199] Die Deckung des Bedarfs durch die Sicherung der Leistungserstellung ist langfristig nur durch Kostendeckung und Erhaltung der Substanz möglich, das be-

---

[192] Dabei kann die Formulierung des Sachzieles nicht nur in der Auswahl der angebotenen Gesundheitsleistungen, sondern auch als Auswahl der Betätigungsfelder, Forschung, Diagnose, Therapie, Isolation und Pflege, verstanden werden.

[193] Vgl. THIEMEYER, Wirtschaftslehre, 1975, S.29ff.

[194] Abstrahiert wird hier von den Investitionen, die allerdings auch mit dem Budget im Zusammenhang stehen. Zu einer stärkeren Differenzierung der Formalziele vgl. EY, Kostenrechnungsmodell, 1987, S.5ff.

[195] Gemeint sind dabei eine hohe Effizienz und eine hohe Effektivität. In der Formulierung soll zum Ausdruck kommen, daß es nicht nur darum geht, die erstellte Leistung mit möglichst geringem Input zu realisieren, sondern auch die richtige Leistung zu erstellen bzw. überhaupt vorzuhalten, vgl. anschaulich dargestellt bei SCHICKE, Gesundheitswesen, 1981, S.22f.

[196] Vgl. AXTNER, Krankenhausmanagement, 1978, S.19. AXTNER bezeichnet das Sachziel als Aktionsfeld und das Formalziel als Mittel zur Beurteilung der Alternativen.

[197] Auch wenn es sich um mehrere Ziele handelt, so ist deshalb der Singular gebraucht, da es zum einen um die Dimension der Handlung der Leistungserstellung selbst und zum anderen um die Dimension der Bewertung der Handlung geht, also nur von zwei Dimensionen gesprochen wird.

[198] Zu derartigen Einordnungen siehe ADAM, Krankenhausmanagement, 1972, S.47ff., DOWLING, Hospital Production, 1976, S.17, EICHHORN, Freigemeinnützige Krankenhäuser, 1988, S.56ff., GRONEMANN, Krankenhäuser, 1988, S.12ff., MARTIUS, Patientenkalkulation, 1989, S.36; RÖHRIG, Controllingsystem, 1983, S.106ff., und WITTE/HAUSCHILDT, Öffentliche Unternehmung, 1966, S.101.

[199] Eine Ober- oder Unterordnung der Ziele kann langfristig nicht zu einer Orientierung führen, denn Sachziel und Formalziel bedingen einander. Es ist nicht möglich, einen Bedarf zu decken, wenn dafür nicht die Mittel vorhanden sind, weil diese beispielsweise vorher aufgezehrt werden, vgl. OETTLE, Betriebsführung, 1983, S.33ff. Zudem wird auch im öffentlicher Sektor (ebenso öffentliche Krankenhäuser) durchaus ein ex post Gewinn erzielt, der ex ante angestrebt ist, jedoch nicht ausgesprochen, vielmehr verschämt umschrieben wird, vgl. CHMIELEWICZ, Betriebswirtschaftslehre, 1971, S.599.

dingt die wirtschaftliche Betriebsführung.[200] So füllt das ökonomische Prinzip den nach Festlegung der Sachziele noch verbleibenden Handlungsspielraum aus.[201]

EICHHORN führt neben den genannten Zielen weitere Teilaufgaben ein, die er „*Zwischenziele*" nennt und aus dem „*Hauptziel*" ableitet.[202] Unterscheiden lassen sich das Leistungserstellungsziel, das Bedarfsdeckungsziel, das Personalwirtschaftsziel, das Finanzwirtschaftsziel, das Angebotswirtschaftsziel sowie das Autonomie- und Integrationsziel.[203]

Der **Wert einer Zielformulierung** liegt in der Möglichkeit einer langfristigen Orientierung. Das gilt vor allem dann, wenn es gelingt, diese Orientierung[204] auf einzelne Handlungen zu projizieren.[205] Zumindest innerhalb der Ärzteschaft[206] wird durch das Berufsethos, den hippokratischen Eid, die Deckung des Bedarfs in eindeutiger Weise als Pflicht zur Hilfeleistung postuliert.[207] Die nur ethisch zu lösende Frage der Allokation, daß die kurzfristige vollständige Bedarfsdeckung einer langfristigen im Wege steht, ist eine der größten Herausforderungen für eine Zielformulierung in der

---

[200] Vgl. ADAM, Krankenhausmanagement, 1972, S.21 und S.45, EICHHORN, Krankenhausversorgung, 1984, S.74, und KOLF, Controllerfunktion, 1983, S.135. Die Leistungserstellung und insbesondere der dabei erreichte Zielerreichungsgrad ist einerseits eine Funktion der Kosten, andererseits ist sie nicht ausschließlich in monetären Größen ausdrückbar. Das muß bei der Zielformulierung der Bedarfsdeckung berücksichtigt werden, dazu vgl. BOTTLER, Controlling, 1975, S.201, EICHHORN, Krankenhausbetriebslehre, 1987, S.23; EY, Kostenrechnungsmodell, 1987, S.8ff.

[201] Vgl. ADAM, Krankenhausmanagement, 1972, S.46.

[202] EICHHORN, Zielsystem, 1969, S.217.

[203] Vgl. EICHHORN, Freigemeinnützige Krankenhäuser, 1988, S.54ff. Zu den in seiner Publikation EICHHORN, Zielsystem, 1969, S.217ff. genannten Zielen ist 1988 zusätzlich das Personalwirtschaftsziel getreten.

[204] SCHMIDT betont die langfristige Orientierung durch die aus den Zielen abgeleitete langfristige Planung, vgl. SCHMIDT, Gesamtplanung, 1985, S.21f.

[205] EICHHORN spricht davon, daß eine Beurteilung der Krankenhausleistungsfähigkeit auch die Neben- und Teilziele umfassen muß, er geht also davon aus, daß diese auf Handlungen heruntergebrochen werden, anhand derer die Beurteilung möglich ist, vgl. EICHHORN, Krankenhausbetriebslehre, 1987, S.32ff.

[206] Vgl. zu den Berufsausübungszielen und der Kompatibilität mit den Zielen der Krankenhausträger OETTLE, Betriebsführung, 1983, S.35.

[207] Die Pflicht zur Hilfeleistung - eine Darstellung der ärztlichen Hilfspflicht findet sich bei LAUFS, Arztrecht, 1993, S.70ff. - impliziert, daß Krankenhäuser, egal ob sie bedarfs- oder erwerbswirtschaftlich orientiert sind, streng genommen gar keine Selektion der Patienten durchführen können. Die Selektion kann ausschließlich durch die Auswahl der angebotenen Leistungen erfolgen. Doch das Leistungsspektrum ist mit Ausnahme der Spezialkliniken, von denen es nur sehr wenige gibt, weitgehend standardisiert.

Zukunft. Wirtschaftlichkeit[208] ist dazu Voraussetzung,[209] insofern ist auch das Ziel, dem die Bildung eines **Führungssystem**s folgen muß, klar formuliert.[210]

2.7 Ergebnis der gesamtwirtschaftlichen Betrachtung

Der Blick in die Historie hat gezeigt, daß sich das Krankenhauswesen bis in das 18. Jahrhundert hinein spontan entwickeln konnte,[211] danach aber einem immer stärker werdenden zentralistischen und staatlichen Gestaltungswillen ausgesetzt war.[212] Die staatliche Obhut wurde von der herausragenden Rolle, die die Krankenhäuser für die Gesellschaft spielten, getragen, was sich beispielsweise aktuell noch in den geschilderten Trägerstrukturen widerspiegelt.

Der staatliche Gestaltungswille äußerte sich in den letzten Jahren in einer Vielzahl von Gesetzen. Diese sind in ihrer Intention dargestellt worden, wobei die Intention aufgrund gesetzter Anreize[213] nicht immer mit dem erzielten Ergebnis übereinstimmte.[214] Daneben zeigen die Gesetze im Gesundheitswesen zwar eine hohe Eingriffstiefe,

---

[208] Wirtschaftlichkeit als die richtigen Dinge (Effektivität) richtig zu tun (Effizienz). Bei der Frage, was getan wird, überschneiden sich die Ethik und die wirtschaftliche Betrachtung, vgl. MARTIUS, Patientenkalkulation, 1989, S.34.

[209] Entscheidend ist es hierbei wiederum, die Gesamtkosten der Erstellung der Gesundheitsleistungen zu reduzieren und nicht auf eine künstliche Größe wie den Pflegetag abzustellen, vgl. ADAM, Krankenhausmanagement, 1972, S.45. Vgl. auch MARTIUS, Patientenkalkulation, 1989, S.11, und RÖHRIG, Controllingsystem, 1983, S.24f. EICHHORN spricht von der Maximierung des Gesundheitsbeitrags des einzelnen Krankenhauses bei gleichzeitiger Berücksichtigung der Eigenwirtschaftlichkeit, vgl. EICHHORN, Krankenhausbetriebslehre, 1987, S.22.

[210] Sind die Ziele der Leistungserstellung definiert, so ist damit gleichermaßen das Ziel, dem die Fundierung der Führung folgen muß, festgelegt. Denn die Führung dient ausschließlich der Festlegung einer den Zielen entsprechenden Leistungserstellung.

[211] Zumindest für diese geschichtliche Zeit kann man das System als ein solches polyzentrischer Ordnung bezeichnen, es wurde nicht durch die Vernunft und den Gestaltungswillen einzelner geprägt, sondern es handelte sich um „*spontaneously ordered systems in which persons mutually adjust their full-time activities over a prolonged period, resulting in a complex and yet highly adaptable co-ordination of these actions.*" Diese Charakterisierung stammt von MICHAEL POLANYI, Liberty, 1951, S.115, der für diese Art der Systeme den Begriff der „*Polycentricity*" einführt.

[212] Das bedeutete vor allem, daß die bisher impliziten Orientierungen durch explizite Regeln abgelöst wurden. Dazu formuliert von HAYEK, Ordnung, 1969, S.38: „*Wenngleich der Mensch nie ohne Gesetze existierte, die er befolgte, hat er doch Jahrtausende ohne Gesetze gelebt, die er in dem Sinn kannte, daß er fähig gewesen wäre, sie auszusprechen.*"

[213] Im Rahmen der Darstellung der Gesetze war ersichtlich, wie zwar der Grundgedanke, der zum Erlassen des jeweiligen Gesetzes geführt hat, den Willen zur Ausgabensenkung in sich trug, der Anreiz aber ein anderer war und die Konsequenz folglich auch.

[214] Prinzipiell wird mit Gesetzen ein Kontext vorgegeben, in dem die einzelnen Handelnden ihr Verhalten entwickeln können. Dabei ist es möglich, daß das Verhalten nicht mit dem vom Gesetzge-

eignen sich aber in ihrer Anwendung dennoch nur bedingt, die Funktionen, zu denen
sie Stellung nehmen, sinnvoll auszufüllen. Folglich sind zur Ausgestaltung eines Führungssystems Aussagen notwendig, die eine betriebswirtschaftliche Fundierung unabhängig von der gesetzlichen Ausgestaltung vorweisen. Es erscheint dabei sinnvoll, das
einzelne Krankenhaus als Ausgangspunkt der Betrachtung zu wählen, denn bei der
Darstellung der staatlichen Eingriffe wurde auch deutlich, daß die Menschheit zum
gewünschten Determinismus nicht die Fähigkeit hat, unter anderem oder vor allem
auch wegen eines Defizits innerhalb der Sozialwissenschaften.[215]

Zusammenfassend ist zugleich zu erkennen, daß sich für das Krankenhauswesen
zunehmend ein Dilemma aufbaut. Denn neben der unzureichenden zentralen Steuerung, die noch nicht durch eine ausreichend fundierte dezentrale Führung überwunden
wurde, ist ein starkes Ausgabenwachstum zu verzeichnen. Dargestellt wurden dazu das
Patientenverhalten und die Kräfte des medizinischen Fortschritts sowie des Arbeits-
marktes, dessen Einfluß sich auch auf die Kostenstruktur des Krankenhauses auswirkt.
Die dadurch bedingte Notwendigkeit zu Allokationsentscheidungen und zu einer an
den gesetzten Zielen orientierten,[216] effektiven wie effizienten Leistungserstellung sind
wiederum Fragestellungen, zu deren Lösung ein betriebswirtschaftlich fundiertes Führungssystem beitragen kann.[217]

---

ber Gewünschten übereinstimmt. Ein analoges Beispiel dafür ist der Markt, einzelne Marktteil-
nehmer können ihren eigenen Einfluß auf die Preise kaum vorhersagen, die Umstände dafür sind
zu vielfältig. Natürlich sind Regeln zu schaffen, nach denen der Markt funktioniert, doch am Beispiel der Schwierigkeit der Prognose einer Steuerungsänderung ist ersichtlich, daß es kaum gelingen kann, alle Wirkungen der Regeln ex ante zu formulieren, vgl. VON HAYEK, Ordnung, 1969,
S.35. Dazu fehlt es an einer alle Wirkungsweisen beinhaltenden und kaum zu formulieren möglichen Theorie, vgl. VON HAYEK, Komplexe Phänomene, 1972, S.25ff. In ähnlicher Form äußert
sich zu den komplexen Phänomenen POLANYI, Liberty, 1951, S.111ff., der Rekurs nimmt auf VON
MISES, Gemeinwirtschaft, 1932, insbesondere S.188ff.

[215] Vgl. von HAYEK, Komplexe Phänomene, 1972, S.25ff.

[216] Zu der Zielorientierung vgl. in ähnlichem Zusammenhang WEBER, Verwaltungs- und Unternehmensführung, 1991, S.52.

[217] Die Notwendigkeit einer die wirtschaftliche Leistungserstellung gewährleistenden Führung wird
auch von den meisten Krankenhäusern im Zusammenhang mit den Aktivitäten des Gesetzgebers
erkannt. Denn gerade die neuerlichen Novellierungen der Gesundheitsgesetzgebung, insbesondere
das Gesundheitsstrukturgesetz, GSG, setzt viele Häuser unter starken wirtschaftlichen Druck.
Nach einer Studie der Boston Consulting Group, BCG, aus dem Jahr 1993 wurde das Gesundheitsstrukturgesetz von 16 % der befragten Krankenhäuser als große Bedrohung und von insgesamt 43 % als Bedrohung angesehen, vgl. The Boston Consulting Group, Studie, 1993, S.9f.

3 Krankenhäuser als einzelwirtschaftliche Betriebe

Im vorigen Abschnitt wurde der gesamtwirtschaftliche Rahmen von Krankenhäusern betrachtet, die Notwendigkeit zur Entwicklung eines Führungssystems fundiert und umrissen, in welchem Kontext sich dieses als Teil des Krankenhauses zu bewegen hat. In diesem Abschnitt werden **Krankenhäuser als einzelwirtschaftliche
Betriebe** betrachtet. Die funktionalen Besonderheiten der **Produktion**, die **Inputfaktoren**, dabei insbesondere der Faktor Mensch, und der **Output** der Leistungserstellung
sind direkte Determinanten der Führung.[218] Die Darstellung dieser Determinanten soll
in den folgenden Schritten vor sich gehen: Erstens wird behandelt, welcher Output als
Leistung erstellt wird bzw. werden muß, zweitens sind die durch die Leistungsersteller
gegebenen Besonderheiten darzustellen und drittens ist die Leistungserstellung als
Produktion nach GUTENBERG zu betrachten. Darauf kann sich dann die Ausprägung
des Führungssystems gründen.

Für das **Krankenhaus als Betrieb** sind nach der Definition von GUTENBERG
die systemindifferenten Tatbestände der Kombination von Produktionsfaktoren, das
Wirtschaftlichkeitsprinzip und das Prinzip des finanziellen Gleichgewichts grundlegend.[219] Diese Tatbestände behalten unabhängig von den in Kapitel 2.6 umrissenen
Möglichkeiten zur speziellen Ausprägung einzelner Häuser immer Gültigkeit. Basis
der Führung ist, wie oben formuliert, die Leistungserstellung in Form von Ausführungshandlungen. Diese ist unter Heranziehen der systemunabhängigen Tatbestände zu
beschreiben, so daß die Grundlage für die Erforschung des Führungssystems die sy-
stemunabhängige Definition des Betriebes[220] übertragen auf das Krankenhaus dar-

---

[218] Wie bei der theoretischen Herleitung gezeigt, wird die Führung durch die Ausführung erklärt.
Letztere stellt als Handlung eine Faktorkombination dar, wodurch die Faktoren und der Kombinationsprozeß Determinanten der Führung werden. Vgl. ähnlich auch EICHHORN, der die betriebswirtschaftlichen Ansätze im Krankenhaus auch auf die Grundtatbestände des Krankenhausbetriebes basiert, EICHHORN, Theorie des Krankenhauses, 1979, S.174ff.

[219] Gutenberg betont auch, daß der finanzielle Ausgleich sehr wohl durch Organe des Staates erfolgen kann, das berührt aber nicht die systemunabhängigen, sondern ist eine Frage der systembezo-
genen Tatbestände, vgl. GUTENBERG, Produktion, 1983, S.457ff.

[220] SCHNEIDER betont, daß bei Beschränkung auf die systemindifferenten Tatbestände nur eine For-
malwissenschaft der Wirtschaftstheorie, nicht aber die Realwissenschaft existieren könne. Das ist
hier insofern zu beachten, als die gefundene Lösung, das Führungssystem, nur in der Realität umgesetzt Relevanz erhält. Vorher bedarf es zur Lösungsfindung selbstverständlich der Abstraktion,
auch formal, so daß der Formalisierung und der sukzessiven Aufgabe derselben im Rahmen der

stellt.[221] Die **Betrachtung** kann insofern **funktional** erfolgen, von institutionellen Besonderheiten wird abgesehen.[222] Darauf gründet sich die folgende Darstellung und die Entwicklung der Führungshandlungen.[223] Es bleibt vorerst irrelevant, von wem die Führung und auch das Controlling vorgenommen wird, von einem Krankenhausmanagement oder durch andere Organe.[224]

3.1 Output von Krankenhäusern

Der erste Schritt zur Fundierung der Führungshandlungen für das Krankenhaus ist die Betrachtung des Outputs als Ergebnis der Leistungserstellung. Ausgehend von der Tatsache, daß die Krankenhäuser die Notwendigkeit zu ihrer Existenz aus der Dek-

---

Umsetzung argumentativ nichts entgegenstehen kann, vgl. SCHNEIDER, Betriebswirtschaftslehre, 1987, S.160 und SCHANZ, Methodologie, 1988, S.9ff.

[221] *„Selbstverständlich kann sich der einzelne für diese oder jene Koordinaten entscheiden und den Gegenstand der Betriebswirtschaftslehre nach Maßgabe dieser seiner Entscheidung bestimmen"* formuliert GUTENBERG, Produktion, 1983, S.512, der die Betrachtung der betrieblichen Zusammenhänge ebenfalls aus der systemunabhängigen Faktorkombination entwickelt und dann sukzessive erweitert.

[222] Institutionelle Besonderheiten dieser Art wären beispielsweise Eingriffe von Politikern eines Kreistages auf ihr Kreiskrankenhaus - diese kann man nicht zum Maß einer betriebswirtschaftlichen Betrachtung machen -, nicht aber die Tatsache, daß ein Arzt und nicht die Krankenschwester die Operation durchführt. Institutionelle Besonderheiten spielen erst eine Rolle bei der Umsetzung des funktionalen Konzepts. Vgl. dazu auch im Rahmen des Krankenhauses: *„Management als Funktion"* EICHHORN, Krankenhausmanagement, 1990, S.7f.

[223] Vgl. EICHHORN, Leistungsfähigkeit und Wirtschaftlichkeit, 1980, S.13f., der die Definition des Krankenhauses als Betrieb auf der Grundlage der systemindifferenten Merkmale vornimmt.

[224] Wohlgemerkt bleibt das irrelevant für das betriebswirtschaftliche Konzept, nicht aber für die Umsetzung des Konzeptes in der Praxis und den dabei zu erzielenden Erfolg. Denn man darf auch im Vergleich eines bedarfswirtschaftlich orientierten mit einem privatwirtschaftlichen Haus nie vergessen, die *„Überantwortung der betrieblichen Leistungserstellung an das erwerbswirtschaftliche Prinzip geschieht nicht höchstmöglicher Gewinnerzielung, sondern der Steuerungsfunktion wegen, die dieses Prinzip im Wettbewerb ausübt." „Auch in diesen Systemen bedeutet Bedarfsdeckung den letzten Sinn und Zweck aller wirtschaftlichen Betätigung."* GUTENBERG, Produktion, 1979, S.465. Es besteht allerdings das Problem, daß zwar Vorstellungen über die Steuerung im Krankenhauswesen und damit die Zweckerfüllung des Krankenhauswesens selbst existieren, diese Vorstellungen sich aber noch nicht wie gewünscht bewähren konnten. *„Formal organizational plans, rules, regulations, and controls may ensure some minimum coordination, but of themselves are incapable of producing adequate coordination, for only a fraction of all the coordinative activities required in this organization can be programed in advance"* stellen, die Probleme der Steuerung erkennend, GEORGOPOULOS/MANN, Hospital as an Organization, 1978, S.24, zu der Organisation Krankenhaus fest.

kung des Bedarfs an bestimmten Leistungen ziehen[225], wird dargestellt, wie der Output zu differenzieren ist.

Das Ergebnis der betrieblichen Betätigung des Krankenhauses ist eine **Gesundheitsleistung.**[226] Diese gliedert sich in einzelne Kategorien, die bereits in der Definition von Krankenhäusern genannt wurden:[227] Erstens werden „Krankheiten, Leiden oder Körperschäden" festgestellt und zweitens werden diese geheilt oder zumindest gelindert.[228] Diesen beiden Haupttätigkeiten dienen die ärztliche und pflegerische Hilfeleistung.[229] Die Feststellung kann dabei allein stehen, dagegen können Heilung und Lin-

---

[225] So ist die Notwendigkeit zur Erstellung von Leistungen immer der Sinn, weshalb Betriebe ebenso wie Krankenhäuser existieren, oder wie Gutenberg formuliert: „*Der Sinn aller betrieblichen Betätigung besteht darin, Güter materieller Art zu produzieren oder Güter immaterieller Art bereitzustellen.*" GUTENBERG, Produktion, 1979, S.1.

[226] Vgl. Eichhorn, Krankenhausbetriebslehre, 1987, S.28f., und zur Gesundheitsdefinition der WHO: METZE, Gesundheitspolitik, 1982, S.10ff.

[227] Hier könnte eine umfangreiche Diskussion über den Begriff der betrieblichen Leistung, ihre Anwendung auf das Krankenhaus und Möglichkeiten zur Operationalisierung beginnen, sie soll sich allerdings auf diese Fußnote beschränken. Leistung in der Betriebswirtschaftslehre als in irgendeiner Weise ausdrückbares Ergebnis einer Gütererstellung zu betrachten, vgl. MENRAD, Leistung, 1975, Sp.2282, weicht von der in der Technik als Arbeit pro Zeit bekannten Definition ab. Nicht die Arbeit reicht aus, sondern das Ergebnis ist in dieser Definitionsvariante maßgebend. Dieses zu messen bereitet aber gerade im Krankenhaus große Probleme, vgl. beispielsweise HOFFMANN, Krankenhaus, 1989, S.9ff., UNTERHUBER, Krankenhausversorgung, 1986, S.68, BERKI, Hospital Economics, 1972, S.31ff. Zurückzugreifen ist folglich auf eine Leistungsdefinition, die ihren Kern in der Tätigkeit sieht, vgl. BECKER, Fehlleistungen, 1930, S.3 Eine dritte Definitionsvariante, die sowohl die Tätigkeit, vgl. KOSIOL, Kostenbegriff, 1958, S.23f., als auch das Ergebnis, vgl. NICKLISCH, Leistung, 1927, Sp.1156, mit einbezieht, bietet sich ebenfalls an, vgl. THOMS, Leistung, 1940, S.12. Liegt jeder Leistung ein Faktorkombinationsprozeß zugrunde, so wird der definitorische Wert, die Tätigkeit einzubeziehen, allerdings zweifelhaft. Im folgenden soll von einer Leistungsdefinition ausgegangen werden, die an die Definition der Handlungen angelehnt ist. Das potentielle Ergebnis einer Handlung bzw. die Ergebnisse aus einer Kombination von Handlungen ist die Leistung. Infolgedessen ist die Leistungserstellung als eine Kombination von Handlungen zu einem potentiellen Ergebnis zu verstehen. Als Ergebnis einer Handlung, einer Führungshandlung, stellt damit auch die Disposition von Faktoren eine Leistung dar. Das ist insofern wichtig, als gerade im Krankenbereich die Leistungsbereitschaft als das Ergebnis der disponierten Faktoren, als eine eigenständige Leistung angesehen wird.

[228] Daneben ist in der Definition des Krankenhauses die Geburtshilfe genannt, die weder auf eine Krankheit, noch auf ein Leiden oder einen Körperschaden zurückzuführen ist, dazu auch ALTENBURGER, Dienstleistungen, 1980, S.146. Auf eine Hierarchisierung der Leistungen des Krankenhauses in Primär- und Sekundärleistungen, die für eine instrumentelle Kategorisierung des Krankenhausprozesses sinnvoll erscheint, soll im Hinblick auf den Betrachtungsfokus dieser Arbeit verzichtet werden, vgl. EICHHORN, Krankenhausbetriebslehre, 1987, S.28ff.

[229] Vgl. NAEGLER, Krankenhaus-Management, 1992, S.7ff., und WIBERA, Wirtschaftliches Krankenhaus, 1989, S.4f. Pflegerische Leistungen umfassen auch die Unterbringungsleistung und die Verpflegung.

derung nur erfolgen, wenn die Krankheit, das Leiden oder der Körperschaden diagnostiziert sind.[230]

Folglich stellt die Feststellung der Krankheit den Beginn jeglicher Leistungserstellung im Krankenhaus dar.[231] Dieser Prozeß soll als **Diagnosephase** definiert werden, die formulierte Feststellung der Krankheit in einem Begriff ist die Diagnose.[232] Es verbleibt durchaus die Möglichkeit, daß dies die einzig zu erstellende Leistung bleibt, nämlich insbesondere dann, wenn Patienten sich im folgenden gegen eine weitere Heilung oder Linderung entscheiden.[233]

Im Anschluß an die Diagnosephase kann die **Therapiephase** in Form einer Heilung und Linderung beginnen.[234] Im wesentlichen wird diese Therapiephase von der zugrundeliegenden Krankheit determiniert. Sie ist insofern auf die Diagnosephase angewiesen, als die Feststellung der Krankheit die Art der Therapie bestimmt. Das bedeutet, daß die Diagnose- und Therapiephase in solcher Hinsicht miteinander verknüpft sind, daß sie in eine Prozeßreihenfolge[235] gebracht und auf das jeweilige Krankheitsbild des Patienten ausgerichtet werden können.[236]

---

[230] Zur Vereinfachung wird im folgenden nur noch von Krankheiten gesprochen, damit sind neben diesen aber auch die Leiden und Körperschäden eingeschlossen.

[231] Bei einer Einweisung durch einen praktizierenden Arzt ist es möglich, daß die Diagnosephase schon durchlaufen wurde und der Patient mit einer festgestellten Diagnose in das Krankenhaus kommt. Einerseits ist es nun möglich, direkt mit der Therapiephase zu beginnen, andererseits ist auch denkbar, daß die Diagnose verifiziert wird. Letzteres ist insbesondere der Fall, wenn bei Unklarheit der Diagnose noch weiteres Wissen erworben werden muß.

[232] Vgl. PSCHYREMBEL, Klinisches Wörterbuch, 1982, der Diagnose als „*Erkennung und Benennung der Krankheit*" bezeichnet.

[233] Vgl. zur Zwangsbehandlung vs. der Einwilligung, BRENNER, Arzt und Recht, 1983, S.41ff.

[234] Im folgenden sei nur noch von einer Therapiephase, oder vereinfacht als Therapie, als der Phase der Heilung oder Linderung gesprochen. Gleichzeitig soll auch die Pflege in der Therapiephase enthalten sein. Damit wird nicht ausgesagt, daß die Pflege näher zu betrachten irrelevant ist. Im Gegenteil, sie ist im Heilungsprozeß ein wichtiger Bestandteil. Ihre Freiheitsgrade, die potentiell Einfluß auf das Ergebnis dieses Prozesses ausüben, sind allerdings verglichen mit denen der Behandlung verhältnismäßig gering. In einer Arbeit, die sich mit der Einschränkung der Freiheitsgrade beschäftigt, sollte der Schwerpunkt der Betrachtung auch dort liegen, wo sich die größten Veränderungen mit potentiellen Auswirkungen auf das Ergebnis ergeben. Aus diesem Grund ist die Pflege der Therapie untergeordnet, dazu vgl. insbesondere zu den wirtschaftlichen Funktionen KRESS, Leistungsfunktionen, 1968, S.78ff. und 91ff.

[235] Vgl. zu dieser Prozeßsicht beispielsweise EICHHORN, Krankenhausbetriebslehre, 1987, S.52ff., und HÜBNER, Kostenrechnung, 1980, S.73ff.

[236] Vgl. EICHHORN, Freigemeinnützige Krankenhäuser, 1988, S.61.

Die Erstellung der Leistungen der Diagnose und der Therapie erfolgt auf der Basis der **Leistungsbereitschaft**. Sie ist als Bereitstellung der Faktoren, die die Gesundheitsleistungen produzieren sollen, aufzufassen und stellt selbst eine Kombination von Faktoren dar.[237] Bei einem Dienstleistungsunternehmen wie dem Krankenhaus[238] kann eine solche Vorkombination selbst wieder als Leistung betrachtet werden.[239] Sie richtet sich am prognostizierten Bedarf, dem Spektrum an Krankheiten, aus[240], zählt aber nur als Bereitstellung der Produktionsfaktoren, nicht als Festlegung des Leistungsspektrums zur Führung des Betriebes Krankenhaus.[241]

Analog zu dem vorstehend Beschriebenen werden auch in der Literatur zur Führung im Krankenhaus unterschiedliche, in der Regel aus der Dienstleistungsliteratur entwickelte Phasen der Leistungserstellung unterschieden.[242] Diese Phasenbildung und

---

[237] Vgl. CORSTEN, Dienstleistungsunternehmungen, 1990, S.103 spricht in Anlehnung an die Dienstleistungsliteratur von einer Vorkombination, die sich aber nicht vom generellen Modell der Faktorkombination unterscheidet. Vgl. zur Rolle der Leistungsbereitschaft bzw. der Potentialfaktoren und ihrer Erstellung ALTENBURGER, Dienstleistungsproduktion, 1979, S.863ff.

[238] Vgl. zur Kombination von Faktoren im Zusammenhang mit der Dienstleistungsproduktion BERTSCH, Dienstleistungskostenrechnung, 1991, S.18ff, WEBER, Logistikleistung, 1986, S.1197ff., wobei die Kombination von Produktionsfaktoren das allgemeine, nicht auf die Dienstleistung beschränkte Modell darstellt.

[239] Vgl. RIEDL, Controlling, 1990, S.19f., der für das Krankenhaus von einer Bereithaltungs- und einer Nutzleistung spricht. Entlehnt ist die Idee der Stufung aus der Produktionstheorie der Dienstleistungen, wobei hierin für die Behandlungsleistung bis zu sieben Stufen unterschieden werden können, vgl. ALTENBURGER, Dienstleistung, 1980, S.146ff. und als Übersicht über die unterschiedlichen Ansätze GERHARDT, Dienstleistungsproduktion, 1987, S.135ff. Die Frage der Nützlichkeit einer Stufung wird teilweise sehr kontrovers diskutiert, es wurden folglich für das Krankenhaus auch verschiedene Modelle präsentiert, FELDSTEIN, Health Services Efficiency, 1967 stuft überhaupt nicht, dem schließt sich in anderem Zusammenhang SIEBIG, Wirtschaftlichkeit, 1980, an. Analog verfahren für Budgetierungs- bzw. Planungszwecke auch CLEVERLEY, Hospital Budgeting, 1975, und DOWLING, Hospital Production, 1976, S.16ff. Zur mehrstufigen Behandlung vgl. neben den genannten auch GÄFGEN, Leistungsmessung, 1980, S.195ff., TAUCH, Kosten- und Leistungsrechnung, 1987, S.47ff., und RÖHRIG, Controllingsystem, 1983, S.35ff., der eine Unterscheidung in direkte und indirekte Leistungserstellung vornimmt. OETTLE weist auf den Aspekt hin, daß die im Bedarfsplan enthaltenen Krankenhäuser zur Bereithaltungsleistung verpflichtet werden, erwerbswirtschaftlich orientierte Häuser diese Leistung dagegen freiwillig erbringen, um darauf aufbauend an der Nutzleistung zu verdienen, vgl. OETTLE, Betriebsführung, 1983, S.13ff.

[240] Wie in Kapitel 2.3.2 dargestellt, wird das Leistungsprogramm über den Bedarfsplan auf das einzelne Krankenhaus in Abhängigkeit des Krankenhaustyps heruntergebrochen.

[241] Der zu deckende Bedarf eines Krankenhauses und damit sein Leistungsspektrum richten sich vor allem an der Zweckbestimmung, dem Angebotsverhalten und der Versorgungsstufe aus.

[242] Vgl. KRESS, Leistungsfunktionen, 1968, EICHHORN, Krankenhausbetriebslehre, 1987, EICHHORN, Freigemeinnützige Krankenhäuser, 1988, HÜBNER, Kostenrechnung, 1980, RIEDL, Controlling, 1990, GÄFGEN, Leistungsmessung, 1980, TAUCH, Kosten- und Leistungsrechnung, 1987, RÖHRIG,

die in dieser Arbeit vorgestellte Systematik sind ineinander überführbar. Das gewünschte Ergebnis der **Führungshandlungen** kann sich dabei auf die Leistungsbereitschaft, die Diagnose- und die Therapiephase beziehen.

3.2 Inputfaktoren im Krankenhaus - Besonderheiten

Zur Fundierung von Führungshandlungen stellen neben der Definition der Handlungen die **Einschränkungen des Handlungsträgers** den zweiten Baustein dar. Diese gliedern sich in die Können- und die Wollen-Komponente. Als Können wurden das Wissen und die Datentransformationsfähigkeiten beschrieben. Das Wollen ist wesentlich geprägt durch die Verfolgung individueller Nutzenfunktionen. In der Erweiterung der theoretischen Fundierung des Controlling wurde die Nutzenfunktion als Determinante des Verhaltens, als eine Antwort auf einen Stimulus, dargestellt. Die Nutzenfunktion selbst wird unter anderem durch die Werte und Motive des Handlungsträgers geprägt. Dieses bei der theoretischen Fundierung des Controlling zunächst abstrakt dargestellte Denkmodell wird im folgenden inhaltlich ausgefüllt.

Im Krankenhaus wird ein durch spezielle Nutzenfunktionen beeinflußtes Verhalten besonders im Zusammenhang mit der Berufsgruppe der Ärzte diskutiert.[243] Bedingt durch ihre Professionalisierung und dadurch getragen von einer außerordentlichen Motiv- und Wertstruktur sind Handlungsträgereinschränkungen festzustellen, die die **Ausprägung** der einzelnen **Handlungen** wesentlich **verändern** können.[244] Deshalb wird im folgenden die Professionalisierung kurz umrissen, um darauf aufbauend die Nutzenfunktionen der Ärzte als maßgebliche Handlungsträger im Krankenhaus zu beschreiben.[245]

Controllingsystem, 1983, NAEGLER, Krankenhaus-Management, 1992, WIBERA, Wirtschaftliches Krankenhaus, 1989.

[243] Vgl. FREIDSON, Dominance, 1970, S.181ff.

[244] Das ist insofern besonders wichtig, als die Handlungsträger im Krankenhaus eine ausgeprägte Rolle spielen. Denn es können nicht nur etwa 70 % der Selbstkosten als Personalkosten identifiziert werden, hinzu kommt: „*For hospitals, organizational effectiveness depends upon social efficiency more than it does upon technical-economic efficiency...*" GEORGOPOULOS, Organization, 1974, S.24.

[245] Die maßgeblichen Quellen, die die Professionalisierung der Ärzte und ihre darauf aufbauenden Nutzenfunktionen beschreiben, stammen aus der soziologischen Forschung. Diese trägt als Soziologie der Medizin einen erheblichen Teil zur Lösung ökonomischer Probleme bei, vgl. STRAUS, Medical Sociology, 1957, S.200ff., und kritisch SWERTZ, Krankenhaus, 1968, S.28ff.

3.2.1 Professionalisierung von Handlungsträgern

Die **Professionalisierung** bezeichnet einen Zustand von Handlungsträgern, der bisher **nicht einheitlich definiert** werden konnte.[246] Deshalb ist es üblich, Kriterien herauszubilden, die den Zustand umreißen.[247] Die bisher aufgestellten Kataloge von Kriterien weisen zwar keine Einheitlichkeit auf[248] und sind auch nicht frei von Kritik geblieben,[249] jedoch lassen sich drei Kernmerkmale erkennen, die im folgenden zur Abgrenzung der Professionalisierung dargestellt werden.[250] Bei den in der Mehrzahl der Abgrenzungsversuche aufgeführten **Kernmerkmalen** handelt es sich um die Ausbildung von professionalisierten Handlungsträgern, die Art des Dienstes, die sie verrichten, und die Unabhängigkeit gegenüber gesellschaftlichen Eingriffen.[251]

---

[246] *„Profession as Too Complex for Definition"* COGAN, Profession 1953, S.34. Grundsätzliche Kritik am Ansatz der Professionalisierung übt ROTH, Professionalism, 1974, S.6ff., eine solche Kritik ist jedoch, verglichen mit der nachfolgend zitierten Literatur über die Professionalisierung, als Randerscheinung zu betrachten.

[247] Vgl. WILENSKY, Professionalization, 1964, S.138ff.

[248] Eine Zusammenstellung verschiedener Untersuchungen und die Herausarbeitung von insgesamt 23 verwendeten Kriterien finden sich bei MILLERSON, Professionalism, 1964, S.5.

[249] So gibt Cogan in seinem Übersichtsartikel eine eindrucksvolle Zahl von Unterschiedlichkeiten in der Definition von „Profession" zum Ausdruck und kommt zu dem Ergebnis: *„No broad acceptance of any „authorative" definition has been observed."* COGAN, Profession 1953, S.47, vgl. auch S.35ff. Daß auch er einen Definitionsversuch unternimmt, ist aus den Besonderheiten und dem Nutzen, den eine professionelle Berufsgruppe zu erbringen vermag, zu begründen. Diese Besonderheiten festzustellen und den Nutzen zu beschreiben, kann nur auf Grundlage einer tragfähigen Abgrenzung geschehen, vgl. COGAN, Profession 1953, S.42ff. So erklärt sich auch der hier vorgenommene Abgrenzungsversuch.

[250] Es ist durchaus sinnvoll, Berufsgruppen in bezug auf ihre Professionalisierung voneinander abzugrenzen, nicht aber Professionalisierung und Profession gleichzusetzen. Dazu Freidson: *„.... the analysis of the division of labour surrounding the formal organization of healing tasks led to the observation of structural differences in the position of various occupations in that division of labour."* Und weiter *„paramedical occupations, of which nursing is perhaps the most prominent example, are clearly in a markedly different position than is medicine, ...we can hardly consider them the equals of physicians. And without the autonomy of physicians we can hardly belive it to be useful for them to be classified the same type of occupation as the physician."* FREIDSON, Profession, 1988, S.75 und 76. Mit der Beschreibung des autonomen Handelns bzw. der resultierenden Unterordnung ist gleichzeitig ein erster Hinweis auf die Sinnhaftigkeit einer weiteren Beschränkung auf die Ärzteschaft gegeben.

[251] Diese Merkmale können einzeln oder in Kombination angewendet werden. Dazu vgl. beispielsweise BARBER, Professions, 1963, S.671f., der vier Merkmale anführt, die in die drei Kernmerkmale überführbar sind, oder MILLERSON, Professionalism, 1964, S.5, wo sechs Kernmerkmale genannt sind, SCHWENDENWEIN, Professionalisierung, 1990, S.360ff., und resümierend: JOHNSON, Professions, 1979, S.21ff.

Die **Ausbildung eines professionalisierten Handlungsträgers,** das erste Kriterium, führt dazu, daß der Professional nach Durchlaufen der Ausbildung über einen speziellen und abstrakten Wissensstand verfügt.[252] Grundlage dafür ist eine Disziplin, in der ein solchermaßen zu charakterisierendes Wissen existiert.[253] Dazu wird der Wissensstand nicht nur von der Gesamtmenge her definiert,[254] sondern um die Autonomie des Wissens, also um eine auf das gesamtwissenschaftliche Gebäude bezogene Unabhängigkeit, ergänzt.[255] Als Beispiel werden Mediziner in ihrem Wissen als autonom betrachtet, Pharmazeuten oder Krankenpflegern hingegen, deren Grundkenntnisse in der Medizin wurzeln, wird diese Autonomie nicht zugestanden.[256] Aus der Autonomie des Wissens resultiert eine darauf basierende Unabhängigkeit des Handlungsträgers. Denn nur er kennt die Regeln und Sanktionen seiner Disziplin, wie sie der Gesellschaft sonst vorenthalten blieben.[257] Je schwerer die Sanktion ausfällt, desto wichtiger ist ihre Kenntnis.[258]

Das zweite Kriterium, das der **Art des Dienstes,** den die professionelle Berufsgruppe verrichtet, wird im Hinblick auf eine Ausrichtung im Dienste der Gemeinschaft interpretiert.[259] Der Gesellschaft wird ein Nutzen gestiftet, und diese empfindet das

---

[252] *„... the medical profession considers medical education to be the major single factor determining the performance of the practicing professional. By the content of his education the student is „socialized" to become a physician."* FREIDSON, Dominance, 1970, S.84.

[253] *„An important next step in professionalism is the possession of esoteric but useful knowledge and skills, based on specialized training or education of exeptional duration and perhaps exceptional difficulty."* MOORE, Professions, 1970, S.6. Vgl. auch allgemein die Relevanz des Wissens für die Professionalisierung in: ABBOTT, Professions, 1988, und HALLIDAY, Monopoly, 1987.

[254] Vgl. den Gedankenaustausch schon damals zwischen FOOTE und WILENSKY: FOOTE, Professionalization, 1953, S.371ff., und WILENSKY, Professionalization, 1964, S.136ff.

[255] Vgl. FREIDSON, Profession, 1988, S.78.

[256] Vgl. GOODE, Profession, 1960, S.903.

[257] Das ist allein schon aus der Existenz des Repräsentativitätsbias heraus zu erklären, der ohne einen ausreichenden Bestand an Wissen nicht zu verhindern ist, vgl. dabei anschaulich die Kenntnis von Wahrscheinlichkeiten in TVERSKY/KAHNEMANN, Uncertainty, S.1124ff.

[258] Vgl. von HAYEK, Verhaltensregeln, 1969, S.147f. Vgl. auch im Zusammenhang mit Unsicherheit als Abweichung von der Regel des Bestehenden SLOVIC/FISCHHOFF/LICHTENSTEIN, Risk Taking, 1976, S.174.

[259] *„This paper has considered some evidence that may show that the altruism of profession is reality."* COGAN, Profession, 1953, S.42.

auch so. Dafür ist sie sogar bereit, die Höhe des zu entrichtenden Entgeltes in die Obhut der professionalisierten Berufsgruppe zu legen.[260]

Das Kriterium der **Unabhängigkeit gegenüber gesellschaftlichen Eingriffen** ist kaum als eigenständiges Abgrenzungskriterium, sondern eher als Folge der beiden genannten zu interpretieren.[261] Sie steht nicht in der Verfügungsgewalt der professionellen Gruppe, sondern muß zugelassen werden.[262] Das geschieht durch das Zusammenspiel der Gesellschaft mit den Vertretern der professionellen Berufsgruppe[263] und begründet sich auf dem speziellen Wissen und dem Einsatz des Wissens im Dienste der Gemeinschaft.[264] Ist die Autonomie gegeben, so werden auch veränderte Verhaltensweisen und Handlungen auf Basis des speziellen Wissens toleriert.[265] Insofern faßt die Unabhängigkeit gegenüber gesellschaftlichen Eingriffen die beiden vorgenannten Kriterien zusammen.[266]

Die Überprüfung der Frage, ob die Ärzte eine professionalisierte Berufsgruppe darstellen, kommt zu folgendem Ergebnis: Ärzten wird in ihrer Ausbildung spezielles Wissen vermittelt, das sie im Dienst an der Gemeinschaft anwenden. Infolgedessen und unter Einflußnahme verschiedener Interessengruppen werden veränderte Verhal-

---

[260] Das erfolgt im Verlaß auf die Tatsache, *„that the professional is supposed to serve the interests of clients and the community and not, in the first instance, his own ..."* MOORE, Professions, 1970, S.15.

[261] In diesem Sinne formuliert auch MOORE: *„The autonomy of the professional is not qualitatively distinct from that of other specialized and useful occupations, but rather builds upon his having passed previous selection points."* MOORE, Professions, 1970, S.16. Als *„selection points"* führt MOORE das Wissen bzw. die Ausbildung und die Art des Dienstes an.

[262] Vgl. FREIDSON, Dominance, 1970, S.135ff. *„In short, organized autonomy is most stable and relevant to professions."* (S.136)

[263] Dieses Zusammenspiel gestaltet sich sehr langwierig und komplex - *„... professionalization as a complex dynamic process with several levels of action."* ABBOTT, Professionalization, 1991, S.380, belegt mit einer empirischen Analyse ab S.368ff.

[264] Vgl. zum Einfluß von *„Professional Associations"* GILB, Hierarchies, 1976, S.109.

[265] Diese Handlungen können als kollidierende Sicht zwischen Arzt und Patient oder zwischen Krankenhausmanager und Arzt Auswirkungen auf die Führungshandlungen in der Durchsetzung haben, vgl. FREIDSON, Ärztestand, S.103.

[266] Als den Ausführungen sehr nahekommender Versuch einer Definition läßt sich betrachten: *„Professionalization might be defined as a process by which an organized occupation, usually but not always virtue of making a claim to special esoteric competence and to concern for the quality of its work and its benefits to society, obtains the exclusive right to perform a particular kind of work, control training for and access to it, and control the right of determining and evaluating the way the work is performed."* FREIDSON, Occupational Principle, 1973, S.22, mit Verweis auf VOLLMER/MILLS, Professionalization, 1966.

tensweisen und kollidierende Perspektiven[267] akzeptiert.[268] Zudem wird den Ärzten Unabhängigkeit zugestanden,[269] die sich in der hohen Selbstkontrolle ihrer Ausbildung und ihrer Tätigkeit äußert.[270] Der **Ärztestand** läßt sich nach den gefundenen Kriterien demzufolge als **professionelle Berufsgruppe** identifizieren.[271]

In **Abgrenzung** dazu wird deutlich, daß die **Pflegekräfte** nicht als eine solche Berufsgruppe eingeordnet werden können. Ihr Wissen wird nicht als derart speziell empfunden, ihnen wird nicht im gleichen Maß Autonomie eingeräumt wie den Ärzten. Eher im Gegenteil ist gerade eine starke Abhängigkeit zur Medizin zu verzeichnen.[272] Deshalb ist die Selbstkontrolle der Berufsgruppe und des einzelnen Pflegers oder der einzelnen Krankenschwester relativ gering, auch wenn früher schon Versuche unternommen wurden, diese auszuweiten.[273]

Als **Konsequenz** der definitorischen Abgrenzung werden im nächsten Abschnitt die Nutzenfunktionen der Ärzte und die resultierenden Verhaltensannahmen geschildert. Dadurch können die im Rahmen der Handlungsträgerbetrachtung wesentlichen

---

[267] Solche kollidierenden Perspektiven werden insbesondere verdeutlicht durch das Beispiel der Wirtschaftlichkeit als einzuhaltender Regel vs der ärztlichen Autonomie in der Berufsausübung und der damit verbundenen mangelnden Akzeptanz einer solchen Regel.

[268] Dazu vgl. die Verfolgung der eigenen Nutzenfunktion durch die Ärzte versus der Nutzen bzw. die Ziele des Krankenhauses: FREIDSON, Dominance, 1970, S.181ff.

[269] „One such value is that of independence or autonomy, which is significant for physicians in countries as different as Finland and the United States." FREIDSON, Dominance, 1970, S.97. Vgl. die jüngere Diskussion in den USA um ein verändertes Selbstverständnis der Medizin und der professionalisierten Selbstkontrolle: FREIDSON, Professions, 1983, S.279ff., FREIDSON, Professional Control, 1984, S.1ff. und FREIDSON, Medical Profession, 1986, S.163ff., und die von HAUG geübte Kritik, HAUG, Deprofessionalism, 1973, S.195ff.

[270] Dabei ist Selbstkontrolle hier verstanden als Kontrolle der Rahmenbedingungen innerhalb der Berufsgruppe, nicht Kontrolle jedes einzelnen Mitgliedes durch sich selbst. Ausdruck dieser Selbstkontrolle ist die Zulassung zur Ausbildung, der Ablauf der Ausbildung, die Approbation, die Zulassungsbeschränkungen zum Praktizieren und der beschränkte Zugang, der anderen Disziplinen als Einblick in die Arbeit gewährt wird, vgl. zur Kontrolle GOODE, Community, 1957, S.194ff., und GOODE, Librarian, 1966, S.36.

[271] Vgl. neben den bisher genannten Quellen zur Professionalisierung auch: ATWATER, Medical Profession, 1973, BAKER, Physicians, 1984, BLUESTEIN, Neurologists, 1979, CULLEN, Professionalism, 1978, KHOURY, Professionalization, 1980, und MORMAN, Pathology, 1984.

[272] „In American professional practice, it appears that physicians have the most extensive influence or control over paramedical personnel ..." MOORE, Professions, 1970, S.174. Vgl. auch zu dem sich ergebenden Verhältnis zwischen Medizin und anderen Disziplinen: ZETTEL/HOFFMANN, Berufe, 1983, S.84ff.

[273] Vgl. in diesem Tenor bspw. KAHNT, Gesundheitsdienst, 1972, S.19, oder LYSAUGHT, Action, 1970, S.163f.

Faktoreinschränkungen des Wollens dargestellt werden,[274] um daraus resultierend die Ausprägungen der Führungshandlungen zu beschreiben.[275]

3.2.2 Nutzenfunktion von Ärzten

Die vorgenommene Abgrenzung der professionellen Berufsgruppe im Krankenhaus erlaubt es, auf dieser Basis Besonderheiten der Handlungsträger zu erforschen und darzustellen.[276] Das wird relevant, wenn sich durch die Handlungsträgereinflüsse die **Führungshandlungen verändern**. Den Ärzten gelingt es nämlich, die ihnen von der Gesellschaft zugestandene Autonomie auch in das Krankenhaus zu übertragen und dort durch ihre fachliche Wissensbasis eine ebensolche Autonomie zu begründen.[277] Gleichzeitig importieren sie damit durch die Abhängigkeit der Ausprägungen der Handlungen von der **Wollen-Komponente** der **Handlungsträger** ihre eigene Nutzenfunktion in das Krankenhaus. Diese Nutzenfunktionen gilt es zu kennen.[278] Denn nur aus der Kenntnis der Nutzenfunktionen heraus erscheint es möglich, die fachliche Autorität von der Verfolgung des Eigennutzens zu trennen bzw. die aufgrund der autonomen Wissensbasis begründeten Weisungen durch Kenntnis der Nutzenfunktionen auf

---

[274] Wesentlich ist die Faktoreinschränkung in zweierlei Hinsicht: Erstens verfügt keine andere Berufsgruppe im Krankenhaus über so ausgeprägte Besonderheiten in der Nutzenfunktion wie die Ärzte. Daneben geht von den Ärzten - wie darzustellen sein wird - durch das im Rahmen der Professionalisierung erworbene spezielle Wissen eine fachliche Autoritätslinie aus, die die Führungs- und Ausführungshandlungen im Krankenhaus wesentlich beeinflußt. Vgl. FREIDSON, Dominance, 1970, S.182.

[275] Wichtig ist, daß mit der Charakterisierung nur der Rahmen für die Betrachtung der Leistungen des einzelnen innerhalb der Profession gegeben ist. Ärzte verhalten sich nicht alle gleich, weil sie der gleichen Profession angehören, doch ist es nur auf der Basis der gegebenen Definition möglich, das Einzelverhalten einzuordnen: *„Formal criteria of profession establish the framework within which the behavior of all professional individuals take place. ... Once the structure of the work settings can be specified, I suggest, it becomes possible to understand and predict systematic variation in the work performance of professionals."* FREIDSON, Profession, 1988, S.83 und 84.

[276] In diesem Punkt wird eine kontroverse Diskussion darüber geführt, ob die Professionalisierung und die damit verbundene Ausbildung einen wesentlichen Einfluß auf die Nutzenfunktionen der Ärzte hat oder ob das Verhalten von Ärzten schon vor Ausbildungsbeginn wie im folgenden geschildert geprägt ist, vgl. BABBIE, Medicine, 1970, S.178ff. Vgl. auch eine Betrachtung der Berufe im Gesundheitswesen, die ohne die Grundlegung der Professionalisierung entstanden ist: BUCHER, Health Care Occupations, 1988, S.131ff., insbesondere S.133.

[277] *„... we see medicine spreading its influence even farther in terms of its becoming a major institution of social control."* ZOLA/MILLER, Medicine, 1973, S.170.

[278] Vgl. zur Notwendigkeit, die Nutzenfunktionen der Ärzte in die ökonomische Betrachtung einzubeziehen: RYAN, Health Care, 1994, S.207ff.

das Fachliche zu beschränken. Dazu werden im folgenden ersten Schritt die Einflüsse
auf die Nutzenfunktion der Ärzte beschrieben.

Wichtig ist, daß jede beschriebene **Nutzenfunktion** ein **idealisiertes Bild** darstellt, das intersubjektiv verändert werden kann und auch nicht von allen gleichermaßen erfüllt wird.[279] Ärzte bringen ihre Ressource in einen korporativen Akteur ein, zu
dessen Zielen sie beitragen sollen. Durch ihr Wollen können sie die Ziele allerdings
funktional wie dysfunktional beeinflussen. Insofern werden die einzelnen Elemente der
Nutzenfunktion in beeinflussender Weise bei den Führungshandlungen wiederzufinden
sein, nie aber die geschilderte idealisierte Form der Nutzenfunktion als ganzes. Abgeleitet ist die Nutzenfunktion gemäß der theoretischen Fundierung vor allem aus den
Werten und Motiven, die zum Handeln, also auch zur Berufsausübung, führen.

Ein Motiv für die Berufsausübung und auch schon für die Berufsentscheidung
der Ärzte ist die Hoffnung, mit der Tätigkeit ein gesichertes Auskommen und dadurch
wirtschaftliche Sicherheit zu erlangen.[280] Hierin unterscheiden sie sich kaum von
anderen Arbeitnehmern, die durch das vorherrschende Motiv der Existenzsicherung
gekennzeichnet sind.[281] Allerdings geht die gewünschte Menge der finanziellen Zuwendungen in der Regel weit über die reine Existenzsicherung hinaus.[282] Denn **Geld**
spielt für Ärzte daneben die Rolle, Ausdruck von Wertschätzung zu sein, sie fühlen
sich nur voll anerkannt, wenn dies durch eine ausreichende Menge an Geld zum Ausdruck kommt. Die finanziellen Zuwendungen erlangen also eine doppelte Rolle.

Der zweite Aspekt dieser Doppelrolle ist insofern so wichtig, weil ein nächstes
Motiv von Ärzten das mit der Berufsausübung verbundene **Prestige** ist. Ein hoher
Status, das Ansehen innerhalb der Berufsgruppe und der Gesellschaft, vermag zu ge-

---

[279] Insofern MOORE: *„substantial inequality within a nominally uniform occupation is not uncom-
mon."* MOORE, Professions, 1970, S.18.

[280] Vgl. PHILLIPS, Preference, 1964, S.156ff.

[281] Geld wird von Ärzten ähnlich funktional angesehen wie von anderen Berufsgruppen, vgl.
FREIDSON, Profession, 1988, S.172, obwohl gilt, *„...evidently money is significant to the doctor
chiefly as a symbol of appreciation and status..."*AMASA ET AL., Doctor´s Perspective, 1967,
S.110. Folglich sind auch die Motive der persönlichen Wertschätzung und Anerkennung bei Ärzten höher einzuschätzen als bei anderen Organisationsmitgliedern.

[282] Vgl. CAHALAN, Career Interests, 1957, S.558 und in extremerer Form die Beantwortung der Frage, ob Ärzte nach Einkommensmaximierung streben: PAULY, Physicians, 1974, S.7ff.

wissen Teilen sogar Ersatz für monetäre Zuwendungen sein. Dabei ist allerdings zu beachten, daß das Prestige auch in monetärer Form gemessen wird.[283]

Neben dem monetären Aspekt und dem Prestige des Arztberufes ist es die Möglichkeit zur **Hilfeleistung am Menschen**, im Gegensatz zur Arbeit an Dingen, die ein Motiv für die Tätigkeit von Ärzten darstellt.[284] Diese Hilfeleistung ist allerdings nicht so sehr als eine solche an der Gemeinschaft, denn als eine konkret auf einzelne Menschen und Schicksale bezogene Hilfeleistung zu verstehen.[285]

Im Falle der Notwendigkeit zur Hilfeleistung bzw. ihrer Berufsausübung hegen Ärzte wenig Vertrauen in andere - das können auch Kollegen sein -, sondern verlassen sich in der Regel auf sich selbst.[286] Diese Haltung rührt daher, daß sich Ärzte gewöhnlich zum Handeln gezwungen sehen und dabei ein mehr oder weniger großes Maß an **einzelfallbezogenem Pragmatismus** an den Tag legen müssen. Das kann dazu führen, daß sie sogar das allgemeine Wissen ihrer Disziplin, sicher aber das Wissen der übrigen Gesellschaft, für unzureichend halten, den einzelnen Fall zu lösen.[287] Diesbezüglich sind sie wenig bereit, sich auf andere, die den konkreten Fall nicht kennen, zu verlassen oder allgemein formulierte Regeln[288] zu akzeptieren.[289] Das gilt insbesondere

---

[283] Vgl. AMASA ET AL., Doctor's Perspective, 1967, S.110.

[284] Vgl. dazu als Wert unter anderen bei RITZER, Professionalism, 1973, S.63ff.

[285] Vgl. auch die zusammenfassende Aufzählung bei ENGEL/HALL, die sowohl den *„Altruism"* als auch die *„Privacy in client-professional relationship"* umfaßt ENGEL/HALL, Professions, 1973, S.85. WENNBERG geht sogar dahin zu betonen, daß die Gesundheitsleistung nur erbracht werden kann, wenn die Handlungsträger auf professioneller Basis zur Hilfeleistung bereit sind, vgl. WENNBERG, Professionalism, 1994, S.296ff.

[286] Diese Einstellung resultiert aus einer Besonderheit, durch die sich eine professionelle Berufsgruppe auszeichnet: Nicht allein das Wissen der Gruppe, sondern seine individuelle Anwendung wird für wesentlich zur Definition der Professionals gehalten, vgl. CHRISTIE, Code of Ethics 1922, S.97f.

[287] *„Such action (der Pragmatismus, A.d.V.) relies on firsthand experience and is supported by both a will to believe in the value of one's actions and a belief in the inadequacy of general knowledge for dealing with individual cases."* FREIDSON, Professions, 1988, S.178.

[288] Einzig der hippokratische Eid als ein Katalog niedergelegter Regeln wird eine Ausnahme bilden, aber auch nur soweit er die medizinische Hilfeleistung und Leistungserstellung betrifft. Es heißt darin: *„Die Erhaltung und Wiederherstellung der Gesundheit meiner Patienten soll oberstes Gebot meines Handelns sein."*

[289] Insbesondere bei der Wirtschaftlichkeit und der damit verbundenen Optimierung des gesamtgesellschaftlichen Wohls tun sich Ärzte deswegen schwer, weil für sie gilt: *„... the value is adressed to concern for helping individuals rather than to serving society or mankind."* FREIDSON, Profession, 1988, S.178.

dann, wenn die Regeln[290] ihren Ursprung in Disziplinen finden, die nicht primär mit der Medizin verknüpft sind.[291] Wie WILSON dazu betont, nehmen sich Ärzte als Professionals die Freiheit, professionelle Entscheidungen auf der Grundlage ihres individuellen Wissens und ihrer eigenen Erfahrungen zu fällen und sich damit teilweise sogar über die diktierten Regeln von Vorgesetzten oder über bürokratische Regeln hinwegzusetzen.[292] Dieses hebt auch SIMON heraus.[293] *„Following administrative regulations was evidently not very important to physicians when the regulations conflicted with the professional task of taking care of patients whose need they evaluated as more pressing.“*[294] Deshalb ist bei Selbstorganisation zwischen Ärzten auch kaum eine Hierarchie im Sinne von vertikalen Autoritätsrängen feststellbar, wogegen Macht in einem vorgegebenen Hierarchieverhältnis dann in einigen Fällen um so stärker ausgelebt wird.[295] Das einzelfallbezogene Denken bzw. vollständige Verlassen auf die eigenen Fähigkeiten, manchmal unter Nichtakzeptanz der Fähigkeiten anderer,[296] hat zur Folge, daß eine Kontrolle nur in Ausnahmefällen und auch nur von Kollegen gestattet wird.[297] Die Einhaltung der Regel einer Behandlung nach höchstmöglichem medizinischen Standard erscheint Ärzten so selbstverständlich, daß höchstenfalls die Sanktion des

---

[290] Die allgemeine Aversion gegen festgeschriebene Regeln äußert sich auch in einer Formulierung wie der, daß *„die Bürokratie eine beständige „Leidensquelle" für den Arztberuf überhaupt"* ist, ROHDE, Arztberuf, 1984, S.352.

[291] Allerdings sind inzwischen auch Feststellungen von Ärzten zu hören wie: *„Wir Ärzte müssen betriebswirtschaftlich denken und handeln lernen."* WALTER, GSG, 1996, S.3.

[292] Vgl. WILSON, Academic Man, 1942, S.73.

[293] Vgl. SIMON, Administrative Behavior, 1947, S.142ff.

[294] GOSS, Authority, 1961, S.48.

[295] Vgl. FREIDSON/RHEA, Control, 1963, S.121. Eine Ausnahme davon stellt auch die Ausbildung der Ärzte dar, die bis zur Beendigung der Facharztausbildung deutlich durch Anwendung von Autorität auch untereinander gekennzeichnet ist. Vgl. zur institutionalisierten Hierarchie unter Ärzten STOLTE/BAUGUT, Organisation, 1976, S.391ff.

[296] Zurückzuführen ist der Mangel an Vertrauen auch in andere Kollegen unter anderem auf die immer größer werdende Spezialisierung unter den Ärzten. Dabei wird gerade bei zunehmender Spezialisierung die Koordination untereinander, also auch die Zusammenarbeit und das Vertrauen in das Spezialgebiet des anderen, immer wichtiger. *„Increasing specialization, moreover, results in higher interdependence at work among the participants..."* GEORGOPOULOS, Organizations, 1974, S.22.

[297] Vgl. FREIDSON/RHEA, Control, 1963, S.123ff., MOORE, Professions, 1970, S.106ff., und allgemein SCOTT, Supervision, 1965, S.74.

Kollegengespräches mit darin enthaltener Kritik vorstellbar ist.[298] Das gilt sogar noch bei offenkundig vorgekommenen Fehlern.

Aus dem Vertrauen in das eigene Wissen und der Ansicht von der Unzulänglichkeit allgemeiner Regeln resultiert der **Wunsch nach Autonomie und Unabhängigkeit**.[299] Dieser Wunsch stellt ein weiteres Motiv für Ärzte in ihrer Tätigkeit dar.[300] Er ist dabei in der Regel mit dem Verlangen nach Selbstbestimmung kombiniert.[301] Dafür wird sogar in Kauf genommen, daß die Arbeit eher eine gewisse Eintönigkeit verspricht und der Kreativität kaum Raum zur Entfaltung läßt. Das Motiv der Autonomie ist nicht nur auf den einzelnen bezogen, sondern auch die ganze professionelle Gruppe der Ärzteschaft betreffend zu interpretieren.[302]

Aus der Zugehörigkeit und dem Wissen darum resultiert für Ärzte ein gewisser Stolz, der sich in ihrer professionellen Berufsausübung äußert.[303] **Hochangelegte Standards an** die **Qualität** ihrer Handlungen werden damit selbstverständlich, auch wenn ihre Einhaltung durch persönliche Unzulänglichkeiten aufgrund mangelnden Könnens beeinträchtigt sein können.[304] Diese Standards sind vor allem innerhalb der

---

[298] Das selbstverständliche Einhalten der Regel der bestmöglichen Behandlung geschieht auf Basis einer weiteren Sanktion, die nicht explizit wird: dem Wissen, was mit dem Patienten ohne Behandlung geschähe. Diese Situation fiktiv auf den Behandelnden selbst projiziert, hat durch das exklusive Wissen des Behandelnden über die Folgen einer Nichtbehandlung die Kraft, Wirtschaftlichkeitsaspekte in den Hintergrund treten zu lassen. Das stellt einen entscheidenden Punkt bei der Professionalisierung von Medizinern dar.

[299] MOORE spricht in Würdigung verschiedener Studien von *„importance ... of relative autonomy and of colleagueship“* MOORE, Professions, 1970, S.189. Die Autonomie wird also relativiert und durch die Bedeutung der Kollegialität ergänzt.

[300] So muß Georgopoulos bekennen: *„...professionals...have strong needs for personal independence, prefer maximum freedom and autonomy in their work, and are averse to regimentation to which organizational prescriptions tend to lead“*, obwohl *„...a hospital in its present organizational form cannot function effectively without a good deal of compliance by members with existing rules, regulations, and prescriptions for role performance that result in regimentation of behavior.“* GEORGOPOULOS, Organization, 1974, S.20.

[301] Vgl. FREIDSON/RHEA, Control, 1963, S.128.

[302] Vgl. COGAN, Profession 1953, S.43ff., und sehr anschaulich die Beschreibung zur Entstehung von Interessengruppen: RAYACK, Professional, 1967, S.1ff.

[303] Vgl. zum *„Stolz, einer elitären Gruppe anzugehören, “* PROBST, Selbst-Organisation, 1987, S.145.

[304] In der Regel wird Ärzten, vorausgesetzt, sie verhalten sich professionell, das Wissen und die Sorgfalt unterstellt, hohe Standards in der Berufsausübung zu erreichen, vgl. WILENSKY, Professionalization, 1964, S.146ff.

ärztlichen Gemeinschaft zu entwickeln, Einflüsse nicht-ärztlicher Disziplinen sind davon möglichst fernzuhalten.

In der folgenden Abbildung sind die beschriebenen Motive, die die Ärzte zum Handeln bewegen, zusammenfassend dargestellt.[305]

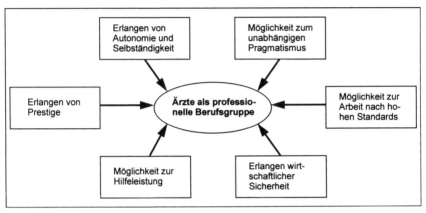

Abbildung 8: Merkmale von Ärzten als "Professionals"

Aus der **Nutzenfunktion** resultiert in Verbindung mit der Professionalisierung der Ärzte und ihrer speziellen Wissensbasis eine **besondere Problematik**. Denn die Ärzte sind aufgrund der ihnen zugestandenen und notwendigerweise zuzustehenden Autonomie in der Lage, ihre Nutzenfunktion zu verfolgen, ohne daß das für andere, die nicht über diese spezielle Wissensbasis verfügen, erkennbar wäre. Das bedeutet, daß sie eine **Autoritätslinie** aufbauen können, die fachlich kaum zu durchbrechen ist,[306]

---

[305] Daß dabei nur die Nutzenfunktion der Ärzte dargestellt wurde, ist folgendermaßen zu begründen: *„In our society today, even in complex formal organizations such as hospitals, the dominant motives of organizational members are the motives for personal achievement and personal worth, status and social recognition, curiosity and new experience, personal independence, self-development and growth, self-actualization or for cultivating and utilizing one's capacity to the maximum degree possible, and generally ego motives and social motives.“* GEORGOPOULOS, Organization Research, 1971, S.35, mit Verweis auf LIKERT, New patterns, 1961, und LIKERT, Human organization, 1967. Für die Mitglieder des Krankenhauses werden mit Ausnahme der Ärzte keine anderen Motive und Anreize festgestellt als in anderen Organisationen, so daß diese nicht als Besonderheit darzustellen waren. Individuelle Unterschiede werden durch die Annahme der „Individual Rationality Constraint" ausgeschlossen.

[306] Die Autoritätslinie mit anderen Regeln als fachlichen durchbrechen zu wollen, erweist sich als schwierig. Denn die Ärzte werden sich immer darauf zurückziehen können, daß die Nichteinhaltung ihrer Weisungen zu Konsequenzen für den Gesundheitszustand einzelner führt, die niemand zu tragen bereit sein kann.

die die Ziele des Krankenhauses aber durchaus dysfunktional beeinflussen kann.[307] Daraus resultiert für die Krankenhausleitung als Führungshandelnde eine spezielle Aufgabe: durch die Gestaltung eines Kontextes von **Führungshandlungen** sind die unterschiedlichen Bestandteile der ärztlichen Nutzenfunktion so auszurichten, daß diese in Einklang mit dem Gesamtnutzen der Organisation Krankenhaus stehen und folglich die Zielerreichung des Krankenhauses nicht beeinträchtigt wird.[308]

3.2.3 Besonderheit der Existenz eines externen Faktors

Abschließend ist zu den Inputfaktoren im Produktionsprozeß des Krankenhauses noch eine weitere Besonderheit gegenüber der üblichen Produktion aufzuführen: Die Krankenhausleistungen werden unter Hinzunahme des sogenannten **externen Faktors** verrichtet, der sich von den anderen verwendeten Faktoren durch zwei Aspekte unterscheidet:

1. Der externe Faktor, Patient, ist **nicht frei verfügbar**, im Gegenteil, das Krankenhaus ist auf seine Einweisung angewiesen.[309]

2. Der externe Faktor, Patient, **darf grundsätzlich selbst bestimmen**, welche Leistungen an ihm verrichtet werden.[310]

Der erste Aspekt, der der **Verfügbarkeit**, ist für die Faktorkombination im Krankenhaus nur insofern bedeutsam, als die Bereitstellung der internen Faktoren auch erfolgen kann, ohne daß eine Kombination im Sinne einer Heilung oder Linderung

---

[307] Dazu vgl. die *„controversy over the control of hospitals"* MOORE, Professions, 1970, S.181 und S.207ff.

[308] Vgl. KATZ/KAHN, Social Psychology, 1966, S.295ff. Vgl. dazu auch ROHDE, Arztberuf, 1984, S.353f.

[309] Die Verfügbarkeit hängt von der zugrundeliegenden Krankheit ab und präsentiert sich folglich höchst unterschiedlich. Sie kann bei bestimmten Krankheitsbildern durch Terminierung durchaus beeinflußt werden.

[310] Wichtig ist hier zu betonen, daß der Patient grundsätzlich bestimmen darf, welche Leistungen an ihm verübt werden sollen. Er bekommt also ein Recht eingeräumt, das in der täglichen Praxis oft nicht ausgeübt wird. Aufgrund der eingeschränkten Souveränität des Patienten kann es häufig auch nicht ausgeübt werden. In der Folge soll nur das tatsächliche Wahrnehmen des Rechts als Besonderheit beschrieben werden.

stattfindet.[311] Hat der Patient dagegen erst einmal das Krankenhaus betreten bzw. ist er eingeliefert worden, wird die Verfügbarkeit irrelevant.

Der zweite Aspekt, der der **Einwilligung**, hat eine Erweiterung der Leistungen des Krankenhauses und eventuelle Änderungen im Kombinationsprozeß zur Folge. *„Die therapeutische Aufklärung oder Sicherungsaufklärung bildet einen wesentlichen Teil des ärztlichen Gesundheitsdienstes.“*[312] Es besteht eine Informationspflicht einerseits über die am Patienten vorzunehmenden Leistungen und andererseits über die Folgen der Leistungsinanspruchnahme oder -verweigerung.[313]

In den **Kombinationsprozeß** kann der Patient als externer Faktor insofern jederzeit **eingreifen**, als keine Leistungserstellung gegen den erklärten Willen des Patienten statthaft ist. In der Folge obliegt es also dem Patienten, Freiheitsgrade einzuschränken, zumindest insofern, als die Behandlung stattfindet oder nicht und in Fällen, bei denen alternative Leistungen denkbar sind, auch welche Behandlung durchgeführt wird.[314]

Daneben trägt der **Patient aktiv** und **passiv** eine **Rolle im Heilungs- und Linderungsprozeß**. Denn einerseits kann von ihm ein selbständiger Beitrag im Heilungsprozeß gefordert sein, der bei der Medikamenteneinnahme anfängt und bis hin zu physiotherapeutischen Übungen gehen kann. Andererseits sind an der Heilung und Linderung auch immer schwer steuerbare körperliche Funktionen beteiligt, wie beispielsweise die Antikörperbildung. Beide Funktionen können den Heilungsprozeß beeinflussen

---

[311] Das ist insofern bedeutsam, als die potentielle Verfügbarkeit von internen Faktoren zur Leistungserstellung im Sinne einer Bereitschaft generell gefordert wird und damit eine eigene Leistung darstellen kann.

[312] LAUFS, Arztrecht, 1993, S.89. Hervorhebungen im Original.

[313] Wenn der Patient zu einer medizinisch induzierten Leistungserstellung nicht bereit ist, hat der Arzt ihn über die damit verbundenen Folgen aufzuklären: *„Gerade weil ein Arzt grundsätzlich gegen den erklärten Willen des Patienten zu Eingriffen in dessen körperliche Integrität nicht berechtigt ist, gehört es zu den besonders bedeutungsvollen Berufspflichten jedes Arztes, wenn er erkennt, daß bestimmte ärztliche Maßnahmen erforderlich sind, um drohende Gesundheitsschäden von dem Patienten abzuwenden, diesen mit aller Eindringlichkeit auf die Notwendigkeit der Behandlung hinzuweisen und alles nach der Sachlage gebotene zu unternehmen, damit der Patient seine Weigerung aufgibt und seine Einwilligung zu den notwendigen ärztlichen Eingriffen erteilt.“* BGH, VersR 1954, 98.

[314] Inwieweit von diesem Recht Gebrauch gemacht wird, ist nicht zu sagen, darüber sind keine Statistiken existent.

und sind damit unter Umständen auch von Interesse bei der Messung der im Krankenhaus erbrachten Leistungen bzw. des Outputs.

3.3 Faktorkombinationen im Krankenhaus

3.3.1 Leistungserstellung als Kombination von Inputfaktoren

Die **Leistungserstellung** im Krankenhaus erfolgt als **Kombination von Inputfaktoren.**[315] Diese Inputfaktoren sind gemäß GUTENBERG zu gliedern in die menschliche Arbeitsleistung, die Arbeits- und Betriebsmittel sowie die Werkstoffe.[316] Menschliche Arbeitsleistung wird von Ärzten, Pflegern und Schwestern, medizinisch-
technischem Personal, Funktions- und Hauspersonal, Wirtschaftspersonal, technischem
Personal und der Verwaltung erbracht. Arbeits- und Betriebsmittel sind die Kranken-
hausgebäude sowie die technischen Geräte der Medizintechnik und der Verwaltung.[317]
Als Werkstoffe kann man den gesamten medizinischen Bedarf, Lebensmittel, Wirt-
schaftsbedarf und weitere Verbrauchsgüter bezeichnen.[318]

Zu den genannten Faktoren tritt der Patient als externer Faktor, an dem ein großer Teil der Arbeit im Krankenhaus verrichtet wird. Er geht wie die anderen Faktoren
in den Produktionsprozeß ein.[319] Die **Faktorkombination im Krankenhaus** unterscheidet sich nicht von der in der industriellen Produktion,[320] es kann jedoch eine Stu-

---

[315] Vgl. EICHHORN, Freigemeinnützige Krankenhäuser, 1988, S.50f.

[316] Vgl. GUTENBERG, Produktion, 1979, S.3ff. Der bei Gutenberg ebenfalls genannte dispositive
      Faktor führt die Führungshandlungen aus.

[317] Vgl. HERMANNS, Gütererstellung, 1986, S.154ff.

[318] Die Aufteilung der Kosten auf die einzelnen Produktionsfaktoren ist ungefähr folgendermaßen:
      Von den Selbstkosten entfallen auf den Pflegedienst 23 %, den ärztlichen Dienst 14 %, den medi-
      zinisch-technischen Dienst 8 %, den Funktionsdienst 6 %, den Wirtschaftsdienst 6 %, das sonstige
      Personal 10 %, die Lebensmittel 3 %, den medizinischen Bedarf 16 %, den Wirtschaftsbedarf 4
      %, die Instandhaltung 3 % und die sonstigen Sachkosten 7 %. Der Faktor Personal trägt also mit
      fast 70 % zu den Selbstkosten bei, wobei auf das Pflegepersonal 40 Prozentpunkte entfallen, auf
      den Wirtschaftsdienst gut 20 und den ärztlichen Dienst gut zehn Prozentpunkte. Berechnung nach.
      DEUTSCHE KRANKENHAUS GESELLSCHAFT, Zahlen, Daten, Fakten, 1993, S.37f.

[319] Auch in der Literatur über Dienstleistungen werden, die Inputfaktoren am Produktionsprozeß
      betreffend, keine Unterscheidungen zur industriellen Produktion vorgenommen, vgl. AL-
      TENBURGER, Dienstleistungen, 1980, S.146ff., BEREKOVEN, Dienstleistungsbetrieb, 1974, S.58ff.,
      CORSTEN, Produktion, 1985, S.80ff., DECKER, Dienstleistungsökonomie, 1975, S.227ff.,
      GERHARDT, Dienstleistungsproduktion, 1987, S.129ff., und MALERI, Dienstleistungsproduktion,
      1970, S.70ff.

[320] Vgl. insbesondere ZÄPFEL, Produktionswirtschaftslehre, 1978, S.419.

fung eingeführt werden, wie sie in der folgenden Abbildung schematisch dargestellt ist.[321]

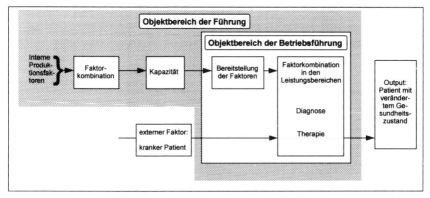

Abbildung 9: Schema der Faktorkombination im Krankenhaus

Der **Objektbereich der Führung**, also die einzuschränkenden Freiheitsgrade, stellt den gesamten in der Abbildung grau unterlegten Bereich dar. Der Teil der systemindifferenten Leistungserstellung bildet den **Objektbereich der Betriebsführung** des Krankenhauses. Im Rahmen dieses Objektbereiches erfolgt die Endkombination[322] zur Erstellung der Gesundheitsleistung am Patienten.[323] Die in der Abbildung eingeführte Stufung stellt gleichzeitig eine Unterscheidung nach der Fristigkeit dar: die Kapazitätsentscheidung wird langfristig, die Entscheidungen im Rahmen der Endkombi-

---

[321]   Das Schema orientiert sich prinzipiell am Grundmodell von CORSTEN, Dienstleistungsunternehmungen, 1990, S.105, vgl. auch SEELOS, Gesundheitsleistungsproduktion, 1994, S.193. Zur Stufung vgl. für die medizinische Leistungserstellung auch CHILINGERIAN/SHERMAN, Hospital Services, 1990, S.5. Dabei ist anzumerken, daß die Vorhaltekosten den größeren Teil als die Betriebskosten ausmachen, vgl. HILDEBRAND, Kostenrechnung, 1988, S.351. Analog dazu ist das Schema der Leistungen der Logistik als Bereitstellung der Faktoren und Durchführung der Prozesse zu begreifen: WEBER, Logistikkostenrechnung, 1987, S.115ff., und WEBER, Logistikleistung, 1986, S.1198f.

[322]   Der Begriff der Endkombination wird hier in Abgrenzung zur Vorkombination gebraucht, die zur Erstellung der Kapazität führt.

[323]   Vgl., EICHHORN, Krankenhausbetriebslehre, 1987, S.28f., GÄFGEN, Leistungsmessung, 1980, S.195ff., RIEDL, Controlling, 1990, S.19f., RÖHRIG, Controllingsystem, 1983, S.35ff., TAUCH, Kosten- und Leistungsrechnung, 1987, S.47ff., und ZÄPFEL, Produktionswirtschaftslehre, 1978, S.405.

nation werden dagegen kurzfristig getroffen.[324] Zusätzlich sind auch systemabhängige kurzfristige Entscheidungen denkbar.

3.3.2 Notwendigkeit einer differenzierten Betrachtung des Spektrums verschiedener Faktorkombinationen

Im vorigen Abschnitt wurde die Kombination der Inputfaktoren in der Diagnose- und Therapiephase abstrakt dargestellt. In diesem wird ein exemplarischer Überblick darüber gegeben, wie verschieden diese abstrakte Darstellung inhaltlich ausgefüllt werden kann. Dadurch soll die **These fundiert** werden, daß die **Faktorkombinationen** des Krankenhauses sehr **unterschiedlich** in bezug auf ihre Beschreib- und Prognostizierbarkeit, also das potentielle Wissensdefizit beim Führungshandelnden, sind.[325]

Im ersten Fall kommt ein Patient mit dem Einlieferungssymptom einer Fehlstellung und einer zugleich schmerzhaften Bewegungseinschränkung eines seiner Gliedmaßen in das Krankenhaus. Zudem sind an der betreffenden Körperregion Schwellungen mit entsprechenden Rötungen erkennbar. In diesem Fall ist die **Diagnose** Knochenbruch relativ schnell und **sicher** zu stellen, endgültige Sicherheit erhält man durch entsprechende Röntgenbilder. Die **Behandlung** ist **nicht schwer zu beschreiben** und **gut prognostizierbar**: es erfolgt entweder eine konservative oder eine operative Behandlung. Insgesamt kann man von einem geringen potentiellen Wissensdefizit für den Führungshandelnden sprechen.[326]

Im zweiten Fall wird ein Patient mit einer signifikanten Halbseitenlähmung und Sprachstörungen eingeliefert. Aus dem sogenannten Leitsymptom der typischen Halbseitenlähmung ist die vergleichsweise **sichere Diagnose** des Schlaganfalles zu stellen.[327] Die **Behandlung** gestaltet sich dagegen als relativ **schwer beschreibbar** und

---

[324] Vgl dazu. die produktionswirtschaftlichen Aufgabenbereiche nach ZÄPFEL, Produktionswirtschaftslehre, 1978, S.414f.

[325] Kriterium für die Heterogenität ist die Höhe des objektiv erforderlichen Wissens über die Ausführungshandlung, also die Leistungen. Durch die Vielfältigkeit der Krankheitsbilder besteht kein Anspruch auf Vollständigkeit in der Beschreibung, im Gegenteil, es soll exemplarisch zu verdeutlichen sein, welche Unterschiede existieren.

[326] Vgl. insgesamt ZILCH, Chirurgie, 1992, S.859ff.

[327] An dieser Stelle ist es interessant festzuhalten, daß ein erfahrener Diagnostiker den Schlaganfall anhand seiner typischen Halbseitenlähmung einfach und schnell diagnostizieren kann, ein uner-

schwer zu prognostizieren. Als Sofortmaßnahmen werden hirnabschwellende, zumeist auch blutdrucksenkende Medikamente gegeben, um im Anschluß daran mit der weiteren Therapie zu beginnen. Diese umfaßt Krankengymnastik, Wasser- und Elektrotherapien zur Behandlung der Lähmungen sowie Sprechübungen und gestaltet sich in Abhängigkeit von Sitz und Größe des zentralen Herdes sowie des Allgemeinzustands und Alters des Patienten sehr unterschiedlich.[328]

Im dritten Fall wird ein Patient mit Schmerzen und einem Druckgefühl im Oberbauch eingeliefert. Verbunden ist das mit Übelkeit, Erbrechen, Durchfällen oder Verstopfungen. Als mögliche Diagnosen kommen alle Erkrankungen des akuten Abdomens wie z.b. Darmverschluß, akute Entzündung der Bauchspeicheldrüse und der Gallenblase oder Gallenwege, aber auch chronische Entzündungen der genannten Organe sowie ein Bauchspeicheldrüsentumor in Frage. Die **Diagnose** ist einerseits sehr **unsicher**, die verschiedenen Bilder sind an den Symptomen schwer zu unterscheiden,[329] andererseits auch kaum zu verifizieren.[330] In den meisten Fällen wird zuerst eine Schmerztherapie unternommen und bei Verdacht auf Pankreatitis die Ernährung auf Infusionen umgestellt. Über eine begleitende Verlaufskontrolle, die bei langsamer Rückgewöhnung an Nahrung weitergeführt wird, kann auf eine Bauchspeicheldrü senentzündung geschlossen werden. Im Falle eines Bauchspeicheldrüsencarcinoms muß ein früher operativer Eingriff erfolgen, der von einer Chemotherapie und Bestrahlungen gefolgt sein kann. Die **Therapien** sind insgesamt **schwer zu prognostizieren.** Es herrscht ein hohes Wissensdefizit für den Führungshandelnden.[331]

Im Rahmen der idealisierten Schilderung der drei Fälle zeigt sich, daß die Diagnosen mit ganz unterschiedlicher Sicherheit gestellt werden können und die nachfolgenden Therapien infolgedessen, aber auch unabhängig davon, unterschiedlich gut zu beschreiben und zu prognostizieren sind. Insofern läßt sich die **These bestätigen,** daß

---

fahrener eventuell eine Computer- oder Kernspintomographie vornehmen würde, die mit hohen zusätzlichen Kosten verbunden ist.

[328] Vgl. insgesamt HIRSCHMANN, Neurologie, 1973, S.936f.

[329] Beispielsweise sind die chronische Pankreatitis und der Pankreastumor klinisch nicht voneinander abzugrenzen.

[330] Die Möglichkeit der Ultraschalluntersuchung führt nur begrenzt zu Klarheit.

[331] Vgl. insgesamt KUNTZEN, Pankreas, 1990, S.317ff., und STIEHL, Gallenwege, 1990, S.338ff.

im Krankenhaus ein breites Spektrum an **heterogenen Krankheitsbildern** diagnostiziert und behandelt wird. Die Leistungen unterscheiden sich in bezug auf die Beschreib- und Prognostizierbarkeit der Erstellung maßgeblich voneinander.[332] Das ist bei der **Ausprägung der Führungshandlungen** zu beachten.[333] Daneben ist eine Häufung bestimmter Krankheitsbilder feststellbar, andere kommen dagegen nur selten vor. Das ist für die Ausprägung der Führung zu nutzen.[334]

3.4 Führung der Leistungserstellung in Krankenhäusern

Führungshandlungen legen Freiheitsgrade von Ausführungshandlungen fest. Dazu ist Wissen erforderlich, das entweder vorhanden oder durch geeignete Datentransformationsprozesse zu generieren ist. Daneben muß das Wollen zur Festlegung von Freiheitsgraden vorhanden sein, so daß die Ausführung gemäß den Zielen des korporativen Akteurs erfolgt. Die Nutzenfunktion der Führungshandelnden muß also mit dem Nutzen des korporativen Akteurs in Übereinstimmung gebracht werden. Daraus erwächst im Krankenhaus eine **besondere Problemstellung**.

Als **Führungshandelnde** des Krankenhauses wird die **Krankenhausleitung** bezeichnet.[335] Sie wird an der Zielerreichung der Organisation gemessen, insofern ist die Nutzenfunktion der Handlungsträger und des Krankenhauses identisch. Allerdings sind ihre Fähigkeiten begrenzt. Sie verfügt nicht über das gesamte Wissen, das zur

---

[332] Die Beschreib- und Prognostizierbarkeit bilden das subjektiv relevante Wissen ab.

[333] Hier ist anzumerken, daß Ausführungshandlungen unterschiedlicher Komplexität und Dynamik, was für den einzelnen Handlungsträger unterschiedliche Beschreib- und Prognostizierbarkeit, also ein unterschiedlich hohes Wissensdefizit bedeutet, auch verschiedener Führungshandlungen bedürfen. Denn die Höhe des Wissensdefizites ist konstituierend für die Ausprägung der Führungshandlungen.

[334] Denn obwohl sich alle Patienten voneinander unterscheiden, gibt es doch Prozesse, die manche von ihnen gleichermaßen durchlaufen. Folglich ist nicht nur die Höhe des Wissensdefizites relevant für die Ausprägung der Führungshandlungen, vielmehr spielt auch die statistische Häufung der zugrundeliegenden Ausführungshandlungen bzw. Leistungen eine Rolle. Denn betriebswirtschaftlich ist es bei gleicher oder ähnlicher Faktorkombination sinnvoll, Klassen und Typen zu bilden, die gleich oder ähnlich behandelt werden. Vgl. in analoger Anwendung HORAK, Nonprofit-Organisationen, 1993, 25ff., sowie HORAK, Besonderheiten, 1995, S.600ff., und allgemein zum Zweck der Typenbildung KOSIOL, Unternehmung, 1966, S.23ff. In der Folge sind beispielsweise Programme in der Form von generellen Regeln effizient.

[335] Vgl. eine institutionelle Betrachtung bei BAUER, Krankenhausbetriebe, 1989, S.13ff. Zu den institutionellen Problemen der Verteilung der Kompetenz zwischen Träger und Direktorium vgl. NAEGLER, Krankenhaus-Management, 1992, S.107ff. Die institutionellen Probleme sind bei der vorliegenden funktionalen Sichtweise nicht betrachtet.

Einschränkung der Freiheitsgrade notwendig ist, und kann dieses auch nicht generieren. Demnach ist es erforderlich, sich die Wissensbasis nutzbar zu machen, die der verbleibenden Einschränkung dienen kann. Die Wissensbasis liegt bei den **Ärzten**.[336] Diese bringen zwar das Können mit, doch - das wurde bei der vorangegangenen Darstellung im Vergleich zu den Zielen des Krankenhauses deutlich - nicht automatisch das Wollen. Das bedeutet, die Nutzenfunktionen der Ärzte und des Krankenhauses sind nicht (immer) identisch.

Daraus erwächst die besondere **Problemstellung** bei der Ausprägung von Führungshandlungen.[337] Einerseits ist die **Wissensbasis der Ärzte nutzbar** zu **machen**, andererseits ist zu gewährleisten, daß dies auch **im Sinne der Ziele des Krankenhauses** geschieht.[338] Das ist durch die festgestellte Autonomie der Wissensbasis der Ärzte bzw. der begrenzten Datentransformationsfähigkeiten der Krankenhausleitung nicht allein durch Weisung zu gewährleisten.[339] Vielmehr müssen bei Kenntnis der Nutzenfunktion der Ärzte[340] Handlungen so ausgestaltet werden, daß diese im Sinne der Ziele des Krankenhauses ausgeführt werden. Das beginnt bei einer gemeinsamen Willensbildung über die Ziele des Krankenhauses, aber auch ihrer Durchsetzung, das erfolgt durch gezielte Eingriffe bei der Willensbildung und Kontrolle über die Leistungserstellung. Diese sind im Rahmen der Darstellung der Führung im Krankenhaus zu beschreiben.

---

[336] Wie im Rahmen der Professionalisierung und ihren Folgen dargestellt, verfügen die Ärzte über eine spezifische Wissensbasis, die ihnen die Autonomie verschafft, Freiheitsgrade ohne den Zugriff anderer einschränken zu können.

[337] Vgl. auch die „two firms in one"-Struktur als Problem: HARRIS, Organization of Hospitals, 1977, S.467ff.

[338] Oder wie FREIDSON formuliert: „*It (das Krankenhausmanagement) should be prepared to discriminate between the fatty tissue and the solid heart of medical work and to press for influence in trimming off medical jurisdiction over the fatty tissue.*" FREIDSON, Dominance, 1970, S.182.

[339] Weisung als Einschränkung von Freiheitsgraden setzt gerade das nicht vorhandene Wissen voraus.

[340] Diese wurden ab Seite 120 dargestellt.

3.5 Ergebnis der einzelwirtschaftlichen Betrachtung

In den vorangegangenen Abschnitten wurde das **Krankenhaus als Betrieb** beschrieben. Die darin erstellten Ausführungshandlungen sind grundlegend für die zu beschreibenden Führungshandlungen, sie erklären ihre Ausprägung.

Im Krankenhaus werden Produktionsfaktoren in Kombinationsprozessen zu einem Output transformiert. Der **Output** ist eine Gesundheitsleistung, die in der Regel eine Kombination aus einer Diagnose und einer Therapie auf Basis der Leistungsbereitschaft darstellt. Kombiniert wird diese Gesundheitsleistung aus **Inputfaktoren**, die sich durch Besonderheiten auszeichnen, die einflußnehmend auf die Führungshandlungen wirken. Erstens besitzt der maßgebliche Inputfaktor für die Arbeitsleistung, die Ärzte, eine Nutzenfunktion, die besondere Handlungen notwendig macht, um sie mit den Zielen des Krankenhauses in Einklang zu bringen. Zweitens ist der Objektfaktor, an dem die Arbeit verrichtet wird, nicht nur nicht frei verfügbar, er darf auch in den Produktionsprozeß einschränkend eingreifen. Die eigentliche **Leistungserstellung** als Kombination der Inputfaktoren kann in verschiedene Stufen differenziert werden, sie umfaßt die Faktorbereitstellung und die anschließende Endkombination bei Diagnose und Therapie. Deutlich wurde, daß im Krankenhaus höchst unterschiedliche Prozesse in bezug auf ihre Beschreib- und Prognostizierbarkeit durchgeführt werden, was für die Ausprägung der Führungshandlungen die Berücksichtigung dieser Unterschiedlichkeit als besondere Aufgabe mit sich bringt.

Aus der Darstellung des Krankenhauses geht zudem die Erklärende der Führung, die Leistungserstellung hervor. Sie erfordert gerade dadurch, daß es sich um eine Vielzahl sehr heterogener Prozesse handelt, eine große Wissensbasis zu ihrer Festlegung. Diese ist bei den Ärzten als Inputfaktoren vorhanden. Gleichzeitig verfolgen die Ärzte aber auch Nutzenfunktionen, die sich als dysfunktional für das Erreichen der Ziele des Krankenhauses erweisen könnten. Das zeigt, daß für die Führung nicht nur die expliziten Führungshandlungen, sondern gerade die **Gestaltung der Führungshandlungen** in dem Sinne **wichtig** sind, daß Können und Wollen in einer Weise vereinigt werden, die die Leistungserstellung entsprechend den gesetzten Zielen ermöglicht. Die aus diesem Anspruch abgeleiteten Führungshandlungen sollen im nächsten Teil der Arbeit beschrieben werden.

4 Krankenhäuser als Anwendungsobjekt für die erweiterte Fundierung des Controlling

Im ersten Teil der Arbeit wurde die theoretische Fundierung des Controlling erweitert, hier im zweiten Teil das Krankenhaus vorgestellt, auf das die theoretische Grundlage angewendet wird. Abschließend zu diesem zweiten Teil werden resümierend ein paar Gedanken zu der **besonderen Funktion des Krankenhauses als Erkenntnisobjekt** beschrieben.

Das **Krankenhaus** bietet ein **breites Spektrum an Problemen**, die mit betriebswirtschaftlichen Ansätzen zu einer Lösung gebracht werden müssen. Viele Häuser werden immer noch mehr mit bürokratischen Methoden verwaltet als betriebswirtschaftlich fundiert geführt. Und das geschieht trotz der aufgrund eines knappen Budgets unabdingbaren Notwendigkeit zur Wirtschaftlichkeit. Dabei tragen falsch gesetzte Anreize und die gesetzliche Regulierung nicht dazu bei, daß sich betriebswirtschaftliche Konzepte durchsetzen. Demgegenüber scheinen auch die betriebswirtschaftlichen Ideen nicht in dem Maße überzeugend, daß sie zu ihrer Verbreitung beitragen.[341]

Die vorgestellte **theoretische Grundlegung** bietet nun ein Konzept, das an der einzelnen Handlung sowie seinem Handlungsträger ansetzt und über die Darstellung der Leistungserstellung die Führung im Krankenhaus fundiert. Damit kann es einerseits **zur gewünschten Problemlösung beitragen**, andererseits wird die im ersten Teil dargestellte Theorie einer ersten Anwendung unterzogen. Dafür ist das Krankenhaus ein besonderes Objekt. Den ersten Baustein der Theorie betreffend, die Handlungen, ist im Krankenhaus ein besonders breites Spektrum in bezug auf die Beschreib- und Prognostizierbarkeit zugegen. Es ergeben sich völlig unterschiedlich hohe Wissensdefizite über die Ausführungshandlungen. Infolgedessen wird auch das gesamte Kontinuum der Führungshandlungen auszuschöpfen sein.[342] Die zentrale Determinante für

---

[341] Dabei waren der wirtschaftliche Druck und die Notwendigkeit zur Einführung betriebswirtschaftlicher Lösungen nie so groß wie momentan, vgl. WALTER, GSG, 1996, S.2ff.

[342] Zum Kontinuum der Führungshandlungen vgl. WEBER/BRETTEL/SCHÄFFER, Unternehmensführung, 1996, S.62.

die Führungshandlungen, das Wissen, spielt also auch im Krankenhaus eine herausra-gende Rolle. Den zweiten Baustein, den Handlungsträger, betreffend, stellt es eine be-sondere Aufgabe im Krankenhaus dar, Wollen und Können, also die zwei Einschrän-kungen des Handlungsträgers, zu vereinen.

Teil D: Führungshandlungen im Krankenhaus

Die folgenden Überlegungen resultieren aus der Übertragung der theoretischen Grundlegung auf das Erkenntnisobjekt, das Krankenhaus. Der Schwerpunkt liegt dort, wo die theoretische Fundierung des Controlling erweitert wurde, nämlich in der Fundierung von Führungshandlungen. Dementsprechend werden im folgenden Kapitel die theoretisch differenzierten Führungshandlungen auf ihren jeweiligen Einsatz im Krankenhaus überprüft. Daraus ergibt sich ein **Sollkonzept** als Summe der **effizienten Führungshandlungen** im Krankenhaus.

Das Ziel der Führung ist es, eine effiziente und effektive Leistungserstellung zu gewährleisten. Die entsprechenden Grundlagen neben der theoretischen Fundierung, also die gesamtwirtschaftlichen Postulate an die Leistungserstellung und ihre einzelwirtschaftlichen Besonderheiten, wurden in ihrem potentiellen Einfluß auf die Führung im vorigen Kapitel beschrieben. Auf dieser Basis kann die folgende Darstellung stattfinden.

1 Übergeordneter Rahmen des Handelns

1.1 Nutzen und Disnutzen des übergeordneten Rahmens

Im Rahmen der einzelwirtschaftlichen Darstellung des Krankenhauses wurde ausführlich auf die Besonderheiten in der Nutzenfunktion der Ärzte eingegangen. Werden keine expliziten Führungshandlungen zu ihrer Veränderung ergriffen, so verhalten sich die Handlungsträger entsprechend ihren Nutzenfunktionen. Die Summe aller Handlungen führt im Sinne eines zu erkennenden Musters zum **übergeordneten Rahmen des Handelns**. Dieser Handlungsrahmen ist selbst mit einem Nutzen wie auch einem Disnutzen für das Krankenhaus versehen.[1] Beide gilt es darzustellen, um in der Folge den Nutzen weiterzuentwickeln und den Disnutzen durch Führungshandlungen zu reduzieren.

---

[1] Von Nutzen und Disnutzen ist jeweils im Sinne der Erreichung der Ziele des Krankenhauses gesprochen.

Als übergeordneter Rahmen, „*Grundlage des Führungshandelns eines Unternehmens*", werden in der **Führungsliteratur** Werte betrachtet.[2] Ein Wert stellt dabei „*ein von den Menschen gefühlsmäßig als übergeordnet Anerkanntes, zu dem man sich anschauend, anerkennend, verehrend, strebend verhalten kann*"[3], dar. In den Sozialwissenschaften hat sich laut STAEHLE[4] ein Wertbegriff als prägend erwiesen, der definiert: „*Ein Wert ist eine Auffassung (explizit oder implizit), die ein Individuum oder eine Gruppe vom Wünschenswerten hegt, und welche die Wahl möglicher Verhaltensweisen, Handlungsalternativen und -ziele beeinflußt*".[5] STAEHLE reiht die Werte in eine Reihe mit Instinkten, Bedürfnissen und Einstellungen als maßgebend für das Verhalten des Individuums ein.[6] Diese verhaltensbeeinflussende Komponente wird auch von TIETZ,[7] KLAGES[8] oder MEFFERT/WINDHORST[9] beschrieben. SCHANZ fügt diesen Definitionen die Stabilität, also die auch beispielsweise Instinkten innewohnende relative Unveränderlichkeit hinzu.[10] Werte repräsentieren also eine übergeordnete und relativ unveränderliche Verhaltensmaßgabe, die sich explizit wie implizit formuliert und wahrgenommen zeigen kann.[11]

Der Terminus der Werte findet sich allerdings in der Führungsliteratur nicht so häufig[12] wie die Begriffe, die damit in Verbindung gebracht werden können.[13] WEBER

---

[2]   WEBER, Controlling, 1995, S.63, der dort GABELE, Unternehmensgrundsätze, 1981, S.246, zitiert. Letzterer will die Werte als „*geistige Basis der Geschäftspolitik*" verstanden wissen.

[3]   MENZER, Wertbetrachtungen, 1950, S.50. In der Betriebswirtschaftslehre werden Werte und Normen in der Regel normativ, nicht deskriptiv verwendet: „*Norms are preferred states of behavior, not statistical norms, i.e. modal or „average" performance.*" ZALD/HAIR, Social Control, 1972, S.53. Werte definieren also einen Unterschied zum durchschnittlichen Handeln. Damit es möglichst dazu kommt, daß die gewünschten Zustände erreicht werden, sind Führungshandlungen notwendig: „*If the output or related behavior is below the „expected", attempts will be made to sanction, reward or punish, „better" performance.*"

[4]   Vgl. STAEHLE, Management, 1994, S.157.

[5]   KLUCKHOHN, Values, 1951, S.395.

[6]   Vgl. STAEHLE, Management, S. 157 ff.

[7]   Vgl. TIETZ, Marketing-Management, 1976, S.1495.

[8]   Vgl. KLAGES, Wertorientierungen, 1984, S.9ff.

[9]   Vgl. MEFFERT/WINDHORST, Werttypen, 1984, S.116ff.

[10] Vgl. SCHANZ, Wertewandel, 1985, S.559f.

[11] Vgl. von HAYEK, Ordnung, 1969, S.32ff. Er zeigt, daß auch eine polyzentrische Ordnung ihre Grundlage in „Werten" besitzen kann.

[12] Vgl. WEBER, Controlling, 1995, S.61.

erklärt die Notwendigkeit von Werten daraus, daß „*das marktwirtschaftlich orientierten Unternehmen unterstellte … Ziel der Gewinnmaximierung nicht ausreicht, das Entstehen, Wirken und die Entwicklung von Unternehmen zu erklären.*"[14] Insbesondere bei gemeinwirtschaftlichen Krankenhäusern besitzt die unternehmerische Zielformulierung der Gewinnmaximierung kaum Relevanz, so daß sich gerade hier die Existenz von Werten als evident erweist.[15]

Werte gehen, gemäß der theoretischen Fundierung, in die Nutzenfunktionen der Handlungsträger ein.[16] Die Nutzenfunktionen setzen durch ihre Verhaltensbestimmung die Ausprägungen von Handlungen fest. Werden daraus Muster gebildet, so ergibt sich als Folge der **übergeordnete Handlungsrahmen**.[17] Das gilt insbesondere für die Handlungen der maßgeblichen Handlungsträger.[18] Als solche gelten einerseits die

---

[13] Diese Begriffe sind die Unternehmensgrundsätze, die Unternehmensphilosophie, die Unternehmenspolitik, die Unternehmsethik, die Unternehmenskultur und das Unternehmensleitbild. PFOHL benutzt den Ausdruck der „Politik", was er als Konkretisierung der Unternehmensphilosophie verstanden wissen will. „*In der Unternehmensphilosophie kommt das Wertesystem der Unternehmungsspitze zum Ausdruck*", PFOHL, Planung und Kontrolle, 1981, S.15. Ähnlich beschreiben das auch ULRICH/FLURI, die in der Unternehmensphilosophie die Stellung und Ausrichtung des Unternehmens auf Basis der Wertvorstellungen der Gesellschaft erkennen, vgl. ULRICH/FLURI, Management, 1992, S. 53. Die Relevanz einer Unternehmsphilosophie begründen diese daraus, daß Werte dort den Maßstab des Handelns bilden müssen, wo entscheidungsrelevante Fakten mangels ihrer Existenz das nicht können, vgl. ULRICH/FLURI, Management, 1992, S. 55 f. Das Ineinandergreifen der Philosophie des eigenen soziotechnischen Systems und der Gesellschaft erhält im Rahmen der Krankenhäuser auch gerade deshalb Bedeutung, weil Krankenhäuser durch ihre Bindung an den Bedarf der Gesellschaft in einer stärkeren Abhängigkeit stehen als Systeme, auf die die Gesellschaft nicht notwendigerweise angewiesen ist.

[14] Vgl. WEBER, Controlling, 1995, S. 63.

[15] Vgl. dazu exemplarisch FIEDLER, Gesundheitswesen, 1978, S.10ff., oder BUCHHOLZ, Wettbewerb, 1983, S.14f..

[16] Vgl. eine aus der „Bewertung" entlehnte Bestimmung von Wert und die Verbindung mit Nutzenfunktionen bei SIMON, Entscheidungsverhalten, 1981, S.109.

[17] Zu einem solchen übergeordneten Rahmen kommt es durch die Verhaltensbestimmung der Werte mit der Definition von Verhalten als Summe einzelner Handlungen, vgl. SCHANZ, Wertewandel, 1985, S.559. Werte werden nur eingehalten, weil die Einhaltung Nutzen verspricht, der im Grenzfall darin liegen kann, daß auch andere sich an die Werte halten, vgl. KLUCKHOHN, Values, 1951, S.388ff. Individueller Nutzen steuert die Handlungen des Menschen, bestimmte zu erkennende Handlungsmuster konstituieren den Handlungsrahmen. Einzelne Handlungen können dabei immer noch außerhalb dieses Rahmens liegen, wenn sie nicht das erkannte Muster beeinflussen. So kann es zu einer Differenz zwischen dem Handlungsmuster eines korporativen Akteurs und der einzelnen Handlung eines Mitglieds kommen.

[18] Grundsätzlich ist das Handeln aller Mitglieder des Krankenhauses heute im wesentlichen getragen vom Motiv der persönlichen Existenzsicherung. Das ist auch eine Folge der Veränderung der Art des Personals, vgl. SPIEGELHALTER, Krankenhaus, 1977, S.5f. Der Existenzsicherung gesellen sich weiter Motive wie „*personal achievement and personal worth, status and social recognition,*

Krankenhausleitung als Führungshandelnde und andererseits die Ärzte,[19] denn es kann festgestellt werden: „... *the organization has little effective control over its most influential group, the medical staff - which by controlling the clinical decision-making process - affects the functioning of the total organization to a degree far larger than patient care requirements necessitate.*"[20] Insbesondere muß also überprüft werden, inwieweit ein sich aus den Nutzenfunktionen der Ärzte ergebender übergeordneter Rahmen des Handelns von Nutzen oder Disnutzen für das Krankenhaus ist, denn: „*We usually assume that those who are administratively responsible for an organization possess the ressources to make that organization pursue the official approved goals set for it - that is, that actual behavior in the organization will be in accord with the official view of what the organization should be doing. But frequently it is not.*"[21]

Ein übergeordneter Handlungsrahmen kann Funktionen einer impliziten Orientierung übernehmen. Erfolgt diese Orientierung im Hinblick auf die postulierten Ziele, so erwächst daraus ein **Nutzen**. Im Krankenhaus kann das folgende Bedeutung gewinnen: Die von der Notwendigkeit, ethische Grundsätze anzulegen, durchzogenen Entscheidungen[22] präsentieren sich mitunter in derartiger Vielschichtigkeit, daß es einer Anmaßung gleichkäme, diese immer unter der Prämisse vollkommener Rationalität und bei Berücksichtigung aller Argumente klären zu wollen.[23] Das sich ergebende Vakuum kann vom übergeordneten Handlungsrahmen gefüllt werden, der insofern eine **Orientierungsfunktion**[24] ohne explizite Führungshandlungen gewinnt.[25] Dadurch er-

---

curiosity and new experience, personal independence, self-development and growth, self-actualization" hinzu, die das Handeln beeinflussen, GOERGOPOULOS, Organization Research, 1971, S.35.

[19]   Als weiterer Fall ist auch denkbar, daß Ärzte die Krankenhausleitung übernehmen, dazu vgl.: FITZGERALD, Management, 1994, S.33ff.

[20]   GEORGOPOULOS, Organization Research, 1974, S.35.

[21]   FREIDSON, Profession, 1988, S.121.

[22]   Vgl. BUCHANAN, Gesundheitswesen, 1988, S. 191ff.

[23]   Vgl. auch PROBST, Selbst-Organisation, 1987, S.85. „*Es ist mit anderen Worten der begrenzte Horizont unserer Kenntnis der konkreten Tatsachen, der es notwendig macht, unsere Handlungen dadurch zu koordinieren, daß wir uns abstrakten Regeln unterwerfen und nicht versuchen, jeden Einzelfall allein aufgrund der beschränkten Zahl relevanter Einzelfakten zu entscheiden, die wir zufällig kennen.*" von HAYEK, Arten der Ordnung, 1969, S.45.

[24]   Zur Orientierungsfunktion, die untergeordnet eine Integrations- und Motivationsfunktion besitzt, vgl. DILL/HÜGLER, Unternehmenskultur, 1987, S.155f.

gibt sich zudem ein komplexitätsreduzierender Effekt, denn es können Elemente der Leistungserstellung und ihrer Führung außer Acht gelassen werden.[26]

Neben der Orientierung ergibt sich durch die Gemeinsamkeit der Nutzenfunktionen eine **Koordinationsfunktion.** Das geteilte ärztliche Wissen gepaart mit dem Willen zum Erreichen eines den professionellen Standards entsprechenden Ergebnisses bewirkt trotz des einzelfallbezogenen Pragmatismus eine durchgängig koordinierte Prozeßabfolge, die sich insbesondere bei spezialisierungsbedingter Arbeitsteilung als evident erweist.[27]

Durch die bei der Ausbildung beginnende Professionalisierung der Handlungsträger ist überdies gewährleistet, daß neu hinzutretende medizinische Angestellte des Krankenhauses leichter integriert werden. Diese **Integrationsfunktion**[28] kann sich auch bei Abweichungen von den professionellen Handlungsweisen als expliziter wie impliziter Integrationsdruck, der einem „peer-group-pressure" vergleichbar ist, auswirken.[29]

Wenn die Orientierungsfunktion des übergeordneten Handlungsrahmens jedoch solche Handlungen mit sich führt, die dem gesellschaftlichen Postulat[30] an den korporativen Akteur, Krankenhaus, nicht entsprechen, ergibt sich ein **Disnutzen.**[31] Ein Bei-

---

[25] Vgl. von HAYEK, Rationalismus, 1969, S.75ff., insbesondere S.84 im Zusammenhang mit S.110: „Es ist die zentrale Überzeugung des Liberalismus, daß sich eine spontane Ordnung menschlicher Handlungen von weit größerer Komplexität, als sie je durch wohlbedachte Anordnung geschaffen werden könnte, ganz von selbst bildet..." durch die Möglichkeit von „abstrakten Regeln". Werte bilden so auch den Schutz vor an reine Willkürlichkeit grenzende Scheinrationalität.

[26] Die die Komplexität erhöhenden Fragen der Ethik und Wirtschaftlichkeit lassen sich wahrscheinlich ohnehin nur auf der Basis einer auch implizit funktionierenden Leistungserstellung diskutieren.. Insofern ergibt sich durch einen übergeordneten Handlungsrahmen immer dann ein Nutzen, wenn die Komplexität der zu bildenden Ordnung, der Leistungserstellung, so groß ist, daß sie mit expliziten Handlungen nicht bewältigbar wäre, vgl. von HAYEK, Gesellschaftsordnung, 1969, S.110.

[27] Vgl. DILL/HÜGLER, Unternehmenskultur, 1987, S.155f., und HOFFMANN, Führungsorganisation I, 1980, S.335ff.

[28] Vgl. auch anschaulich bei SCHÄFFER, Selbstabstimmende Gruppen, 1996, S.175ff., und SCHEIN, Organizational Culture, 1985, S.67ff.

[29] Vgl. in positiver Hinsicht das Motivationspotential von Werten: DILL, Unternehmenskultur, 1986, S.157ff.

[30] Das gesellschaftliche Postulat ist im Prinzip durch den § 1 des Krankenhausfinanzierungsgesetz - KHG zum Ausdruck gebracht.

[31] Vgl. WILSON, Academic Man, 1942, S.73.

spiel dafür ist das Nichteinhalten einer allgemeinen Verfahrensregel zur Erhöhung der Effektivität der Leistungserstellung.[32]

In den Blickpunkt gerät in diesem Zusammenhang insbesondere die Wirtschaftlichkeit der Leistungserstellung.[33] Nachdem eine lange Zeit die Verbesserungen der Therapiemöglichkeiten in medizinischer Hinsicht im Vordergrund standen, macht sich aufgrund gestiegener Ausgaben zunehmend eine Budgeknappheit und damit der Ruf nach wirtschaftlicheren Behandlungen breit. Doch gerade die Wirtschaftlichkeit scheint mit dem übergeordneten Rahmen im Krankenhaus wenig kompatibel. Denn es sind vor allem die Ökonomen, die sich mit der Verteilung der Mittel im Gesundheitswesen beschäftigen,[34] für Ärzte spielt dieser Aspekt nach wie vor eine untergeordnete Rolle. Diese Art der „Arbeitsteilung" wäre insofern unproblematisch, würden die Ärzte neben ihren eigenen auch die Regeln der Ökonomen, die Zwänge der Verteilung, akzeptieren.[35] Da dies aber als ein Eingriff in die Autonomie des ärztlichen Handelns betrachtet wird, findet die Wirtschaftlichkeit nicht die notwendige Anerkennung. Insofern spiegelt sie sich auch nicht in den Nutzenfunktionen der Ärzte wider.

Resultiert daraus ein Disnutzen für das Krankenhaus und kann dieser nicht akzeptiert werden, muß es zu einer **Änderung des Handlungsrahmens** kommen. Diese Änderung ist mit Kosten verbunden. Zudem kann sich aufgrund des ärztlichen Strebens nach Autonomie und wegen der den Nutzenfunktionen innewohnenden Langfristigkeit die Wandlungsfähigkeit des übergeordneten Rahmens als insgesamt problema-

---

[32] Das Leitungspersonal vertritt in diesem Fall auch den Anspruch der Gesellschaft und des Gesetzgebers an das Krankenhaus sowie den Arzt, so daß zumindest im Krankenhaus weniger in Vergessenheit geraten kann: „*Daß der Arzt in seiner beruflichen Rolle Agent eines Kollektivs und nicht ein aus freien Stücken in Aktion tretendes hilfsbereites, im wahrsten Sinn autonomes Individuum ist, läßt sich in der Postition eines Krankenhausarztes weniger verdrängen als in der Position eines frei praktizierenden Mediziners.*" ROHDE, Arztberuf, 1984, S.352.

[33] Vgl. beispielhaft FACK, Wirtschaftlichkeitsanreize, 1988, S.24ff., Herder-Dorneich, Gesundheitswesen, 1976, S.19ff., LEONHARDT, Grenzplankostenrechnung, 1988, S.5ff., LENZEN, Wirtschaftlichkeit, 1984, S.1ff., oder RÖHM, Krankenhauswesen, 1986, S.1ff.

[34] Vgl. hierzu auch das Modell von LEE und seine Prämissen, dabei vor allem die Nutzenfunktion der Krankenhausleitung: LEE, Hospital Behavior, 1971, S.48.

[35] „*If physicians are the critical agent in the production of hospital services to the extend implied here, then it is equally clear that they, too, are critical to cost behavior of hospitals.*" MCMAHON/DRAKE, Hospital, 1981, S.191.

tisch erweisen.[36] Die Möglichkeiten einer solchen Änderung werden im folgenden Abschnitt beschrieben.

1.2 Änderung des übergeordneten Rahmens

Eine Änderung des übergeordneten Rahmens wird vorgenommen, um den potentiellen **Disnutzen** des existierenden Rahmens zu **verringern** sowie neuen Orientierungen eine Chance zum Einzug zu verschaffen. Sie sollte so erfolgen, daß der oben geschilderte Nutzen beibehalten wird.[37]

Die Folge von einzelnen **Eingriffen in den Handlungsrahmen** ist die Notwendigkeit einer neuen Orientierung.[38] Das kann Auswirkungen auf den gesamten Handlungsrahmen haben und dazu führen, daß die oben geschilderte Orientierungsfunktion nur noch eingeschränkt verfügbar ist. So wird am Beispiel der Erhöhung der Wirtschaftlichkeit, auf Erfahrungen in den USA aufbauend, intensiv diskutiert, ob die notwendige Neuorientierung in bezug auf wirtschaftliches Verhalten zu Disnutzen in anderen Bereichen geführt haben kann.[39] Dabei kam die Vermutung auf, daß die Effizienzsteigerung von Einzelleistungen mit der Erhöhung des Leistungsvolumens[40] und mit der gleichzeitigen Verschlechterung der Therapiequalität[41] verbunden ist.[42]

---

[36] „Throughout the twentieth century, medicine successfully insulated itself against change and attacks ... ", SCHNELLER/OTT, Health Professions, 1996, S.133. Vgl. hierzu auch die Unvereinbarkeitsthese der Professionen mit einer Organisation in TERHART, Professionen, 1990, S.155ff.

[37] Vgl. zu Untersuchungen über Eingriffe der Instanz in eine untereinander loyale Gruppe wie die der Ärzte: PROBST, Selbst-Organisation, 1987, S.145, sowie FREIDSON/RHEA, Control, 1963, S.123ff., und ähnlich LIKERT, New Patterns, 1961, S.34ff.

[38] Als Eingriff ist zum Beispiel denkbar, daß nicht wirtschaftliches Verhalten direkt an Abschläge bei der Entlohnung gebunden ist. Das kann allerdings dazu führen, daß die Hilfeleistung am Menschen unter das wirtschaftliche Postulat gestellt wird. In der Konsequenz fehlt den Ärzten die Möglichkeit zur Orientierung an dem in ihren Nutzenfunktionen verankerten Motiv zur Hilfeleistung. Erfolgt die Neuorientierung dann beispielsweise noch stärker in die Richtung der finanziellen Zuwendungen, also dem gesetzten Anreiz, so ist denkbar, daß die Qualität der Leistungserstellung hinter ihre Entlohnung zurückgedrängt wird.

[39] Vgl. dazu die Erfahrungen in den Vereinigten Staaten: HAFFERTY, Profession, 1988, S.202ff., sowie in der Bundesrepublik: ZWEIFEL, Arztverhalten, 1982, S.61ff. Zu den Problemen bei der empirischen Überprüfung der Hypothesen vgl. DAVIS, Economic Theories, 1972, S.1ff.

[40] Diese Befürchtung wurde in den USA bei der Einführung der Fallpauschalen geäußert, kann aber Jahre nach der Einführung nicht als empirisch valide betrachtet werden, vgl. MCCARTHY, DRGs, 1988, S.1683, oder SLOAN, DRG-Experiment, 1991, S.191ff. Argumentativ ist die Befürchtung allerdings auch nicht auszuräumen, vgl. zu den Problemen der Validierung: REINHARDT, Physicians in the United States, 1985, S.172f. Denn voraussetzend, daß der Konsument der Gesundheitsleistungen nicht über die vollständige Konsumentensouveränität verfügt, kann der Einfluß

Aus den bisherigen Erfahrungen heraus erweist es sich zudem als schwierig, Änderungen im Handlungsrahmen, also beispielsweise die Erhöhung der Wirtschaftlichkeit, in der Form allgemeiner Regeln vorzunehmen. Diese finden bei Ärzten aufgrund ihres Autonomiestrebens kaum Akzeptanz.[43] An diesem Punkt angelangt, erscheint es erfolgversprechender, den einzelfallbezogenen Pragmatismus nutzbar zu machen und zu versuchen, den übergeordneten Rahmen aus Einzelfällen heraus zu verändern.[44] Die Auswirkungen dieser Veränderungen von Einzelfällen gewinnen generellen Charakter, wenn sie häufiger angewendet werden. Indem sie so ein neues Orientierungsmuster darstellen, sind sie in der Lage, auf den Handlungsrahmen Einfluß zu nehmen, diesen zu verändern.[45] Bei expliziter Diskussion einzelner Fälle geht die Orientierungsfunktion des übergeordneten Rahmens auch insofern nicht verloren, als es bei konfligierenden Zielen gelingt, eine eindeutige **Neuorientierung** zu **finden**. Dadurch läßt sich die Gefahr der Entstehung eines potentiellen Disnutzens verringern.

---

des Arztverhaltens auf die Leistungsmenge als bedeutend angesehen werden. Bei den frei praktizierenden Ärzten in den USA, die einem erheblichen wirtschaftlichen Druck ausgesetzt sind, ist das Phänomen des „Overdoctoring" festzustellen. Die Ausweitung der Leistungen resultiert bei diesem Phänomen gesamtwirtschaftlich zwar aus dem Zwang zu höherer Wirtschaftlichkeit, einzelwirtschaftlich aber aus dem Wunsch zur persönlichen Einkommensmaximierung. Der Zwang zur wirtschaftlicheren Einzelleistungserstellung hat folglich Einfluß auf das gesamte Leistungsvolumen, aber nur, weil er mit einer anderen Komponente der Nutzenfunktion der Ärzte, der Einkommenssicherung, gekoppelt ist. Vgl. SCHULENBURG, Ärzteschwemme, 1985, S.7ff., HENKE, Gesundheitsausgaben, 1985, S.484ff., sowie FAZ vom 9.9.1996, S.15: „Kassenärzte beschließen Praxis-Umsatzgrenze" und zur theoretischen Auseinandersetzung mit der Honorierung: THIEMEYER, Honorierungsprobleme, 1985, S.36ff., sowie METZE, Honorierung, 1985, S.59ff.

[41] Vgl. zur Begründung von Leistungs- und Qualitätskontrollen im Zusammenhang mit den Anstrengungen zur Kostendämpfung: KALTENBACH, Qualitätsmanagement, 1993, S.104ff.

[42] Vgl. insgesamt GINSBURG, Krankenhauskosten, 1985, S.201ff., WOLINSKY, Professional Dominance, 1993, S.11ff., FIELD, Physician, 1993, S.162ff., und FREIDSON, Professionalism Reborn, 1994, und zur modellhaften Analyse der Zusammenhänge zwischen Qualität und Quantität: JACOBS, Models of Hospitals, 1974, S.87ff., SORKIN, Health Care, 1986, S.26f. und S.39ff., stellt ein verändertes Verhalten von Ärzten insofern fest, als das Motiv der Existenzsicherung in den Willen zu echter Bereicherung umgeschlagen ist. Vgl. hierzu beispielsweise: Focus 13/1994, S.194-195.

[43] Vgl. FREIDSON, Profession, 1988, S.178. Das Autonomiestreben ist besonders stark ausgeprägt, wenn die Regel allgemein gehalten ist.

[44] Ein Arzt wird nie zustimmen, generell einen Ast eines Baumes als Schiene zur Fixierung eines Knochenbruches zu verwenden. Ist allerdings im Einzelfall nichts anderes vorhanden, so wird auch er den Ast benutzen. Gleichermaßen werden Ärzte im Einzelfall Ideen für wirtschaftliche Therapien entwickeln, die sie generell anzuwenden bereit sind, wenn sie feststellen müssen, daß die Alternativen dauerhaft nicht zu realisieren sind.

[45] Das kann durchaus ein langwieriger Prozeß sein, vgl. analog auch beim organisationalen Lernen Modelle wie bei ARGYRIS, Action Science, 1995, S.20ff.

Insgesamt zeigt sich demzufolge, daß die **Änderung** des übergeordneten Rahmens so vorgenommen werden muß, daß sich eine Chance zur Neuorientierung (Orientierungsfunktion des Handlungsrahmens) ergibt. Überdies darf der Wandel nicht mit einem durch veränderte Nutzenfunktionen neu entstehenden Disnutzen verbunden sein. Um das zu erreichen erscheint es angebracht, durch **explizite Führungshandlungen** im Sinne der expliziten Diskussion von Einzelfällen eine Neuorientierung zu erreichen.[46]

2 Willensbildung

Innerhalb der Willensbildung werden die **Ausführungshandlung geistig antizipiert** und ihre relevanten Freiheitsgrade eingeschränkt. Das setzt voraus, daß die Freiheitsgrade aufgespannt und Möglichkeiten zu ihrer Einschränkung erkannt werden.

Indem es notwendig ist zu erfassen, was den Gegenstand der Willensbildung bildet, also welche Freiheitsgrade einzuschränken sind und worüber Wissen zu generieren ist, wird deutlich, daß die Grenzen der Wissensgenerierung gleichzeitig die Grenzen zur Willensbildung darstellen. Unter Berücksichtigung dieses Zusammenhanges geht die folgende Schilderung vor. Es werden über den Output, den Faktoreinsatz und die dazugehörigen Kombinationsprozesse die Möglichkeiten der Wissensgenerierung mit der darauf folgenden Willensbildung skizziert. Der Schwerpunkt liegt auf der Frage, **wie** die einzelnen **Führungshandlungen** gemäß dem eingeführten Prozeßkontinuum der Bestimmbarkeit **auszuprägen sind.**

Auf Basis der Ausführung werden damit **Aussagen** zur Führung und dem dabei herrschenden **Wissensdefizit** vorgenommen, um eine effiziente Führung wie auch eine den formulierten Zielen des Krankenhauses entsprechende Leistungserstellung zu garantieren.

---

[46] Als Führungshandlung kann die explizite Diskussion von Einzelfällen deshalb bezeichnet werden, weil als Ergebnis natürlich auch ein Wille über die Leistungserstellung in dem betreffenden Einzelfall steht, vgl. die konkrete Diskussion in Kapitel 2.1.1 in Teil D.

2.1 Willensbildung über den zu erstellenden Output

Der **Output** des Krankenhauses als Gegenstand der Willensbildung gliedert sich in eine qualitative und eine quantitative Komponente. Erstens ist es notwendig, die Ziele, nach denen der Output erstellt werden soll, in einem Zielbildungsprozeß zu erfassen (**qualitative Dimension**) und zweitens ist die Anzahl der Leistungen, die auf Basis der Kapazität zu produzieren sind, näher zu spezifizieren (**quantitative Dimension**).

2.1.1 Willensbildung über die Ziele im Krankenhaus

Im Rahmen der Definition der Krankenhäuser wurden die von der Gesellschaft postulierten **Ziele** an dortige Leistungserstellung dargestellt. Legen verschiedene Handlungsträger mit unterschiedlichen Zielvorstellungen[47] ihre Ressourcen zusammen, wie das auch im Krankenhaus geschieht, so sind dadurch nicht zwangsläufig die Ziele des resultierenden korporativen Akteurs erkennbar, vielmehr bedarf es eines **Prozesses, um diese zu bilden** bzw. zu spezifizieren.[48]

In der betriebswirtschaftlichen Literatur über Krankenhäuser avancieren die Ziele von Krankenhäusern häufig zum Gegenstand der Betrachtung. So scheint inhaltlich Klarheit darüber zu bestehen, welche Ziele Krankenhäuser verfolgen sollen.[49] Diese Zielklarheit resultiert indessen aus einer gesamtwirtschaftlichen Betrachtung des Krankenhaussektors, der **einzelwirtschaftliche Prozeß der Bildung eines expliziten Willens über die Ziele** im jeweiligen Krankenhaus ist dagegen selten das Objekt der Darstellungen. So ist dieser Willensbildungsprozeß - und das ist aus der Historie des Verwaltens der Krankenhäuser durchaus verständlich - oft überhaupt nicht vorhanden. Das führt entweder dazu, daß den Handlungsträgern keinerlei Vorstellungen über die zu verfolgenden Ziele gegenwärtig sind oder daß es nicht gelingt, das gesellschaftliche Postulat konkret in Zielen umzusetzen.

---

[47] Diese Zielvorstellungen können explizit sein, aber auch nur implizit zum Ausdruck kommen.

[48] Ziele sind in der Regel nicht vorgegeben, sondern in einem Prozeß auszuhandeln, vgl. MAYNTZ, Bürokratie, 1968, S.32, und WAGNER, Zielbildung, 1972, S.94ff. Vgl. zur Notwendigkeit der Zielbildung auch BÜTOW/DOROW, Zielsetzung, 1977, S.289ff.

[49] Dazu vgl. das Kapitel „*Arbeitsdefinition und Ziele des Krankenhauses*".

Bei der Darstellung des übergeordneten Rahmens wurde das Zustandekommen desselben aus den Nutzenfunktionen der Handlungsträger erklärt. Dabei konnte verdeutlicht werden, daß dieser Handlungsrahmen ohne explizite Veränderung zu Handlungen führt, die dysfunktional für das Erreichen der Ziele sind. Abgeleitet wurde daraus unter anderem die Notwendigkeit, den potentiellen Disnutzen durch explizite Führungshandlungen zu verringern. Das kann dadurch geschehen, daß eine Art von übergeordnetem Willen über die zu erstellenden Leistungen im Sinne der Ziele der Leistungserstellung gebildet wird. Die Bedeutung liegt dabei insbesondere in der Funktion, eine Übereinstimmung herzustellen zwischen den von außen postulierten Zielen, die der Gesellschaft den größten Nutzen bedeuten, und dem durch ihre Nutzenfunktionen gesteuerten Verhalten der Ärzte. Münden sollte das darin, daß die **definitorisch festgehaltenen Ziele der Organisation Krankenhaus** faßbar werden.[50] Darin muß der generelle Wille darüber enthalten sein, daß einerseits mehr als eine gesetzliche Pflicht zur Erstellung von Leistungen besteht, wenn ein Bedarf dazu geäußert wird, und andererseits die dazu notwendige Heilung und Linderung effektiv sein und effizient produziert werden sollte.[51]

---

[50] Es wird durchaus argumentiert, daß es sich bei der Festlegung von Zielen im Prinzip um eine Durchsetzung handelt, vgl. in ähnlicher Form SCHMIDT, Unternehmung, 1969, S.47ff. Dem ist allerdings nur bis zu einem bestimmten Konkretisierungsgrad zu folgen, konkrete Leistungserstellungsziele können nicht vorgegeben werden, solange sie nicht erarbeitet, d.h. festgelegt sind.

[51] Nach EICHHORN sind an der Zielbildung im Krankenhaus insgesamt fünf Gruppen beteiligt:

1. Das Trägerorgan

2. Das Direktorium als interne Leitung

3. Die Abteilungsleiter

4. Die Mitarbeitervertretungen

5. Die Patienten

Die Formulierung des obigen Zieles entspräche der des Trägerorgans, nachdem die strategischen Entscheidungen gefällt wurden. Das ist vergleichbar der Zweiteilung, wie sie ADAM, Krankenhausmanagement, 1972, S.34 für Entscheidungen, bei Vorformulierung der taktischen Ebene, vornimmt. Dazu vgl. auch analog das Management auf Basis einer Unternehmensverfassung oder einem Privatvertrag: BÜTOW/DOROW, Zielsetzung, S.289ff. Die Willensbildung, wie sie in diesem Abschnitt beschrieben wird, stellt folglich den Prozeß zwischen der zweiten bzw. dritten, also der Krankenhausleitung, und der vierten Gruppe, dabei insbesondere den Ärzten, dar. Das ist zugleich auch der wesentliche Prozeß, denn die Ärzte sind im Krankenhausleistungsprozeß die wichtigste Gruppe, vgl. MAAS, Zielsetzung, 1977, S.63.

Zur Bildung dieses Willens wie auch für die nachfolgende Leistungserstellung ist das **unterschiedliche Wissen** der Führungshandlungsträger zu **nutzen**: Die technische Effektivität von Heilungs- und Linderungsprozessen ist Wissensbasis der Ärzte, die technische Gestaltung einzelner Prozesse im Sinne einer effizienten Gestaltung ebenfalls, die Bewertung dagegen resultiert aus der Wissensbasis der Ökonomen im Krankenhaus.[52] Um dieses an unterschiedlichen Stellen befindliche Wissen zusammenzubringen, ist im ersten Schritt bei den Beteiligten das Verständnis für die Notwendigkeit einer Willensbildung über Ziele zu schaffen.[53]

Dieses Verständnis ist im Gegensatz zu den Ökonomen bei den Ärzten nicht per se vorhanden. Ganz im Gegenteil sind den von einer notwendigen Einzelfallsicht geprägten Ärzten Aspekte einer Gesamtsicht oft fremd. Doch gerade diese Aspekte spielen eine immer größere Rolle, auch bei der Zielbildung. Denn die ökonomisch relevante Frage nach Wirtschaftlichkeit im Krankenhaus ist entstanden, als es aufgrund von Gesamtbudgetrestriktionen galt, Allokationsentscheidungen zu treffen. Die Allokation bedingt hingegen eine Sicht über mehrere Fälle und Leistungen. Da Ärzte allerdings in der Regel eine Einzelfallsicht pflegen, erscheint es für das Vorgehen vorteilhaft, über die **Diskussion von Einzelfällen** das **Verständnis** zu **wecken** und so die Willensbildung zu vollziehen.[54] Bewußtes Konstruieren von Beispielen[55] schon durchgeführter Einzelleistungen und die Auswirkungen auf das zukünftige Budget[56] kann die Bereit-

---

[52] Vgl. auch in diesem Sinn RÖHRIG, Möglichkeiten und Grenzen, 1984, der von „*Sichtbarmachung der Konsequenzen des ärztlichen Handelns*" spricht (Hervorhebungen im Original).

[53] Das betrifft insbesondere die Ärzte, die in der Regel wenig bereit sind, ökonomisches Wissen als relevant zu akzeptieren. Das in diesem Zusammenhang zu schaffende Verständnis ist auch als die Phase des Unfreezing im LEWINschen Modell zu interpretieren, vgl. LEWIN, Feldtheorie, 1963, S.263.

[54] Wesentlich ist, daß das Verständnis bei allen geweckt wird. Vgl. dazu auch die Möglichkeit zur Anwendung von Gruppendiskussionen im Krankenhaus: GUPTA/LABBETT, Problem-solving, 1994, S.24ff.

[55] Dabei erscheint es durchaus möglich, die Zielbildung mit der oben beschriebenen Veränderung des übergeordneten Handlungsrahmens zu verbinden.

[56] Die Konstruktion von Einzelfällen in verschiedenen Ausprägungen und den jeweiligen Auswirkungen auf das Budget setzt auch voraus, daß sich die Kostensätze bilden lassen. Das ist in der Realität nicht ganz unproblematisch und setzt eine ausgefeilte, an Prozessen orientierte Kostenrechnung voraus. In fiktiven Beispielen ließen sich allerdings einerseits Hilfsgrößen bilden, andererseits ist es auch möglich, auf vorhandene Rechnungen, die schon erstellt wurden, aufzubauen, vgl. insbesondere MARTIUS, Patientenkalkulation, 1989, S.137ff.

schaft fördern, einen Willen über Ziele zu bilden, bei denen die Wirtschaftlichkeit berücksichtigt wird.[57] Voraussetzung ist, daß die Zielformulierung über medizinische Leistungen nicht als Eingriff in die ärztliche Autonomie verstanden wird.[58]

Aufbauend auf dem geschaffenen Verständnis kann unter Ausnutzen des Wissens der Ärzte und der Krankenhausleitung an **Einzelfällen** begonnen werden, **wirtschaftliches Verhalten** zu konstruieren. Sofern für das Wecken des Verständnisses noch die gesamte Ärzteschaft einbezogen werden sollte, so ist das für die konkrete Willensbildung nicht unbedingt notwendig. Voraussetzung stellt aber eine störungsfreie Kommunikation zu den Nichtbeteiligten dar. Münden sollte die Willensbildung in die **Formulierung** von **abstrakten Zielen**, die dann von allen Handlungsträgern in der Leistungserstellung im Krankenhaus umgesetzt werden.[59]

Der **Vorteil**, der mit der beschriebenen Vorgehensweise verbunden ist, zeigt sich in der Möglichkeit, den Nutzen des übergeordneten Rahmens des Handelns beibehalten zu können und schrittweise den Disnutzen durch explizite Führungshandlungen zu reduzieren. Damit läßt sich das festgestellte geringe Veränderungspotential des übergeordneten Rahmens zu einem Teil überwinden. Außerdem kann durch bewußte Handlungen und die explizite Willensbildung über die Ziele der Leistungserstellung das theoretische Konstrukt der Wirtschaftlichkeit veranschaulicht werden, so daß auch formell eine *„Kongruenz zwischen den Tätigkeitsverpflichtungen des Arztes und denen des Krankenhauses"*[60] hergestellt wird.

---

[57] Dieses Vorgehen entspricht dem von KLIS vorgestellten Vorgehen der Überzeugung, vgl. KLIS, Überzeugung und Manipulation, 1970, S.29.

[58] Die Autonomie ist insofern nicht betroffen, als es eine Trennung zwischen der technischen Seite der Leistungen und der Bewertung gibt. Diese ist zu verdeutlichen. Damit präsentiert sich die Willensbildung über Ziele als Dokumentation des Übergangs zwischen Krankenhausleitung und Ärzteschaft und kann helfen, daß letztere die Leitung nicht nur als Leidensquelle betrachtet, vgl. ROHDE, Arztberuf, 1984, S.352.

[59] Die konkrete Zielbildung ist auch als Phase des Moving im LEWINschen Modell zu interpretieren, vgl. LEWIN, Feldtheorie, 1963, S.263.

[60] ROHDE, Arztberuf, 1984, S.353.

2.1.2 Willensbildung über die Anzahl der Leistungen der Periode

Idealerweise stellt der Output der Krankenhäuser einen bestimmten positiven Beitrag zum Gesundheitszustand der Bürger der Gesellschaft dar. Das geschieht, indem Krankheiten[61] festgestellt und geheilt bzw. gelindert werden. Dazu ist eine große Menge an **Einzelleistungen** erforderlich, die in jeweils unterschiedlicher Anzahl **pro Periode** produziert werden müssen.

Die Willensbildung über die Anzahl einzelner Leistungen **setzt am Bedarfsplan an.**[62] Die Bedarfsplanung beruht im Kern auf einer pauschalen Fortschreibung der Fallzahlen pro Einwohner, kann aber je nach Bundesland auch wesentlich differenzierter sein.[63] Sie erfolgt unter Mithilfe der einzelnen Krankenhäuser[64] und mündet als Ergebnis der regionalen, meist nach Bundesländern differenzierten, Planung unter Maßgabe der Trägervielfalt in den sogenannten Feststellungsbescheid.[65] Auf Basis der Feststellung[66] können im Anschluß die einzelnen Leistungen als Willensbildung über den Output und die Bereitstellung der Einsatzfaktoren geplant werden.[67]

---

[61]   Eingeschlossen sind dabei Körperschäden und sonstige Leiden sowie die Geburtshilfe.

[62]   In diesen sind alle freigemeinnützigen und öffentlichen Krankenhäuser einbezogen, das Planungsergebnis in Form des Feststellungsbescheides ist für die übrigen Häuser einfach substituierbar, vgl. die Ausführungen im Kapitel *„Vorgaben zur Planung im Krankenhaus"*.

[63]   Vgl. SCHWEFEL/LEIDL, Bedarfsplanung, 1988, S.190.

[64]   Mit der Mithilfe ist insbesondere die Weitergabe von Informationen über das Leistungsprogramm des Krankenhauses gemeint. Über Patientenbewegung differenziert nach Fachgebieten wird eine Bettenkapazität abgeleitet, die mit den anderen Krankenhäusern der Region abgestimmt ist. Dabei spielen ebenfalls vorher getroffene Entscheidungen über Versorgungsgebiete, Versorgungsstufen, Betriebseinheiten und Therapiekategorien eine Rolle. Ebenfalls zuvor wird eine Zielplanung in der Form, die Ausrichtung der regionalen Planung festzustellen, vorgenommen, vgl. EICHHORN, Systemplanung, 1982, S.27ff., der die Grundzüge der Planung so beschrieb, wie sie heute noch Bestand haben.

[65]   Dieser Feststellungsbescheid wird als rechtsverbindlich bezeichnet, es besteht allerdings weder ein Anspruch auf Aufnahme in den regionalen Krankenhausplan, noch kann ein Krankenhaus zur Beteiligung an der Krankenhausplanung gezwungen werden. Allerdings entfällt dann auch die Einbindung in die Abrechnung durch die gesetzlichen Krankenkassen, vgl. VOLLMER/HOFFMANN, Staatliche Planung, 1987, S.24f., FUCHS/WABNITZ, Planungskompetenz, 1988, S.137, und SCHWEFEL/LEIDL, Bedarfsplanung, 1988, S.188.

[66]   Neben der beschriebenen Feststellung kann ein Einfluß auf das Leistungsangebot eines Krankenhauses auch von den Krankenkassen im Rahmen der Entgeltvereinbarungen ausgehen, vgl. FUCHS/WABNITZ, Planungskompetenz, 1988, S.140.

[67]   Vgl. EICHHORN, Systemplanung, 1982, S.30.

Die **pauschal vorgenommene Fortschreibung** der Fallzahlen und Verweildauern gibt den zukünftigen Output **keineswegs befriedigend** wieder.[68] Dementsprechend ist eine genauere Planung vonnöten. Diese erweist sich insbesondere dann als nützlich, wenn das zusätzlich zu generierende Wissen in die Willensbildung über den Faktoreinsatz eingehen kann. Unter dieser Prämisse erfolgt eine zusammenhängende Darstellung im nächsten Abschnitt. Dabei ist das Vorgehen von der schrittweisen Verringerung des Wissensdefizites geprägt und insofern nicht analog der industriellen Planung vorgenommen. Es wird zwar auch von der Anzahl der in einer Periode absetzbaren Leistungen ausgegangen, jedoch erfolgt darauf nicht der Schritt über die Kombinationsprozesse zu den Faktoren, sondern es werden zuerst die Einsatzfaktoren behandelt. Dieses Vorgehen resultiert aus der Höhe des für die einzelnen Schritte notwendigen Wissens. Zur Festlegung des Faktoreinsatzes ist zwar Wissen über die einzelnen Ressourcen und ihren Einsatz in Abhängigkeit des zu behandelnden Falles, nicht aber solches über den Zeitpunkt des Einsatzes notwendig. Insofern ist das benötigte Wissen und damit das potentielle Wissensdefizit über den Kombinationsprozeß höher. Da das Wissensdefizit die Erklärende der Führungshandlungen darstellt, richtet sich daran die Darstellung aus.[69]

2.2 Willensbildung über den Faktoreinsatz

Der **Willensbildung** als Führungshandlung zur Einschränkung von Freiheitsgraden **geht** eine **Wissensgenerierung voraus**. Diese ist von der Frage geprägt, welches Wissen über die zur Leistungserstellung bereitzustellenden Produktionsfaktoren erstens vorhanden und zweitens durch geeignete Datentransformationsprozesse erwerbbar ist.[70] Bei den Produktionsfaktoren handelt es sich um zu disponierendes Per-

---

[68] Das ist vor allem auf Verschiebungen im Krankheitsspektrum der Bevölkerung zurückzuführen, dazu vgl. beispielhaft BUNDESMINISTER FÜR JUGEND, FAMILIE, FRAUEN UND GESUNDHEIT, Gesundheitswesen, 1989, S.99ff.

[69] Vgl. analog auch MEYER/ROHDE, Krankenhausplanung, 1971, S.452ff.

[70] Ausgangspunkt bildet die Vorhaltung der Leistungsbereitschaft auf Basis der vorhandenen Kapazitäten, wobei die Kapazitäten Objekte der strategischen Führungshandlungen sind. Zur strategischen Planung im Krankenhaus vgl. REISS, Krankenhaus, 1991, zu langfristigen Bedarfsprognosen, FELDSTEIN, Health Services Efficiency, 1968, zu strategischen Entscheidungen im Krankenhaus vgl. FISCHER, Dimensionierung, 1978, FRANCISCO, General Hospital, 1970, DOWLING, Hospital Production, 1976, SOMMERLATTE/D'HALLUIN, Entwicklungsplanung, 1979, oder NEUBAUER/SOLOMON, Managerial Approach, 1977.

sonal und Material.[71] Der externe Faktor ist dagegen keine Frage einer durch die Führung des Krankenhauses vorgenommenen Disposition.[72] Der Nutzen der Wissensgenerierung im Rahmen des Faktoreinsatzes liegt in der Möglichkeit zur anschließenden
Willensbildung, mit der es der Führung gelingen kann, die Leistungserstellung geistig
zu antizipieren und durch die Festlegung von Freiheitsgraden das zielgerichtete Handeln zu gewährleisten. Dem stehen die Kosten des Wissenserwerbs gegenüber.[73]

Im folgenden werden zuerst die bestimmbaren Prozesse der Wissensgenerierung
und Willensbildung dargestellt, um im Anschluß die Grenzen der Bestimmbarkeit aufgrund herrschender Wissensdefizite zu veranschaulichen. Es wird somit am einen Ende
des Kontinuums der beiden Führungshandlungen begonnen, um über die Bestimmbarkeitsgrenzen an das andere Ende überzugehen und als Abschluß den gänzlichen Verzicht auf die Willensbildung zu schildern.

2.2.1 Willensbildung mit bestimmbarer Produktionsfunktion

Als **relevantes Wissen** ist im Krankenhaus, gemäß der obigen Darstellung zu
den Vorgaben der Planung, der Feststellungsbescheid des Bedarfsplanes verfügbar.
Das bedeutet, es ist die Anzahl der Pflegetage nach Patientenzahlen und ihrer aus den
Fällen resultierenden Verweildauer als generiertes Wissen vorhanden. „*Die üblichste
Vorgehensweise, den gegenwärtigen oder zukünftigen Mittelbedarf festzustellen, ist es,
zunächst einmal ein einfaches Annäherungsmaß des Bedarfes festzulegen und ihn
durch irgendeinen zusammenfassenden Umwandlungsfaktor (...) in den entsprechenden Mittelbedarf zu übersetzen.*"[74] Am Beispiel des Personalbereichs im Krankenhaus

---

[71]   Vgl. SCHMIDT, Gesamtplanung, 1984, S.22. SCHMIDT unterscheidet nicht zwischen Leistungsbereitschaft und -erstellung und fügt dem Aspekt der Bereitstellung der Faktoren noch die monetäre
Seite hinzu. Die Abgrenzung in bezug auf die Fristigkeit nimmt er gleichermaßen vor, vgl. auch
EICHHORN, Krankenhausbetriebslehre I, 1973, S.172.

[72]   Hier ist allerdings auch zu unterscheiden, ob es gelingen kann, die Krankenhausleistungen nach
Terminabsprache durchzuführen oder ob es sich um zufälliges Eintreffen der Patienten v.a. im
Rahmen von Notfällen handelt. Unter Umständen kann es gelingen, durch Terminabsprachen stochastisch bedingte Unterauslastungen zu glätten, vgl. SCHMIDT, Gesamtplanung, 1984, S.28.

[73]   Der Nutzen der Wissensgenerierung ist also an den Nutzen der anschließenden Willensbildung
gebunden, was durch seinen Charakter der mittelbaren Einschränkung von Freiheitsgraden deutlich wird.

[74]   DONABEDIAN, Schätzung des Bedarfs, 1978, S.96.

demonstriert, ist ausgehend von der im Feststellungsbescheid fixierten Fallzahl die Besetzung mit Ärzten und Pflegekräften so zu errechnen, indem die Fallzahl einfach mit dem Umwandlungsfaktor multipliziert wird.[75] Damit die Ressourcenplanung abzuschließen verkörpert die einfachste Möglichkeit der geistigen Festlegung der Leistungsbereitschaft. *„Die Anhaltszahlen sind jedoch als Orientierung bei der Bestimmung des wirtschaftlichen Kriterien entsprechenden Personalbedarfs nur dann sinnvoll anwendbar, wenn die Grundlagen und Voraussetzungen der als Empfehlungen gedachten Zahlen bei der Beurteilung der jeweiligen individuellen Gegebenheiten berücksichtigt werden."*[76] Zusätzlich ist erkennbar, daß es zwar für die Schätzung der benötigten Betten genügt, die Willensbildung ausschließlich auf die Anhaltszahlen zu fundieren, doch schon die Disposition einzelner Fachärzte erscheint allein mit dem Bedarfsplan nicht mehr möglich.[77]

Infolge der bisherigen, geringen Wissensbasis für die anschließende Willensbildung ist es notwendig, **weiteres Wissen** zu **generieren**. Dazu bietet es sich aufbauend auf dem vorhandenen Wissen an, die Bedarfszahl nach Fachbereichen, Fachdisziplinen und Fachteilgebieten zu differenzieren[78] und dieser Differenzierung eine nächste Unterteilung nach Fällen anhand einer Diagnosestatistik anzufügen.[79]

Auf Grundlage einer solchen Wissensbasis über die Zahl der Patienten und ihre Verweildauern nach Fallarten[80] ist nun im folgenden die Beanspruchung einzelner

---

[75] Vgl. darstellend: EICHHOLZ, Anhaltszahlen, 1969, S.429ff. Zur Notwendigkeit der Nutzung von Anhaltszahlen aufgrund institutioneller Gegebenheiten: SACHS, Krankenhausmanagement, 1994, S.88.

[76] SIEBEN, Planungs- und Kontrollhemmnisse, 1985, S.80.

[77] Auch kann das Fortschreiben von Vergangenheitsdaten, obwohl jedes Wissen eine Funktion des vergangenen Wissens ist, nicht ausreichen, vgl. SIEBEN, Krankenhaus-Controlling, 1986, S.236.

[78] Das ist in einigen Bundesländern mit dem Bedarfsplan auch schon vorgesehen.

[79] Vgl. zur Anwendung einer differenzierten Diagnosestatistik zur Bedarfsplanung: RÜSCHMANN, Krankenhaus-Diagnosestatistik, 1982, S.20ff.

[80] Vgl. hierzu auch die Diskussion um eine Diagnosestatistik und den dazugehörigen Schlüssel, ICD-9-CM, in: KLÖPPNER, Diagnosestatistik, 1986, S.153ff., und die Anwendung für interne Zwecke in TUSCHEN, Wirtschaftliche Aspekte, 1985, S.383ff., sowie TUSCHEN, Kosten- und Leistungsnachweis, 1985, S.396f. Eine andere Form der Diagnoseverschlüsselung zur Wirtschaftlichkeitskontrolle findet sich bei SCHWEFEL/BRENNER/SCHWARTZ, Wirtschaftlichkeit, 1979, S.37ff.

Ressourcen[81] zu ermitteln.[82] Ziel ist es, nicht nur die Anzahl der Pflegetage, sondern als Beispiel auch die Menge der Chirurgiestunden, die Anzahl der Röntgenbilder oder die Zahl bestimmter Labortests zu prognostizieren.[83] Die dazu notwendige weitere Wissensgenerierung und daran anschließende Willensbildung kann sich grundsätzlich der **zwei** folgenden **Wege** bedienen:

1. Festlegung des Faktoreinsatzes aufgrund der zugrundeliegenden Fälle und ihres geschätzten Ressourcenverzehrs

2. Festlegung des Faktoreinsatzes aufgrund von Einzelprognosen mit Hilfe linearer Programmierung

Zur fallbasierten Festlegung des Faktoreinsatzes:

Bei fallbasierter Festlegung des Faktoreinsatzes werden die Patientenzahlen mit Hilfe von Vergangenheitsdiagnosen in Fallgruppen[84] überführt.[85] Für die einzelnen Fallgruppen sind sodann idealisierte Therapiepfade zu formulieren.[86] Diese Pfade, die

---

[81] Die Finanzierung und Liquidität stellt eine aus der Disposition der Ressourcen ableitbare Konsequenz dar.

[82] Für ein wertmäßiges Beispiel der ex post Zuweisung anhand von Fallgruppen vgl. WILLIAMS u.a., Cost allocation, S.452ff. Dazu auch MARTIUS, Patientenkalkulation, 1989, S.37 und 38: *„Die zur Behandlung eines Patienten erforderlichen Einzelleistungen sind bedingt durch dessen Krankheitsbild...Wenngleich jeder Patient einzigartig ist, so ist er doch im Hinblick auf seine Merkmalsausprägungen und der daraus resultierenden Leistungsbeanspruchung mit anderen Patienten vergleichbar."*

[83] Vgl. zu einer Leistungsgliederung CLEVERLEY, Hospital Budgeting, 1975, S.38. Hier wird allerdings auch die Alternative aufgezeigt, unabhängig von Fallzahlen eine Input-Output-Relation herzustellen, die über das Fortschreiben der Vergangenheit und einer einfachen Regression zu relativ guten Ergebnissen gegenüber der herkömmlichen Arbeitsplanung kommt. Vgl. zu einer komplexeren Input-Output-Beziehung: GRANNEMANN/BROWN/PAULY, Hospital Costs, 1986, S.109ff.

[84] Zur Beschreibung unterschiedlicher Ansätze der Fallgruppenbildung ist auf das Kapitel 2.3.2.1 in Teil D zu verweisen. Im einfachsten Fall sind statt der Fallgruppen nur Cluster mit Patienten ähnlicher Ressourcenverbräuche zu bilden, vgl. das entsprechende Modell DILTS/KHAMALAH/PLOTKIN, Cluster-Analysis, 1995, S.333ff.

[85] Für die regionale Bedarfsplanung formuliert MARTIUS das so: *„Da die Patientenstruktur und mithin der Leistungsbedarf einer Region mit Hilfe der DRGs dargestellt werden kann, ist eine optimale, bedarfsgerechte regionale Krankenhausplanung auf deren Basis mit Hilfe der linearen Programmierung denkbar."* MARTIUS, Patientenkalkulation, 1989, S.52.

[86] Die Therapiepfade zur Festlegung des Faktoreinsatzes müssen noch nicht den genauen zeitlichen Ablauf der Therapie beinhalten. Insofern unterscheidet sich das Vorgehen der Willensbildung von dem in industriellen Betrieben. Das zur Willensbildung notwendige Wissen ist demnach aber auch nicht so hoch wie bei der Festlegung der Kombinationsprozesse.

unter Zuhilfenahme des ärztlichen und pflegerischen Fachwissens entstehen müssen,[87] enthalten einen idealisierten Therapieverlauf bei Vorliegen der der Fallgruppe zugrundeliegenden Diagnose, einschließlich der wichtigsten Komplikationen.[88] Dem Therapieverlauf ist in dem darauffolgenden Schritt die potentielle Inanspruchnahme von Ressourcen zuzuordnen. Dabei ist eine Prognose der belegten Betten genauso möglich wie die Voraussage der Anzahl einzelner Röntgenbilder. Über einen Vergleich mit den vorhandenen Ressourcen ist zudem eine Aussage über die zukünftige Auslastung, zumindest im Rahmen der Therapiepfade, realisierbar. Das Vorgehen bei der Prognose des Ressourcenverzehrs auf Basis der zugrundeliegenden Fallgruppen und ihrer Therapiepfade ist in der folgenden Abbildung erläutert.

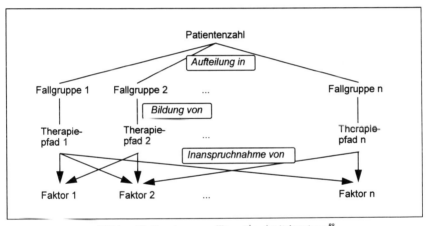

Abbildung 10: Generierung von Wissen über den Faktoreinsatz[89]

Die **Willensbildung** mit Hilfe der Fallgruppenbildung und ihrer zukünftigen Faktorinanspruchnahme stößt an **Grenzen** der Prognose aufgrund eingeschränkter Ge-

---

[87] Das Aufstellen von Therapieprofilen bietet eine Möglichkeit zur Nivellierung der Kapazitätsauslastung des medizinischen - und des Pflegepersonals. Bei Unterauslastung, wie sie durch die Notwendigkeit, die Leistungsbereitschaft vorzuhalten, unvermeidlich ist, ließen sich die nicht zeitkritischen und jederzeit verschiebbaren Arbeiten, die mit dem Aufstellen von Therapiepfaden verbunden sind, einschieben.

[88] Zur Illustration wird auf die Bildung der Therapiepfade für Patient management categories, PMCs, in NEUBAUER, Fallklassifikation, 1992, S.107ff., verwiesen.

[89] Die Zuordnung von Ressourcen zu Therapiepfaden entspricht der Inanspruchnahme der Ressourcen. Folglich geht nicht von jedem Therapiepfad zu jeder Ressource ein Pfeil, da für unterschiedliche Behandlungen auch unterschiedliche Gerätschaften notwendig sind.

nauigkeit. Denn es ist wichtig festzuhalten, daß es sich bei den idealisierten Therapiepfaden trotz der hohen Beschreib- und Prognostizierbarkeit der zugrundeliegenden
Ausführung nur um eine statistisch gültige, nicht aber für den Einzelfall valide Vorhersage handeln kann. Demzufolge spielt die statistisch betrachtete Grundgesamtheit gleichen Typs[90] eine relativ wesentliche Rolle.[91] Um einerseits die Prognose genau genug,
andererseits die Kosten der Generierung des Wissens nicht zu hoch werden zu lassen,
ist eine ausreichende statistische Grundgesamtheit der gebildeten Fallgruppen notwendig.[92]

Der Nutzen der geschilderten Vorgehensweise liegt nicht nur in der Möglichkeit
zur Willensbildung über die zukünftig in Anspruch zu nehmenden Ressourcen bzw.
Einsatzfaktoren im Krankenhaus. Die der Willensbildung vorausgehende **Wissensgenerierung** ist auch noch in anderer Weise **nutzbar** zu **machen**.

Denn indem es zur Generierung von Wissen über Ressourcen und Abläufe
kommt, wird **Transparenz** geschaffen.[93] Die einzelnen Abläufe der Leistungserstel-

---

[90] Der Begriff des Typs ist hier auf den Zweck der Betrachtung bezogen und kann deshalb erheblich
variiern. Ein relevanter Typ kann z.B. die gebärende Mutter, aber auch die mit Kaiserschnitt gebärende Mutter darstellen. Das kann in diesem Beispiel davon abhängen, ob die notwendigen Heb-
ammenstunden oder die Komplikationen bei der Geburt über einen bestimmten Zeitraum erfaßt
werden sollen.

[91] Die Rolle der Statistik und dabei vor allem die Größe der Grundgesamtheit ist für Menschen mitunter schwer einzuschätzen, dazu vgl. ein eindrucksvolles Beispiel im Bereich des Krankenhauses
in: TVERSKY/KAHNEMANN, Uncertainty, 1974, S.1125.

[92] Nur die Prognose des Ressourcenverbrauchs für Fallgruppen, die häufig genug vorkommen, verspricht hinreichend genau zu werden. So lassen sich in einer Untersuchung von Patient Management Categories in chirurgischen Abteilungen in drei verschiedenen Krankenhäusern in einem
dieser Häuser mit sechs von den insgesamt 840 Kategorien - dabei ist zu bedenken, daß es sich bei
der Gesamtzahl um alle Kategorien und nicht nur die chirurgischen handelt - gut 85 % der Fälle
abbilden. In den beiden anderen Häusern ließen sich mit neun Kategorien knapp 54 % und knapp
27 % abbilden. Dazu vgl. NEUBAUER, Fallklassifikation, 1992, S.50ff. Deutlich wird dabei einerseits, daß die Anwendung einer ABC-Analyse die Konzentration der Ressourcen zur Wissensgenerierung unterstützen kann. Andererseits ist auch zu erkennen, daß die Unterschiede zwischen
den einzelnen Krankenhäusern relativ groß sein können, was eine individuelle Prüfung der Anwendung notwendig macht. Es wird sich also in bezug auf die auszuwählenden Fallgruppen eine
für jedes Krankenhaus unterschiedliche Mischung ergeben: „Consequently, no two hospitals or
two doctors will see exactly the same type of clinical population." FEINSTEIN, Clinical Judgement,
1976, S.216.

[93] Damit diese Transparenz aber nutzbar gemacht werden kann, ist eine Prognose unumgänglich: Die
Veränderung von Patientenzahlen, die Veränderung von Prozessen und die Veränderung von Ressourcen stellt für die antizipative Willensbildung notwendiges Wissen dar.

lung in den Fallgruppen verhelfen auf diese Weise dazu,[94] daß sie das der Kranken-hausleitung immanente Wissensdefizit über die medizinischen und pflegerischen Pro-zesse reduzieren. Damit ist eine wichtige Voraussetzung für die Kontrolle der Faktor-kombination geschaffen.

Zudem wird mit der Wissensgenerierung die Möglichkeit für gezielte Verbesse-rungen der Abläufe erarbeitet. Vergleiche der momentanen Therapieabläufe und des dazu notwendigen Faktoreinsatzes mit möglichen alternativen Abläufen eröffnen die Chance für **Veränderungen** und **Innovationen** im Rahmen der Willensbildung. Diese können auf Basis des medizinischen, des pflegerischen und auch des ökonomischen Wissens realisiert werden.[95]

Weiterhin ist durch das generierte Wissen über die vorhandenen Ressourcen im Vergleich zu den in Anspruch genommenen eine Aussage über zukünftige Auslastun-gen zu formulieren. Dadurch lassen sich notwendige **Einzelentscheidungen** wie bei-spielsweise die über Eigenfertigung versus Fremdbezug **fundieren.**

Die beschriebene **Generierung von Wissen** und anschließende **Willensbildung** ist an bestimmte **Voraussetzungen** gebunden, die sich aus der zugrundeliegenden Aufgabe ergeben. Damit die Festlegung eines Ablaufes und des dazu notwendigen Faktoreinsatzes in genereller Form sinnvoll ist, darf das Wissensdefizit über die An-wendung im speziellen nicht zu hoch sein. Das bedeutet, daß die zu durchlaufende Therapie bei Vorliegen einer bestimmten Diagnose ausreichend beschreib- und pro-gnostizierbar sein muß. In Anlehnung an das mentale Modell der Datentransformati-onsprozesse erwächst es zudem zur Notwendigkeit, daß weder die Spezifität des in die Abläufe eingebrachten Wissens zu hoch sein darf noch die Repräsentierbarkeit zu ge-ring. Andernfalls ergibt sich keine Möglichkeit, das Wissen zur Festlegung von Frei-heitsgraden in einem Therapiepfad zu repräsentieren.

---

[94]   „The treatment of each type of patient is viewed as a separate production process, requiring a specific combination of medical services." DOWLING, Hospital Production, 1976, S.142. Das kann dann in Produktionsabläufe in Form von Therapiepfaden münden, wie sie beispielhaft dargestellt sind in NEUBAUER, Fallklassifikation, 1992, S.107ff.

[95]   Der Ansatz zur Verbesserung ist bei Therapiepfaden insbesondere deswegen so hoch, weil nicht nur medizinische Auswirkungen einer Veränderung des Pfades, sondern auch die ökonomischen dargestellt werden können, vgl. NEUBAUER, Fallklassifikation, 1992, S.110.

Zur Festlegung des Faktoreinsatzes mit Hilfe eines Regressionsmodells:

Die **Festlegung** des Faktoreinsatzes mit Hilfe eines Regressionsmodells als
zweiter Weg zur Willensbildung ist im Kern eine Prognose **einzelner Einsatzfaktoren.**[96] Dabei sollte insbesondere der Generierung von Wissen über das Personal und
deren Auslastung Bedeutung beigemessen werden, da es sich um den größten Kosten-
block im Krankenhaus handelt.[97]

Grundlage für die **Willensbildung** stellen Vergangenheitsdaten und der daraus
resultierende Feststellungsbescheid bzw. eine **Wissensbasis** dar, welche die in diesem
Bescheid enthaltenen Daten repräsentiert. Mit Hilfe eines **linearen Regressionsmodells** werden die notwendigen Einzelressourcen wie beispielsweise die Arbeitskräfte
bestimmt. Bei der empirischen Überprüfung seines Modells schreibt CLEVERLEY:
*„Using labor budget accuracy as the principal criterion in determining the relative
usefulness of the two systems for planning purposes, it was observed that the I-O
model was consistently superior to the existing hospital budget."*[98]

Auf Basis des Wissens, das als Ergebnis eines Regressionsmodells entsteht, ist
der **Wille über den Einsatz einzelner Faktoren** zu bilden. Die Vorhersagegenauigkeit des so gebildeten Willens erweist sich als höher im Vergleich zu jener, die bei
Nutzung zusammenfassender Umwandlungsfaktoren, dem ersten der beschriebenen
und einfachsten Weg der Willensbildung, entsteht. Allerdings droht als **Nachteil** auch
hier die Gefahr, daß das Verfahren zu einem einfachen Fortschreiben der Vergangenheit avanciert. Zudem lassen sich weder Strukturbrüche noch Prozeßveränderungen
sinnvoll integrieren.[99] So bleibt die Güte der Prognose beschränkt, insbesondere wenn
sich die Patientenprofile stark wandeln.

---

[96] Auf Basis der Betrachtung der Einzelressource sind relativ genaue Zahlen über den zukünftigen
   Einsatz von Personal, Sachmitteln und Anlagen zu treffen. Vgl. CLEVERLEY, Hospital Budgeting,
   1975, S.39ff., und in Fortentwicklung: CLEVERLEY, Budget System, 1976, S.34.

[97] Vgl. SCHMIDT, Gesamtplanung, 1984, S.18.

[98] CLEVERLEY, Hospital Budgeting, 1975, S.49. Das herkömmliche Budget, das in den Vergleich
   einging, ergab sich im Unterschied zu CLEVERLEYS nicht unter Aufgliederung in einzelne Ressourcen.

[99] Das steht im Gegensatz zu der ersten geschilderten Methode der Wissensgenerierung und Willensbildung über den periodischen Faktoreinsatz. Insofern auch Breyer, der eine möglichst genaue

Der **Vorteil** dieses Weges liegt in der Möglichkeit der Anwendung auch bei schwer beschreib- und prognostizierbaren Therapien. Dadurch, daß nicht versucht wird, Wissen über einzelne Therapien oder den dazu notwendigen Faktoreinsatz zu generieren, sondern vielmehr eine Aussage für eine Gesamtheit von Ressourcen getroffen wird, erlangt das im Einzelfall vorhandene Wissensdefizit keine Relevanz.[100] Insofern ist der Weg zur Wissensgenerierung und anschließender Willensbildung auch bei zugrundeliegenden Therapien, über die ein hohes Wissensdefizit besteht, anwendbar.

Die Synthese der beiden Möglichkeiten zur Festlegung des Faktoreinsatzes:

Jeder der beiden vorgeschlagenen Wege weist Vor- und Nachteile bzw. Grenzen auf. Die Wissensbeschränkungen der fallbasierten Festlegung von Ressourcen sind mit der Regression zu überwinden, die auch auf die Gesamtheit der schwer beschreib- und prognostizierbaren Therapien anwendbar ist, dagegen bleibt bei diesem zweiten Weg die Güte der Prognose und anschließenden Willensbildung beschränkt. In der Konsequenz bedeutet das, als dritten Weg zur Wissensgenerierung und Willensbildung die **beiden vorgeschlagenen Verfahren zu kombinieren**, um die jeweiligen Grenzen zu überwinden und die Vorteile nutzbar zu machen.

Für die beschreib- und prognostizierbaren Therapien, die zudem in ausreichender Anzahl im jeweiligen Krankenhaus durchgeführt werden,[101] ist der Wille über den Faktoreinsatz mit Hilfe der strukturierten Formulierung von Therapiepfaden zu bil-

---

Messung der Fallzusammensetzung schon für die Prognose der Kosten empfiehlt, vgl. BREYER, Krankenhaus-Kostenstudien, 1986, S.286.

[100] Fraglich ist an dieser Stelle, wie groß die Gesamtheit der Einzelfälle sein muß, damit die Vorhersage ausreichend genau ist. Dazu ist anzumerken, daß es aufgrund von Multimorbidität und verschiedenen Komplikationen eine Anzahl an Fällen gibt, die quasi einmalig sind. Diese sind in den Prognosen zusammenzufassen, andernfalls ist das Wissensdefizit nicht zu überwinden. Aus den übrigen Fällen, über die das Wissensdefizit ebenfalls hoch ist, können theoretisch Cluster gebildet werden. Die einzige Clusterung, über die in diesem Zusammenhang positive Erfahrungen in bezug auf die Vorhersagegenauigkeit existiert, ist die Abgrenzung der Fälle einer Abteilung.

[101] Wichtig ist, daß diese Aufgaben je nach Krankenhaus unterschiedlich sind und von jedem einzelnen Haus selbst vorgenommen werden müssen. Denn dieses hat nicht nur ein individuelles Spektrum an Krankheiten, sondern auch einzig Einfluß auf die Abläufe und deren Determinierung. *„Mit der Krankenhaushäufigkeit und der Verweildauer gewinnt die Unsicherheit der Erwartungen bedeutenden Einfluß auf die Planungen. Deshalb muß vor allem für die Krankenhaushäufigkeit nach geeigneten Prognoseverfahren gesucht werden. Die Verweildauer läßt sich eher vom Krankenhaus selbst beeinflussen."* SCHMIDT, Gesamtplanung, 1985, S.18.

den.[102] Für die Gesamtheit aller weiteren Therapien, für die das Wissensdefizit größer ist, müssen zusätzlich ein oder mehrere, nach der Abteilung gegliederte, lineare Regressionsmodelle formuliert werden.

Mit diesem kombinierten Vorgehen lassen sich wesentliche Struktur- und Prozeßänderungen integrieren, aber auch die schwer beschreib- und prognostizierbaren Therapien in die Willensbildung über den Faktoreinsatz einbeziehen. Summa summarum handelt es sich ausschließlich um **Führungshandlungen mit bestimmbarer Produktionsfunktion.** Unbestimmbar dagegen ist der statistische Ausgleich, das gegenseitige Aufheben von im Einzelfall potentiell falschen Schätzungen,[103] ohne den eine Willensbildung über den Faktoreinsatz nicht zu befriedigenden Ergebnissen gelangen könnte. Im Ergebnis kann ein Wille nicht nur über den Einsatz des Personals und der Sachmittel formuliert werden, auch Kosten und Budgets sind auf dieser Basis zu bilden.[104]

Auf die wesentliche Determinante der Führungshandlungen, das Wissensdefizit, bezogen sind mit der beschriebenen Möglichkeit zur Willensbildung folgende **Vorteile** zu erkennen: Vor allem wird durch die strukturierte Wissensgenerierung die Komplexität der Aufgabe des Faktoreinsatzes reduziert. Die Beschreibbarkeit steigt bzw. die Verarbeitungskapazität der Führungshandlungsträger wird erhöht, da das generierte Wissen eine Art „chunking" für den Faktoreinsatz darstellt. Daneben wird durch das Vorhandensein von Therapiepfaden als Orientierungslinie das zielgerichtete Handeln gefördert und die Gefahr von menschlichen Biases reduziert. Das beginnt schon bei der Fehlervermeidung im Willensbildungsprozeß durch die strukturierte Vorgabe. Außerdem ist mit Hilfe des beschreibbaren Vorgehens eine breite Wissensbasis nutzbar zu

---

[102] Bei wesentlicher Vereinfachung der Pfade kann dieser Teil sogar relativ groß sein.

[103] Anzumerken bleibt hier, daß nicht Einzellfallschätzungen durchgeführt werden, sondern sogleich die Gesamtheit der nicht beschreib- und prognostizierbaren Therapien betrachtet wird. Damit wird der statistische Fehlerausgleich genutzt. Alternativ dazu könnte auch eine Reihe von Einzelfallschätzungen erfolgen, für jede Therapie eine eigene, die dann zu einer Gesamtheit verdichtet würden. Hierbei würde sich der Fehler ebenfalls ausgleichen, der Aufwand wäre aber weit größer.

[104] Vgl. auch RÖHRIG: „Budgetierung setzt Planung voraus." RÖHRIG, Controlling im Kreiskrankenhaus, 1990, S.98. Vgl. zur Budgetierung: BÖING, Budgetierung, 1990, S.104ff., und zu typischen Planungsfeldern bspw. SCHMIDT-RETTIG, Entscheidungsfindung, 1984, S.132ff.

machen. Ärztliches Wissen kann in den Prozeß ebenso eingebracht werden wie administratives und ökonomisches.

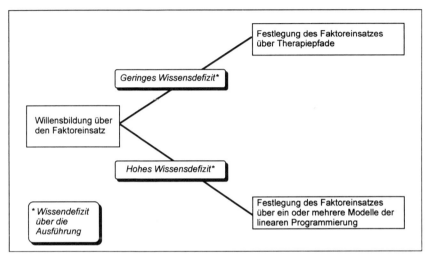

Abbildung 11: Willensbildung über den Faktoreinsatz

2.2.2 Grenzen der Bestimmbarkeit der Produktionsfunktion zur Willensbildung

Die Bestimmbarkeit der Produktionsfunktion für die Willensbildung und die vorausgehende Wissensgenerierung stößt dann an eine Grenze, wenn das **Wissensdefizit über** die **zugrundeliegende Leistungserstellung zu hoch** ist. Das objektiv relevante Wissen über die Ausführung ist nicht mehr durch strukturierte Datentransformationsprozesse zu generieren, infolgedessen ist im Kontinuum der Führungshandlungsprozesse zur weniger bestimmbaren Seite überzugehen. Die Willensbildung gewinnt intuitiven Charakter.

Wissensbeschränkungen im Krankenhaus **resultieren** aus den **beiden Problemkreisen** der statistischen Güte der Aussagen und der mangelnden Möglichkeit zur Prognose des Zeitpunktes für den Faktoreinsatz.

Therapiepfade und die daraus resultierende Faktorbeanspruchung können abseits von konkreten Patienten gebildet werden.[105] Sie stellen idealisierte Verläufe dar, die dann eine zufriedenstellende Genauigkeit aufweisen, wenn die zugrundeliegende Leistungserstellung ausreichend beschreib- und prognostizierbar ist. Ist das nicht der Fall, sind **Wissensdefizite** festzustellen. Diese können aus **drei Ursachen** resultieren:

- Die **Verteilung der Fallgruppen** in den verschiedenen Perioden weist so große Unterschiede auf, daß eine ausschließlich auf ihr basierende Prognose geringe Wahrscheinlichkeit besitzt.

- Aufgrund von **Multimorbidität** und daraus resultierender unvorhersehbarer Inanspruchnahme von Ressourcen wird eine Fallgruppierung nur schwer möglich.[106]

- Einzelfälle nehmen außergewöhnliche **Krankheitsverläufe**, wie sie in der Fachliteratur nicht erscheinen.

Die Erfahrungen mit der Fallgruppenbildung in den Vereinigten Staaten und ihre Übertragung auf bundesdeutsche Krankenhäuser hat gezeigt, daß es sich bei den drei angeführten Problemkreisen um **Randprobleme** handelt. Die resultierenden Wissensdefizite treten insbesondere dann in Erscheinung, wenn versucht wird, das gesamte Spektrum der im Krankenhaus behandelten Patienten in ein Korsett vorgezeichneter Fallgruppen und Therapiepfade zu zwängen. Da das nicht vorgesehen ist und alternativ dazu die lineare Regression angewendet wird, sind auch **keine intuitiv geprägten Willensbildungshandlungen notwendig**.

---

[105] Vgl. zu einer theoretischen Darstellung mit anschließender Analyse der Notwendigkeiten zur Anpassung an institutionelle Gegebenheiten SCHMITZ, Patientenbezogene Steuerung, 1993, S.43ff. und 95ff.

[106] In einer Erhebung über die Diagnosestrukturen im Jahre 1985 wurde festgestellt, daß bei mehr als 50 % der in Akutkrankenhäusern eingelieferten Patienten drei oder mehr Diagnosen gestellt wurden. Dabei kann allerdings eine Stufung in Haupt- und Nebendiagnosen angewendet werden, bei der zu untersuchen wäre, inwieweit die Diagnosen einander bedingen, ob es sich bei den Nebendiagnosen um Krankheiten mit erheblichem Ressourcenaufwand zur Heilung und Linderung handelt und inwieweit dieses Ergebnis durch die Erhebung ausschließlich in Akutkrankenhäusern beeinflußt wird, vgl. MÜLLER, Diagnosestrukturen, 1986, S.454ff., und der Einfluß der Multimorbidität auf die Inanspruchnahme von Ressourcen, MÜLLER, Diagnosestrukturen, 1986, S.456.

Das zweite Problemfeld, bei dem Wissensdefizite entstehen können, betrifft den **zeitlichen Anfall** des **Faktorverbrauchs**. Dieser steht im Zusammenhang mit der Prognoseunsicherheit über das Eintreffen der Patienten. Grundsätzlich können die Patienten nach der Dringlichkeit der Therapie in zwei Klassen differenziert werden: *„Ist aus medizinischen Gründen eine Aufnahme ohne nennenswerte zeitliche Verzögerung erforderlich, so wird dieser Patient als Notfallpatient bezeichnet.“*[107] Demgegenüber zeichnen sich Nichtnotfallpatienten dadurch aus, daß man ihre Aufnahme und die darauf folgende Leistungserstellung zeitlich disponieren kann.[108] Über das zeitliche Eintreffen der Patienten ist im allgemeinen keine Aussage zu treffen.[109] Hinzu kommt, daß Notfallpatienten sofort behandelt werden müssen, womit folglich immer ein Bestand an einzusetzenden Faktoren vorzuhalten ist. Dieser Bestand ist mit dem sogenannten Sicherheitsniveau umschrieben.[110] Dieses Sicherheitsniveau in Verbindung mit der Klassifizierung der Patienten bedeutet, daß für die Krankenhausleitung ein hohes Wissensdefizit über die zeitliche Verteilung des Faktoreinsatzes verbunden mit der Notwendigkeit zur Leistungsbereitschaft verbleibt. Dieses Defizit ist so hoch, daß es auch nicht durch intuitiv geprägte Datentransformationen reduzierbar ist. In der Konsequenz bedeutet das einen Verzicht auf die Willensbildung durch die Krankenhausleitung. Dagegen kann beispielsweise unter Berücksichtigung des dezentral vorhandenen Wissens eine kurzfristige Personaldisposition durch Urlaubszeitgestaltung, Schichtplangestaltung und Überstunden bzw. Überstundenausgleich vorgenommen werden.[111] Der so umschriebene Prozeß der Willensbildung ist eine Führungshandlung mit einer kaum

---

[107] SCHLÄGER, Planung, 1976, S.83.

[108] Das ist grundsätzlich in Abstufungen nach der Dringlichkeit bzw. der maximal zumutbaren Wartezeit möglich. Vgl. SCHLÄGER, Planung, 1976, S.83ff.

[109] Ausnahmen stellen bestimmte Saisonfiguren dar, die man erheben kann.

[110] Das Sicherheitsniveau bezeichnet die Vorhaltekapazität, die notwendig ist, um bei optimaler Auslastung trotzdem Notfallpatienten aufnehmen zu können. Dabei *„kann unter optimaler quantitativer Versorgung mit Krankenhausleistungen nur die Einhaltung eines bestimmten vorzugebenden Sicherheitsniveaus, mit dem die Behandlung erfolgen kann, verstanden werden.“* ADAM, Krankenhausmanagement, 1972, S.40. Es ist also nicht die Vollauslastung, sondern eine definierte Unterauslastung als Optimalniveau vorzugeben. *„Die Zahl der Krankenhausbetten pro Kopf der Bevölkerung bzw. das Sicherheitsniveau sollte durch den Grad an Wohlstand in einer Volkswirtschaft entscheidend mitbestimmt werden, d.h., in reicheren Volkswirtschaften sollte das Sicherheitsniveau größer als in ärmeren Volkswirtschaften sein.“* ADAM, Krankenhausmanagement, 1972, S.40/41.

[111] Vgl. SCHMIDT, Gesamtplanung, 1984, S.28f.

bestimmbaren Produktionsfunktion intuitiven Charakters und durch die zeitliche Nähe zur Ausführung mit dem Begriff der Improvisation zu umschreiben. Im Rahmen solcher Handlungen sind auch in einem begrenzten Rahmen die Verweildauern[112] und die Belastungsspitzen zu reduzieren.[113]

Zusammenfassend zeigt sich, daß die aus der zugrundeliegenden Ausführung resultierenden Wissensdefizite in erster Linie durch die Anwendung von Statistik und dem darin immanenten Fehlerausgleich und in zweiter Linie durch intuitive Handlungen mit improvisativem Charakter überwunden werden.

2.3 Willensbildung über den Kombinationsprozeß

Ist die Leistungsbereitschaft als möglicher Faktoreinsatz vorhanden und wird der Patient im Krankenhaus aufgenommen, so wird die eigentliche Krankenhausleistung zur Heilung und Linderung der Körperschäden inklusive der Geburten erstellt. Diese eigentliche **Krankenhausleistung** ist zu **differenzieren** in die **Diagnose** zur Feststellung der körperlichen Einschränkung und die **Therapie**.

2.3.1 Willensbildung über die Diagnosephase

„An der Basis jeden ärztlichen Handelns steht die Diagnose, welche in jedem Krankheitsfall nicht nur als Richtlinie für die Therapie, sondern auch für die Beurteilung der Prognose unerläßlich ist.“[114] Das Ergebnis der Diagnosephase ist ein wissensökonomisch reifer Begriff, der den Körperschaden spezifiziert.[115]

Der Kombinationsprozeß in der Diagnosephase ist in **drei Schritte** zu differenzieren,[116] die sich in ihrem Charakter und der Möglichkeit, einen Willen darüber zu

---

[112] Untersuchungen über Verweildauerveränderungen zeigen, daß es durchaus möglich ist, diese zu beeinflussen, vgl. dazu der Effekt der Einführung der prospektiven Entlohnung in den USA in SLOAN/MORRISEY/VALVONA, Prospective Payment System, 1988, und FEDER/HADLEY/ZUCKERMANN, Prospective Payment System, 1987.

[113] Vgl. SLOAN, The DRG Experiment, 1991, S.193. Die zitierte Schilderung stammt aus den USA, Erfahrungen aus der Bundesrepublik sind in der Literatur bisher nicht dargestellt.

[114] HEGGLIN, Differentialdiagnose, 1960, S.1.

[115] Vgl. zur wissensökonomischen Reife eines Begriffes DIETL, Institutionelle Koordination, 1995, S.574ff.

[116] Vgl. HEGGLIN, Differentialdiagnose, 1960, S.12ff., und detaillierter, aber analog: SIEGENTHALER/VOGT/SIEGENTHALER-ZUBER, Differentialdiagnose, 1988, S.1.4.

bilden, wesentlich unterscheiden. Die erste der drei Handlungen wird mit dem **klinischen Blick** bezeichnet: *„Schwierig in Worten zu beschreiben, aber am Krankenbett für die Diagnose von größter Wichtigkeit, ist die Fähigkeit, das ganze klinische Bild intuitiv zusammenzufassen und mit früheren ähnlichen Erfahrungen zu verknüpfen."*[117] Es handelt sich also um eine erste, auf früheren Erfahrungen bzw. einer Art Expertentum basierende Verarbeitung des Gesamtbildes des Kranken. Aufbauend darauf kann in einem zweiten Schritt die **Anamnese** erhoben werden.[118] In der Regel verläuft das so, *„daß ein führendes Symptom die Richtungen der Überlegungen und weiteren Untersuchungen leitet."*[119] Die Anamnese wird unterstützt durch klinische Tests und Laboratoriumsuntersuchungen. Dem schließt sich als dritter Schritt die **Bewertung der Befunde** an, ehe abschließend der die krankhafte Störung repräsentierende Begriff formuliert wird.[120] In der Regel werden dazu nicht alle Symptome erhoben, sondern es *„gibt so hochwertige Symptome, daß aus ihrem Vorhandensein allein schon mit Sicherheit auf das Vorliegen einer bestimmten Krankheit geschlossen werden kann."*[121] Das bedeutet, daß der dritte Schritt abgebrochen wird, wenn sich ein sogenanntes hochwertiges Symptom herauskristallisiert.[122]

Schon die abstrakte Struktur der **Diagnosephase** verdeutlicht, daß es der **Krankenhausleitung kaum gelingen** wird, diese zum Zweck der Willensbildung inhaltlich **vollständig beschreiben und prognostizieren** zu können. Im ersten der beschriebenen

---

[117] HEGGLIN, Differentialdiagnose, 1960, S.12. Vgl. zur Intuition bei der Diagnose auch: SIEGENTHALER/STEURER/VOGT, Anamnese, 1988, S.2.5.

[118] Diese ist gegliedert in eine persönliche Anamnese als Vorgeschichte des Patienten inklusive der Symptome, die ihn zum Eintritt in das Krankenhaus bewegt haben, und die Anamnese seines Umfeldes, das sind in erster Linie Vorfahren, von denen der Patient krankhafte Besonderheiten geerbt haben könnte, vgl. SIEGENTHALER/STEURER/VOGT, Anamnese, 1988, S.2.2ff.

[119] Vgl. HEGGLIN, Differentialdiagnose, 1960, S.52.

[120] Dieser Begriff hat einen hohen wissenschaftsökonomischen Reifegrad, darin vergleichbar beispielsweise mit einem Computerprogramm. *„Ihre Erstellung erfordert jeweils umfangreiches Wissen, ohne diese Fachkenntnisse zugleich bei der Weiterverarbeitung vorauszusetzen."* DIETL, Institutionelle Koordination, 1995, S.575.

[121] HEGGLIN, Differentialdiagnose, 1960, S.51.

[122] Wesentlich für den gesamten Prozeß der Diagnose ist das Zuordnen des Patienten zu einem bekannten Muster, dem der vorliegenden Krankheit. Nimmt man die Forschungen über Mustererkennung zu Hilfe, wird deutlich, warum die Abgrenzung einzelner Phasen und die Bestimmung dieser Phasen nur einen Idealfall darstellen kann, vgl. STEINBUCH, Automat und Mensch, 1970, und von HAYEK, Komplexe Phänomene, 1972, insbesondere S.9.

Schritte ist es vor allem das menschliche Expertentum,[123] das der Beschreibung nicht zugänglich ist. *„Thus the expert knowledge of a diagnostician is evoked by the symptoms presented by the patients; this knowledge leads to the recollection of what additional information is needed to discriminate among alternatives diseases and, finally, to the diagnosis.*"[124] Dazu bedarf es einer großen Menge an Daten, die strukturiert werden müßten: *„A medical diagnostician must be able to recognize tens of thousands of configurations of symptoms.*"[125] Der Mensch ist zwar inhaltlich zu einer solchen Verarbeitung fähig, doch es scheint festzustehen, daß es nicht gelingen wird, diesen Prozeß der Generierung von Wissen in seiner Struktur und seinem Ablauf einer Beschreibung zugänglich zu machen.[126] Insofern wird es auch kaum möglich sein, den menschlichen Experten durch ein medizinisches Expertensystem zu ersetzen.[127] Der zweite Schritt baut auf dem ersten auf, er ist von seinem Ergebnis abhängig. Insofern ist es für die Krankenhausleitung schwierig, eine Aussage über die Notwendigkeit der Befragungen und die klinischen Tests zu formulieren und in einem Willen festzuhalten.[128] Die Kenntnis eines führenden Symptoms kann das erleichtern, insofern sind auch Diagnoseprogramme bzw. die medizinische Datenverarbeitung nutzbar zu machen. Die abschließende Bewertung der Befunde leidet aber unter der mangelnden Beschreib- und Prognostizierbarkeit der vorangegangenen Schritte.

---

[123] Vgl. DREYFUS/DREYFUS, Künstliche Intelligenz, 1987, S.144ff. Dazu schreibt auch FEIGENBAUM: *„Menschliche Experten haben ihren Sachverstand nicht nur durch ausdrückliches Wissen erworben, sondern auch aus Erfahrung, indem sie ... ein Gefühl für ein Problem bekommen, lernen, wann man sich an die Regeln halten und wann man dagegen verstoßen muß.*" zitiert nach DREYFUS/DREYFUS, Künstliche Intelligenz, 1987, S.146.

[124] SIMON ET AL., Decision Making, 1992, S.43.

[125] SIMON ET AL., Decision Making, 1992, S.43. SIMON vergleicht den Arzt dabei mit einem Botaniker, Zoologen und dem Wortschatz eines Collegestudenten und demonstriert, daß die durch den Arzt zu verarbeitende Menge von Daten relativ zu den anderen Disziplinen sehr groß sein muß.

[126] Vgl. DREYFUS/DREYFUS, Künstliche Intelligenz, 1987, S.146ff., sowie FEINSTEIN, Clinical Judgement, 1976, S.365ff.

[127] Es scheint immer noch festzustehen, *„daß es nämlich wesentliche Unterschiede zwischen denkenden Menschen und denkenden Maschinen gibt.*" WEIZENBAUM, Ohnmacht der Vernunft, 1978, S.28 und die folgenden Seiten zur Unmöglichkeit der Existenz eines den Arzt ersetzenden medizinischen Expertensystems.

[128] *„Despite the obvious necessity for criteria, no formal collection of strategy and tactics in selecting these tests has been yet clinically developed or promulgated.*" FEINSTEIN, Clinical Judgement, 1976, S.93, zu dem Problem, die Diagnose durch strukturierte Tests zu unterstützen.

Insgesamt ist also ein so **hohes Wissensdefizit** der Krankenhausleitung über die Faktorkombination in der Diagnosephase zu verzeichnen, daß eine **Willensbildung** den Prozeß betreffend **nicht möglich** erscheint. Die Kombination ist lediglich in ihrer Struktur, nicht in ihrem Inhalt, grob vorzugeben - angelehnt an die vorangegangene Beschreibung -, zu dokumentieren und ex post zu kontrollieren. Dazu ist der wissens-ökonomisch reife Begriff als Ergebnis der Diagnosephase oder eine nach der Therapie vorzunehmende Abschlußdiagnose relevant.

Der Begriff der Diagnose markiert den Übergang zur nachfolgenden Therapie, er determiniert die Behandlung und Pflege. Dazu sind **zwei Fälle** zu unterscheiden: Erstens der Fall, daß eine **sichere Diagnose** gestellt werden kann, ein Beispiel dafür ist der beschriebene Knochenbruch.[129] Zweitens ist nicht ausgeschlossen, daß die **Diagnose unsicher** bleibt. Das kann aus den folgenden vier Punkten resultieren:

1. Das Wissen über den krankhaften Zustand ist objektiv nicht vorhanden.[130]

2. Die kombinierten Faktoren sind dergestalt eingeschränkt, daß sie die Diagnose nicht zu stellen verstehen.[131]

3. Die Diagnosephase ist so zeitkritisch, daß mit der Therapiephase begonnen werden muß, bevor der Begriff der Diagnose feststeht.[132]

---

[129] Streng genommen, stellt die vollständig sichere Diagnose einen Grenzfall dar, der nicht erreicht werden kann. „... *daraus ergibt sich, daß es um Krankenbott keine sichere Diagnose, sondern nur Durchschauungen eines Krankheitsbildes mit hohem Wahrscheinlichkeitsgrad gibt mit weitgehender Identifizierung einer Krankheitsentität.*" ANSCHÜTZ, Diagnostik, 1985, S.5. Ziel muß folglich die richtige Diagnose sein, im Gegensatz zur Fehldiagnose. In einer Studie, die klinische mit pathologisch-anatomischen Daten verglich, konnte ein Anteil an Fehldiagnosen von 8 % ausgemacht werden. In näherer Differenzierung ergibt sich als Häufigkeitswerte eine vollständige oder weitgehende Übereinstimmung, also eine richtige Diagnose, von 63 % und eine richtige Diagnosegruppenbildung von 19 %. Ohne Diagnose verblieben 7 % der 5000 Aufnahmen der Grundgesamtheit, vgl. GROSS, Rationalität, 1985, S.121.

[130] Als Beispiele für objektiv nicht vorhandenes Wissen über Krankheiten können der AIDS-Virus in den Anfängen seines Auftretens, der EBOLA-Virus oder die Creutzfeld-Jakob-Krankheit dienen.

[131] Ein Beispiel dafür sind Tropenkrankheiten, wie die Malaria, die oft noch verkannt und mit einem normalen grippalen Infekt verwechselt wird. Dabei ist die Malaria mit einfachen diagnostischen Tests zu identifizieren, die allerdings dem normalen Arzt in der Regel nicht zur Verfügung stehen.

[132] Beispiele dafür sind die meisten Notfälle, wie Unfälle oder akute Herzkreislauferkrankungen. Dazu schreibt ANSCHÜTZ: „*Die Diagnose ist ein schwer abgrenzbarer Begriff, da sich von der ersten Kenntnisnahme des Krankheitsbildes beim Arzt bereits Vorstellungen über die Erkrankung einstellen, die bei bedrohlicher Symptomatik zur ersten therapeutischen Handlung führen können.*"

4. Die Kosten der Diagnose stehen in einem Mißverhältnis zum Nutzen.[133]

In den beschriebenen Fällen kommt es nicht zu einer sicheren Diagnose, so daß in der Folge auch die Therapiephase nicht vollständig festgelegt werden kann bzw. die beiden Phasen ineinander übergehen müssen.

Im **Ergebnis** bleibt festzuhalten, daß es der Krankenhausleitung nicht möglich ist, einen Willen über die Faktorkombination der Diagnosephase im Krankenhaus zu bilden. Sie kann die Phase lediglich insofern beeinflussen, als der Grad ihrer Dokumentation festgelegt wird, um die Kontrolle vorzubereiten.

2.3.2 Willensbildung über die Therapiephase

2.3.2.1 Willensbildung über die Therapiephase mit bestimmbarer Produktionsfunktion

Das **Ergebnis** der **Diagnosephase** ist ein Begriff mit wissenschaftsökonomisch hohem Reifegrad, der die zugrundeliegende Krankheit des Patienten repräsentiert. Gleichzeitig stellt er die **Grundlage der nachfolgenden Therapiephase** dar. Es wurde dabei zwischen einer sicheren und einer unsicheren Diagnose unterschieden.

Gelingt es, eine **sichere Diagnose** zu stellen, und ist die nachfolgende **Therapie beschreib- und prognostizierbar**, wie das in der Regel bei Knochenbrüchen der Fall ist, so herrscht ein geringes Wissensdefizit. Die nachfolgende Therapiephase ist festzulegen. So kann grundsätzlich, nachdem die Diagnose festgestellt wurde, ein Pfad for-

---

So kann eine eindeutige Differenzierung zwischen Symptom und Diagnose in der Akutmedizin oft nicht vorgenommen werden." ANSCHÜTZ, Diagnostik, 1985, S.3.

[133] Ganz allgemein gilt für die Generierung des Wissens in der Diagnosephase: „Der Arzt steht täglich vor der Aufgabe, mit einem Minimum an Aufwand, sei es ein Minimum an Zeit oder an Kosten oder an Belastung für den Patienten, ein Maximum an Informationen zu gewinnen." BLOEDHORN, Hauptkomponentenanalyse, 1985, S.458. Vgl. auch zur Evaluation von technischen Maßnahmen als Gegenüberstellung der Kosten für ihren Beitrag zur Wahrscheinlichkeit der Diagnose DUBACH/CONEN, Diagnostische Maßnahmen, 1985, S.82ff. Nun ist allerdings der Nutzen einer richtigen Behandlung als Folge vollständig generierten Wissens nicht in Wertgrößen auszudrücken, genausowenig wie sich folglich der Grenznutzen beziffern läßt. Eine Gegenüberstellung von Grenznutzen und Grenzkosten erscheint insofern nicht durchführbar. Hilfestellung liefert die Tatsache, daß die richtige Behandlung das Therapierisiko verringern kann, die Verringerung des Risikos einer Behandlung also als Substitut für den Nutzen steht. Dieses Risiko kann mit statistischer Genauigkeit beziffert werden. Damit ändert sich die Betrachtung: aus der Gegenüberstellung von Grenzkosten und Grenznutzen wird der Vergleich von Wahrscheinlichkeiten mit verbleibenden Risiken. Die Generierung von Wissen erhöht die Wahrscheinlichkeit, daß die Diagnose richtig ist, und vermindert damit das Risiko einer falschen Willensbildung und folglich einer falschen Ausführung der Behandlung. Vgl. GROSS, Rationalität, 1985, S.114ff.

muliert werden, der innerhalb der Therapie zu durchlaufen ist. Aufgrund der Koordinationsfunktion der einheitlichen medizinischen Wissensbasis reicht der wissensökonomisch reife Begriff der Diagnose aus, um die Behandlung für die Ärzte eindeutig erscheinen zu lassen. Mit der expliziten Formulierung eines Therapiepfades können allerdings darüber hinausgehende Zwecke verbunden sein.[134] Tritt die zugrundeliegende Diagnose ausreichend häufig auf, so kann die einmalige Formulierung des Therapiepfades in eine **generelle Festlegung** münden.[135] Das kann abseits eines konkreten Einzelfalles erfolgen. Dabei ist es grundsätzlich möglich, daß die **Therapiepfade** vom jeweiligen Krankenhaus vollständig selbst entwickelt werden oder daß auf eines der existierenden Systeme zurückgegriffen wird. Dieses ist unter Umständen auf das einzelne Krankenhaus und sein Umfeld anzupassen.

Erfahrungen mit der Bildung von Therapiepfaden, aufbauend auf Fallgruppen, sind in Deutschland gering, die meisten Ansätze dazu stammen aus den Vereinigten Staaten. Im folgenden wird ein kleiner Überblick über die dort existierenden Systeme gegeben. Diese Systeme haben gemeinsam, daß sie den Patientenstamm in eine unterschiedlich große Anzahl von Klassen einteilen, die als Grundlage für die Ableitung der Therapiepfade dienen.

---

[134] Als Zwecke sind im einzelnen vorstellbar:

1. Die Koordination reicht über die medizinischen Tätigkeiten hinaus und erfaßt auch die pflegerischen und unterstützenden Handlungen innerhalb der Prozeßbeschreibung.

2. Bei der Bildung der Therapiepfade werden nicht nur Prozeßanweisungen medizinisch, sondern auch ökonomisch fundiert. Medizinisches Personal wird so auch sensibilisiert für ökonomisches Denken.

[135] Je häufiger die zugrundeliegende Diagnose auftritt, desto eher ist der Aufwand, der mit der generellen Festlegung verbunden ist, zu rechtfertigen. Die nach medizinischer Indikation vorgenommene Fallgruppierung als Anhalt zu Hilfe nehmend, ist eine Untersuchung aus den USA zu zitieren, bei der festgestellt wurde, daß mit 310 der existierenden 840 Fallgruppen 90 % der Patienten einzuordnen sind., vgl. diese Untersuchung zitiert in SCHMITZ, Patientenbezogene Steuerung, 1993, S.103f. Eine in deutschen Krankenhäusern vorgenommene Untersuchung ergab, daß es Häuser gibt, in denen sich mit neuen PMCs knapp 40 % bzw. knapp 30 % Prozent der Fälle und in einem anderen Haus mit sechs PMCs gut 85 % der Fälle abbilden lassen. Vgl. NEUBAUER, Fallklassifikation, 1992, S.53ff. HOFFMANN berichtet sogar von einer HNO-Abteilung, in der mit „drei Krankheiten" etwa 87 % der Fälle abgebildet werden konnten, vgl. HOFFMANN, Krankenhaus, 1989, S.178. Es ist also erkennbar, daß sich von der Häufigkeitsverteilung her beurteilt grundsätzlich eine generelle Festlegung anbietet, daß diese allerdings in unterschiedlichen Krankenhäusern ganz verschiedene Formen annehmen kann. Für jedes Haus bietet sich folglich eine eigene Untersuchung auf Basis einer Diagnosestatistik an, vgl. auch LEIDL, Krankenhausprodukt, 1987, S.62ff.

Am weitesten verbreitet ist in den USA das System der **Diagnosis Related Groups (DRGs)**. Es ist vor einem ökonomischen Hintergrund im Rahmen der Krankenhausfinanzierung entwickelt worden, berücksichtigt aber auch ärztliche Anforderungen.[136] Inzwischen existieren davon mehrere Versionen,[137] das letzte von ihnen unterscheidet 23 Hauptdiagnosen mit knapp 500 Untergruppen.[138] Es hat in den USA vornehmlich zu Abrechnungszwecken Verbreitung gefunden.[139]

Vor einem medizinischem Hintergrund wurde das System der **Patient-Management-Categories** gebildet. In fachärztlichen Entwicklungsgruppen entstand eine Klassifikation von über achthundert Fällen,[140] in die nicht nur diagnostische Besonderheiten, sondern auch Schweregradindizes und typische Faktorverbräuche einbezogen wurden. Deshalb kann das System für die Abrechnung, die Planung und die Therapie herangezogen werden.[141]

Ebenfalls auf medizinischer Grundlage beruht das System des **Disease Staging**.[142] Es dient der Einteilung von Patienten in gut vierhundert verschiedene Klassen, hat sich aber nicht für Finanzierungs- oder Planungszwecke einsetzen lassen.[143]

---

[136] Vgl. FETTER/THOMPSON/MILLS, Reimbursement Control, 1976, S.123ff.

[137] Für die Entstehung und die erste Version vgl. auch FETTER u.a., Diagnostic Cost Profiles, 1977, S.137ff. FETTER u.a., Diagnosis Related Groups, 1980, S.29ff., THOMPSON/FETTER/MROSS, Case Mix, 1975, S.300ff. 1976, für die zweite und heute verbreitete Version vgl. HEALTH CARE FINANCING ADMINISTRATION, Financing, 1983. Die Übertragung in den deutschen Raum behandeln RÜSCHMANN, Krankenhausstudie, 1986, S.1760f. (*„Diagnosebezogene Festpreise"*), und PRAHL, Krankenhauskosten, 1986,S.1326ff.

[138] Vgl. HEALTH CARE FINANCING ADMINISTRATION, Financing, 1983.

[139] Vgl. zur Finanzierung bzw. Abrechnung mit Hilfe von DRGs: BERKI u.a., Diagnosis Related Groups, 1984, S.141, FETTER U.A., Diagnosis Related Groups, 1980, S.29ff., GRIMALDI, Case-Mix Reimbursement, 1980, S.81ff., die Möglichkeit zur Allokation: WILLIAMS ET AL., Case-Mix Accounting, 1982, S.450ff., und zu den Auswirkungen für die Entlohnung von Ärzten: MITCHELL, DRGs, 1985.

[140] Vgl. YOUNG, Case Mix Measurement, 1984, und YOUNG, Patient Management Categories, 1985.

[141] Vgl. YOUNG/SWINKOLA/ZORN, Hospital Case Mix, 1982, S.501ff., und YOUNG/SWINKOLA/ HUTTON, Case Mix Measurement, 1980, S.228ff. Eine vom Bundesministerium für Gesundheit in Auftrag gegebene Studie zur Übertragung des Systems der PMCs auf deutsche Krankenhauspatienten kommt zu guten Ergebnissen, vgl. NEUBAUER, Fallklassifikation, 1992, S.7f.

[142] Vgl. zur Entstehung im klinischen Bereich PLOMANN/SHAFFER, Case Mix, 1983, S.441, und BARNES, Disease Staging, 1985, S.22ff.

[143] „*The purpose of disease staging is to provide a more complete specification of the patient's illness so that any application requiring a case-mix measure will not confound differences in the patient's condition with differences in the therapeutic response.*"HORNBROOK, Hospital Case

Das zahlenmäßig umfangreichste Differenzierungssystem für Diagnosen ist die **International Classification of Diseases** in der neunten „*Clinical Modification*" **(ICD-9-CM)**. Dieses System wird routinemäßig für die Diagnosestatistik in den amerikanischen Krankenhäusern benutzt und umfaßt 10.171 Diagnosen.[144] Im Rahmen des Gesundheitsstrukturgesetzes - GSG - findet es in modifizierter Form inzwischen auch in Deutschland Anwendung, erfaßt aber nur die Diagnosen in statistischer Form.[145]

Ein Klassifikationssystem, das nicht auf die Diagnose, sondern nur auf die Schwere der Erkrankung abstellt, ist der sogenannte **Severity-Index**.[146] Dieser Index hat insbesondere Bedeutung als Ergänzung zu den DRGs erlangt, kann aber auch als unabhängiges System Verwendung finden.[147]

Neben den ausführlich beschriebenen sind in den **USA** noch **weitere Patientenklassifikationen** entwickelt worden, die aber alle nicht die Bekanntheit und Verbreitung gefunden haben wie die obigen.[148]

Die Anforderung, ein medizinischer Leitfaden für die Therapie zu sein, verlangt ein auch vor dem medizinischen Hintergrund entwickeltes System. Insofern kann für die **Bildung der Therapiepfade** auf eine der geschilderten Klassifikationen zurückgegriffen werden.[149] Werden darin neben der ärztlichen auch die pflegerischen und die

---

Mix, 1982, S.76. Vgl. CONKLIN et al., Disease Staging, 1984, S.13ff.; GONELLA/HORNBROOK/LOUIS, Staging of Diseases, S.637ff., und GONELLA/LOUIS/MCCORD, The Staging Concept, 1976, S.13ff.

[144] Dazu vgl. COMMISSION ON PROFESIONAL AND HOSPITAL ACTIVITIES, Classification of Diseases, 1978, und HORNBROOK, Hospital Case Mix, 1982, S.74ff..

[145] Vgl. MÜLLER, GSG, 1996, S.9. Vgl. die Diskussion um die mögliche Anzahl der Stellen bei der Diagnosestatistik bei KLÖPPNER, Diagnosestatistik, 1986, S.153ff.

[146] Vgl. HORN/HORN, Severity of Illness, 1986, S.161ff., und HORN et al., Severity of Illness, 1985, S.20ff.

[147] Vgl. HORN/SHARKEY/BERTRAM, Severity of Illness, 1983, S.14ff., HORN/SHARKEY, Severity of Illness, 1983, S.314ff., und HORN et al., Severity of Illness, 1985, S.20ff.

[148] Dazu gehören die Commission on Professional and Hospital Activities List A, CPHA, vgl. PLOMANN, Case Mix, 1982, S.9ff., der Resource Mix Index, AMENT, Resource Need Index, 1976, S.1ff., das Medical Illness Severity Grouping System, vgl. JENKINS/SANDERSON, Diagnosis Related Groups, 1985, S.3ff., der Medicare Case-Mix Index, PETTENGILL/VERTREES, Hospital Case Mix Index, 1980, S.113ff., und eine Übersicht bei HORNBROOK, Hospital Case Mix, 1982, S.74ff.

[149] Für diese Zweckerfüllung erscheint das System der Patient-Management-Categories besonders geeignet. Es beruht auf medizinischer Basis, läßt sich für die Planung, Behandlung und Abrechnung gleichermaßen verwenden und erscheint unter Modifikationen auf die Bundesrepublik übertragbar. Vgl. NEUBAUER, Fallklassifikation, 1992, S.7f. Die darin eingeschlossenen Patient-

unterstützenden Leistungen einbezogen,[150] so ergibt sich ein Pfad von großer koordinierender Wirkung. Anknüpfend an die Willensbildung über den Einsatz der Produktionsfaktoren besteht daneben die Möglichkeit, Abläufe der Ausführung in alternativer Weise zu gestalten sowie, anknüpfend an die Bildung der gemeinsamen Ziele, die Effizienz alternativer Prozesse zu demonstrieren. Auch wird eine stärkere Patientenorientierung als Vorteil eines Therapiepfades genannt.[151]

Die **Diskussion um Standards** wie die vorgestellten Therapiepfade wird in verschiedenen Publikationen nicht mit einheitlich erscheinendem Meinungsbild geführt.[152] So gibt es Mediziner, die Standards mit Hinweisen auf einzelne Fälle grundsätzlich ablehnen.[153] Dagegen ist die Meinung zu hören, daß die <u>gesamte</u> Leistungserstellung in der ärztlichen Kunst auf angewendeten Standards beruht. *„Die Wahrheit liegt sicher in der Mitte. Standards ärztlichen Handelns gibt es, seit es die Medizin gibt. Dort, wo sich die Medizin auf dem festen Boden eines gesicherten Wissens bewegt, existieren sie. Wo dies nicht der Fall ist, sollten sie jedoch nicht erzwungen werden."*[154]

Den Boden des gesicherten Wissens zu verlassen heißt, die **Begrenzungen des Wissens** zu überschreiten. Das ist einerseits bei sicherer Diagnose, aber nicht beschreib- und prognostizierbarer Therapie und andererseits bei unsicherer Diagnose und ebensolcher Therapie gegeben. Die Folge ist ein Wissensdefizit, das bewirkt, daß die

---

Management-Paths bieten sich folglich an, in angepaßter und erweiterter Form dem einzelnen Krankenhaus als Therapiepfad zu dienen.

[150] Vgl. dazu der Ansatz zur Differenzierung von unterschiedlichen Pflegekategorien: TAUCH, Krankenhaus, S.385ff.

[151] Vgl. NEUBAUER, Diagnosebezogene Fallpauschalen, 1988, S.157. Zur Patientenorientierung auch: BERTELSMANN STIFTUNG, Leistungs- und Kostenbudgetierung, 1987, S.15ff.

[152] Vgl. die Diskussion um Standards für die Qualitätssicherung ERKERT, Qualitätssicherung, 1991, S.16.

[153] *„Ärzte müssen sich dagegen wehren, Stellvertreterkriege zu führen, auf den medizinischen Fortschritt verzichten zu müssen und sich an administrativ vorgegebene Therapiepfade zu halten, die ihnen ihr Verhalten gegenüber allen Patienten vorschreiben."* HOFFMANN, Entgeltsysteme, 1988, S.195. Allerdings hat auch der Autor in einer Arbeitsgruppe zur Bildung eines Systems von Fallgruppen mitgearbeitet und Vorschläge in dieser Hinsicht erarbeitet. Seine ablehnende Haltung ist aus der Angst, alle Patienten würden in ein Fallpauschalensystem einbezogen, insofern verständlich. Das soll unter einer Fallgruppenbildung auch nicht verstanden werden.

[154] SELBMANN, Standards, 1984, S.161.

Willensbildung nicht mehr ausschließlich in einem Prozeß bestimmbarer Produktionsfunktion ablaufen kann. Die bestimmbaren werden um unbestimmbare Prozesse der Willensbildung ergänzt, auf dem Kontinuum der Willensbildung wird die reine Reflexion verlassen und sich der Intuition genähert.

2.3.2.2 Grenzen der Willensbildung über die Therapiephase mit bestimmbarer Produktionsfunktion

Bei sicherer wie unsicherer Diagnose, bei der es nicht möglich ist, die Therapie zu beschreiben und zu prognostizieren, ist ein **Wissensdefizit** vorhanden. Beispielhafte Fälle sind der Herzinfarkt oder die Pankreatitis, die chronische Entzündung der Bauchspeicheldrüse. Das führt grundsätzlich dazu, daß es der Krankenhausleitung nicht gelingen kann, den Willen über den Kombinationsprozeß der Therapie in einem bestimmbaren Prozeß zu bilden. Neben der bei vollständiger Beschreib- und Prognostizierbarkeit gegebenen Möglichkeit der **Willensbildung** durch Therapiepfade sind **folgende andere Fälle denkbar:**

1. Bei **sicherer Diagnose** sowie **beschreib- und prognostizierbarer Therapie** ist vorstellbar, daß aufgrund der geringen Häufigkeit des Krankheitsbildes kein Therapiepfad existiert. Trotzdem ist eine ähnlich strukturierte Willensbildung möglich. Diese wird in der Regel aber nicht von der Krankenhausleitung vorgenommen.

2. Bei **sicherer Diagnose**, aber **nicht beschreib- und prognostizierbarer Therapie**[155] ist grundsätzlich eine strukturierte Willensbildung möglich. Diese muß indes dort, wo relevante Freiheitsgrade hinzutreten können, durch Prozeßänderungen ergänzt werden. Für die potentiellen Ergänzungen wird bewußt auf eine Willensbildung verzichtet, die in einem improvisativen Prozeß nicht bestimmbarer Produktionsfunktion nachgeholt wird.

Der insofern vorgezeichnete Weg der Willensbildung stellt den Regelfall auch bei der Anwendung der Therapiepfade dar: Da Therapiepfade ebenfalls auf statistischen Wahrscheinlichkeiten beruhen, ist immer damit zu rechnen, daß ihre

---

[155] Die unsichere Behandlung ergibt sich deshalb, weil Freiheitsgrade im Prozeß und aufgrund des internen und externen Faktors hinzutreten können, die bisher nicht als relevant betrachtet wurden.

Anwendung im Einzelfall modifiziert werden muß. Aufgrund dessen, daß die Änderungen in der Regel auf medizinischer Indikation beruhen, sind durch den vorgestellten übergeordneten Handlungsrahmen die einheitliche Orientierung und die Koordination gewährleistet. Die erneute **Willensbildung** erfolgt aber **nicht durch** die **Krankenhausleitung.** Zudem sind aufgrund des nicht bestimmbaren Charakters der Produktionsfunktion der Willensbildung die menschlichen Biases der Zuweisung, der Repräsentativität, der Verarbeitung und der Bestätigung nicht auszuschließen.

3. Bei **unsicherer Diagnose**[156] ist in Abhängigkeit von den Wahrscheinlichkeiten der möglichen Diagnosen und der Dringlichkeit einer Therapie ein Wille zu bilden. Hier sind verschiedene **Unterfälle** denkbar:

    a) Ist die Diagnose nicht sicher, bietet sich aber auch **nur eine Diagnose** als **wahrscheinlich** an, so ist bei **dringlicher Therapie** der Wille gemäß der wahrscheinlichen Diagnose für den zugehörigen Therapieprozeß zu bilden. Es ist jedoch jederzeit mit einer Änderung des gebildeten Willens in einem improvisierten Prozeß zu rechnen. Die improvisierte Willensbildung erfolgt nicht unter Beteiligung der Krankenhausleitung.

    b) Bieten sich dagegen **mehrere Diagnosen** als **wahrscheinlich** an, so ist die Wahrscheinlichkeit der Diagnose mit dem Risiko der nachfolgenden Therapie in ein Verhältnis zu setzen.[157] Auf dieser Basis kann ein Therapiepfad

---

[156] Das bedeutet gleichzeitig, daß die Therapie nicht beschreib- und prognostizierbar ist.

[157] Das ist keinesfalls selbstverständlich, wie das nachfolgende Beispiel zeigt. Bei einer Diagnose eines Lungeninfiltrates ist die Gegenüberstellung der Wahrscheinlichkeit der Diagnose mit dem Risiko einer Therapie erläutert, vgl. GROSS, Rationalität, 1985, S.115. Bei möglicher Diagnose Lungeninfarkt zu 60 % und Bronchialkarzinom zu 40 % würde man spontan die Therapie gemäß einem Lungeninfarkt vorschlagen. Das ist aber, bezieht man das Risiko der Behandlung mit ein, nicht sinnvoll, wie die nachfolgende Tabelle zeigt:

Diagnose	Wahrscheinlich-keit	Risiko, wenn es behandelt wird wie	
		Lungeninfarkt	Bronchialkarzinom
Lungeninfarkt	60 %	12 %	40 %
Bronchialkarzinom	40 %	100 %	30 %

gewählt werden, es verbleiben allerdings offene Freiheitsgrade, die improvi-
siert eingeschränkt werden müssen.

c) Gilt **keine Diagnose** als **wahrscheinlich**, aber ist die **Therapie dringlich**, so
kann versucht werden, die Wissensdefizite intuitiv zu überwinden und während der Ausführung auf Basis zusätzlich generierten Wissens einen Willen
zu bilden. Die Willensbildung erfolgt auch hier nicht unter Beteiligung der
Krankenhausleitung, dafür ist ihr Wissensdefizit zu hoch.

d) Bei **nicht dringlicher Therapie** ist die verbleibende **Unsicherheit über** die
Diagnose eventuell über die Zeit zu schließen. Denn es erscheint durchaus
möglich, daß sich während des Krankheitsverlaufs noch weitere Symptome
ergeben, die der Diagnose zu größerer Sicherheit verhelfen.

Insgesamt wird deutlich, wie **wesentlich** die **Wissensdefizite** über die zugrundeliegende Ausführung die Führungshandlungen beeinflussen. Wird der Boden der
sicheren Diagnose verlassen bzw. ist die Therapie nicht mehr beschreib- und prognostizierbar, so ist in der Regel keine Willensbildung ex ante mehr realisierbar. Das gilt
auch, wenn die statistische Beschreib- und Prognostizierbarkeit im Hinblick auf einzelne Fälle unmöglich wird. Die Willensbildung erfolgt in intuitiven Handlungen ohne
Vorbereitung und mit eher improvisativem Charakter. Eine Orientierung kann immer
noch die strukturierte Willensbildung des Therapiepfades sein, dieser hat aber keinen
ausschließlichen Charakter mehr. Vielmehr kommt es jetzt auf die **fruchtbare Kom-**
bination aus **Führungshandlungen mit bestimmbarer und mit unbestimmbarer**

Wird der Patient nämlich behandelt, als wenn er einen Lungeninfarkt hätte, so resultiert ein Risiko
von 0,6*0,12 addiert zu 0,4*1, also 47,2 %. Wird die Behandlung dagegen durchgeführt wie bei
einem Karzinompatienten, so ergibt sich ein Risiko von 0,6*0,4+0,4*0,3, also 36,0 %. In diesem
Fall böte sich also für das Vorgehen die Behandlung als Karzinom an, obwohl die Wahrscheinlichkeit der Diagnose für einen Lungeninfarkt spricht. Um diese Situation eindeutig in der Übereinstimmung von Diagnose und Therapie zu gestalten, müßte durch geeignete Datentransformation der Diagnosephase entweder die Wahrscheinlichkeit für das Karzinom um elf Prozentpunkte
auf über 50 % erhöht werden, oder die Wahrscheinlichkeit für den Lungeninfarkt auf über 72 %
steigen, um ein niedrigeres Risiko bei der Behandlung als Lungeninfarkt denn als Karzinom zu erreichen. Sind allerdings die Grenzen des Wissens und des Erwerbs von Wissen durch Datentransformationen erreicht, so ist wie beschrieben vorzugehen. Die Schwierigkeit, die sich ergibt, liegt
darin, die Prozentzahlen für die Wahrscheinlichkeit einer Diagnose und das Risiko einer Behandlung zu beziffern.

Produktionsfunktion an. Neben dem Wissensdefizit tritt im Krankenhaus noch die Dringlichkeit der Ausführungshandlung bei Notfallpatienten hinzu, die ebenfalls bewirken kann, daß es nicht zu einer ex ante Willensbildung kommt, sondern vielmehr Improvisationshandlungen bevorzugt werden.

2.4 Zusammenfassende Betrachtung der Willensbildung

Der **wesentliche Einflußfaktor** für die Ausprägung der Willensbildung im Krankenhaus ist das **Wissensdefizit**, das über die zugrundeliegende Leistungserstellung existiert.[158] Gelingt es, bei **sicherer Diagnose** die **Therapie** vollständig zu **beschreiben** und zu **prognostizieren**, so ist der vollständige Wille ex ante in einer Führungshandlung mit bestimmbarer Produktionsfunktion zu bilden. Tritt eine ausreichende Häufigkeit des zugrundeliegenden Krankheitsbildes hinzu, ist es effizient, einen Therapiepfad zu bilden, der einerseits den Faktoreinsatz, andererseits den Kombinationsprozeß festlegt. Potentielle Wissensdefizite über einzelne Fälle können mit Hilfe der statistischen Grundgesamtheit ausgeglichen werden.

Ist dagegen bei **unsicherer Diagnose** die **Therapie weder beschreib- noch prognostizierbar**, so sind Wissensgrenzen feststellbar, die die Möglichkeiten der Willensbildung beeinflussen. Der Faktoreinsatz ist nur noch bei ausreichender statistischer Häufigkeit festzulegen, wobei der statistische Ausgleich der einzelnen Fehler einem nicht bestimmbaren Prozeß gleicht. Die eigentlich zu erwartende Unbestimmbarkeit der Produktionsfunktion der Willensbildung wird verlagert. Über den Kombinationsprozeß ist kein ex-ante-Wille mehr zu bilden. Infolgedessen wird auf Improvisationshandlungen rekurriert, die in ihrem Charakter der Intuition gleichen, also nicht bestimmbare Produktionsfunktionen besitzen.

Bei **allen zwischen diesen beiden Extremen liegenden Faktorkombinationen** kommt es aufgrund des unterschiedlich hohen Wissensdefizites darauf an, die Willensbildung in einer fruchtbaren Kombination zwischen einer bestimmbaren und einer unbestimmbaren Produktionsfunktion zu gestalten. Im Rahmen der Faktorkombination

---

[158] Es existieren zwar Quellen, die auf die Bedeutung von Sicherheit und Unsicherheit hinweisen, daraus werden jedoch keine adäquaten Schlüsse gezogen, vgl. z.B. BERMAN/WEEKS, Financial Management, 1990, S.487ff.

bedeutet dies beispielsweise, die Anwendung eines Therapiepfades, der strukturiert gestaltet wurde, wie beschreiben, durch improvisierte Handlungen beim Auftreten zusätzlicher Freiheitsgrade zu ergänzen.[159]

2.5 Willensbildung durch den Patienten?

In den vorigen Abschnitten wurde die Willensbildung im Krankenhaus beschrieben. Diese Führungshandlung, die die Faktorkombination der Ausführungshandlung festlegt, ist in Abhängigkeit vom Wissensdefizit unterschiedlich ausgeprägt. Bevor der Wille durchgesetzt wird, kann er eine wesentliche Veränderung erfahren: Der zu kombinierende externe Faktor, der **Patient, hat** das institutionell eingeräumte **Recht zur** vollständig eigenen **Willensbildung**.

Lehnt man die Betrachtung an die Differenzierung der Phasen des Leistungserstellungsprozesses an, so ist ableitbar, welche Möglichkeiten zur Willensbildung der Patient besitzt. Betritt er das Krankenhaus oder wird er eingeliefert, so ist das in der Regel mit dem Willen zur Leistungserstellung verbunden, folglich ist eine **Diagnose** zur Feststellung des Leidens bzw. Körperschadens erforderlich. Diese dient auch dem Patienten, indem er damit Wissen aufbauen kann, um seine Konsumentensouveränität zu erhöhen.[160] Im Anschluß an die Diagnosephase findet die **Therapie** statt. Zu ihrer Festlegung ist einerseits ihre Beschreib- und Prognostizierbarkeit erforderlich, andererseits ist ihre Adäquanz notwendig. Das bedeutet, daß die Therapie als Beitrag zur Verbesserung des Gesundheitszustands des Patienten effektiv und effizient erstellbar sein sollte. Das zu einer solchen Festlegung erforderliche Wissen ist aber beim **Patienten** in der Regel nicht vorhanden und auch nicht durch Datentransformationsprozesse generierbar. Infolgedessen bleibt seine Konsumentensouveränität und seine **Fähigkeit zur Willensbildung beschränkt**. Er darf zwar einen Willen über die Therapie und einzelne Therapieschritte bilden, faktisch besteht dies aber höchstenfalls darin, daß er einer

---

[159] Vgl. MEYER, Krankenhausplanung, 1979, S.10f., der dieses Kontinuum im Rahmen der Planungsmethodik in ähnlicher Form zum Ausdruck bringt.

[160] Es besteht für den Patienten zwar grundsätzlich die Möglichkeit, einzelne Diagnoseschritte nicht zuzulassen, dieser Fall tritt jedoch selten ein. Denkbar ist das beispielsweise bei Röntgenaufnahmen.

Therapie zustimmt bzw. diese ablehnt. Lediglich im Falle von Wahlmöglichkeiten über verschiedene Therapiealternativen kann er eine solche Wahl treffen.[161]

Im **Ergebnis** bedeutet das, daß zwar die Rechtsvorschriften zur Selbstbestimmung des Patienten formuliert sind, diese aber de facto kaum in Anspruch genommen werden und werden können. In der Diagnosephase ist kein Anreiz zum Eingriff in den Leistungserstellungsprozeß zu erkennen und in der Therapiephase ist das Wissen zum Eingriff in die Leistungserstellung gering. Trotzdem ist damit zu rechnen, daß es zur Bildung eines Willens durch den Patienten kommt, der von demjenigen Willen abweichen kann, welcher durch den Führungshandlungsträger im Krankenhaus gebildet wurde.[162]

3 Durchsetzung des gebildeten Willens

Die Durchsetzung des gebildeten Willens erfolgt im einfachsten Fall durch das reine Anstoßen der Ausführungshandlungen. In der Regel bedarf es allerdings einer Kommunikation als **räumlicher Datentransformation** und **weiterer Maßnahmen**, die sicherstellen, daß der gebildete Wille keinerlei Veränderungen mehr unterliegt. Wie die räumliche Datentransformation können die weiteren Maßnahmen aus einer expliziten Handlung bestehen, es sind aber auch Handlungen denkbar, die implizit dafür sorgen, daß die in der Willensbildung antizipierte fiktive Ausführungshandlung Realität wird.

Die folgende Gliederung lehnt sich daran an, welche Objekte bisher der Willensbildung unterlagen und infolgedessen durchgesetzt werden müssen.[163] Dabei wird

---

[161] Die Willensbildung durch den Patienten in diesem Abschnitt ist zu trennen von seiner Mithilfe innerhalb der Willensbildung, beispielsweise durch die eigene Schilderung seiner Anamnese.

[162] Inwieweit dem Willen des Patienten Folge zu leisten ist, darüber geben die rechtlichen Vorschriften Auskunft.

[163] Darin zeigt sich der enge Zusammenhang zwischen Willensbildung und Willensdurchsetzung: Grundsätzlich ist nur das durchzusetzen, was vorher im Rahmen der Willensbildung festgelegt wurde. So sind die Gegenstände der Durchsetzung direkt abzuleiten, die einzelnen Durchsetzungshandlungen dagegen ergeben sich erst unter Berücksichtigung der Wollen-Komponente der Handlungsträger. Insgesamt fügen sich damit die beiden Handlungsträgereinschränkungen, das Können und das Wollen, zusammen: Die Willensbildung zeigt eine starke Abhängigkeit vom Wissensdefizit, folglich ist das für die Willensdurchsetzung wegen der Abhängigkeit von der Willensbildung ebenfalls der Fall. Zudem werden die Handlungen der Durchsetzung vom Wollen der Ausführenden beeinflußt.

jeweils zuerst dargestellt, welche Durchsetzungshandlungen mit bestimmbarer Produktionsfunktion zur Weitergabe des Willens und seiner Realisierung dienen können. Dabei handelt es sich meist um solche Handlungen, die die schriftliche Fixierung des gebildeten Willens zum Inhalt haben. Darauf aufbauend sind in Ergänzung dazu die Durchsetzungshandlungen mit einer nicht bestimmbaren Produktionsfunktion zu schildern.

3.1 Durchsetzung der gebildeten Ziele

Wie oben beschrieben, wird aufbauend auf dem Verständnis zur Zielbildung aus der exemplarischen Betrachtung von realen Fällen ein Zielsystem für das Krankenhaus entwickelt. Der Anspruch an dieses Zielsystem ist die weitgehende Kongruenz mit dem gesellschaftlichen Postulat. Die Notwendigkeit zur **Durchsetzung des Zielsystems** erwächst aufgrund potentiell anders gearteter Ziele der individuellen Handlungsträger im Krankenhaus.

Allein die schriftliche Formulierung der Ziele kann dabei für die Durchsetzung noch nicht ausreichen. Denn wie in der theoretischen Grundlegung beschrieben, ist mit der Niederschrift zwar die **räumliche Datentransformation** im engeren Sinne zu gewährleisten, doch fehlt es an der gemeinsamen interpretatorischen Basis. Neben der schriftlichen Formulierung gewinnt somit der Anspruch an Bedeutung, daß alle Handlungsträger im Krankenhaus die Ziele in gleicher Weise verstehen sollen. Erst dadurch kann die räumliche Datentransformation im **weiteren Sinne** realisiert werden. Insofern erweist sich die im Rahmen der Willensbildung beschriebene Funktion, das Verständnis für die Notwendigkeit der Zielbildung zu schaffen, für die Durchsetzung ebenfalls als wichtig. Denn auf der Basis dieses gemeinsamen Verständnisses erfolgt die gleichermaßen gemeinsame Zielbildung. Weil darin mehrere Handlungsträger einbezogen sind, die die Ziele diskutieren, ist damit der Grundstein für ein allgemeines Verständnis gelegt. Durch die Verknüpfung von Willensbildung und -durchsetzung wird deutlich, daß es sich bei der Durchsetzung auch um einen schrittweisen Prozeß handeln kann, der in der folgenden Abbildung dargestellt ist.

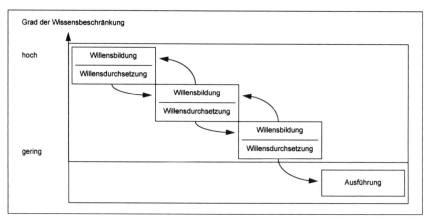

Abbildung 12: Verknüpfung von Willensbildung und Willensdurchsetzung[164]

Denn mit dem Verständnis, das innerhalb der Willensbildung aufgebaut wird, erfolgt gleichzeitig die Durchsetzung der Ziele in einer räumlichen Datentransformation im weiteren Sinne. Dieser Prozeß wird in einer erneuten Willensbildungshandlung fortgesetzt bis der Grad der Wissensbeschränkung über die Interpretation der Ziele so gering geworden ist, daß es zur Ausführung im Sinne des Erreichens der gesetzten Ziele kommen kann.

Dabei ist in der Regel mit der räumlichen Datentransformation im weiteren Sinne zwar das Verstehen der Ziele gewährleistet, nicht jedoch, ob die Handlungsträger die Ziele auch verfolgen. Um dies zu erreichen, sind innerhalb der Durchsetzung **weitere ergänzende Maßnahmen** zu ergreifen. Insbesondere tragen Anreize dazu bei, die Handlungen von Handlungsträgern auf bestimmte Ziele hin auszurichten. Anreize entfalten ihre Wirkung, indem sie als Stimulus gesetzt werden und durch die Nutzenfunktion - gemäß der allgemeinen Darstellung im Rahmen der theoretischen Fundierung - zu bestimmten Reaktionen führen. Dabei ist zwar in einem gewissen Rahmen beschreibbar, welche Anreize zu welchen Reaktionen führen, es ist jedoch nichts über die Produktionsfunktion auszusagen, die die Reaktion hervorruft. Denn bei der Reaktion handelt es sich um das Ergebnis eines inhaltlichen Datentransformationsprozesses, der aufgrund der vorgegebenen Assoziation, aber auch weiterer komplexer Umfeldbedin-

---

[164] Vgl. WEBER/GOELDEL/SCHÄFFER, Planung, 1996, S.9.

gungen, einen unbestimmten Verlauf nimmt.[165] Aufgrund dessen handelt es sich bei Anreizen auch nicht um eine Steuerungsgröße, sondern eher um den Teil eines gestalteten Kontextes.

Aus den dargestellten Nutzenfunktionen sind **wirksame Anreize** abzuleiten. So ist es, damit Ärzte die gesetzten Ziele verfolgen, möglich, durch wirtschaftliche Stimuli oder durch Einflußnahme auf das Prestige Anreizwirkungen auszuüben.[166] Diese Wirkungen können, das ist von der Krankenhausleitung zu beachten, im Falle von Eingriffen in die Autonomie oder die Unabhängigkeit auch mit negativen Folgen behaftet sein.[167]

Wesentlich ist bei der Behandlung von **Anreizen**, daß sie neben ihrer Rolle im Rahmen der Durchsetzung **auch für andere Führungshandlungen relevant** sind. So vermögen Anreize die Notwendigkeit zur Kontrolle zu einem gewissen Teil zu substituieren. Denn gelingt es, Anreize zu setzen, die das Erreichen der Ziele gewährleisten, so entfällt die Notwendigkeit, die zu den Zielen führenden Handlungen zu kontrollieren.

Sind die Ziele durchgesetzt, so fließen sie unter anderem in die Therapiepfade ein. Damit wird einerseits der Grad ihrer Durchsetzung deutlich, andererseits können die Therapiepfade wiederum selbst zur Durchsetzung beitragen, indem sie, vielfach angewandt, eine unbewußte **Orientierungsfunktion** erlangen.

Insgesamt ist erkennbar, daß es zur Durchsetzung der Ziele einer ganzen Reihe von Maßnahmen bedarf. Das beginnt bei der vollständig bestimmbaren schriftlichen Formulierung der Ziele. Die daran anschließende räumliche Datentransformation muß durch interpretatorische Hilfestellungen ergänzt werden. Zudem sind Anreize zum Erreichen der Ziele durch die Handlungsträger zu setzen, die in ihrer Wirkung nicht vollständig bestimmbar sind.

---

[165] Vgl. ZIMBARDO, Psychologie, 1983, S.259ff.

[166] Vgl. monetäre und nichtmonetäre Anreize im Rahmen von Budgets, HOFFMANN, Krankenhaus, 1989, S.96ff.

[167] Vgl. allgemein CULYER, Incentives, 1989, S.19ff., und RIEFENSTAHL, Motivationssysteme, 1990, S.100ff.

3.2 Durchsetzung des gewünschten Faktoreinsatzes zur Leistungsbereitschaft

Die **Anzahl** der zu **erstellenden Leistungen** und der dazu **notwendige Faktoreinsatz** stellen einen weiteren maßgeblichen Teil der Willensbildung im Krankenhaus dar. Die daraus resultierende Leistungsbereitschaft ist die Grundlage für die Faktorkombination und muß, damit die Leistungen der Heilung und Linderung erstellt werden können, auch durchgesetzt werden.

Wesentlich für die Leistungsbereitschaft sind der **Personal- und Sachgütereinsatz**.[168] Nachdem ein Wille darüber gebildet ist, kann dieser in entsprechenden Plänen in einem **bestimmbaren Produktionsprozeß** als Plan fixiert werden. Diesen **Plänen** kommt vornehmlich eine koordinierende Wirkung zu, insofern ist auch der Begriff der plankoordinierten Leistungsbereitschaft angebracht.

In den verschiedenen Plänen über den Personal- und Sachgütereinsatz werden die Ressourcen, die im Krankenhaus vereint sind, zu einer sinnvollen Kombination zusammengeschlossen.[169] Zur **Durchsetzung** dieser **Pläne** ist in der Regel keine weitere Handlung als die schriftliche Fixierung im Sinne der Koordination erforderlich. Denn es ist gemäß dem Modell der Ressourcenzusammenlegung davon auszugehen, daß die einzelnen Handlungsträger im Krankenhaus ihre Ressourcen vereinen, damit im Verbund darüber verfügt werden kann.[170] Die Entscheidung zum Befolgen des Plans wird somit bei den einzelnen Handlungsträgern schon mit der Teilnahmeentscheidung vor Eintritt in die Organisation Krankenhaus gefällt.[171] Die Voraussetzung für die Funktionsfähigkeit des zugrundeliegenden Modells bildet allerdings das Vertrauen darauf, daß die **Anreize**, die an die Entscheidung zur Ressourcenzusammenlegung geknüpft waren, auch erfüllt werden.[172] Insofern gewinnen Entlohnung, Arbeitsplatzsicherheit und weitere Motive an Relevanz, wie sie beispielsweise von GE-

---

[168] Vgl. SCHMIDT, Gesamtplanung, 1985, S.22.

[169] Vgl. auch ausführlich zur Personalplanung in EICHHORN, Krankenhausbetriebslehre I, 1973, S.291ff. und zur Sachgütereinsatzplanung: S.305ff.

[170] Das entspricht dem Modell der Ressourcenzusammenlegung von COLEMAN, vgl. derselbe, Inequality, 1974/75, S.739ff.

[171] Zur Teilnahmeentscheidung und ihrem Zustandekommen ausführlich: MARCH/SIMON, Organisation und Individuum, 1976, S.81ff.

[172] Vgl. SIMON, Comparison, 1952/53, S.40ff., sowie SIMON, Entscheidungsverhalten, 1981, S.141f.

ORGOPOULOS allgemein für Organisationen - er betont aber speziell auch die Gültigkeit für das Krankenhaus - aufgezählt werden.[173]

Insgesamt ist die Durchsetzung des gewünschten Faktoreinsatzes vor allem über das schriftliche Fixieren des gebildeten Willens zu realisieren. Die zusätzlich aufgezählten Anreize tragen zwar zur Durchsetzung bei, entfalten ihre Wirkung aber schon bei der Entscheidung des Handlungsträgers, seine Ressource in das Krankenhaus einzubringen. Insofern sind sie nicht primär zur Durchsetzung eines gebildeten Willens implementiert worden.

3.3 Durchsetzung der gewünschten Faktorkombination zur Leistungserstellung

Die Willensbildung über die Faktorkombination ist geprägt von Therapiepfaden für gut beschreib- und prognostizierbare Therapien und im Gegensatz dazu einer aufgrund wachsenden Wissensdefizites zunehmend intuitiven Willensbildung. Therapiepfade betreffen die konkreten **Abläufe der Leistungserstellung**.[174] Sie werden nach Eintritt des Patienten in das Krankenhaus wirksam, wenn die Eingangsdiagnose mit der dem Therapiepfad zugrundeliegenden Diagnose übereinstimmt. In diesem Fall stellen sie eine Art **Programm** dar, das zu durchlaufen ist.[175]

Erstellt werden die **Therapiepfade** in Handlungen einer bestimmbaren Produktionsfunktion unabhängig von konkreten Fällen. Sie sind idealisierte Therapieverläufe von statistischer Häufigkeit des Vorkommens, in die einzubeziehen auch nur eine bestimmte Anzahl von Komplikationen möglich ist. Infolgedessen können sie zwar **durch** die **Eingangsdiagnose angestoßen** und ausgeführt werden, jedoch müssen sie während ihrer Ausführung immer auf ihre Einhaltung hin überprüft werden.

---

[173] Vgl. GEORGOPOULOS, Hospital as Organization, 1974, S.32ff.

[174] Vgl. in Anlehnung an Fußnote 168 in diesem Teil ergänzend die Arbeitsablaufplanung in SCHMIDT, Gesamtplanung, 1985, S.22.

[175] An dieser Stelle kann man für die auf der Grundlage von Pfaden durchgeführten Therapien von programmkoordinierter Leistungserstellung sprechen. Fraglich erscheint nur, welchen Stellenwert die Programme dabei einnehmen. Grundlage für die Leistungserstellung durch Programme bildet nach wie vor die Leistungsbereitschaft, die ihre Basis in der Plankoordination findet. Zudem bilden die Therapiepfade nur einen Teil der Diagnosen im Krankenhaus ab. Infolgedessen handelt es sich beim Krankenhaus um eine plandominant koordinierte Leistungserstellung.

Zusätzlich ist **für** die **Durchsetzung** der Therapiepfade analog zur Zielbildung der Prozeß der **Willensbildung wichtig**.[176] Denn darin kann die Grundlage zur Akzeptanz, positiven Aufnahme und Befolgung der Pfade gelegt werden. *„Auffallend war, daß positivere Einschätzungen immer dann erreicht wurden, wenn mehrere Ärzte gleichzeitig die Fallgruppen diskutiert haben und Alternativen mit in die Überlegungen einbezogen haben.“*[177] Bleibt im notwendigen Gruppenprozeß die Autonomie der Ärzte erhalten[178] und gelingt es gleichzeitig, die gemeinsame interpretatorische Basis für die Ausführung der Therapiepfade zu schaffen, ist ein wichtiger Schritt zur Einhaltung der Therapiepfade und damit ihrer Durchsetzung getan.

Mögliche Komplikationen bei der Ausführung von Therapiepfaden bewirken jedoch, daß zusätzlich zum Programm **weitere Maßnahmen** der Durchsetzung ergriffen werden müssen. Aufgrund der Tatsache, daß es sich in den Fällen, bei denen Komplikationen auftreten, meist um improvisative Formen der Willensbildung handelt, ist die Durchsetzung entsprechend zeitnah als persönliche Weisung zu gestalten. Insofern ähneln sich hier mögliche Komplikationen bei der Ausführung von Therapiepfaden und die Durchführung einer Therapie, über die das Wissensdefizit höher ist.

In beiden Fällen füllt die **persönliche Weisung** den Raum aus, der bei der Einschränkung von Freiheitsgraden offen geblieben ist. Voraussetzung für die Notwendigkeit der persönlichen Weisung ist zudem, daß die Führungs- und Ausführungshandlung an verschiedene Handlungsträger gebunden ist.

Aus dem Charakter der persönlichen Weisung als eines räumlichen Datentransformationsprozesses resultieren bestimmte **Voraussetzungen**. Dabei erweist sich ne-

---

[176] Die Bildung des generellen Willens über zukünftige Behandlungen kann gemeinsam mit der Willensbildung über Ziele erfolgen. Denn auch bei der Zielbildung handelt es sich um die Diskussion von Fällen, mit denen das Verständnis für weitere Aspekte neben der medizinischen Wissensbasis geweckt werden soll. Das kann auch durch die Festlegung von Therapiepfaden geschehen. Voraussetzung ist, daß die Bildung des generellen Willens im jeweiligen Krankenhaus geschieht. Das muß nicht unbedingt sein. Denn gerade bei der Formulierung von Behandlungspfaden kann es sich anbieten, eine Kooperation mit anderen Krankenhäusern, medizinischen Fachgesellschaften oder Ärzteverbänden anzustreben. Dafür sind allerdings institutionelle Voraussetzungen zu schaffen, die ein einzelnes Krankenhaus kaum allein bewältigen kann.

[177] NEUBAUER, Fallklassifikation, 1992, S.24.

[178] Die Möglichkeit, Einzelfälle bei medizinischer Indikation anders zu gestalten, muß von den Therapiepfaden unberührt bleiben.

ben der Weitergabe der Nachricht vor allem die gemeinsame interpretatorische Basis für das Verständnis als wesentlich. Dieses Verständnis ist bei Mitgliedern einer Berufsgruppe grundsätzlich gegeben, was mit dem Begriff der Kommensurabilität umschrieben wird. Bei Handlungsträgern unterschiedlicher Berufsgruppen spricht man dagegen von Inkommensurabilität.[179] Diese gilt es zu reduzieren. Dabei gewinnen der Prozeß der Zielbildung und der Bildung von Therapiepfaden, weitere Lernprozesse wie der fachkundliche Unterricht für das Pflegepersonal sowie die Sozialisation zur Durchsetzung des übergeordneten Handlungsrahmens an Bedeutung.

Neben der persönlichen Weisung spielt vor allem der **übergeordnete Rahmen** eine Rolle innerhalb der Durchsetzung. Indem er Funktionen der Orientierung, Koordination und Integration ausfüllt, gelingt es ihm, damit ein Muster von Handlungen transparent werden zu lassen, das dabei auch durchgesetzt wird. Jedoch ist nicht bestimmbar, wie die seiner Funktionserfüllung zugrundeliegende Produktionsfunktion gestaltet ist. Diese Unbestimmbarkeit erklärt sich aus dem Charakter dessen, was durchzusetzen ist. Denn beim übergeordneten Rahmen handelt es sich in der Regel um ein im Handeln zum Ausdruck kommendes Verhalten, das im prozedualen Teil des Gedächtnisses zu verorten ist. So unbewußt wie das Verhalten durch Konditionieren aufgenommen wurde, so wird es auch reproduziert. Die Durchsetzung besteht also vornehmlich im Konditionieren weiterer Handlungsträger, wobei der Prozeß des Konditionierens nicht bestimmbar ist. Er ist lediglich durch Reize zu stimulieren. In letzterem kann die Möglichkeit für zusätzliche Handlungen der Durchsetzung erkannt werden.[180] So ist die Durchsetzung eher einem Sozialisationsprozeß vergleichbar, der schon bei der Berufswahl beginnt und sich durch die gesamte Ausbildung sowie einen Teil der Ausübung des Berufes ziehen kann.[181]

---

[179] Vgl. dazu auch die Probleme beim bereichsübergreifenden Wissensaustausch in Unternehmen: LULLIES/BOLLINGER/WELTZ, Wissenslogistik, 1993, S.43ff. Gegenüber den dortigen Schilderungen ergeben sich im Krankenhaus durch die einheitliche medizinische Grundlegung geringere Probleme mit der Inkommensurabilität. Allerdings ist nicht erforscht, wie groß die Inkommensurabilität zwischen den Berufsgruppen und auch innerhalb der Gruppe der Ärzte konkret ist.

[180] Vgl. SCHMIDT, Zentralnervensystem, 1990, S.164f., wo einfache dem Konditionieren dienende Reize genannt werden, die allerdings eine beträchtliche Verhaltenswirkung haben.

[181] Durchgesetzt werden mit dem übergeordneten Rahmen vor allem die Einstellungen der Ärzte. Das liegt darin begründet, daß die maßgeblich in Erscheinung tretenden und somit zur Sozialisation fähigen Handlungsträger die Ärzte sind. Von Nutzen ist, daß in die Durchsetzung damit bei-

In dem Maß, wie der übergeordnete Rahmen seine Integrations- und Koordinationsfunktion erfüllt, trägt er wesentlich dazu bei, daß die bei der räumlichen Datentransformation weitergegebenen Informationen mit einem gemeinsamen Verständnis im Sinne einer gleichen Interpretation versehen werden. Insofern trägt er zum Funktionieren der Durchsetzung, insbesondere bei der persönlichen Weisung, bei. Er gewinnt damit den Charakter einer **zusätzlichen Maßnahme**, um die Inkommensurabilitäten zu reduzieren. Allerdings lassen sich diese dadurch auch nicht vollständig abbauen, so daß für die persönliche Weisung eine Grenze besteht.

Zusätzlich ist eine Grenze der persönlichen Weisung erreicht, wenn die zu übermittelnde Datenmenge die persönliche Verarbeitungskapazität übersteigt. So ist es kaum möglich, die Faktoreinsatzpläne oder die Therapiepfade durch persönliche Weisung zu ersetzen. Ihr Informationsgehalt ist dafür zu groß. Demzufolge ist auch bei der Durchsetzung die **Kombination** aus den ex ante bestimmbaren Handlungen und Handlungen unbestimmbarer Produktionsfunktion **wesentlich**.[182]

Insgesamt zeigt sich, daß die Durchsetzungshandlungen in der Bestimmbarkeit ihrer Produktionsfunktion stark von der Willensbildung geprägt sind. Gelingt es, daß die Willensbildung in einen Therapiepfad mündet, so lassen sich diese in schriftlicher Form auch zur Durchsetzung verwenden. Bleiben dagegen aufgrund von Wissensdefiziten Freiheitsgrade offen, so sind sie in Handlungen der persönlichen Weisung oder mit Hilfe des übergeordneten Handlungsrahmens durchzusetzen. Die Produktionsfunktionen der letztgenannten Führungshandlungen lassen sich kaum bestimmen.

3.4 Zusammenfassende Betrachtung der Willensdurchsetzung

Die Durchsetzung des Willens ist eng an die Willensbildung angelehnt. Läßt sich ein Wille mit einer bestimmbaren Führungshandlung bilden, so ist er auch mit einer bestimmbaren Durchsetzungshandlung in die Realität umzusetzen. Die Durchsetzung erfolgt demzufolge immer dann in einer bestimmbaren Handlung, wenn die zu-

---

spielsweise die Hilfeleistung am Patienten oder ein bestimmter qualitativer Standard der Therapie eingeschlossen sind.

[182] Unbestimmt ist bei der persönlichen Weisung insbesondere, wie es zum gemeinsamen Verständnis kommen kann, vgl. dazu die „*Emergenz einer höherstufigen Lebensform*" bei HABERMAS, Kommunikatives Handeln, 1995, S.23.

grundeliegende Ausführung beschreib- und prognostizierbar, das **Wissensdefizit** also **gering** ist. Das trifft sowohl auf die Faktordisposition zur Leistungsbereitschaft als auch für die Leistungserstellung zu. Die Willensdurchsetzung in bestimmbaren Prozessen nimmt im Krankenhaus gerade durch die Faktordisposition eine wichtige Rolle ein, so daß in Anlehnung an die Controllingliteratur von plandominant koordinierter Leistungserstellung gesprochen werden kann.

Ist das **Wissensdefizit** dagegen **nicht gering**, gelingt es also nicht, in vollständig bestimmbaren Prozessen einen Willen zu bilden, ist auch die Durchsetzung dementsprechend in ihrer Ausprägung verändert. Der Faktordisposition und den Therapiepfaden treten Maßnahmen der Durchsetzung mit nicht bestimmbarer Produktionsfunktion wie der übergeordnete Rahmen, Anreize und die persönliche Weisung hinzu. Als wesentlich erweist sich - analog der Willensbildung - allerdings wiederum die Kombination von Durchsetzungshandlungen mit bestimmbarer und weniger bestimmbarer Produktionsfunktion.

3.5 Die Rolle des Patienten innerhalb der Durchsetzung

Die **Rechtspraxis** sieht zur Durchsetzung des gebildeten ärztlichen Willens vor, daß das Widerstreben des Patienten vor einer indizierten Leistungserstellung möglichst zu überwinden und bei eventueller Nichtdurchführung von Leistungen aufgrund eines Patientenwunsches auf die damit verbundenen Gefahren und Risiken hinzuweisen ist.[183] Insofern ist also von rechtlicher Seite möglichst vorzusehen, daß der von den Handlungsträgern im Krankenhaus gebildete Wille nicht von einem solchen des externen Faktors überlagert wird.[184]

Diese Form der Rechtspraxis ist auch für die **ökonomische Betrachtung** der Durchsetzung von Interesse. Denn die Komplexität des Leistungserstellungsprozesses steigt deutlich an, die Anzahl der potentiellen Freiheitsgrade wird erhöht, wenn der Patient die Leistungserstellung zu jedem Zeitpunkt auf eigenen Wunsch hin unterbre-

---

[183] Vgl. BRENNER, Arzt und Recht, 1983, S.27ff.

[184] Vgl. LAUFS, Arztrecht, 1993, S.90.

chen und beenden darf. Im Sinne der **Komplexitätsreduktion** sind also Durchsetzungshandlungen, die das Widerstreben des Patienten überwinden, sinnvoll.

Überdies, so wurde beschrieben, ist die Willensbildung so gestaltet, daß sie eine effektive und effiziente Leistungserstellung gewährleistet. Ein zusätzlicher Wille des Patienten kann ein suboptimales Ergebnis zur Folge haben. Das ist insbesondere dann erklärlich, wenn der Patient die Allokationsentscheidung im Krankenhaus nicht mitzutragen hat.[185] Insofern kann der Wille des Patienten die **Wirtschaftlichkeit** verringern, die Argumentation ist allerdings auch analog auf die **Qualität** anzuwenden. Denn infolge seines Wissensdefizites über die Qualität der Therapie ist es ihm nicht immer möglich, die Wirkung seines Willens auf die Qualität zu prognostizieren.

Insgesamt ist also die Gefahr der Wahl einer suboptimalen Therapie zwischen Qualität und Wirtschaftlichkeit durch den eigenen Willen des Patienten gegeben. Insofern erscheint es **sinnvoll, besondere Handlungen**[186] **der Durchsetzung** zu ergreifen, falls der Wille des Patienten nicht mit dem der Führungshandlungsträger im Krankenhaus übereinstimmt. Diese Handlungen sind im Bereich der personalen Koordination von Krankenhaushandlungsträger und Patienten zu finden.

4 Kontrolle

Die **Kontrolle** dient dem **Zweck** der Gegenüberstellung zwischen geistiger Antizipation der Ausführung und ihrer tatsächlichen Realisierung. Damit bezieht sie sich, indem sie die Ausführung vergleichend abbildet, auch auf die Willensbildung und die Willensdurchsetzung.

Die Ausprägung der einzelnen **Kontrollhandlungen** ist **geprägt vom Wissensdefizit**, das beim Führungshandelnden über die Ausführung besteht. Eine entsprechende Wissensgenerierung dient dazu, dieses Wissensdefizit im Rahmen der Kontrolle zu

---

[185] Würde der Patient an der Allokationsentscheidung in dem Sinne beteiligt, daß er eine signifikante Selbstbeteiligung zu tragen hätte, ergäbe sich für die Durchsetzung ein anderes Bild. Der Patient würde verstärkt Wissen nachfragen, sein Wissensdefizit wäre folglich nicht so hoch und seine Konsumentensouveränität dagegen eher gegeben. Infolgedessen könnte er auch eher einschätzen, was eine optimale Therapie darstellte, an der er ebenfalls interessiert sein müßte.

[186] Diese können in Anlehnung an die Rechtspraxis aus der Überzeugung bestehen.

reduzieren. Aufgrund der begrenzten Datentransformationsfähigkeiten der Handlungsträger bewegt sich die Führungshandlung der Kontrolle zwischen ihrer Notwendigkeit
und der Möglichkeit zur Wissensgenerierung.[187]

In der **betriebswirtschaftlichen Führungsliteratur** finden sich für die Durchführung von Vergleichen und die Frage nach den dazu notwendigen Informationen
erstens der Begriff der Kontrolle und zweitens - angelehnt an die Subsystembildung
des Führungssystems - der des Informationssystems.[188]

WEBER definiert allgemein die **Kontrolle** als den „*Vergleich eines eingetretenen Ist mit einem vorgegebenen Soll*".[189] Angelehnt ist diese Begriffsfassung an
LEFFSON, der die Kontrolle als Teil der Revision betrachtet,[190] und an FREILING, der
Kontrolle zu einer Teilaufgabe der Überwachung macht.[191] KUHN faßt sie noch allgemeiner als Vergleich einer normativen und einer empirischen Komponente[192] und
schließt mit GROCHLA und FRESE in die Kontrolle als Vergleich auch die Abweichungsanalysen mit ein.[193]

Kontrolle ist in völlig **unterschiedlichen Dimensionen** zu begreifen.[194] Die
erste dieser Dimensionen ist der **Zeitpunkt** der Kontrollhandlung. Danach wird in an-
tizipierende, mitlaufende und nachträgliche Kontrolle differenziert.[195] Im Rahmen der

---

[187] Nimmt man AMIGIONI zu Hilfe, so findet man bei ihm einen Ansatz, verschiedene Formen der
Kontrolle in Abhängigkeit von unterschiedlichen Situationen zu charakterisieren. Diese Situationen werden beschrieben durch eine Organisations- und eine Umweltvariable, die sich gemäß ihrem Inhalt als Komplexität und Dynamik definieren lassen. Setzt man einen Handlungsträger als
Kontrollierenden voraus, so ändern sich Komplexität und Dynamik in Beschreib- und Prognostizierbarkeit, die Form der Kontrolle wird also in Abhängigkeit vom Wissensdefizit des Handlungsträgers ausgeprägt, vgl. AMIGIONI, Planning management, 1978, S.280ff.

[188] Eine wesentliche Funktion des Informationssystems ist die Abbildung, vgl. WEBER, Controlling,
1995, S.170. Daneben spielt es allerdings noch eine weitergehende Rolle, die über die Funktion
im Rahmen der Kontrolle hinausgeht.

[189] WEBER, Controlling, 1995, S.150.

[190] Vgl. LEFFSON, Revision, 1983, Sp.1289.

[191] FREILING, Überwachung, 1978, S.297.

[192] Vgl. KUHN, Unternehmensplanung, 1990, S.55.

[193] Vgl. GROCHLA, Planung, 1964, S.315, und FRESE, Kontrolle, 1968, S.49ff.

[194] Vgl. auch mögliche Dichotomien als Endpunkte von Dimensionen: REERINK, Qualitätssicherung,
1991, S.138f.

[195] Vgl. RIESER, Frühwarnsysteme, 1978, S.52.

in dieser Arbeit vorgestellten theoretischen Grundlegung wird vor allem über die nachträgliche Kontrolle als Vergleich einer geistig antizipierten Ausführung mit einer tatsächlich stattgefundenen gesprochen. Da das Wissen für den Vergleich allerdings schon während der Ausführung generiert werden kann, ist der mitlaufende Teil insofern eingeschlossen. Zudem kann sich die Kontrolle in einer veränderten Willensbildung oder Willensdurchsetzung niederschlagen, was einem antizipativen Teil entspricht.[196] Eine weitere Dimension zur Differenzierung der Kontrolle stellt ihr **Träger** dar. Diesbezüglich wird zwischen Selbst- und Fremdkontrolle unterschieden.[197] Nach dem **Gegenstand** der Kontrolle sind vielfältige weitere Unterteilungen denkbar. In der vorliegenden Arbeit werden gemäß der theoretischen Grundlegung des Produktionsprozesses die Faktoren, der Kombinationsprozeß und das Ergebnis zu Kontrollgegenständen unterschieden.[198] Die **Wirkungsreichweite** der Kontrolle bietet ein weiteres Differenzierungskriterium, das allerdings nicht mit diskreten Werten zu bedenken ist.[199]

Gemeinsam ist den verschiedenen Kontrollformen als Teil der Führung, daß gilt: *„Die Erfüllung dieser Aufgabe setzt Wissen über die Ausführungshandlung und deren Bedingungen voraus.“*[200] Das bedeutet, der **Zweck des Vergleichs** wird **nur durch vorherige Datentransformation** erreicht. Diese Transformation zur Generierung von abbildendem Wissen findet sich in der herkömmlichen Subsystembildung des Führungssystems im **Informationssystem** wieder.[201] Weber versteht unter dem Infor-

---

[196] Geht die Kontrolle in eine Veränderung der Ziele oder des sonstigen gebildeten Willens ein, so ist der Prozeß im Sinne eines Regelkreises in der Organisation mit dem „double-loop learning“ zu vergleichen, vgl. ARGYRIS, Double Loop Learning, 1977, S.115ff., und ARGYRIS, Organizational Learning, 1992, S.8ff.

[197] Vgl. TÖPFER, Planungs- und Kontrollsysteme, 1976, S.149ff., und BAETGE, Überwachung, 1990, S.186ff.

[198] Vgl. LAUX/LIERMANN, Organisation, 1993, S.471. Für das Gesundheitswesen hat DONABEDIAN die Differenzierung in „structure, process or outcome“ vorgeschlagen, vgl. DONABEDIAN, Medical Care, 1966, S.167ff.

[199] Zu den Extensionen der Kontrolle vgl. WEBER, Controlling, 1995, S. 151.

[200] WEBER, Controlling, 1995, S.170. WEBER bezieht diesen Satz auf das ganze Führungssystem, von dem ein Subsystem das Kontrollsystem ist, indem er als Aufgabe des Führungssystems feststellt, „die Ausführungshandlungen möglichst effizient und effektiv zu lenken.“ WEBER, Controlling, 1995, S.170.

[201] Vgl. WEBER, Controlling, 1995, S.170.

mationssystem eine *„geordnete Menge von Informationselementen"*, zu denen er präzisiert, daß sie *„sämtlich führungsrelevante Tatbestände, Merkmale und Ereignisse des Ausführungssystems betreffen."*[202] Dagegen weisen ULRICH/FLURI die Informationen gleich den anderen Führungsfunktionen zu,[203] PFOHL verfährt ebenso,[204] und bei WILD ist auch kein Informationssystem im herkömmlichen Sinne zu finden.[205] Die Zweckbindung betont auch WEBER, insbesondere bei der Definition des Informationsbegriffes als zweckorientiertes Wissen.[206]

Insgesamt ist eine Reihe unterschiedlicher Dimensionen der Kontrolle vorgestellt worden. Aufgrund der Maßgeblichkeit der Wissensgenerierung und der Tatsache, daß das Wissensdefizit in Abhängigkeit vom Handlungsträger unterschiedlich groß sein kann, ist im folgenden die Handlungsträgerabhängigkeit als führende Dimension gewählt. Das sich dabei ergebende Spannungsfeld wird im nächsten Abschnitt skizziert.

4.1 Kontrolle im Spannungsfeld zwischen Fremd- und Selbstkontrolle

Die Kontrolle ist eine **Datentransformationshandlung**. Die Voraussetzung zu ihrer Durchführung ist die Datentransformationsfähigkeit des Führungshandelnden. Diese Fähigkeit ist unterschiedlich ausgeprägt und begrenzt. So ist in **Abhängigkeit vom Wissensdefizit** über die Ausführungshandlung entweder zwischen verschiedenen Datentransformationsprozessen des Kontinuums zu wählen, oder es muß die begrenzte Datentransformationsfähigkeit des Führungshandelnden umgangen werden. Dazu sind grundsätzlich zwei Alternativen denkbar: Auf die Kontrolle wird gänzlich verzichtet - dieser Fall ist denkbar, wenn eine Kontrolle nicht notwendig erscheint -, oder der Führungshandelnde als Kontrollierender wird ersetzt. Dieser Ersatz ist einerseits im Vertrauen zu finden, andererseits kann der Ausführungshandelnde sich selbst kontrollie-

---

[202] WEBER, Controlling, 1995, S.170.

[203] Vgl. ULRICH/FLURI, Management, 1992.

[204] Vgl. PFOHL, Planung und Kontrolle, 1981.

[205] Vgl. WILD, Unternehmensplanung, 1982, Inhaltsverzeichnis und S.40.

[206] Vgl. WEBER, Controlling, 1995, S.170, und BERTHEL, Information, 1975, Sp.1866.

ren. In diesem Fall spricht man, gemäß der obigen Differenzierung, auch von Selbst-kontrolle in Abgrenzung zur Fremdkontrolle durch den Führungshandelnden.

Auf das Krankenhaus bezogen erwächst daraus ein Spannungsfeld, in dem sich die Wissensgenerierung ex post bewegt.

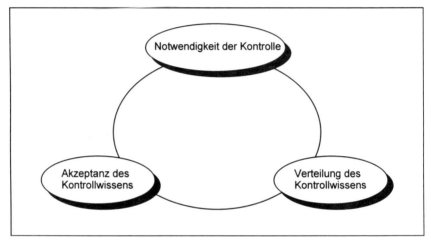

Abbildung 13: Das Spannungsfeld der Kontrolle im Krankenhaus

Erstens muß die grundsätzliche **Notwendigkeit zur Kontrolle** festgestellt wer-den. Für das Krankenhaus ist dazu folgendes festzuhalten: In der Vergangenheit sind immer wieder Fälle mangelnder Qualität, teilweise mit extremen Konsequenzen, auf-getreten.[207] Zudem ist das Postulat der Wirtschaftlichkeit der Leistungserstellung den Handlungsträgern, insbesondere der Ärzteschaft, nicht immer so gegenwärtig, daß es eingehalten würde. Insofern kann man eine grundsätzliche Notwendigkeit zur Kontrol-le konstatieren. Sie bezieht sich auf die Leistungserstellung und durch ihren Charakter als Vergleich mit einem Sollzustand auch auf die Willensbildung und -durchsetzung.

Zweitens werden im Krankenhaus sehr unterschiedliche Prozesse durchgeführt, die sich in ihrer Beschreib- und Prognostizierbarkeit wesentlich voneinander unter-scheiden. Dadurch, daß auch schwer beschreib- und prognostizierbare Leistungen zu

---

[207] Vgl. STEINMETZ, Krank in Hamburg, 1984, S.42ff., oder MANGOLD, Krankes Krankenhaus, 1990, S.20ff., oder allgemein EICHHORN, Qualitätssicherung, 1991, S.38ff., und ERKERT, Qualitätssi-cherung, 1991, S.14ff.

erstellen sind, werden **Grenzen der Datentransformationsfähigkeit** bei den Führungshandelnden erreicht. In der Folge wird einerseits Vertrauen relevant, andererseits ist Selbstkontrolle im obigen Sinne notwendig.[208] Die Ausprägung der Führungshandlung ist also vornehmlich von der Verteilung des Kontrollwissens beeinflußt.

Drittens ist festzuhalten, daß die zu kontrollierenden Leistungen vornehmlich medizinisch fundiert sind. Das bedeutet, daß im Zentrum der Kontrolle die Ärzte und ihre Handlungen stehen. Die Kenntnis ihrer Nutzenfunktionen zeigt eine Abneigung gegen Eingriffe in ihre Unabhängigkeit und ihr autonomes Handeln. Das kann dazu führen, daß die **Kontrolle keine Akzeptanz** findet und darauf aufbauend das höhere Wissen bzw. die größeren Datentransformationsfähigkeiten genutzt werden, um die eigenen Nutzenfunktionen zu verfolgen.[209] In Zusammenfassung dieser drei Aspekte ergibt sich das oben dargestellte Spannungsfeld, in dem sich die Kontrollhandlungen befinden.

Dieses Spannungsfeld inhaltlich auszufüllen, dazu dienen die folgenden Abschnitte. Wird dabei als gegeben angenommen, daß Kontrolle im Krankenhaus notwendig ist, so verbleiben die beiden Fragen, wer das Kontrollwissen generieren soll (**Können**-Komponente) und wie das Wissen Akzeptanz findet (**Wollen**-Komponente). Diese beiden Fragen bilden den Problemrahmen, in dem sich die **Handlungsträger** mit ihrem unterschiedlichen Können und Wollen befinden. Bei Trennung von Führungs- und Ausführungshandelnden resultiert daraus ein **Spannungsfeld zwischen Fremd- und Selbstkontrolle**, das die Grundlage der Gliederung der folgenden Abschnitte darstellt.

---

[208] Zudem kann das auch den Verzicht auf Kontrolle bedeuten, wenn die Kosten der Wissensgenerierung die „Fehlerkosten" übersteigen, vgl. BAETGE/SCHUPPERT, Wirtschaftlichkeit der Überwachung, 1991, S.1045ff. und S.1131ff.

[209] Die Konsequenz daraus ist neben der dysfunktionalen Wirkung im Hinblick auf die Zielerreichung, daß Kontrollinformationen vorgehalten werden, die nicht genutzt werden. Dadurch werden Ressourcen ohne Nutzen verbraucht. „...*Krankenhäuser und andere von uns systematisch beobachtete Organisationen beschaffen, speichern und legen Informationen vor, von denen sie keinen Gebrauch machen, ja von denen sie nicht einmal Gebrauch machen könnten*" MARCH/SEVÓN, Information, 1990, S.481.

4.2 Fremdkontrolle durch die Krankenhausleitung

Der Notwendigkeit der Kontrolle kann bei Fremdkontrolle durch die Kranken-

hausleitung entsprochen werden, solange die Handlungsträgergrenzen der dazu not-

wendigen Datentransformation nicht erreicht und die Grenzen der Akzeptanz der

Kontrolle nicht überschritten sind. Für die Prozesse dieser Datentransformation können

die aus dem Informationssystem entlehnten Instrumente und Bereiche des Rechnungs-

wesens und der Indikatoren bzw. Kennzahlen angewandt werden.[210] Die grundsätzli-

che Eignung und Anwendbarkeit der Datentransformationsprozesse entscheidet über

den Einsatz zur Fremdkontrolle im Krankenhaus.

4.2.1 Fremdkontrolle mit Hilfe des internen Rechnungswesens

Das interne Rechnungswesen symbolisiert jenen Zweig, der spezielle Informati-

onsbedürfnisse durch die Rechnungslegung flexibel zu befriedigen vermag.[211] Damit

stellt es den für die Führung eines Betriebes relevanten Teil des gesamten Rechnungs-

wesens dar.[212] Im Unterschied zu anderen Wirtschaftsbereichen sind die Ansätze des

internen Rechnungswesens im Krankenhaus in den Grundzügen gesetzlich vorgege-

ben.[213] Neben diesem reglementierten Teil sind aber durchaus weitere Informationen

zu generieren denkbar.[214] Die Ausgangsfrage lautet demnach, **welches Wissen** zum

Zweck der Kontrolle mit dem internen Rechnungswesen zu **generieren** ist.

Die **Publikationen** zum internen Rechnungswesen im Krankenhaus sind viel-

fältig und umfassen fast alle Facetten der Ausprägung der Rechnungssysteme: Aus-

führlich dargestellt finden sich die Fragen einer Teil- versus einer Vollkostenrech-

---

[210] Vgl. die Bestandteile des Informationssystems bei WEBER, Controlling, 1995, S.173ff. Diese beiden Instrumente können zum Kontrollzweck sowohl für Abweichungsanalysen als auch für Stichproben Verwendung finden, vgl. WEBER, Controlling, 1995, S.156ff.

[211] Vgl. WEBER, Kostenrechnung, 1995, S.1ff. Das interne Rechnungswesen grenzt sich vom externen Teil in seiner Bindung an gesetzliche Vorschriften, den Rechnungszweck, die Rechnungsgrö-
ßen und das Vorgehen ab, vgl. zur Entstehung der unterschiedlichen Zweige des Rechnungswesens und der Abgrenzung beispielhaft WEBER, Bilanzierung, 1996, S.39ff., WEBER, Kostenrechnung, 1995, S.1ff., und SCHWEITZER/KÜPPER, Systeme der Kostenrechnung, 1986, S.17ff.

[212] Vgl. zur Zwecksetzung WEBER, Verhaltens- und Entscheidungsorientierung, 1994, S.99ff.

[213] Vgl. dazu vor allem die Krankenhaus-Buchführungsverordnung - KHBV.

[214] Vgl. zu den Vorschriften als Mindestanforderungen: DEUTSCHE KRANKENHAUSGESELLSCHAFT,
Rechnungswesen, 1992, S.14ff.

nung[215] und die spezielle Gestaltung in Form einer relativen Einzelkostenrechnung,[216] einer Deckungsbeitragsrechnung,[217] einer Plankostenrechnung,[218] einer Grenzplankostenrechnung[219] und einer Prozeßkostenrechnung[220]. Dabei ist zwar schon viel Kritik an einzelnen Rechnungssystemen geübt worden, hingegen fehlt eine grundsätzliche Auseinandersetzung, die die Rolle des Rechnungswesens und seine Anwendung im Krankenhaus zum Inhalt hat.

Bei der Durchsicht der Literatur erweisen sich insbesondere **drei Problemfelder** als wesentliche Hinderungsgründe für die unumschränkte Anwendung des internen Rechnungswesens im Krankenhaus: Erstens bietet der **Kostenträger** Pflegetag ein völlig unzureichendes Abbild der enthaltenen Leistungen.[221] Alternative Kostenträger dagegen wie z.B. Fallpauschalen sind aber in ihrer Breite für das gesamte Krankenhaus nur unter so grober Leistungsdifferenzierung zu bilden, daß sich bisher kein unumschränkt anwendbarer Kostenträger hat finden lassen.[222] Zweitens zeigt sich bei der Diskussion um die Frage der Voll- vs. der Teilkostenrechnung, mit welcher **Problematik** die **Schlüsselung** von Kosten im Krankenhaus verbunden ist.[223] Drittens „*wird wenig darauf geachtet, daß die von der Theorie her einfache, aber in der Praxis sehr zeitaufwendige Aufgabe, eine geeignete Kostenrechnung einzuführen, grundlegende*

---

[215] Als Vertreter einer Teilkostenrechnung sind zu nennen: DÖTTL, Voll- oder Teilkostenrechnung, 1981, GOTTWALD, Teilkostenrechnung, 1976, TUSCHEN, Kosten- und Leistungsrechnung, 1988, als Vertreter einer Vollkostenrechnung: HÜBNER, Vollkosten- oder Teilkostenrechnung, 1976, PETERSMANN, Rechnungswesen, 1974.

[216] Vgl. HAUSLADEN, Entscheidungsorientierte Kostenrechnung, 1985, OELMEIER/WESSEL, Vollkostenrechnung oder Teilkostenrechnung, 1982.

[217] Vgl. BREDE, Deckungsbeitragsrechnung für Krankenhäuser, 1978.

[218] Vgl. BORN, Krankenhausbetriebskonforme Abrechnung, 1976, GROOT, Entscheidungsorientierte Kostenrechnung, 1979, HALEN, Entwurf, 1977, JANZER/SCHÖN/SCHWAB, Kosten-Leistungs-Rechnung, 1979, und SCHUCHART, Erfolgsrechnung, 1982.

[219] Vgl. LEONHARDT, Grenzplankostenrechnung, 1988.

[220] Vgl. CHEN/ZIMMERMANN, Prozeßkostenrechnung, 1995.

[221] Vgl. HÜBNER, Kostenrechnung, 1980, S.69ff., und LENZEN, Wirtschaftlichkeit, 1984, S.14ff.

[222] Um die vielen verschiedenen im Krankenhaus behandelten Fälle differenziert abzubilden, ist auch eine dementsprechend differenzierte Rechnung notwendig. Diese erfordert aber einen so hohen Aufwand, daß sie bisher mit Ausnahme der neuerlich zu bildenden Fallpauschalen nicht praktiziert wird. Vgl. auch die Problematik, einen Kostenträger bei Kassenarzthonoraren zu finden: GOETZKE, Kostenrechnung, 1979, S.68ff.

[223] Allgemein zur Schlüsselung im Zusammenhang mit der Differenzierung von Einzel- und Gemeinkosten vgl. WEBER, Kosten, 1987, S.395f.

Voraussetzung für die Einsetzbarkeit formaler Modelle ist."[224] Beredtes Zeugnis für den Mangel an praktischer Umsetzung sind auch Studien, die belegen, daß sich die Krankenhäuser mit der Einführung des internen Rechnungswesens gerade an die gesetzlichen Vorschriften halten, aber kaum darüber hinaus gehen.[225] So ist als das größte Hindernis zu konstatieren, daß konzeptionell ausgereifte Modelle bei ihrer Umsetzung in der Praxis in ihrer Idee und Konzeption so verändert werden, daß sie kaum mehr ihrem Sinn entsprechend eingesetzt sind.[226] Im Hinblick darauf verspricht die Erforschung der Gründe Aussagen darüber, wie das interne Rechnungswesen auszugestalten ist, um zu einer sinnvollen Anwendung im Krankenhaus zum Zwecke der Wissensgenerierung ex post im Sinne der Fremdkontrolle zu gelangen.

4.2.1.1 Kontrolle der eingesetzten Faktoren und des Kombinationsprozesses mit Hilfe des internen Rechnungswesens

Die Kontrolle der eingesetzten Faktoren ist in die Dimensionen der Menge und der Qualität zu unterteilen.[227] Dabei ist besonders von Interesse, ob Abweichungen von dem Faktoreinsatz zu verzeichnen sind, der in der Willensbildung für die Periode vorgesehen wurde. Denn dies ergibt Hinweise auf das Erreichen der Zielkomponente der Wirtschaftlichkeit aus einer **Gesamtsicht des Krankenhauses**, die sich von der Betrachtung einzelner Prozesse der Leistungserstellung unterscheidet. Grundsätzlich ist für den Einsatz des Rechnungswesens zu fordern, daß dieser der Notwendigkeit der Kontrolle entspricht, daß die damit verbundene Datentransformation von den Füh-

---

[224] HAUSLADEN, Entscheidungsorientierte Kostenrechnung, 1985, S.61, keine Hervorhebungen im Original.

[225] Vgl. THE BOSTON CONSULTING-GROUP, Studie, 1993, S.10, wo aus der Notwendigkeit zur Vorbereitung auf das GSG auf den Stand der Kosten- und Leistungsrechnung zu schließen ist, und vor zehn Jahren schon SIEBEN, Krankenhaus-Controlling, 1986, S.233. Vgl. dazu auch Beiträge, die die praktische Implementierung von Kostenrechnungssystemen im Krankenhaus unter Rekurs auf die Gesetze vornehmen und diesen anpassen, als Beispiel: MAST, KOLK, 1978, S.125ff.

[226] Vgl. anschaulich die Diskussion bei HAUSLADEN, Entscheidungsorientierte Kostenrechnung, 1985, S.36ff. und zudem die Tatsache, daß aufgrund der Handhabungsprobleme jahrelang ein so pauschalierender Kostenträger wie der Pflegetag Bestand haben konnte, der auch nach Einführung des Gesundheitsstrukturgesetzes erst ganz zögerlich abgelöst wird, vgl. GERDELMANN, GSG, 1996, S.15f.

[227] Für eine ausführliche definitorische Abgrenzung der Qualität vgl.: ERKERT, Qualitätssicherung, 1991, S.5ff.

rungshandelnden zu bewältigen ist und das so generierte Kontrollwissen Akzeptanz findet.

Der **Faktorverbrauch** wird im internen Rechnungswesen mit Hilfe der Kostenartenrechnung erfaßt, eine fundierte Aussage über den wirtschaftlichen Einsatz der Faktoren ist aber erst im Zusammenhang mit der Kostenstellenrechnung zu treffen. Insofern erweist es sich als hilfreich, die Kontrolle des Faktoreinsatzes und des **Kombinationprozesses gemeinsam zu betrachten.**[228]

Werden durch die Datentransformation im Rahmen der Kontrolle Abweichungen zwischen dem Willen und der stattgefundenen Ausführung festgestellt, so kann das in der Konsequenz der erneuten Festlegung von Freiheitsgraden entweder in eine **Veränderung** der **Führungshandlungen**, Willensbildung und -durchsetzung, oder der **Ausführungshandlung** münden. Insofern erhält die Datentransformation und die anschließende Kontrolle Orientierungen, die mit den Begriffen der Verhaltens- und Entscheidungsorientierung umschrieben werden können.[229]

Im Rahmen der **Verhaltensorientierung** des internen Rechnungswesens wird Kontrollwissen generiert, um die Handlungen auf die gebildeten Ziele des Krankenhauses hin auszurichten. Voraussetzung dafür ist, daß die zu beeinflussenden Handlungsträger dieses Wissens akzeptieren.[230] Diese Voraussetzung ist jedoch gerade bei den die medizinisch-fachliche Leistungserstellung ausführenden und beherrschenden Ärzten nicht gegeben.[231] Folglich ist es grundsätzlich zweifelhaft, daß die gewünschte Verhaltensbeeinflussung der Ausführungshandelnden durch die Generierung von Wissen mit Hilfe des internen Rechnungswesens erreicht werden kann.[232]

---

[228] Vgl. HENTZE, Kosten- und Leistungsrechnung, 1993, S.185.

[229] Dabei bezieht sich die Entscheidungsorientierung insbesondere auf Führungshandlungen, die Verhaltensorientierung auf Ausführungshandlungen. Doch auch die Führungshandelnden können in ihrem Verhalten durch die Kostenrechnung beeinflußt werden (Entscheidungsbeeinflussung ist Verhaltensorientierung), so daß die Zuordnung in dieser strikten Form nur der Veranschaulichung dient.

[230] Vgl. WEBER, Verhaltens- und Entscheidungsorientierung, 1994, S.99f.

[231] Vgl. zur Beherrschung: RIEFENSTAHL, Motivationssysteme, 1990, S.8f.

[232] Ausgenommen sind hier Einzelleistungen, die, werden für sie Kosten/Preise ausgewiesen, auch anhand der Kostenrechnungsinformationen ausgewählt werden können. Ärzte werden die Kosteninformation allerdings den medizinischen hintanstellen.

Denn in ihrem **Vorgehen** ist die **Kostenrechnung** dazu gezwungen, die Realität vereinfachend in einem Modell wiederzugeben. Das ist für ihre praktische Anwendung unumgänglich, führt aber im Krankenhaus zu erheblichen **Akzeptanzproblemen**, die ihre Wirkung im Hinblick auf eine Verhaltensänderung erheblich beeinträchtigen. Der Ärzteschaft, die die fachliche Autorität über die Leistungserstellung innehat, ist neben der beschriebenen allgemeinen Skepsis der Kontrolle durch Instanzen vor allem die in der praktischen Anwendung nützliche Einzelfallsicht zu eigen. Diese in eine abstrakte und auf Modellannahmen beruhende Gesamtsicht zu ändern, erweist sich nicht nur als schwierig, sondern zerstört zudem den Nutzen der für die tägliche Berufsausübung wichtigen Einzelfallsicht. So steht kaum zu erwarten, daß globale Informationen wie die Menge des eingesetzten Personals oder wie die angefallenen Sachkosten das Verbrauchsverhalten der Ärzte ändern, insbesondere, wenn aufgrund von Wissensdefiziten kaum Angaben darüber gemacht werden können, wozu die Faktoren eingesetzt wurden und ob dieser Einsatz unter Effizienz- und Effektivitätsgesichtspunkten notwendig war. Eine Anwendung des internen Rechnungswesens zur **allgemeinen** Beeinflussung des Verhaltens bei der Leistungserstellung ist insofern nur von **geringem Nutzen** und steht in einem starken Mißverhältnis zu den Kosten der Generierung des Wissens.

Neben der allgemeinen Beeinflussung verbleibt die Möglichkeit der Verhaltensänderung in **speziellen Einzelfällen**. Darin kann das interne Rechnungswesen insofern eine Rolle spielen, als es gelingt, unter Hinzunahme der Kostenträgerrechnung Einzelleistungen bzw. -handlungen mit Preisen zu belegen.[233] Eine solche Bewertung von Einzelleistungen ist dem ärztlichen Personal nicht fremd, so daß es ihm ermöglicht ist, wirtschaftliche Gesichtspunkte bei der Auswahl alternativer Handlungen gleicher oder ähnlicher medizinischer Effektivität anzuwenden. Dazu muß aber die Voraussetzung, die Verfügbarkeit von transparentem Wissen über die Kosten der Maßnahme, erfüllt sein.[234] Der - zumindest selektive - Ausweis solcher Kosteninformationen, insbesondere der kostenintensiven Leistungen, erscheint unter diesem Aspekt **sinnvoll**

---

[233] Vgl. exemplarisch eine solche Rechnung in HANSEN, Kostenrechnung im Krankenhaus, 1979, S.20ff.

[234] Als Beispiel für eine solche Alternativenwahl unterschiedlicher Kosten und Effektivität ist die Überprüfung eines Schädel-Hirnverletzten alternativ durch Röntgenuntersuchungen oder durch eine Kernspintomographie anzuführen.

und mit verhaltensbeeinflussenden Wirkungen behaftet. Darauf kann dann beispielsweise die Auswahl von klinischen Tests zur Erhöhung der Sicherheit der Diagnose gegründet werden.[235]

Die **Entscheidungsorientierung** der Kostenrechnung gliedert sich im Krankenhaus in zwei Äste auf. Die momentan angewandte[236] Kostenrechnung in bundesdeutschen Krankenhäusern zeigt, daß es in einem begrenzten Rahmen möglich ist, **Fallpauschalen** zu bilden.[237] Ein Blick in die USA verdeutlicht, daß diese Möglichkeit noch weit stärker ausgebaut werden kann. Unter Anknüpfen an die für die Willensbildung relevanten Therapiepfade sind für diese und alternative Pfade in einmaligen und exemplarischen Rechnungen Kostensätze zu generieren.[238] Dadurch kann neben der medizinischen Wirksamkeit die kostenrechnerische Beurteilung als Entscheidungshilfe für unterschiedliche Therapien bei gleicher zugrundeliegender Diagnose nutzbar gemacht werden. Unter Umständen ist dieser Kostensatz als Soll in einen laufenden Vergleich mit dem eingetretenen Ist bei statistisch ausreichend häufiger Anwendung des Pfades einzubringen.[239] Allerdings ist auch diese **Möglichkeit** der Anwendung der internen Rechnungslegung **begrenzt**. Denn bei den Fällen, in denen kein Therapiepfad vorgesehen ist, kann auch kein Kostensatz gebildet werden. Das ist darauf zurückzuführen, daß erstens die ausreichende statistische Grundgesamtheit nicht vorhanden ist,[240] die Kosten der Wissensgenerierung den Nutzen aber sehr schnell übersteigen würden, zumal die Entscheidungsunterstützung des Wissens durch den nicht gebildeten Therapiepfad ausbleibt. Zweitens könnten bei Einzelbewertung ausschließlich die

---

[235] Auch hierfür ist das Beispiel des Schädel-Hirnverletzten anzuführen.

[236] Vgl. die gesetzlichen Vorgaben für die Abrechnung nach Fallpauschalen und der Durchdringungsgrad von etwa 20 %: MÜLLER, GSG, 1996, S.8.

[237] Vgl. dazu die Diskussion um die Rolle der Kostenrechnung und ihren Patientenbezug: RÖHRIG, Kosten- und Leistungsrechnung, 1978, S.10ff.

[238] Vgl. die Möglichkeit, dabei Unsicherheit berücksichtigen zu können: HANSEN, Kostenrechnung im Krankenhaus, 1979, S.24ff.

[239] Dazu ist mindestens eine ausreichend differenzierte Teilkostenrechnung Voraussetzung, die allerdings relativ einfach umsetzbar ist, vgl. Umsetzungen mit Hilfe der Datenverarbeitung GÖTZKE, Betriebssteuerung, 1982, S.137ff., oder KRAUSE/FENGLER, Krankenhaus-Controlling, 1994, S.337ff.

[240] Vgl. analog dazu auch das Problem steigender Programmkomplexität und der Rolle der Kostenrechnung dabei in WEBER, Selektives Rechnungswesen, 1996, S.928ff.

Ärzte die Zuordnung der bewerteten Ressourcen zu den angefallenen Therapien vornehmen. Die Informationen würden damit im Prinzip zu einer Wissensgenerierung ex post genutzt, bei der es sich im Kern um eine Selbstkontrolle handelt.[241] Eine solche Zuordnung trägt damit nicht zu einer Entscheidungsorientierung bei und ist in ihrer oben behandelten Verhaltensorientierung nicht sinnvoll.

Neben der Anwendung des internen Rechnungswesens zur Bewertung von Therapiepfaden im Rahmen einer Entscheidungsunterstützung und von Einzelleistung zur Verhaltensbeeinflussung ist es darüber hinaus denkbar, **Kosteninformationen als Indikatoren** zur Kontrolle des Faktoreinsatzes zu nutzen. Dazu liegt ein Ansatz in der Nutzung der Bestandteile der pflichtmäßig vorzuhaltenden Kostenrechnung.[242] Mit dieser Hilfe ist es der Krankenhausleitung möglich, einen Grundstock an groben Informationen zu generieren, der das Erkennen von Fehlentwicklungen erlaubt.[243] Erkannte Fehlentwicklungen sind mit Hilfe genauerer Analysen auf ihre Ursache hin zu überprüfen.[244] Diese Analysen verlangen allerdings eine medizinisch-fachliche Wissensbasis, die bei der Krankenhausleitung in der Regel nicht vorhanden ist.[245] Damit ist eine **Grenze der Fremdkontrolle** erreicht.

Schlußfolgernd läßt sich zur Rolle und Ausprägung des internen Rechnungswesens im Krankenhaus folgendes festhalten: Eine laufende Kostenrechnung ist in ganz rudimentärer Form zu gestalten,[246] Ergebnis dieser Rechnung sind Indikatoren, die ein grobes Bild über den Faktorinput und den Kombinationsprozeß liefern.[247] Die

---

[241] Um eine Selbstkontrolle handelt es sich vor allem deswegen, weil die Krankenhausleitung aufgrund von Wissensdefiziten keine Möglichkeit zur Überprüfung der Sinnhaftigkeit der zugeordneten Ressourcen hat.

[242] Vgl. dazu exemplarisch DIEDERICHS, Kostenfunktionen, 1989, S.22ff.

[243] Solche groben oder selektiven Rechnungen sind insbesondere für kostenintensive Leistungen und unter Umständen auch für potentielle Engpässe denkbar, dazu vgl. WEBER, Selektives Rechnungswesen, 1996, S.938.

[244] Diese Analysen müssen nicht zwingend vom Rechnungswesen geleitet erfolgen.

[245] Werden die notwendigen Analysen durch Ärzte vorgenommen, ist vor allem der Bestätigungsbias nicht auszuschließen.

[246] Die rudimentäre Rechnung dient auch dem Zweck, den von EICHHORN beschriebenen „Zahlenfriedhof" zu vermeiden, vgl. EICHHORN, Krankenhausrechnungswesen, 1988, S.13ff.

[247] Diese Funktion ist bei der gesetzlich vorgeschriebenen Rechnungslegung in der Regel schon gegeben. Es eignet sich auch eine nicht zweckorientierte Grundrechnung auf Basis der gesetzlichen Vorschriften, vgl. HÜBNER, Kostenrechnung, 1980, S.228, und allgemein WEBER, Kosten-

genauere Überprüfung entstandener Abweichungen von einem definierten Sollzustand markiert eine Grenze der Fremdkontrolle und damit den Übergang zur Selbstkontrolle. Daneben kann das Rechnungswesen selektiv für Kostensätze sorgen. Zum einen sind Einzelleistungen mit Kosten zu versehen, damit im Einzelfall das Verhalten bei der Disposition von einzusetzenden Ressourcen im Sinne eines effektiveren Einsatzes beeinflußt wird. Zum anderen sind Therapiepfade zu bewerten, so daß neben der medizinischen Indikation eine Möglichkeit zur Entscheidung auf ökonomischer Basis gegeben erscheint.[248] Die gefällten Entscheidungen bzw. das reale Verhalten sind stichprobenweise zu überprüfen.[249] Wiederum wird die maßgebliche Rolle des Wissensdefizites deutlich: Die Prozesse, über die ein geringes Wissensdefizit besteht, für die also Therapiepfade zu bilden sind, lassen sich auch in einer Kontrollhandlung mit bestimmbarer Produktionsfunktion abbilden. Bei den anderen Prozessen ist es das mangelnde Wissen, das die Anwendung des internen Rechnungswesens einschränkt. Dabei ergeben sich die **Grenzen der Fremdkontrolle** mit Hilfe des Rechnungswesens zum einen aus der Begrenzung der Datentransformation bezüglich des Wissensaufbaus über einzelne Prozesse[250] und zum anderen durch das Instrument des Rechnungswesens. Denn die Qualität der eingesetzten Handlungsträger ist durch das Rechnungswesen nicht abzubilden.

4.2.1.2 Kontrolle des Outputs mit Hilfe des internen Rechnungswesens

Der **Output** des Krankenhauses besteht letztlich aus der **Verbesserung** des **Gesundheitszustandes** des Patienten. Dazu werden Handlungen der Heilung und Linderung ausgeführt. Die dazu einzusetzenden Faktoren und die Kombinationsprozesse

---

Grundrechnung, 1983, S.500ff. und S.554ff., sowie WEBER, Grundrechnung, 1984, S.242f., RIEBEL, Grundrechnung, 1979, S.785ff., RIEBEL, Unternehmensrechnung, 1990, S.149ff., und beispielhaft HUMMEL/MÄNNEL, Kostenrechnung, 1977, S.48.

[248] Vgl. im Rahmen der Bewertung die Trennung zwischen der betriebswirtschaftlichen und der ärztlichen Aufgabe: MILDNER, Rationalität, 1982, S.536f.

[249] Deutlich wird auch in der Zusammenfassung, daß das Rechnungswesen die Informationen zwar ex post, also nur nach der Ausführung, generieren kann, die Wirkung des Wissens aber zukunftsgerichtet ist. Mit der Entscheidungs- und Verhaltensorientierung sowie ihrer anschließenden Überprüfung bezieht sich die Wissensgenerierung ex post vornehmlich auf die erneute Willensbildung, Willensdurchsetzung und Ausführung.

[250] Dazu fehlt das ärztlich-technische Wissen.

werden in der Kostenarten- und Kostenstellenrechnung betrachtet. Durch Schlüsselung auf einen Kostenträger können nachfolgend einzelne Leistungen bzw. ganze Therapiepfade bewertet werden.[251] Damit wird es durch die Kostenrechnung ermöglicht, einen Beitrag dazu zu erbringen, die Kosten der Anstrengungen zur Verbesserung des Gesundheitszustandes des Patienten deutlich werden zu lassen.[252] Jedoch ist damit keine Aussage darüber zu treffen, ob durch die Anstrengungen auch eine Verbesserung des Gesundheitszustandes eingetreten ist. Denn die Veränderung des Gesundheitszustandes läßt sich nicht in quantifizierter Form als Erlös darstellen, die Kontrolle des Outputs bleibt also verwehrt.[253]

Das zeigt, daß die **Kosten- und Leistungsrechnung** zur Ergebniskontrolle im Sinne eines Instrumentes, das hilft, Wissen über die Verbesserung des Gesundheitszustandes zu generieren, **ungeeignet** ist.

4.2.2 Fremdkontrolle mit Hilfe von Indikatoren

Indikatoren sind „*Maßgrößen, die die Realität lediglich ausschnittsweise bzw. stellvertretend abbilden wollen.*"[254] In dem Maß, wie es problematischer wird, die betriebliche Realität exakt abzubilden, sind Indikatoren hilfreich. Mit Hilfe von Indikatoren sind Kennzahlen zu bilden, die „*Instrumente zur Durchführung aussagekräftiger und wirksamer Kontrollen*"[255] darstellen.[256] Indikatoren, Kennzahlen und Kennzahlen-

---

[251] Die unumschränkte Anwendung des internen Rechnungswesens in der beschriebenen Art ist allerdings nur für die Leistungen möglich, über die das Wissensdefizit gering ist.

[252] Diese Kosten sind den erzielten Entgelten für die Leistungen gegenüberzustellen, wodurch ein finanzielles Ergebnis ausgewiesen werden kann. Das hat jedoch nichts mit dem Ergebnis der Leistungserstellung des Betriebes Krankenhaus zu tun.

[253] Vgl. ausführlich zu dieser Problematik: MIS, Krankenhauswesen, 1983, S.83ff.

[254] WEBER, Soziale Indikatoren, 1984, S.489. Keine Hervorhebungen im Original.

[255] REICHMANN, Kennzahlen, 1985, S.16. Dieser zitiert dort auch STAEHLE, Führung von Unternehmen, 1969, S.127f., und CADUFF, Kennzahlennetze, 1982, S.70-76.

[256] Kennzahlen werden allgemein als Zahlen und Zahlenverhältnisse zur Befriedigung bestimmter Informationsbedürfnisse verstanden, vgl. BOUFFIER, Kennzahlen, 1952, S.28. Als reine Zahl unterscheiden sie sich damit nicht von Indikatoren, als Zahlenverhältnis dagegen fokussieren sie sich bewußt auf einen bestimmten Ausschnitt, wogegen Indikatoren dies zwangsweise tun, vgl. zu Indikatoren näher WEBER, Studentenwerke, 1983, S.97f., der daneben eine andere Abgrenzung vornimmt. Der Fokus von Kennzahlen ist dabei immer enger als der von Indikatoren, da die Bildung aus den einzelnen Zahlen heraus erfolgt. Im folgenden liegt der Schwerpunkt der Betrachtung deswegen auf Indikatoren.

systeme sind in vielfältiger Funktion und Ausprägung denkbar,[257] sie können sich auf den Faktoreinsatz, den Kombinationsprozeß und sein Ergebnis beziehen.[258] *„Dabei liegt der Vorteil der Anwendung von Kennzahlen (im Sinne von Grund- und Verhält-niszahlen, A.d.V.) als Träger von Führungsinformationen vor allem in der Kürze, Klarheit und Präzision der Möglichkeit, abstrakte und komplexe betriebliche Sachver-halte wie Leistungsfähigkeit und Wirtschaftlichkeit erfassen, darstellen und die damit verbundenen Probleme in den Griff bekommen zu können.“*[259]

Indikatoren stellen einen die Realität vereinfachenden Ausschnitt dar und er-möglichen damit einen statistischen Aussagewert. Einer zu geringen Abbildungsbreite kann durch die Beobachtung einer ganzen **Reihe von Indikatoren** begegnet werden.[260] Wie man anhand der Vorschläge von EICHHORN allerdings erkennen kann, ist bei einer dadurch entstehenden Vielfalt die Gefahr der Unübersichtlichkeit solcher Detaillierun-gen nicht auszuschließen.[261]

Im Gebrauch als Instrument der **Verhaltensbeeinflussung** des maßgeblichen Produktionsfaktors im Krankenhaus, der Ärzte, erweisen sich Indikatoren durch ihren ausschließlich statistischen Aussagewert als **kaum geeignet**. Denn, wie schon für das interne Rechnungswesen gezeigt, werden Ärzte ihr Verhalten einer statistisch fundier-ten und vom Einzelfall abstrahierten Regelung kaum unterwerfen, insbesondere dann nicht, wenn diese Regelung nicht aus der ärztlichen Wissensbasis heraus resultiert.[262]

---

[257] Vgl. WEBER, Controlling, 1995, S.203ff., und auf das Krankenhaus bezogen: EICHHORN, Kran-kenhausbetriebslehre III, 1987, S.61ff.

[258] Zur Methodik bei der Anwendung von Indikatoren im Krankenhaus siehe PINA/TORRES, Hospitals, 1996, S.22ff.

[259] EICHHORN, Krankenhausbetriebslehre III, 1987, S.59.

[260] Vgl. WEBER, Hochschulcontrolling, 1996, S.83.

[261] Vgl. EICHHORN, Krankenhausbetriebslehre III, 1987, S.83ff. Allein die vorgeschlagenen ressour-cenorientierten Indikatoren können die Anzahl von fünfzig schnell erreichen, so daß sie kaum aus-reichend beobachtet werden können, auch wenn sie jeder einzeln für sich gesehen sinnvoll er-scheinen mögen. Vgl. auch SELBMANN, Qualitätssichernde Maßnahmen, 1991, S.69ff.

[262] Ärzte ziehen Statistiken in Zweifel, indem sie mit Einzelfällen dagegen argumentieren. Sie lassen damit ein typisches Beispiel eingeschränkter Rationalität, den Zuweisungsirrtum, erkennen, vgl. NISBETT/ROSS, Human Inference, 1980, S.42. Insofern kann die Akzeptanz von Indikatoren nur in den Fällen erreicht werden, in denen es keine Ausnahmen in Form von Komplikationen gibt. Das Soll-Ist-Konzept als die normative Fassung der Anwendung von Kennzahlen erhält keine Gültig-keit, vgl. ZWICKER, Kennzahlen, 1976, S.226f.

So ist der Nutzen der Beobachtung der Indikatoren zur Wissensgenerierung ex post vornehmlich auf die Krankenhausleitung konzentriert.[263]

Für die **Krankenhausleitung** ergeben sich bei der Nutzung von Indikatoren bestimmte Einschränkungen, auf die geachtet werden muß. Bei der Reduktion der Realität auf bestimmte Ausschnitte droht nämlich die **Gefahr**, daß eine selektive Optimierung dieser Ausschnitte zu einer Gesamtverschlechterung oder zumindest einer **Vernachlässigung des Gesamtzusammenhanges** führen kann. Dieses Risiko droht insbesondere dann, wenn es aufgrund von Wissensdefiziten nicht gelingt, die Rolle des Indikators für den gesamten Faktorinput richtig zu bewerten.[264] Dieses Wissensdefizit ist bei der Krankenhausleitung nicht zu vermeiden. Folglich droht bei unkritischer Anwendung von Indikatoren eine Überbetonung der wirtschaftlichen Kennziffern, was insbesondere dann noch verstärkt würde, wenn die kritische Distanz zu den Indikatoren über die Zeit nachläßt.[265]

Zusammenfassend bleibt festzuhalten, daß sich durch Indikatoren vielfältige Möglichkeiten zur Wissensgenerierung ex post zum Zweck der Kontrolle eröffnen.[266] Die Eignung beschränkt sich allerdings vornehmlich auf die Krankenhausleitung und sollte bei der Anwendung immer von einer kritischen Distanz geprägt sein. Das ist auf Faktor, Kombinationsprozeß und Output bezogen nachfolgend näher dargestellt.

4.2.2.1 Kontrolle der eingesetzten Faktoren mit Hilfe von Indikatoren

Mit Hilfe von **Indikatoren** und Kennzahlen können der Faktorinput und der Kombinationsprozeß sowohl **mengen-** als auch **artbezogen** beurteilt werden. Damit

---

[263] Vgl. zu Normen und die Frage, wie sie akzeptiert werden: ZALD/HAIR, Social Control, 1974, S.52ff.

[264] So ist beispielsweise der hohe Faktorinput nicht unbedingt positiv mit dem Gesundheitszustand korreliert, vielmehr gibt es ein optimales Maß an zu erbringenden Leistungen. Dieses Maß ist aber schwer objektivierbar und vor allem von Krankheit zu Krankheit sehr unterschiedlich, vgl. im Ansatz: DONABEDIAN/WHEELER/ WYSZEWIANSKI, Health, 1982, S.976ff.

[265] Vgl. WEBER, Controlling, 1995, S.214. WEBER betont auch, daß es schwer gelingt, ihn noch auf andere Aspekte aufmerksam zu machen, ist der Handlungsträger erst einmal für bestimmte Indikatoren sensibilisiert.

[266] Vgl. hier auch die Qualitätssicherungsprogramme, die in der Regel auf Indikatoren bzw. Standards als Sollgrößen aufbauen: EICHHORN/SCHEGA/SELBMANN, Qualitätssicherung, 1989, S.29ff.

ergibt sich eine Aussage über den tatsächlichen quantitativen Einsatz der Produktionsfaktoren und ihre Qualität.

Der **mengenmäßige Faktoreinsatz** ist im ersten Schritt auf der Aggregationsebene des gesamten Krankenhauses zu beurteilen. Es können der zur Leistungsbereitschaft gebildete Wille mit dem realen Faktoreinsatz verglichen und folglich einerseits Aussagen über die Güte der Willensbildung und andererseits der Durchsetzung getroffen werden.[267] Beispielsweise sind die wirkliche Bettenzahl mit der im Bedarfsplan festgelegten zu vergleichen, aber auch Maßzahlen wie Betten pro Arzt oder solche über die technische Ausstattung zu bilden.[268] Der Krankenhausleitung gelingt es hierdurch, einen groben Anhalt über den Faktoreinsatz in den Leistungsprozeß zu gewinnen, was durch Vergleiche über Auslastungen oder Preisindizes mit anderen Krankenhäusern[269] oder Krankenhausstatistiken[270] zu ergänzen ist.[271]

Die **Kontrollmöglichkeiten** bleiben allerdings, analog der Darstellung des internen Rechnungswesens, **beschränkt**. Einerseits liegt das an der mangelnden Akzeptanz des Kontrollwissens durch die ausführenden Ärzte, andererseits ist das auf die

---

[267] Resultiert aus dieser Kontrolle eine veränderte Willensbildung oder -durchsetzung, so ist die Kontrolle als Metakontrolle zu bezeichnen, da sie sich auf die Führungshandlungen als ihren Gegenstand bezieht.

[268] Vgl. ELLWOOD, Measurement, 1966, S.43ff.

[269] Vgl. hier auch die Möglichkeiten des Betriebsvergleiches bei der Anwendung von Fallgruppen bzw. Therapiepfaden, NEUBAUER, Erprobung, 1991, S.164, und FETTER/THOMPSON/MILLS, Reimbursement Control, 1976, S.130f., sowie allgemein HILDEBRAND/LITSCH, Krankenhausbetriebsvergleiche, 1993, S.128ff. Allgemein zur vergleichenden Bewertung der Wirtschaftlichkeit von Krankenhäusern: OSTHEIMER, Wirtschaftsführung in Krankenhäusern, 1979, S.80ff., und zur Problematik, Vergleichsgrößen zwar definieren, aber schwer operationalisieren zu können: ABEL-SMITH, Cost Containment, 1984, S.3ff.

[270] Dazu vgl. z.B. DEUTSCHE KRANKENHAUSGESELLSCHAFT, Zahlen, Daten, Fakten, jährliche Erscheinung, oder DEUTSCHE KRANKENHAUSGESELLSCHAFT, Kosten- und Leistungsnachweise, 1988. Für das einzelne Krankenhaus ist der Vergleich mit diesen statistischen Größen kostengünstig, da nur die Ist-, aber nicht auch die Vergleichswerte generiert werden müssen. Der Nachteil ist, daß es einer Beschränkung auf die vorgegebenen Werte bedarf.

[271] Die genannten sind grobe Indikatoren insofern, als beispielsweise Auslastungsgrade für das gesamte Haus oder auch einzelne Stationen noch keine Aussage zu Veränderungen in den Krankheitsbildern, Krankheitsverläufen oder Verweildauern geben können. Die „feine" Ursache der Änderung des groben Indikators wird nicht zwingend ersichtlich, sie kann sich zwischen vielen anderen Faktoren verbergen.

Grenzen der Wissensgenerierung zurückzuführen.[272] Die mengenmäßige Indikatorkontrolle den Faktorinput betreffend erfüllt demgemäß ihren größten Nutzen, wenn sie an der Schnittstelle zur Selbstkontrolle weitere Handlungen der Wissensgenerierung zum Zweck der Kontrolle zu initiieren vermag. Indem bei Abweichung der Indikatoren vom Sollzustand eine darüber hinausgehende Wissensgenerierung durch das ärztliche Personal erfolgt, wird der **Übergang zur Selbstkontrolle** markiert.

Die **artbezogene Kontrolle des Faktoreinsatzes** bezieht sich auf die Qualität der eingesetzten Inputfaktoren. Gegenstände können die technische Ausstattung und das Personal sein.[273] Da die Ausstattung wesentlich der ärztlichen Kontrolle unterliegt,[274] ist die Hauptaufgabe der Krankenhausleitung in der Sicherstellung der Faktorqualität des die Leistungserstellung ausführenden und fachlich beherrschenden ärztlichen Personals zu erkennen.[275] Als **qualitative Faktoreignung** der Ärzte sind das **ärztliche Wissen** und die Anwendung dieses Wissens in der Form des **ärztlichen Könnens** zu differenzieren.[276]

Die **ärztliche Wissensbasis** wird durch die Ausbildung, in der Regel ein Studium kombiniert mit einer anschließenden Facharztausbildung, in den Grundzügen gewährleistet und in der Approbation, also einer staatlichen Zulassung, zum Ausdruck gebracht.[277] Diese Approbation wird von allen deutschen Ärzten zur Berufsausübung benötigt, also eignet sie sich in ihrem Vorhandensein kaum als Differenzierungskriterium für die Faktoreignung[278]: *„Licensing, which will without doubt be pursued by new*

---

[272] Die groben Indikatoren wie Ärzte pro Bettenzahl auf den notwendigen Einsatz für einzelne Prozesse zu beziehen, ist ausschließlich mit der Wissensbasis der Krankenhausleitung kaum zu leisten.

[273] Vgl. TADIC, Krankenversorgung, 1982, S.14ff.

[274] Vgl. beispielsweise MORSE/GORDON/MOCH, Quality of Care, 1974, S.315ff.

[275] Das ist insbesondere auch deshalb relevant, weil es gelingt, durch Faktorkontrolle Teile der Prozeß- und Ergebniskontrolle zu ersetzen, dazu vgl. SECKENDORFF, Messung ärztlicher Leistungen, 1983, S.99ff.

[276] Vgl. auch zu den beiden Qualitätsdimensionen des Produktionsfaktors Arzt: DENEKE, Qualitätssicherung, 1984, S.19.

[277] Vgl. zu einer kritischen Betrachtung der Approbation als Differenzierungskriterium: ROEMER, Regulating Health Personnel, 1968, S.431ff.

[278] Das gilt insbesondere dann, wenn auch der Ort des Studiums und der Approbation keine Aussage über eine mögliche Differenzierung zulassen, wie das in Deutschland bei der Vereinheitlichung

and assertive occupational specialties, will almost certainly turn out to be either pro forma, which means that it is significant only in rare instances, or it will become a victory that would have made defeat preferable."[279] Dagegen böte sich bei dem in Deutschland zentral gestellten Examen im Studium der Medizin die erzielte Note als Indikator für vorhandenes Wissen an. Die Note ist zum Examenszeitpunkt möglichenfalls noch mit einer Aussage zu versehen, nach mehreren Jahren der Berufsausübung hingegen erscheint dieser Indikator zunehmend zweifelhaft.[280] Angesichts dessen ist eine qualitative Aussage über das Wissen von länger berufstätigen Ärzten eher von Indikatoren wie der Anzahl der gelesenen Fachzeitschriften oder der besuchten Fortbildungsveranstaltungen in der Form von Kongressen oder Seminaren zu erwarten.[281] Hier stellt allerdings die Frage der objektiven Meßbarkeit dieser Indikatoren, also eine Art Wissensdefizit, die Krankenhausleitung vor Probleme. Folglich bietet sich erneut der Weg an, der im Rahmen der Mengenindikatoren beschritten wurde, die Gesamtzahl der Fortbildungsmaßnahmen des ärztlichen Personals zu kontrollieren, um die Veränderung dieses groben Indikators als Anstoß für eine detaillierte Selbstkontrolle werden zu lassen.

Neben der ärztlichen Wissensbasis ist insbesondere die **Anwendung dieses Wissens als Können** bedeutsam. Demnach sind wesentlich die ärztlichen Fähigkeiten des Inputfaktors zur Ausübung der Tätigkeiten zu kontrollieren. Zu diesem Zweck

---

des Studienganges und v.a. der zentral gestellten Prüfungen kaum zu erwarten steht, vgl. grundsätzlich zur „*Gleichmacherei*" ALBACH, Bildungsangebot - Massenware, 1992, S.41ff.

[279] MOORE, Professions, 1970, S.130. MOORE bezieht die Aussage zur Lizensierung, die Approbation ist auch als eine solche zu bezeichnen, nicht nur auf ihre formale Aussage, sondern auch auf ihren inhaltlichen Charakter. Die Möglichkeit zur Festlegung von Standards durch Lizensierungsverfahren wird von ihm als gering eingeschätzt.

[280] Vgl. PRICE et al., Physician Performance, 1964, S.208ff., die die Examensnote grundsätzlich als Indikator für vorhandenes Wissen in Zweifel ziehen. Dabei ist allerdings zu beachten, daß die Studie in den USA entstand vor dem Hintergrund, daß dort sehr wohl eine Differenzierung der medizinischen Fakultäten unterschiedlicher Universitäten möglich erscheint, vgl. RHEE, Quality of Physician Performance, 1976, S.738ff. Dadurch gewährleistet höheres Wissen nicht unbedingt eine bessere Note, da der jeweilige Anspruch der Prüfung auch höher sein kann als bei zentraler Prüfung.

[281] Vgl. PRICE et al., Physician Performance, 1964, S.208ff. Unter der Prämisse, daß sich gerade in der Medizin der Stand der Wissenschaft noch sehr stark weiterentwickelt, erscheint dieser Indikator als wesentlich wichtiger als die Aussage der Examensnote, vgl. KALTENBACH, Qualitätsmanagement, 1993, S.86f.

wurde in den USA eine „*critical-incident-technic*"[282] entwickelt. Mit ihr können speziell die Fähigkeiten von Ärzten als Anwendung von Wissen überprüft werden.[283] Bei diesem Meßverfahren handelt es sich um ein von Ärzten entwickeltes und genaues Verfahren. Dem steht als Nachteil gegenüber, daß es mit sehr hohem Aufwand verbunden ist und deshalb aus ökonomischen Gründen für die tägliche Praxis nicht anempfohlen wird. Darauf ist zurückzuführen, daß die „*critical-incident-technic*" kaum verbreitet ist.[284]

In Ermangelung weiterer Meßverfahren verbleibt es der Krankenhausleitung, die Erfahrung von Ärzten als Maßstab der qualitativen Faktoreignung, das Können, heranzuziehen.[285] Wird mit dem Wissensdefizit argumentiert, so läßt sich eine Korrelation zwischen Erfahrungen und Fähigkeiten teilweise begründen. Für den intuitiven Teil der Diagnose ist es nämlich unumgänglich, über Erfahrungen zu verfügen, die positive Korrelation erscheint eindeutig.[286] Dagegen können über Jahre geübte manuelle Fertigkeiten, z.B. im Rahmen von chirurgischen Eingriffen, die ein spezifisches Können repräsentieren, durch körperliche Alterseinschränkungen negativ überlagert sein. Insofern ist es schwierig, eine Gesamtkorrelation zu begründen; von wesentlichem Einfluß sind das Wissensdefizit und die Spezifität der Aufgabe bzw. das dazu notwendige Können.

Im Ergebnis bleibt für die **artbezogene Kontrolle** festzuhalten, daß operationale und nützliche **Qualitätsindikatoren,** die die Krankenhausleitung nutzbar machen

---

[282] HUBBARD et al., Clinical Competence, S.1321.

[283] Das geschieht, indem das ärztliche Können in verschiedene Bereiche eingeteilt wird und die einzelnen Handlungsträger, die es zu überprüfen gilt, ihr Können in den Bereichen in kritischen Situationen unter Beweis stellen müssen, vgl. HUBBARD et al., Clinical Competence, S.1321ff.

[284] Vgl. SECKENDORFF, Ärztliche Leistungen, 1983, S.136f.

[285] Studien, die eine positive Korrelation zwischen der Erfahrung und den Fähigkeiten herstellen, sind allerdings nicht existent. Im Gegenteil, es kann auf eine Studie verwiesen werden, die eine negative Korrelation als Ergebnis ausweist. Vgl. RHEE, Quality of Physician Performance, 1976, S.735ff. Die darin gegebene Erklärung für die schlechteren Fähigkeiten älterer Ärzte, das über die Zeit nachlassende Wissen, erscheint als einziger Erklärungsgrund aber zweifelhaft. So wird es andere, bisher unerforschte Gründe geben, wobei nicht auszuschließen ist, daß eine mögliche positive Korrelation zwischen Erfahrung und Fähigkeiten durch andere und stärker negative Effekte überlagert wird.

[286] Das erklärt sich aus der den Denkprozessen im Gehirn zugrundeliegenden Selbstreferentialität, vgl. SCHMIDT, Gedächtnisforschungen, 1992, S.12ff.

kann, **kaum existieren**. Es kann auf solche wie die Examensnote, Fortbildungsmaßnahmen und Erfahrung des Inputfaktors Arzt zurückgegriffen werden, diese sind aber
keinesfalls verläßlich. Es verbleibt der Krankenhausleitung folglich die Möglichkeit,
die **Fremdkontrolle durch Selbstkontrolle** zu **ersetzen**[287] bzw. diesen Kontrollprozeß zu initiieren und in Ergänzung dazu einen strukturierten Prozeß der Wissensgenerierung zum Zweck der Kontrolle durch einen unstrukturierten Prozeß des Vertrauens
zu substituieren, wie in späteren Abschnitten dargestellt wird.

4.2.2.2 Kontrolle des Kombinationsprozesses mit Hilfe von Indikatoren

Die mengen- und artbezogene Kontrolle der Kombinationsprozesse teilt sich in
Abhängigkeit vom Wissensdefizit in **zwei** wesentliche **Gruppen** auf: in die Kontrolle
der Prozesse, für die Therapiepfade vorliegen, also über die das Wissensdefizit gering
ist, und in die übrigen Kombinationsprozesse, über die das Wissensdefizit größer ist.

Mit dem **Therapiepfad** ist das Sollprofil gegeben, anhand dessen Indikatoren
ableitbar sind.[288] Diese Indikatoren können sich auf die Diagnose, die Komplikationen,
die Verweildauer und einzelne Leistungen beziehen.[289] Im Vergleich mit dem eingetretenen Ist sind statistische Aussagen über Abweichungen vorzunehmen. Daraus können
Auswertungen generiert werden, die bis auf die Ebene des einzelnen Arztes die Leistungserstellung abzubilden in der Lage sind.[290]

Die **Einschränkungen** der Kontrolle der Therapiepfade liegen einerseits in ihrer ausschließlich statistischen Aussagefähigkeit und andererseits darin, daß der Einfluß potentieller Komplikationen durch die Krankenhausleitung aufgrund von Wis-
sensbegrenzungen nicht vollständig beurteilt werden kann. Der Nutzen besteht darin,

---

[287] Auch die Selbstkontrolle als Ersatz der Fremdkontrolle ist an Vertrauen gebunden, zumindest an
das Vertrauen in die Funktion der Selbstkontrolle, vgl. SCHÄFFER, Selbstabstimmende Gruppen,
1996, S.117.

[288] Vgl. die Ähnlichkeit eines Soll-Profils gegeben durch einen Therapiepfad und eine Tracer-
Diagnose: TADIC, Krankenversorgung, 1982, S.19ff.

[289] Hier sind auch existierende Ansätze zur Qualitätsmessung zu integrieren, vgl. z.B. die Perina-
talstudie und weitere Ansätze beschrieben in BESKE/NIEMANN/HORN, Qualitätssicherung, 1988,
S.14ff.

[290] Der gesamte Prozeß ist bei entsprechender EDV automatisierbar, wenn die Diagnose nach einem
Code eingegeben werden kann (ICD 9 CM) und die einzelnen Therapieschritte in entsprechender
Weise zugeordnet werden.

daß bei ausreichender statistischer Grundgesamtheit ein aussagefähiger Vergleich auch zwischen einzelnen Ärzten generiert werden kann.[291] Das kann den Ausgangspunkt zum Aufbau von Vertrauen bilden. Daneben ist bei systematischer Erfassung der Komplikationen eine dadurch bedingte Anpassung des Therapiepfades möglich, die Wissensgenerierung im Rahmen der Kontrolle dient also auch der Veränderung der Willensbildung im Sinne einer Metakontrolle.

Die **Faktorkombinationen**, für die **keine Therapiepfade** vorliegen, sind von einer geringen Beschreib- und Prognostizierbarkeit geprägt, die insbesondere bei der Krankenhausleitung ein hohes Wissensdefizit zur Folge hat. Die Möglichkeit, das Wissensdefizit durch geeignete Datentransformationsprozesse abzubauen, ist derart beschränkt, daß eine Fremdkontrolle der Kombinationsprozesse nicht gelingen kann. Infolgedessen ist ein Substitut für die Fremdkontrolle zu suchen. Das kann erstens darin liegen, daß für die vorliegenden Therapien die Faktorkontrolle und die Ergebniskontrolle intensiviert werden.[292] Zweitens ist es denkbar, die Kontrolle durch Vertrauen zu ersetzen.[293] Der dritte Weg besteht in der stärkeren Fokussierung auf die Selbstkontrolle.[294]

Zusammenfassend bleibt festzustellen, daß die Fremdkontrolle des Kombinationsprozesses mit Hilfe von Indikatoren in zwei Gruppen zu differenzieren ist: Die Prozesse hoher Beschreib- und Prognostizierbarkeit sind mit Indikatoren abzubilden und statistisch auszuwerten, die Prozesse geringer Beschreib- und Prognostizierbarkeit entziehen sich der Fremdkontrolle, es sind alternative Kontrollformen zu wählen.

---

[291] Mit dem generierten und dokumentierten Wissen über die Einhaltung der Behandlungspfade ist gleichzeitig auch ein Instrument gegeben, die Leistungen des Krankenhauses in bezug auf ihre Qualität Patienten gegenüber transparenter zu gestalten und damit ebenfalls Vertrauen aufzubauen.

[292] Vgl. hier einen Ansatz aus einer Gesamtsicht: BASSETT, Professional Activity Study, 1984, S.99ff., insbesondere S.103.

[293] Dazu vgl. Kapitel 4.3. in Teil D.

[294] Vgl. als Ansatzpunkt auch: SLEE, Medical Audit Program, 1974, S.196ff., und kritisch HEISLER, Qualitätssicherung, 1980, S.721ff.

4.2.2.3 Kontrolle des Outputs mit Hilfe von Indikatoren

„Das Therapieergebnis eignet sich grundsätzlich vor allem zur Feststellung der Effektivität ärztlicher Leistungen und ist deshalb in erster Linie ein Qualitätsmaß."[295] Die abschließend unter der Fremdkontrolle darzustellenden Ergebnisindikatoren bilden zusammen mit den im Rahmen des Rechnungswesens und den bisher zur Kontrolle geschilderten Maßzahlen ein übergreifendes Instrumentarium für die Krankenhausleitung, **Kontrollwissen** über die **wirtschaftliche** und **qualitative Leistungserstellung** zu generieren.

Obwohl die Möglichkeiten zur Operationalisierung des Ergebnisses der Leistungserstellung und insbesondere der Therapie prinzipiell in Zweifel gezogen werden,[296] existieren gleichwohl verschiedene Darstellungen zur Realisierung der Ergebniskontrolle. Diese sind grundsätzlich in einen objektiven und einen subjektiven Teil zu differenzieren.[297] Die Ergebniskontrolle der Krankenhausleistungserstellung basiert prinzipiell auf der Idee, den **Gesundheitszustand** des Patienten **in unterschiedlichen Stadien des Prozesses** durch Indikatoren **abzubilden**, die den Zustand zwischen vollkommener Gesundheit[298] und dem Tod (Mortalitätsraten) darstellen. Diese Indikatoren können absolut oder relativ definiert werden.[299]

Im Rahmen der **Professional Activity Study** (PAS) wurde in den USA eine umfangreiche Untersuchung mit großer statistischer Grundgesamtheit zur Erarbeitung

---

[295] SECKENDORFF, Messung ärztlicher Leistungen, 1983, S.198.

[296] Vgl. DONABEDIAN, Measuring and Evaluating, 1976, S.51ff., oder KRACHT, Leistungsmessung, 1982, S.124ff., sowie zur Problematik der unterschiedlichen Outputmaße HOFFMANN, Budgetierung, 1989, S.9ff.

[297] Die objektiven Indikatoren basieren auf objektivierbar zu erfassenden Variablen, die subjektiven dagegen finden ihre Grundlage in den Patienteneinschätzungen. Diese sollen ebenfalls im Rahmen der Fremdkontrolle dargestellt werden, weil sie der Krankenhausleitung die Möglichkeit bieten, bei Nutzung der Indikatoren die ärztlich dominierte Leistungserstellung zu evaluieren und damit ebenfalls einen Fremdkontrollmechanismus aufzubauen.

[298] Vgl. hier unterschiedliche Definitionen des Begriffes der Gesundheit bei BRUCKENBERGER, Gesundheitswesen, 1976, S.8, Eichhorn, Krankenhausökonomie, 1977, S.125f., und die Gesundheit als Zustandsbeschreibung: POHLMEIER/BIEFANG, Krankheit, 1977, S.158ff.

[299] Die relative Definition kann sich am Alter und am Geschlecht des Patienten orientieren, aber auch an der Notwendigkeit zur körperlichen Eignung. Beispielsweise können Diabetiker, deren Zuckerwerte schlecht einstellbar sind, aufgrund der stark schwankenden Konzentrationsfähigkeit kaum für die Personenbeförderung eingesetzt werden, wogegen das bei anderen Berufen keinen Einfluß hat.

solcher Indikatoren durchgeführt. Über die Beobachtung von Indizes sollte die Qualität der Leistungserstellung sichergestellt werden. Beispielsweise gelingt es, bei akutem Myokardinfarkt den Therapieerfolg einzelner Krankenhäuser zu evaluieren, indem Mortalitätsraten oder pathologische Enzymwerte mit statistischen Vergleichswerten in Beziehung gesetzt werden.[300] Die Studie zeigt, daß es nicht schwierig ist, diagnostizierte Untergruppen abzugrenzen, dagegen erweist es sich als weit problematischer,[301] den patientenspezifischen Einfluß[302] in seiner Wirkung zu objektivieren.[303]

Patientenspezifische Unterschiede werden in einem weiteren Konzept berücksichtigt. *„Development of scales measuring severity of diseases is a major challenge for the medical profession. Severity is defined here as the likelihood of death or residual impairment as the result of a disease, without consideration of treatment. Severity scales are useful in evaluating diagnostic efficiency of physicians, refining measures of prognosis, therapeutic effectiveness, and utilization of health care services....".*[304] Die Folge dieser Herausforderung war die Entwicklung eines Konzeptes für die Differenzierung von **Schweregraden von Krankheiten**. Für jeden Patienten wird eine Aufnahme- und eine Entlassungsdiagnose, differenziert nach dem Schweregrad, formuliert. Durch den Vergleich dieser beiden Diagnosen kann der Therapieerfolg festgestellt werden. Die Anzahl der Schweregrade variiert zwischen drei[305] und vier[306] und bildet damit eine relativ einfach handhabbare Einteilung. Der Nachteil dieser einfachen Einteilung ist die nur grobe Beurteilungsmöglichkeit. Zudem erhält das Schweregradkonzept, obwohl es für die Krankenhausleitung einfach einzusetzen ist, eher den Charakter der Selbstkontrolle, da die beiden Diagnosen jeweils von Ärzten formuliert wer-

---

[300] Vgl. BASSETT, Professional Activity Study, 1984, S.99ff.

[301] Vgl. MÄURER/MEHMEL, Herzkrankheit, 1984, S.112f.

[302] Das können Alter und Geschlecht des Patienten, aber auch seine Krankheitsvorgeschichte oder seine spezifischen Enzymwerte im „Gesundheitszustand" sein.

[303] Vgl. zum Problem der Objektivität auch JACOBS/CHRISTOFFEL/DIXON, Patient Care, 1976, S.28ff.

[304] GONNELLA/HORNBROOK/LOUIS, Staging of Disease, 1984, S.637.

[305] Vgl. GONNELLA/GORAN, Quality of Patient Care, 1975, S.468, und GONNELLA/LOUIS/MCCORD, Staging Concept, 1976, S.14.

[306] Vgl. GONNELLA/HORNBROOK/LOUIS, Staging of Disease, 1984, S.639ff.

den müssen.[307] Als vorteilhaft für die Anwendung kann sich erweisen, daß die Schwe-regrade auf den regulär angewandten Diagnosekriterien aufbauen.[308]

Ein anderes umfangreiches Konzept setzt an der Gesundheitsdefinition an und stellt, indem es eine Gruppenbildung vornimmt, auf einen durch die Krankenhauslei-stungserstellung **zu erreichenden Gesundheitszustand** ab, der stark vom subjektiven Wohlbefinden und der beruflich-sozialen Rolle, die der Patient auszufüllen hat, beein-flußt ist.[309] Der Sinn einer Anwendung dieses Konzeptes für die Ergebniskontrolle wird allerdings als zweifelhaft betrachtet.[310]

Neben diesen drei ausführlich vorgestellten Konzepten existiert noch eine ganze Reihe **weiterer Ansätze** zur Messung des Krankenhausoutputs.[311]

Alternativ zum Gesundheitszustand des Patienten kann die Krankenhausleitung auch die **Mortalitätsraten** erheben. Die Definition des zugrundegelegten Kriteriums und folglich die Anwendung des Konzeptes erweist sich als sehr einfach, der Einsatz ist dementsprechend verbreitet. Die Güte der damit vorzunehmenden Evaluierung ist allerdings auch nicht sehr hoch. Denn einerseits eignet sich dieser Indikator nur, wenn Sterbefälle auftreten, andererseits sind genauere Rückschlüsse einzig bei zusätzlicher Wissensgenerierung möglich. Die Vergleichbarkeit ist folglich nur auf relativ hoch aggregierter statistischer Ebene gegeben.[312] Eine nähere Betrachtung der einzelnen Todesfälle und ihrer Ursachen, also insbesondere die vorher erfolgte Therapie, ist nur

---

[307] Vgl. BUNDESMINISTER FÜR ARBEIT UND SOZIALORDNUNG, Effektivitätsmessung und Qualitätsbe-urteilung, 1981, S.170.

[308] Die Entwicklung des Konzeptes ist maßgeblich durch Ärzte und ihre Wissensbasis beeinflußt, vgl. GONNELLA/ HORNBROOK/LOUIS, Staging of Disease, 1984, S.639ff.

[309] Vgl. ausführlich zu diesem Konzept PATRICK/BUSH/CHEN, Definition of Health, 1973, S.6ff.

[310] Das ist vor allem darauf zurückzuführen, daß die in der Definition genannten Kriterien nicht wäh-rend der Zeit der Therapie, also innerhalb des Krankenhausaufenthaltes, meßbar sind, sondern daß sich der Therapieerfolg sich erst lange nach dem Krankenhausaufenthalt einstellt, vgl. SEK-KENDORFF, Messung ärztlicher Leistungen, 1983, S.211.

[311] Vgl. EICHHORN, Krankenhausbetriebslehre III, 1987, S.46ff., und in einem Übersichtsartikel kri-tisch zur Möglichkeit der Beurteilung der Qualität in MCAULIFFE, Process-Outcome Correlations, 1978, S.907ff.

[312] Abhilfe, wenn auch nur in geringem Maß, schafft ein Konzept, das die Mortalität im Sinne einer „severity adjusted death rate" an die vorliegende Krankheit bzw. ihre Schwere anpaßt, vgl. ROEMER/HOPKINS, Severity adjusted death rates, 1974, S.882f. Dieses Konzept kritisch betrach-ten GOSS/REED, Quality of Hospital Care, 1974, S.202ff.

unter Nutzung der ärztlichen Wissensbasis möglich. Das markiert den **Übergang zur Selbstkontrolle.**

Für die Ergebniskontrolle mit Indikatoren kann **zusammenfassend** festgehalten werden, daß eine Vielzahl von Maßzahlen unterschiedlicher Güte und Praktikabilität zur Verfügung steht. Ihre Anwendung als eine Kontrollhandlung mit bestimmbarer Produktionsfunktion bietet der Krankenhausleitung bei Beachtung der allgemeinen Restriktionen ein gutes Bild über das Ergebnis der ärztlich dominierten Leistungserstellung. Allerdings ist dieses Bild ausschließlich von statistischem Aussagewert und deswegen grob vereinfachend. Die Verfeinerung scheitert an den Wissensdefiziten der Krankenhausleitung. Bei geringer Beschreib- und Prognostizierbarkeit der Ausführung ist die Kontrolle durch die Ausführungshandelnden selbst durchzuführen. Denn einerseits ist ihr Wissensdefizit kleiner, andererseits ist ihre Datentransformationsfähigkeit, zumindest was das ärztliche Wissen betrifft, größer. Die notwendige Selbstkontrolle kann die Krankenhausleitung allerdings mit Hilfe der dargestellten Indikatoren initiieren.

4.2.3 Zusammenfassende Betrachtung der Fremdkontrolle

Die Kontrolle durch die Krankenhausleitung zeigt, wie die vorangegangenen Führungshandlungen, eine starke Abhängigkeit vom Wissensdefizit. Die Fremdkontrolle ist von Führungshandlungen mit bestimmbarer Produktionsfunktion geprägt. Beispiele sind die Generierung von Kostenrechnungswissen oder die Ableitung von Indikatoren, ihr Einsatzbereich liegt vor allem bei den beschreib- und prognostizierbaren Prozessen. Die Grenzen der Fremdkontrolle sind erreicht, wenn einerseits die statistische Aussagefähigkeit nachläßt und andererseits das Wissensdefizit zu groß wird. Ist die Beschreib- und Prognostizierbarkeit der zugrundeliegenden Ausführung zu gering, gelingt es der Krankenhausleitung nicht mehr, Kontrollhandlungen mit bestimmbarer Produktionsfunktion durchzuführen. Das stellt den Übergang zum Vertrauen, einer Handlung unbestimmbarer Produktionsfunktion, oder zur Selbstkontrolle, also dem gänzlichen Verzicht auf die Kontrolle, dar.

4.3 Vertrauen am Übergang von Fremd- zu Selbstkontrolle

Die bisher beschriebenen Formen der Kontrolle durch die Krankenhausleitung zeichneten sich alle dadurch aus, daß es sich um Prozesse mit bestimmbarer Produktionsfunktion handelte. Eine vorher ex ante definierbare Datenmenge wurde in einem ebenfalls festlegbaren Prozeß transformiert. Das stößt an Grenzen. Diese sind in erster Linie durch **Wissensbeschränkungen** und die mangelnde Datentransformationsfähigkeit verursacht. Zur Überwindung der Grenzen ist es denkbar, die Fremdkontrolle durch Selbstkontrolle oder durch Vertrauen zu ersetzen und dabei gleichzeitig die Bestimmbarkeit der Produktionsfunktion der Führungshandlung zu verringern.

Der **Begriff des Vertrauens** ist zwar in der Betriebswirtschaftslehre vielfältig anzutreffen,[313] doch „*hat die ökonomische Theorie dieses Phänomen nicht in ihr Gebäude einzuordnen vermocht.*"[314] Dabei handelt es sich um eine der ersten grundlegenden Orientierungen, mit denen Handlungsträger umzugehen lernen. Denn die überhaupt erste Phase der Entwicklung eines Menschen ist als „Konflikt" in Vertrauen und Mißtrauen zu differenzieren.[315] Anhand interindividuell schwer nachvollziehbarer Kriterien[316] teilt ein Säugling seine Umgebung in einen beschreibbaren, vorhersehbaren Teil, dem er vertraut, und einen chaotischen, nicht vorhersehbaren Teil, dem er mißtraut, ein.[317] Diese **Reduktion der Umwelt** auf einfache, aber interindividuell kaum transferierbare Faktoren geht einher mit den wenig ausgeprägten kognitiven Fähigkeiten des Säuglings. Eine analoge Situation tritt folglich bei Handlungsträgern ein, wenn Kontrolle aufgrund mangelnder Datentransformationsfähigkeiten durch Vertrau-

---

[313] Vgl. ALBACH, Vertrauen, 1980, BARTOLOMÉ, Trust, 1989, BHIDE/STEVENSON, Honesty, 1990, COLEMAN, Trust, 1982, GRÜNBICHLER, Reputation, 1989, HEISIG, Vertrauen, 1989, KRELL, Vertrauensorganisation, 1988, KRYSTEK/ZUMBROCK, Planung und Vertrauen, 1993, SPREMANN, Reputation, 1988, oder ZÜNDORF, Vertrauen, 1986.

[314] ALBACH, Vertrauen, 1980, S.2.

[315] Vgl. ERIKSON, Kindheit und Gesellschaft, 1961.

[316] Damit ist z.B. die Fürsorge, die dem Säugling widerfährt, gemeint. Sie ist zwar als solche erkennbar, aber es entzieht sich doch einer Beschreibung, wie der Säugling qualitativ hohe Fürsorge von qualitativ niedriger unterscheidet.

[317] Vgl. ZIMBARDO, Psychologie, 1983, S.106 und 126ff.

en ersetzt werden muß. Denn in *„jeder Situation, in der Vertrauen möglich (und frei- willig) ist, ist prinzipiell auch Kontrolle denkbar."*[318]

Vertrauen ist also nicht vorhanden, sondern es **muß entstehen**: *„Man kann nicht ohne alle Vorerfahrungen Vertrauen schenken. Aber Vertrauen ist keine Folge- rung aus der Vergangenheit, sondern es überzieht die Informationen, die es aus der Vergangenheit besitzt, und riskiert eine Bestimmung für die Zukunft. Im Akt des Ver- trauens wird die Komplexität der zukünftigen Welt reduziert."*[319]

Wie Säuglinge nicht über die nötigen kognitiven Prozesse verfügen, ihre Um- welt differenziert zu erfassen, so bauen Handlungsträger **Vertrauen** auf, **wenn** sie **zur vollständigen Wissensgenerierung nicht mehr fähig** sind. Das geschieht nicht zwin- gend absichtlich: *„The process of getting to know another person well is ordinarily seen to include a process of developing trust in that other person."*[320] Ist das Vertrauen aufgebaut, so kann auf die Wissensgenerierung verzichtet werden, an ihre Stelle treten Verhaltensannahmen. Das hat insbesondere den Vorteil, daß sich Vertrauen dann auch auf Bereiche übertragen läßt, in denen Kontrolle nicht mehr anwendbar ist.[321]

Das bedeutet, daß **Vertrauen** dann **wichtig** wird, **wenn** die **bestimmbare Wis- sensgenerierung** zur Kontrolle **an Grenzen stößt** und durch unbestimmbare Prozesse ersetzt werden muß. Mit Hilfe dieser Prozesse wird Vertrauen aufgebaut.[322] Im An- schluß daran kann auf Kontrolle ganz verzichtet, es können aber auch vereinzelte wei- tere unbestimmbare Prozesse der Wissensgenerierung durchgeführt werden. Zudem ist

---

[318] PLATZKÖSTER, Vertrauen, 1990, S.45. Der Ausdruck „prinzipiell" deutet schon an, daß es Aus- nahmen von dieser „Regel" geben muß, die PLATZKÖSTER auch im nächsten Halbsatz einführt, indem er von Kontrollversuchen so weit wie möglich spricht, also genau den Übergang von Kon- trolle zu Vertrauen beschreibt.

[319] LUHMANN, Vertrauen, 1989, S.20.

[320] COLEMAN, Social Theory, 1990, S.104.

[321] Vgl. PLATZKÖSTER, Vertrauen, 1990, S.187.

[322] *„Für die Entscheidung der Instanz, in Vertrauen zu investieren, erscheint es jedoch notwendig, auch die Kosten des Aufbaus von Vertrauen mit einzubeziehen. Aus diesen Überlegungen ergibt sich ein modifiziertes Kalkül für die Investition in Vertrauen: Investiere in Vertrauen, wenn die erwarteten Erlöse aus Vertrauen größer sind als die Summe aus erwarteten Kosten des Vertrau- ensmißbrauchs und die Kosten des Aufbaus von Vertrauen."* SCHÄFFER, Selbstabstimmende Gruppen, 1996, S.119.

denkbar, in einem anderen Bereich Wissen zu generieren, das in die Vertrauensbeziehung übertragen wird.

Die letztgenannte Funktion spielt im Krankenhaus eine wichtige Rolle. Denn neben der Möglichkeit für die Krankenhausleitung, in einem unstrukturierten und von persönlichen Beziehungen geprägten Prozeß der Wissensgenerierung Vertrauen aufzubauen, ist dies auch durch Beobachtung der strukturiert zu erhebenden Indikatoren und Rechnungsweseninformationen möglich.[323] Beispielhaft kann hier genannt werden, daß die Krankenhausleitung durch die ihr mögliche Kontrolle der Einhaltung von Therapiepfaden Vertrauen aufbaut, das sie auf die Kombinationsprozesse übertragen kann, für die keine Therapiepfade vorliegen, ihr Kontrollwissen also begrenzt ist. **Vertrauen** bezeichnet folglich nicht ein Substitut der **Kontrolle**, sondern ist ein **Unterfall** von ihr. Sie hat der ausschließlich strukturierten Kontrolle gegenüber den Effizienzvorteil, daß es in dem intuitiven und unstrukturierten Prozeß schneller gelingt, eine Fülle von Informationen zu verarbeiten, was im strukturierten Kontrollprozeß ein langandauerndes, wenn nicht unmögliches Unterfangen wäre. Dadurch gelingt es, die **Grenzen der Fremdkontrolle zu überwinden**.

Neben der ersten Möglichkeit, die im Rahmen der Fremdkontrolle beschriebene Wissensgenerierung als Ausgangspunkt für den Aufbau von Vertrauen zu benutzen, und der zweiten Möglichkeit, der **Nutzung unstrukturierter Wissensgenerierungsprozesse**, beispielsweise durch die Pflege persönlicher Beziehungen, ist es auch über die Kenntnis der gegenseitigen Nutzenfunktionen realisierbar, Vertrauen aufzubauen.[324] Ein weiterer Weg ergibt sich dadurch, den Charakter der ärztlichen Leistung als

---

[323] Das Vertrauen der Krankenhausleitung in die ärztliche Kunst wird beispielsweise viel höher sein, wenn bei gleichem Risiko die Mortalitätsraten im eigenen Krankenhaus dauerhaft weit unter dem Durchschnitt anderer Häuser liegen.

[324] *„In der Normativen Prinzipal/Agenten Theorie werden Optimalitätsbedingungen für Verträge untersucht, mit deren Hilfe ein Agent motiviert werden soll, den Handlungsspielraum bei der Erfüllung einer ihm übertragenen Aufgabe so auszufüllen, daß der Nutzen, den der Prinzipal aus der Aufgabenerfüllung hat, möglichst groß wird."* ORDELHEIDE, Institutionelle Theorie, 1983, Sp.1844 (Hervorhebungen im Original). Es wird also versucht, über die Kenntnis der Nutzenfunktionen, mit Hilfe der Vertragsgestaltung den Nutzen des Agenten dem optimalen Nutzen des Prinzipals anzupassen.

Vertrauensgut und die davon geprägte Arzt-Patienten-Beziehung zu nutzen.[325] Dem liegt die Annahme zugrunde, daß die Patienten aufgrund eigener Wissensdefizite gezwungen sind, dem Aufbau von Vertrauen einen hohen Stellenwert zuzumessen. Die von den Patienten gewonnenen Eindrücke sind durch die Krankenhausleitung zu nutzen, um selbst Vertrauen aufzubauen.[326]

Im **Ergebnis** zeigt sich, daß neben die durch die Krankenhausleitung durchführbaren Kontrollhandlungen mit bestimmbarer Produktionsfunktion auch solche mit unbestimmbarer Funktion treten können. Diese dienen der Krankenhausleitung zum Aufbau von Vertrauen, einem Sonderfall der Kontrolle. Damit gelingt es, bestehende Wissensdefizite durch die Anwendung impliziter Kontrollhandlungen zumindest teilweise zu überwinden. Über das Vertrauen eröffnet sich zudem die Möglichkeit, zur Selbstkontrolle überzugehen. Denn damit die Krankenhausleitung die Selbstkontrolle überhaupt zuläßt, muß sie in ihr Funktionieren vertrauen.

4.4 Selbstkontrolle

Werden die medizinisch dominierten Kombinationsprozesse der Ausführung von den Ausführenden selbst kontrolliert, so handelt es sich um **Selbstkontrolle**. Sie dient dazu, das begrenzte Wissen und die eingeschränkten Datentransformationsfähigkeiten der Krankenhausleitung zu überwinden, ohne auf Kontrolle verzichten zu müssen. Dabei geht es vor allem darum, die Fremdkontrolle zu ergänzen[327] und eine geeig-

---

[325] Vgl. dazu Erfahrungen mit einer solchen Befragung, die allerdings krankenhausübergreifend durchgeführt wurde, jedoch ein Bild über die Akzeptanz und Aussagemöglichkeit gibt: CHARLES et al., Patient Reports, 1994, S.1813ff.

[326] So bietet es sich für die Krankenhausleitung an, in Fragebogenaktionen, z.B. im Rahmen der Entlassung, die Beziehung des Patienten zum Arzt bzw. seinen Eindruck von der Therapie zu erfragen. Dabei ist zu beachten, daß die Aussagen der Patienten unter Umständen kognitiv verzerrt sind, so daß die Ergebnisse lediglich eingeschränkt verwendet werden können. Weiterhin ist einschränkend anzumerken, daß es sich dabei in erster Linie um eine Kontrolle der Qualität der Inputfaktoren, nicht aber um eine Kontrolle des wirtschaftlichen Einsatzes der Faktoren handeln kann.

[327] So ist es mit Hilfe von Qualitätsindikatoren auch möglich, daß die Instanz Wissen über die Inputfaktoren generiert, dieses Wissen bedarf aber der Ergänzung. Das entspricht in allgemeiner Form der Idee, daß unterschiedliche Handlungsträger die Kontrolle aus verschiedenen Blickwinkeln durchführen sollten, um sich so gegenseitig ergänzen zu können, vgl. BORMAN, Rating, 1974, S.105ff., und in ausführlicher Darstellung dieses Phänomens SCHÄFFER, Selbstabstimmende Gruppen, 1996, S.112ff.

nete Mischung aus Fremd- und Selbstkontrolle zu finden. Diese Mischung liegt im Spannungsfeld aus dem eingeschränkten Können der Krankenhausleitung und dem eingeschränkten Wollen der Handlungsträger der Ausführung. Ausgangspunkt bilden folglich die Wissensbeschränkungen der Krankenhausleitung, wie sie im Rahmen der Fremdkontrolle schon dargestellt wurden. Über das intuitive Überwinden dieser Beschränkungen beim Aufbau von Vertrauen hinaus werden im folgenden diejenigen Prozesse der Selbstkontrolle dargestellt, die vor allem vom Wollen der Handlungsträger beeinflußt sind.

Die **Krankenhausleitung** besitzt im Rahmen der Selbstkontrolle die **Aufgabe**, den Kontext für das Funktionieren der Selbstkontrolle zu gestalten. Ihr obliegt es, Anreize zu schaffen bzw. den Kontrollprozeß zu initiieren.

4.4.1 Selbstkontrolle des Faktoreinsatzes

Die **Grenzen der Fremdkontrolle** für den Faktoreinsatz sind erreicht, wenn über die Leistungsbereitschaft hinaus der Faktorinput für einzelne Kombinationsprozesse kontrolliert werden soll. An diesem Punkt muß die Selbstkontrolle ansetzen. Eine weitere Grenze der Fremdkontrolle stellt die artbezogene Kontrolle der eingesetzten Humanfaktoren dar. So ist es zwar möglich, die Qualität des medizinischen Personals grob zu kontrollieren sowie weitere Kontrollprozesse zu initiieren, jedoch bedarf es einer wesentlichen Ergänzung durch die Selbstkontrolle.

Selbstkontrolle im Krankenhaus soll in **zweierlei Dimensionen** verstanden werden: Erstens ist sie denkbar, indem jeder Ausführende seine eigenen Handlungen kontrolliert. Zweitens soll auch darunter subsumiert werden, daß die Ausführenden, damit sind maßgeblich die Ärzte gemeint, sich untereinander kontrollieren. Dadurch kann über die Ausführung gesammeltes Wissen für weitere Therapien als Kontrollwissen nutzbar gemacht werden.

Die artbezogene Kontrolle der Einsatzfaktoren bezieht sich insbesondere auf die Qualität, also das Wissen und Können, der Ärzte und Pflegekräfte. Analog der Darstellung im Rahmen der Fremdkontrolle ist die **Qualitätskontrolle** als **Zugangs-** und laufende Kontrolle zu gestalten. Bei Eintritt von Ärzten und Pflegekräften in das Krankenhaus ergibt sich die Chance, die jeweiligen Berufsgruppen am Auswahlprozeß zu beteiligen.[328] Hinzukommend ergeben sich Kontrollmöglichkeiten, indem Facharzt-ausbildungen absolviert werden müssen. Dabei ist für die Ausbildenden nicht nur die Möglichkeit zur Beeinflussung des Fähigkeitsprofils gegeben, vielmehr ist auch die Transparenz über das Wissen und die Fähigkeiten des auszubildenden Facharztes au-ßerordentlich hoch.[329]

Gegenüber der Eingangskontrolle ist die **laufende Überwachung** der Qualität der Handlungsträger problematischer. „*In any event, it is always easier to select, govern, and control admission to an occupation than it is to keep current competence under surveillance.*"[330] Im Handlungsrahmen der Ärzte ist zwar angelegt, daß sie nach bestem Wissen und Gewissen jeden Einzelfall zu lösen versuchen, womit im ärztlichen Handeln ein qualitativer Anspruch verankert ist,[331] trotzdem kann nicht ausgeschlossen werden, daß sich einzelne Ärzte diesem Anspruch insofern entziehen, als sie nach Eintritt in das Krankenhaus ihre Fortbildung vernachlässigen.[332] Der Krankenhauslei-tung ist es zwar möglich, die Gesamtzahl der Fortbildungsmaßnahmen zu erfassen, nicht aber den Sinn ihrer Aufteilung auf die einzelnen Handlungsträger zu beurteilen. Durch die Selbstkontrolle ist zu gewährleisten, daß alle Handlungsträger ihre Wissens-basis erhalten bzw. vergrößern, wobei für die einzelnen Fachärzte die Fortbildung ei-nen unterschiedlichen Stellenwert einnehmen kann.[333] Aufgrund der ungleichen Wich-

---

[328] Das Wissen ist am einfachsten durch qualifizierte Befragung zu überprüfen, für die Fähigkeiten bzw. das Können sind Referenzen am aussagefähigsten. Dabei ist von Vorteil, daß es sich bei den Tätigkeiten, die in einem bestimmten Krankenhaus ausgeübt werden, nicht um spezialisierte, son-dern um in anderen Krankenhäusern gleichermaßen vorkommende Tätigkeiten handelt. Das läßt Referenzen von anderen Arbeitgebern relativ aussagefähig werden.

[329] Die Facharztausbildungen werden von den Landesärztekammern in Abstimmung mit der Bun-desärztekammer gestaltet, so daß sich relativ einheitliche Ausbildungsordnungen ergeben, die eine hohe Transparenz und Vergleichbarkeit der Auszubildenden gewährleisten.

[330] MOORE, Professions, 1970, S.129.

[331] Hier wird explizit nur vom Anspruch gesprochen. In der Realität ergibt sich infolge von Hand-lungsträgereinschränkungen ein durchaus differenzierteres Bild, vgl. beispielhaft, KALTENBACH, Qualitätsmanagement, 1993, S.21ff.

[332] Das Vernachlässigen der Fortbildung soll für einen praktizierenden Arzt unterbunden werden, indem Ländergesetze die Fortbildung vorschreiben, vgl. §7, Fortbildung, der Berufsordnung für die Ärzte in Hessen. Allerdings sind keinerlei Kontroll- und Sanktionsmechanismen vorgesehen, die die Einhaltung der Berufsordnung gewährleisten.

[333] Vgl. zur Vorteilhaftigkeit der Selbstkontrolle in bezug auf das Wissen und Können auf die Quali-tät: LONGEST, Relationship, 1974, S.82ff.

tigkeit der Fortbildung ist es sinnvoll, die Handlungsträger der Ausführung in ein Kontrollportfolio für die Fortbildung einzuordnen, aus dem die Notwendigkeit der Fortbildung und die daran anknüpfenden Kontrollhandlungen abgeleitet werden können.

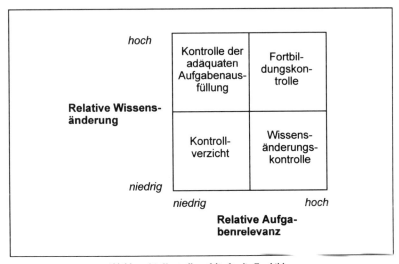

Abbildung 14: Kontrollportfolio für die Fortbildung

Wesentlich ist die Fortbildung und ihre Kontrolle bei hoher relativer Wissensänderung, also in medizinischen Fachgebieten, in denen noch viel geforscht wird, und hoher relativer Aufgabenrelevanz dieses Wissens. Zur Selbstkontrolle bietet es sich folglich an, Ärzte gleicher Fachdisziplin, die sich in diesem Feld der Matrix befinden, in einem Qualitätszirkel zusammenzufassen.[334] Kollegen gleicher Fachdisziplin, aber geringerer Aufgabenrelevanz, sind unter Umständen hinzuzugruppieren. Sie werden durch das Feld oben links repräsentiert. Für diese ist die Fortbildung nicht so wesentlich, solange sie die ihnen zugewiesenen Handlungen adäquat ausführen können.[335]

---

[334] Vgl. auch die krankenhausinternen Peer Reviews und ergänzend dazu die Professional Standard Review Organizations: ROBERTS/WALCZAK/WIDMANN, Qualitätssicherungsprogramm, 1984, S.48ff., und HUDSON, PSRO, 1984, S.109.

[335] Das kann keinesfalls Fortbildungsverzicht bedeuten. Der medizinische Fortschritt, sofern er sich durch eine Veränderung der Wissensbasis ausdrückt, sollte auch in die vorliegenden Handlungen Einzug finden.

In den Fachdisziplinen, in denen sich die Wissensbasis nicht so stark ändert,[336] ist für die Gruppe der relativ wichtigen Handlungen (rechts unten) zumindest regelmäßig die Wissensbasis zu überprüfen, für die relativ unwichtigen Handlungen kann **auf** eine **Kontrolle verzichtet** werden.[337] Das bedeutet nicht unbedingt einen Verzicht auf freiwillige Fortbildung, diese wird nur nicht validiert. Auch hier können Qualitätszirkel gebildet werden, die sich aber nicht durch regelmäßiges Zusammenkommen auszeichnen müssen.[338]

Als **laufende Selbstkontrolle** eignen sich **Qualitätszirkel**, in denen Ärzte gleicher Spezialisierung zusammenkommen und über die Fortbildungsaktivitäten[339] berichten, sehr gut.[340] Denn diese Kontrollform setzt direkt an den Nutzenfunktionen der Ärzte an. Die Angst vor dem Verlust an Prestige innerhalb der peer-group, die durch unzureichende Fortbildung sowie mangelndes Wissen und Können verursacht werden kann, hat eine starke Anreizwirkung.[341] Zusätzlich können Indikatoren für die Faktorqualität gebildet werden, die bei Veröffentlichung eine negative wie positive Ansehensveränderung zur Folge haben kann.[342] Sinnvoll erscheint bei Bildung solcher Indikatoren, daß diese zusammen mit weiteren Kennzahlen, die im Rahmen der Prozeß- und der Outputkontrolle generiert werden, ein Gesamtbild der Leistungsfähigkeit erge-

---

[336] Innerhalb der Medizin werden zwar Fachgebiete zu identifizieren sein, die einer relativ weniger starken Wissensänderung unterliegen als andere, jedoch ist in allen eine Wissensänderung zu verzeichnen, die man in ihren Auswirkungen durchaus als stark für die Erbringung der Gesundheitsleistung interpretieren kann.

[337] Als Beispiel können hier Bereiche der Bewirtschaftung wie die Hausverwaltung dienen.

[338] In die Qualitätszirkel sind auch Ansätze wie die Wissens-Selbst-Kontrolle, WISEKO, zu integrieren, vgl. ENCKE, Wissens-Selbst-Kontrolle, 1976, S.108f.

[339] Umfaßt die Vorstellung der Fortbildung nur die besuchten Kongresse und Seminare, so ist der jährliche Austausch sicher ausreichend, wird sie dagegen zu einem Forum des inhaltlichen Austausches, so ist ein häufigeres Zusammenkommen zweckmäßig.

[340] Vgl. zur Rolle von „Review committees" und ihre Funktion im Krankenhausbereich: MILLMAN, Unkindest Cut, 1977.

[341] Vgl. zum wahrgenommenen Prestige in der Gruppe allgemein: MARCH/SIMON, Organisation und Individuum, 1976, S.67.

[342] Veröffentlichung kann auch bedeuten, daß Patienten diese Indikatoren einsehen könnten und daran ihre Arztwahl knüpften. Das setzt einerseits voraus, daß genügend Indikatoren gebildet werden, so daß sich der Patient nicht ein zu einseitiges Bild verschafft, und andererseits muß die Patientenwahl wiederum mit Konsequenzen, etwa bei der Entlohnung, verbunden sein. Das ist in einem gewissen Rahmen vorstellbar durch eine Entlohnung nach der Anzahl der durchgeführten Behandlungen.

ben. Aussagen über mangelnde Fortbildungsaktivitäten erhielten ein deutliches Gewicht, wenn sich das resultierende mangelnde Wissen auch als mangelhafte Leistung im Prozeß oder Output widerspiegelte.

Zusätzlich zur Selbstkontrolle innerhalb der ärztlichen Gruppe verbleibt die Möglichkeit, über die sogenannte „**self-selection**" die Faktorqualität sicherzustellen.[343] Das stellt insofern eine echte Selbstkontrolle des einzelnen dar, als sich dieser über die Wahl der Verträge, die ihm von der Krankenhausleitung angeboten werden, selbst offenbart.[344] Vertragsalternativen sind denkbar in der Entlohnung, indem ein Vertrag eine feste und ein anderer eine an die Patientenmeinung oder die Anzahl der Therapien gekoppelte Entlohnung vorsieht.[345] „Self-selection" ist insbesondere bei hohen Wissensbeschränkungen der Krankenhausleitung über die Eignung des Personals rational,[346] aber auch nur begrenzt anwendbar, indem beispielsweise die genannte an die Entlohnung zu koppelnde Patientenmeinung nur beschränkt aussagefähig ist.

Zusammenfassend bleibt festzuhalten, daß die Selbstkontrolle der artmäßigen Faktoreignung dort, wo die Fremdkontrolle an Grenzen stößt, eine zweckmäßige Ergänzung darstellt. Durch Fremdkontrolle initiiert, wird in Qualitätszirkeln durch Selbstkontrollhandlung mit unbestimmbarer Produktionsfunktion die Faktorqualität sichergestellt und unter Umständen mit den Indikatoren der Fremdkontrolle zu einem Gesamtbild verbunden. Darüber hinaus ist eine Selbstkontrolle des einzelnen Handlungsträgers durch die Vertragswahl denkbar.

4.4.2 Selbstkontrolle der Kombinationsprozesse

Die **Selbstkontrolle** der Kombinationsprozesse teilt sich analog der Fremdkontrolle ebenfalls in **zwei Teile** auf. Das sind erstens die Prozesse, über die das Wissens-

---

[343] Vgl. KAH, Steuerung, 1994, S.44.

[344] Diese ist im Falle von Ärzten getrübt durch die unterschiedlichen Risikopräferenzen und durch den Grad des Verständnisses der unterschiedlichen Verträge. Volles Verständnis kann man in der Regel nicht voraussetzen.

[345] Diese Möglichkeit ist allerdings auch begrenzt: bei Notfallpatienten ist nicht erst die Patientenwahl abzuwarten, bevor der Eingriff vorgenommen wird, folglich sind Ärzte, die im Notfallbereich arbeiten, nicht an der Anzahl der Behandlungen auf Patientenwunsch zu beurteilen.

[346] Vgl. auch SCHÄFFER, Selbstabstimmende Gruppen, 1996, S.137.

defizit gering ist, für die folglich Therapiepfade vorliegen, und zweitens die Prozesse, für die keine Therapiepfade existieren. An den Grenzen der Fremdkontrolle ansetzend, ergeben sich in Abhängigkeit des verbleibenden Wissensdefizits der Handlungsträger unterschiedliche Kontrollhandlungen.

Die Grenzen der Fremdkontrolle der **Therapiepfade** sind erreicht, wenn über die statistischen Abweichungen hinaus einzelne Therapien und Komplikationen beurteilt werden müssen.[347] Daran muß die Selbstkontrolle ansetzen, die durch die Krankenhausleitung auf Basis ihrer Kontrollhandlungen initiiert sein kann. Im Rahmen der Selbstkontrolle stellt sich die Aufgabe, die aufgetretenen statistischen Abweichungen im Vergleich zum Sollprofil zu analysieren. Die Ursache für Abweichungen kann in einer unzureichenden Leistungserstellung, aber auch in einer unzureichenden Willensbildung liegen. Bei erkannter Ursache sind entweder Sanktionen gegen den Therapierenden denkbar, wobei die mehr oder weniger öffentliche Kollegenkritik oft schon völlig ausreicht,[348] oder es muß die Willensbildung verändert werden. Letzteres sollte in einen neuen Therapiepfad münden, für den die ärztliche Wissensbasis ebenfalls unabdingbar ist. Liegen **keine Therapiepfade** vor, so ist aufgrund von Wissensdefiziten keine Fremdkontrolle möglich. Zudem erscheint eine laufende Kontrolle auch nicht zweckmäßig, denn diese müßte aufgrund des geringen Aussagewerts statistischer Betrachtungen in eine Aufarbeitung jedes einzelnen Falles münden. Folglich erscheint die Reduktion des Kontrollaufwandes durch Stichprobenkontrolle zweckmäßig.[349] Die Auswahl der Stichprobe kann unbewußt oder bewußt erfolgen.[350] Es ist denkbar, daß die Krankenhausleitung eine bewußte Auswahl der zu kontrollierenden Fälle vornimmt, die sie dann der Selbstkontrolle durch die Ärzte überläßt.[351] Die Auswahl durch

---

[347] Das kann auch auf einem Modell der statistischen Überprüfung von Therapiepfaden aufsetzen, vgl. HENZLER/HARPER, Appropriateness Review, 1995, S.239ff., und die Nutzungskontrolle mit einschließen, vgl. SCHICKE, Bewertung, 1974, S.576f.

[348] Vgl. die sozialen Sanktionen in Verbindung mit der Rolle der Autorität in SIMON, Entscheidungsverhalten, 1981, S.160.

[349] Vgl. WEBER, Controlling, 1995, S.160. Vgl. zum gesamten Prozeß einer stichprobenartigen Prozeßkontrolle die medical Audits bei TADIC, Krankenversorgung, 1982, S.25ff.

[350] Vgl. HARGEST, Urteilsstichprobe, 1976, S.113ff., oder auch BUCHNER Stichprobenprüfung, 1983, Sp.1495ff.

[351] Dieses Vorgehen ist auch als Urteilsstichprobe bekannt, bei der *„der Prüfer das Ziel, seine Annahmen über die Fehler in einem Prüffeld zu testen,"*, LANFERMANN, Stichprobenprüfung, 1983,

die Krankenhausleitung kann sich lediglich als Nachteil erweisen, wenn das als Eingriff in die ärztliche Kunst interpretiert wird und folglich die Güte und Akzeptanz der Kontrolle leidet. Die Sanktionen auf die Ergebnisse der Kontrolle können wiederum der die Kontrolle durchführenden ärztlichen Gruppe überlassen werden.[352]

Neben der Kontrolle einzelner Prozesse ist es auch möglich, eine **formalisierte Form der gegenseitigen Beurteilung** der ärztlichen Handlungsträger einzuführen. Die Bedeutung dieser Methode ist vielfältig dargestellt und vor allem bei Unternehmensberatungen verbreitet.[353] Für die Anwendung im Krankenhaus ist Voraussetzung, daß die sich beurteilenden Ärzte nah genug zusammenarbeiten, um zu validen Aussagen zu gelangen. In diese Bewertung können vielfältige Aspekte, wie beispielsweise die Führungsfähigkeiten von Chefärzten, die sonst keiner Kontrolle unterliegen, einbezogen werden.[354]

Neben der in der ärztlichen Gruppe stattfindenden **Selbstkontrolle** ist die Selbstkontrolle durch **einzelne Handlungsträger** denkbar. Ärzte können anknüpfend am Therapieerfolg ihre eigenen Handlungen überprüfen und verbessern. Das ist insofern wichtig, als der Patient den Therapieerfolg vor allem dem behandelnden Arzt schildert. Das dabei generierte Wissen ist aufgrund seiner Spezifität kaum weiterzugeben.

Zusammenfassend ist für die Selbstkontrolle der Kombinationsprozesse eine starke Abhängigkeit vom Wissensdefizit über die zugrundeliegenden Therapien fest-

---

Sp.1468, bewußt verfolgt. Dem liegt im Krankenhaus die Annahme zugrunde, daß die Leitung mit Hilfe der Wissensgenerierung im Rahmen der Fremdkontrolle zwar ein intuitives Gefühl für eine unzureichende Leistungserstellung gewinnt, dieses aber aufgrund von Wissensdefiziten nicht zu konkretisieren weiß. Die Auswahl der Stichprobe und die anschließende Selbstkontrolle kann zur Konkretisierung beitragen.

[352] „*Professional regulation continues to generate debate with researchers now adressing the impact of changes in the health care system on physicians' autonomy.*" HALPERN/ANSPACH, Medical Institutions, 1993, S.284.

[353] Vgl. CEDERBLOM/LOUNSBURY, Peer Evaluations, 1980, S.567ff., FAHR/CANNELLA/BEDEIAN, Peer Ratings, 1991, S.367ff., HOLLANDER, Peer Nominations, 1965, S.438, KANE/LAWLER, Peer Assessment, 1978, S.555ff., KORMAN, Prediction, 1968, S.313, LOVE, Peer Assessment, 1981, S.451ff., MUMFORD, Peer Evaluations, 1983, S.867ff., WEITZ, Peer Ratings, 1958, S.25ff., und WHERRY/FRYER, 1949, S.148.

[354] Unter allen Kritikformen wird die gegenseitige Beurteilung unter Kollegen am wenigsten auf Widerstände in der Ärzteschaft führen, vgl. FREIDSON/RHEA, Control, 1963, S.123ff.

zuhalten. Bei Therapien, für die aufgrund geringer Wissensdefizite Therapiepfade vor-
liegen, wird die statistische Abweichung vom Sollprofil analysiert, für alle weiteren
Kombinationsprozesse ist eine Stichprobenkontrolle sinnvoll. Diese mündet in die
Diskussion vollständiger Therapien. Der Krankenhausleitung obliegt es, die regelmä-
ßige Durchführung der Selbstkontrolle zu garantieren, die Sanktionen aufgrund der
Kontrollergebnisse können in der ärztlichen Gruppe belassen werden.[355]

4.4.3 Selbstkontrolle des Outputs

Die **Selbstkontrolle** des **Outputs** als Kontrolle des Therapieergebnisses **kann**
der **Fremdkontrolle nichts hinzufügen**. Um Therapien in ihrem Ergebnis meßbar zu
machen, müssen sich die Ärzte der gleichen Methoden bedienen wie die Krankenhausleitung. Allerdings verstehen sie es wegen ihrer größeren Wissensbasis in der Regel
besser, die Kontrollergebnisse zu interpretieren. So können sie die Meßergebnisse wie
Blutdruck, Enzymwerte o.ä. in ein Verhältnis zum jeweiligen Patienten stellen und
damit Veränderungen deuten.[356] Zudem gelingt es ihnen auch, die kognitiv verzerrten
subjektiven Einschätzungen der Patienten zu bewerten und somit von Patienten geschilderte Therapieerfolge zu objektivieren. Das kann unter Umständen dazu beitragen,
medizinisch induzierten Bedarf an Krankenhausleistungen von reiner Nachfrage zu
trennen.

Für eine vollständige Dokumentation des Krankenblattes und zum Zwecke der
eventuellen Korrektur einer ersten und aufgrund von Wissensdefiziten unzureichenden
Diagnose ist es sinnvoll, ex post eine **Abschlußdiagnose**[357] zu stellen. Erstens kann
das auf einer weit höheren Wissensbasis dazu dienen, die Eingangsdiagnose und den
dazu führenden Prozeß zu kontrollieren.[358] Zweitens lassen sich angewandte Therapie-

---

[355] Konkret können regelmäßige Treffen anberaumt werden, deren Teilnehmer festgesetzt sind, um
die Stichproben zu diskutieren. Als Sanktion auf das Kontrollergebnis wird von Ärzten dabei
schon allein die Diskussion empfunden, vgl. FREIDSON/RHEA, Control, 1963, S.123ff.

[356] Bei Leberentzündungen dient die regelmäßige Überprüfung der Leberwerte nicht zuletzt der Frage, ob ein Übergang in eine chronische Hepatitis erfolgt oder nicht. Das ist anhand der absoluten
Werte nicht feststellbar, sondern nur aus der Entwicklung zu erkennen.

[357] Abschlußdiagnose soll hier verstanden werden als die durch den zusätzlichen Wissenserwerb
während der Behandlung korrigierte Eingangsdiagnose.

[358] Das ließe sich bei interpersoneller Trennung von Eingangs- und Abschlußdiagnostiker als Prozeßkontrolle der Diagnosehandlungen nutzbar machen.

pfade dadurch relativieren. Drittens stellt sich im Vergleich mit der Eingangsdiagnose die Krankenhausleistung objektiver dar.

Die Abschlußdiagnose spielt in den USA zur **Zuordnung der Patienten zu Abrechnungseinheiten** eine große Rolle. Durch ihre Relevanz ist sie allerdings selbst ein Gegenstand der Kontrolle geworden.[359] Bei einer Anwendung in deutschen Krankenhäusern sollte man diese Erfahrungen beachten, um nicht aus dem Wunsch heraus, ein Kontrollinstrument zu schaffen, einen weiteren Kontrollgegenstand zu kreieren.

4.5 Zusammenfassende Betrachtung der Kontrolle

Die Kontrolle ist wesentlich vom Wissensdefizit determiniert. Das gilt einerseits für die Verteilung der Kontrollhandlungen und andererseits für die einzelnen Prozesse und ihre Bestimmbarkeit.

Bei zugrundeliegender gut beschreibbarer Ausführungshandlung gelingt es der Krankenhausleitung aufgrund des geringen Wissensdefizites, die Kontrolle in Handlungen bestimmbarer Produktionsfunktion zu realisieren. Beispiele dafür sind die Kontrolle des Faktoreinsatzes und der Therapiepfade. Wächst dagegen das Wissensdefizit an, so werden die Grenzen der Fremdkontrolle erreicht. Die Krankenhausleitung kann zu einer speziellen Kontrollhandlung mit unbestimmbarer Produktionsfunktion, dem Vertrauen, übergehen oder die Kontrolle in die Hand der Ausführungshandelnden legen und lediglich ihre Durchführung überwachen.

Die Selbstkontrolle kann aufgrund des höheren Wissens der Kontrollierenden mit Handlungen bestimmbarer Produktionsfunktion beginnen. Ein Beispiel dafür ist das Aufstellen des Kontrollportfolios für die Fortbildungskontrolle. Aufgrund der mangelnden Beschreib- und Prognostizierbarkeit der zugrundeliegenden Ausführung dominieren allerdings die Handlungen mit unbestimmter Produktionsfunktion wie die stichprobenartige Diskussion von Therapien, für die keine Pfade vorliegen.

---

[359] Eine kleine Veränderung der der Abrechnung zugrundegelegten Diagnose kann unter Umständen einen weit höheren Abrechnungsbetrag bedeuten.

4.6 Der Patient im Rahmen der Kontrolle

Der **Patient** kann im Rahmen der Kontrolle zu den **drei Kontrollgegenständen** Stellung nehmen: zu den Einsatzfaktoren, zum Kombinationsprozeß und zum Ergebnis. Zu den Einsatzfaktoren ist insbesondere sein Vertrauen zu erfragen, darüber hinaus werden die Beurteilungsmöglichkeiten aufgrund von Wissensdefiziten eingeschränkt. Das gilt in gleicher Weise für den Kombinationsprozeß. Das Therapieergebnis kann einzig der Patient schildern, insofern erweist sich die Rolle des Patienten als wichtig.

Insgesamt ist allerdings zu beachten, daß die vom Patienten vorgebrachten Eindrücke in der Regel **kognitiv verzerrt** sind. Das ist einerseits auf Wissensdefizite zurückzuführen und andererseits auf den Krankheitszustand. Unter dem Einfluß von Schmerzen und/oder Ängsten ist kaum von einer objektiven Schilderung auszugehen.

Teil E: Controlleraufgaben im Krankenhaus

Damit die identifizierten Führungshandlungen im Krankenhaus konkret stattfinden, ist eine Reihe von Aufgaben zu erfüllen. Diese Aufgaben, die als struktur- und
ablaufgestaltend bezeichnet werden, sind definitorisch Controllingaufgaben. Ob sie
allerdings auch vom Controller erfüllt werden, ist fraglich. Zur Beantwortung muß im
ersten Schritt überprüft werden, ob im Krankenhaus eine Controllerstelle zu etablieren,
also die potentielle Arbeitsteilung anzustreben ist. Darauf aufbauend können dann im
zweiten Schritt die konkreten Aufgaben des Controllers beschrieben werden, durch die
es letztendlich zu den dargestellten Führungshandlungen im Krankenhaus kommt.[1]

1 Führung und Controller im Krankenhaus

Als Ausgangspunkt der Behandlung der Frage, welche Aufgaben der Controller
im Krankenhaus wahrnimmt, ist eine Abgrenzung der unterschiedlichen Aufgabenträger zu treffen. Das geschieht grundsätzlich aus der Problematik heraus, die sich einstellt, wenn die Aufgaben einer Organisation so vielzählig geworden sind, daß sie von
mehreren Aufgabenträgern wahrgenommen werden müssen. Dabei ist von Interesse,
ob mit der **Aufgabenteilung auch** eine **Spezialisierung** verbunden sein soll oder im
Gegenteil die Aufgaben zu gleichen Anteilen von Generalisten wahrgenommen werden.[2]

Das schon seit dem Stecknadelbeispiel von ADAM SMITH die Diskussion um die
Spezialisierung beherrschende Argument ist der Vorteil durch **Lerneffekte**.[3] Speziali-
sten weisen in ihren Arbeitsgebieten eine jeweils höhere Arbeitsproduktivität auf als
Generalisten, die die gleichen Aufgaben wahrnehmen, weil sie diese Aufgaben viel

---

[1] Insofern auch Röhrig: *„Der besondere Charakter des „Unternehmens" Krankenhaus erfordert ein
spezialisiertes Controllingsystem"* RÖHRIG, Krankenhauscontrolling, 1989, S.276.

[2] Die Anzahl der Aufgaben auf unterschiedliche Aufgabenträger zu verteilen, wird mit Mengentei-
lung bezeichnet, auf der die Artenteilung, also die Spezialisierung, aufbaut, vgl. STAEHLE, Management, 1994, S.646.

[3] *„Nur die Professionalisierung und nicht die Spezialisierung schlechthin führt zum Einsatz von
Spezialisten."* KIESER/KUBICEK, Organisation, 1992, S.77. Mit der Professionalisierung ging, so
wurde festgestellt, der Erwerb einer speziellen Wissensbasis einher.

häufiger ausführen und damit einen Lerneffekt realisieren können.[4] Aus den dargestellten Gehirnfunktionen ist dieses Argument nicht nur für Tätigkeiten, die das Können repräsentieren, sondern auch für Aufgaben, die das Wissen betreffen, begründbar. Denn auch die Wiederholung solcher Aufgaben, die in der Regel mit einem inhaltlichen Datentransformationsprozeß verbunden sind, erhöht die Anzahl der unterschiedlichen Assoziationen zum gleichen Kontext und verbessert damit die Möglichkeiten der Verarbeitung.[5] Zudem kann die Funktion der **Selbstreferentialität** eine Spezialisierung notwendig machen, um Anlernzeiten zu verringern oder zu vermeiden. Bei ausreichender Anzahl der speziellen Aufgaben erwächst daraus auch die Möglichkeit, Spezialisten für verschiedene Aufgabengebiete anzuwerben.

Ein weiterer mit den Gehirnfunktionen verknüpfter Effekt, der eine Spezialisierung nützlich erscheinen läßt, ist der der **Komplexität von Aufgaben** und der unterschiedlichen Möglichkeiten von Aufgabenträgern, mit dieser Komplexität umzugehen. Wie im Schachbeispiel verdeutlicht, können die Menschen als Handlungsträger sogenannte **Chunks** bilden, zeigen darin aber auch deutliche Unterschiede.[6] Der professionelle Spieler ist dem Laien dabei nur bei bekannten Spielsituationen überlegen. Das legt den Schluß nahe, daß die Spezialisierung dann nützlich ist, wenn die Aufgabenträger auf Situationen treffen, die ihnen unterschiedlich gut bekannt sind. Starke Auswirkungen sind in dem Fall zu verzeichnen, wenn der ungeübte Aufgabenträger die Situation aufgrund der ihr zugrundeliegenden Komplexität nicht zu bewältigen in der Lage ist, ähnlich dem Laien bei gängigen Spielsituationen im Schach.[7]

Die Spezialisierung kann außerdem dazu beitragen, daß bestimmte im Rahmen der Darstellung der Datentransformationsprozesse beschriebene **Biases vermieden** werden. Dabei handelt es sich vor allem um den attribution error und den Repräsentativitätsbias. Wird z.B. die grundsätzliche Gestaltung der Struktur einer Entschei-

---

[4]   Vgl. den Lerneffekt als Teil der Erfahrungskurve bei VOLLMER, Portfolio-Konzepte, 1983, S.162ff. Zur wachsenden Bedeutung der Lerneffekte durch Erfahrungslernen vgl. HERRIOT/LEVINTHAL/MARCH, Erfahrungslernen, 1990, S.245ff.

[5]   Dazu vgl. die Ausführungen in Teil B, Kapitel 2.2.2.

[6]   Vgl. DE GROOT, Chess, 1965, S.321ff.

[7]   Vgl. die Unterschiede beim Umgang mit der Komplexität von Situationen, DÖRNER, Strategisches Denken, 1995, S.58ff.

dungssituation in die Hände eines anderen Aufgabenträgers gelegt als das konkrete inhaltliche Ausfüllen der Situation, so kann damit sichergestellt werden, daß die variablen Größen einer Situation gegenüber der Grundkonstellation nicht überbewertet werden (**attribution error**).[8] Daran knüpft die Möglichkeit zur Vermeidung des **Repräsentativitätsirrtums** insofern an, als durch eine Arbeitsteilung, wie sie für die obige Entscheidungssituation beschrieben ist, a priori-Wahrscheinlichkeiten besser Berücksichtigung finden können und darin die zufälligen oder diagnostischen Daten der konkreten Entscheidungssituation eingeordnet werden müßten.[9]

Neben den Gehirnfunktionen spielt die Wollen-Komponente von Handlungsträgern eine wichtige Rolle bei der Verteilung von Aufgaben an Aufgabenträger. Verfolgen Handlungsträger, auf deren Wissen und Können die Organisation angewiesen ist, **Nutzenfunktionen**, die den Organisationszielen widersprechen, so ist ihre Kontrolle, aber auch **Machtbegrenzung** geraten. Die Arbeitsteilung kann insofern dazu beitragen, indem die inhaltliche Machtausübung durch eine strukturelle Gestaltung im Sinne der Bildung von Führungsaufgaben und -abläufen begrenzt wird.[10] Unterstützend wirken dabei die Möglichkeit zu einer eindeutigen **Zuordnung von Verantwortlichkeiten** und die Aussicht, Aufgaben zu delegieren. Gerade letzteres schafft in einer arbeitsteiligen und spezialisierten Organisation die Möglichkeit, die **Kontrollgegenstände** sauber voneinander **abzugrenzen**.[11]

Die bisher beschriebenen Vorteile der Spezialisierung sind graphisch in den zwei Dimensionen abbildbar, die aus der Beschreibung des Handlungsträgers durch eine Können- und eine Wollen-Komponente resultieren.

---

[8] Vgl. NISBETT/ROSS, Human Inference, 1980, S.18f.

[9] Vgl. TVERSKY/KAHNEMANN, Uncertainty, 1974, S.1124.

[10] Ein Beispiel dafür ist die strukturelle Gestaltung von Führungsprozessen, in denen bestimmten Aufgabenträgern nur begrenzte Macht eingeräumt wird, indem die inhaltlichen Tätigkeitsfelder genau abgegrenzt sind.

[11] Vgl. KIESER/KUBICEK, Organisation, 1992, S 84f.

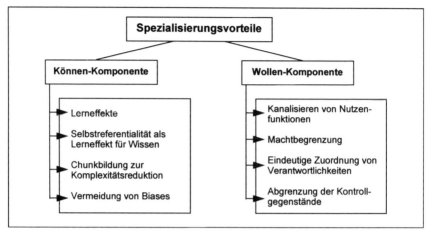

Abbildung 15: Vorteile der Spezialisierung

Den Vorteilen der Spezialisierung stehen zum einen die Nachteile durch **Verhaltenswirkungen** der Aufgabenteilung wie beispielsweise Monotonie und dadurch hervorgerufene Langeweile sowie zum anderen die **Kosten** durch die Notwendigkeit zur **Koordination** gegenüber.[12]

Im Krankenhaus müssen die genannten Aspekte der Spezialisierung dahingehend überprüft werden, ob es notwendig erscheint, eine Controllerstelle zu etablieren. Darauf aufbauend können dann die Controlleraufgaben beschrieben werden. Vorangestellt ist dem die Diskussion um die Arbeitsteilung zwischen Krankenhausleitung und Ärzten, die zugleich als argumentative Grundlage für die Abgrenzung des Controllers dient.

1.1 Die Aufgabenteilung zwischen Arzt und Krankenhausleitung

Im Krankenhaus ist die **Anzahl** der nicht-medizinischen und insbesondere der betriebswirtschaftlichen **Aufgaben** so **groß**, daß eine Verteilung auf eine ganze Reihe von Aufgabenträgern notwendig ist. Es hat sich eine Spezialisierung ergeben, die eine deutliche Trennung zwischen Ärzten und der Krankenhausleitung zeigt. Die Frage lautet nun, ob diese Spezialisierung nur aus der Anzahl der Aufgaben heraus entstan-

---

[12]   Vgl. HULIN/BLOOD, Job Enlargement, 1968, S.41ff.

den ist oder auch aus den oben erarbeiteten Spezialisierungsvorteilen begründbar erscheint.

Von der **Können-Komponente** her argumentiert, erweist sich die Spezialisierung als unbedingt notwendig. Zum Erfüllen der ärztlichen und der betriebswirtschaftlichen Aufgaben ist eine jeweils so unterschiedliche Wissensbasis notwendig, daß die Spezialisierung unumgänglich erscheint. In der Folge lassen sich Lerneffekte ebenso realisieren wie die unzureichende Aufgabenerfüllung wegen mangelnder Selbstreferentialität ausschließen.[13]

Die ärztliche Wissensbasis hat allerdings auch dazu geführt, daß die Ärzte Nutzenfunktionen verfolgen, die den Zielen der Krankenhäuser widersprechen. Diese Problematik wurde bereits dargestellt.[14] Damit nehmen sie eine Position ein, die es, auch von der **Wollen-Komponente** her argumentiert, notwendig werden läßt, die betriebswirtschaftlichen Aufgaben anderen Handlungsträgern anzuvertrauen. Es bilden sich hierdurch zwei Extreme heraus, die durch ihren gegenseitigen Machtausgleich - ein großer Teil der beschriebenen Führungshandlungen ist dabei das „Instrument" der Krankenhausleitung - eine den Zielen des Krankenhauses angepaßte Leistungserstellung gewährleisten können. Ein Beispiel für die **extremen Positionen** ist die Ansicht der Ärzte, die Patientenbehandlung ließe sich kaum über Entgelte wie Fallpauschalen abrechnen,[15] dem mancher Ökonom ein vollständiges System von fallpauschalierten Entgelten entgegensetzen möchte. Wie zuvor bei den skizzierten Führungshandlungen erläutert, liegt eine effiziente Lösung zwischen den beiden Extremen.[16]

In der Konsequenz bedeutet das, daß eine **betriebswirtschaftlich geprägte Krankenhausleitung** aufgrund ihrer Wissensbasis, aber auch wegen der durch die Ärzte verfolgten Nutzenfunktionen, **notwendig** ist. Um die Machtausgleichsfunktion zu erfüllen, obliegt es ihr, eine Art Extremposition als Gegengewicht zu den Ärzten

---

[13] Vgl. die Unterschiedlichkeit von Wissen im Rahmen der Professionalisierung und damit einhergehenden Spezialisierung ABBOTT, Professions, 1988, und die besondere Rolle der Ärzte und ihrer speziellen Wissensbasis FREIDSON, Dominance, 1970, S.84ff.

[14] Vgl. dazu Teil C, Kapitel 3.2.2.

[15] Vgl. HOFFMANN, Entgeltsysteme, 1988, S.170ff.

[16] Vgl. Teil D, Kapitel 2.3.2.1, sowie allgemein SELBMANN, Standards, 1984, S.160ff.

einzunehmen. Insofern ist die Krankenhausleitung auch nur zu einem Teil durch betriebswirtschaftlich geschulte Ärzte zu ersetzen. Als Aufgaben führt die Krankenhausleitung einen Teil der dargestellten Führungshandlungen aus - Ärzten obliegt auch ein Teil, insbesondere die Selbstkontrollhandlungen. Dabei stellt sich allerdings die Frage, inwieweit der Controller einerseits eine strukturgestaltende und andererseits eine unterstützende Funktion auszuüben hat. Das soll in Abgrenzung zur Krankenhausleitung und den Ärzten im nächsten Abschnitt entwickelt werden.

1.2 Die Aufgabenteilung zwischen Krankenhausleitung und Controller

Nachdem die Notwendigkeit zur Aufgabenteilung zwischen der Krankenhausleitung und den Ärzten hergeleitet wurde, kann auf dieser argumentativen Basis aufbauend das Verhältnis zwischen **Controller** und **Krankenhausleitung** betrachtet werden. Als Aufgaben, die mit der Führung in einem Zusammenhang stehen, können die Führung selbst sowie unterstützende und sie gestaltende Maßnahmen identifiziert werden. Mögliche Aufgabenträger dazu sind die Krankenhausleitung, die Controller und die Ärzte, denen, wie dargestellt, ein Teil der Führungshandlungen zufällt.

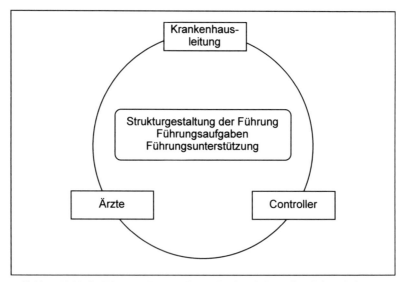

Abbildung 16: Mit der Führung im Zusammenhang stehende Aufgaben und mögliche Aufgabenträger

Da sich die Aufgaben der Ärzte auf den beschriebenen Teil der Führungshandlungen begrenzen, ist folglich insbesondere die Aufgabenteilung zwischen Controller und Krankenhausleitung von Interesse. Dazu werden die abstrakten Argumente der Spezialisierung aufgenommen, um die einzelnen Führungshandlungen, also Willensbildung, Willensdurchsetzung und Kontrolle betreffend, die Abgrenzung zwischen Führungs- und Controlleraufgaben herzuleiten.

1.2.1 Krankenhausleitung und Controller im Rahmen der Willensbildung und Willensdurchsetzung

Krankenhausleitung und Controller haben grundsätzlich dafür Sorge zu tragen, daß die beschriebenen Führungshandlungen stattfinden und dadurch eine wirtschaftliche Leistungserstellung gewährleistet wird. Ein Teil dieser Handlungen sind die der Willensbildung- und -durchsetzung. Die Krankenhausleitung hat dabei zumindest die festgestellt Rolle, die Extremposition gegenüber den Ärzten einzunehmen.

Im Rahmen der **Können-Komponente** hat der Controller gegenüber der Krankenhausleitung den Vorteil, daß er über ein umfangreiches Methodenwissen die Willensbildung und -durchsetzung, insbesondere die Planung betreffend, verfügt.[17] Dieses Wissen verschafft ihm einen **Spezialisierungsvorteil**, er hat bereits **Lerneffekte** realisiert und kann diese auch im Krankenhaus nutzbar machen. Dabei hat er auch einen umfangreichen Teil an Aufgaben zu erledigen, der im Charakter Ausführungshandlungen ähnelt. Dazu gehört beispielsweise die Konzeption einer Datenbank zur Patientenaufnahme oder die Zusammenfassung der Willensbildung in einem Faktoreinsatzplan. In diese Aufgaben, für die in der Regel keine relevanten Freiheitsgrade offen sind, werden die Führungshandlungen eingebettet, der Controller wirkt also **führungsunterstützend**.[18]

---

[17] Vgl. hier die Zusammenfassung empirischer Untersuchungen, die die Aufgabenschwerpunkte des Controllers verdeutlichen in STOFFEL, Controllership, 1995, S.90ff., und speziell für das Krankenhaus als Ergebnis einer empirischen Untersuchung: SIEBEN, Krankenhaus-Controlling, 1986, S.235ff.

[18] Vgl. im einzelnen bei der Aufzählung der Controlleraufgaben bei der Willensbildung, -durchsetzung und Kontrolle.

Eine wesentliche Aufgabe, die dem Controller außerdem zukommt, liegt darin, die **Vermeidung von Biases** zu gewährleisten. Denn gerade, um die intuitiven Führungshandlungen auszuführen, ist es wichtig, die Grundkonstellation der Entscheidungssituation nicht zu vernachlässigen. Letztere dem Controller zur Erarbeitung zuzuweisen, erscheint insofern sinnvoll, weil mit der Abgrenzbarkeit der Aufgaben eher sichergestellt ist, daß sie auch erfüllt werden. Dabei ist nicht nur die Grundkonstellation von Entscheidungen von Interesse sondern auch die a priori-Wahrscheinlichkeiten. Gerade letztere spielen wegen des häufigen Einsatzes statistischer Methoden im Krankenhaus eine wichtige Rolle.[19]

Im Rahmen des **Wollen**s machen sich die extremen Positionen, die die Krankenhausleitung gegenüber den Ärzten einnimmt, besonders für den Controller bemerkbar. Denn die Krankenhausleitung muß einerseits überhaupt darauf drängen, daß ein ex ante Wille gebildet wird[20] - im Rahmen der Kombinationsprozesse ist das in der Regel noch nicht der Fall -, andererseits ist sie, die Wirtschaftlichkeit betreffend, dem Krankenhausträger und zudem dem gesellschaftlichen und gesetzlichen Postulat verpflichtet.[21] Die Ärzte dagegen fühlen sich in der Pflicht vor allem gegenüber dem Patienten, der nicht die Gesamtwirtschaftlichkeit des Krankenhauses, sondern eher die persönliche Leistungsmaximierung wünscht. Den **Ausgleich zwischen** den **beiden Positionen** kann der Controller vornehmen, der sich weder dem Träger noch dem Patienten gegenüber besonders verpflichtet sieht. Gerade beispielsweise bei der Frage, für welche Therapien Pfade gebildet werden sollen, gelingt es dem Controller durch den Versuch, die Wissensdefizite zu präzisieren, Aussagen über die objektiv notwendigen Führungshandlungen abseits der Extreme zu finden.[22] In diesem Sinne wirkt seine Arbeit struk-

---

[19] Vgl. beispielhaft die Rolle der Statistik zur Entwicklung von Fallgruppen: FETTER u.a., Diagnosis Related Groups, 1980, S.6ff.

[20] Vgl. die Quellen, die die unzureichende Ausprägung von Führungs- und insbesondere Planungshandlungen behandeln, beispielhaft SIEBEN, Planungs- und Kontrollhemmnisse, 1985, S.80ff.

[21] Vgl. die Problematik, daß sich ein betriebswirtschaftliches Instrumentarium erst dann durchzusetzen vermag, wenn es vom Gesetzgeber gefordert wird, in diesem Sinne am Beispiel der Kostenrechnung THE BOSTON CONSULTING GROUP, Studie, 1993, S.10.

[22] Insofern auch HORVÁTH: „*Controller müssen sich deshalb überlegen, wie sie ein situationsgerechtes Gleichgewicht schaffen zwischen der herkömmlichen Form der Standardisierung ihrer Systeme und Lösungen, die Kreativität, Innovationsfreudigkeit und Risikobereitschaft fördern*" HORVÁTH, Organisierte Anarchie, 1982, S.258.

turgestaltend für die Führung.[23] Sowohl den Ärzten als auch der Krankenhausleitung wird damit die Möglichkeit der Abschottung und der Gedanke der Überlegenheitsideologie als Teil eines potentiellen Entscheidungsautismus genommen.[24]

Der Controller kann zwischen den Extremen eine Art **Moderatorenrolle** einnehmen, die über ein abgrenzbares Aufgabenspektrum verfügt. Das ist bei der Willensbildung insofern wichtig, als der Inhalt des zu bildenden Willens die Struktur der Willensbildung zu beeinflussen droht.[25] Deswegen sollte eine neutrale Instanz die strukturellen Probleme lösen, indem sie nicht nur die Therapien vorgibt, für die Pfade zu bilden sind, sondern auch feststellt, für welche Fälle eine Regression zur Faktoreinsatzplanung effizient ist. Dabei lassen sich nicht nur die Präzisierung des Wissensdefizites als **Controlleraufgabe sauber abgrenzen**, sondern auch die Entwicklung der Regressionsgleichung vom eigentlichen Durchführen der Regression mit zukunftsbezogenen Zahlen trennen. Auch eine solche Ermittlung der Gleichung ist als Aufgabe der Strukturgestaltung der Führung zu erkennen.[26]

Insgesamt ist festzuhalten, daß es im Krankenhaus für die Willensbildung und Willensdurchsetzung unbedingt **notwendig erscheint, eine Controllerstelle zu etablieren**. Diese Stelle verfügt über ein abgegrenztes Aufgabenspektrum, das im einzelnen noch konkret zu beschreiben ist. Grundsätzlich sind die **Aufgaben** sowohl **strukturgestaltender Art**, dazu zählt beispielsweise die Differenzierung der Therapien nach dem Wissensdefizit, als auch **führungsunterstützender** Natur. Zu letzterem zählt beispielsweise das Sicherstellen der richtigen Anwendung der Planungsinstrumente - der Controller besitzt darin einen Wissensvorsprung -, aber auch die Übernahme prozessualer Teilaufgaben, die eher ausführenden als führenden Charakter haben. Dazu ist

---

[23] Die Konkretisierung von Wissensdefiziten kann als eine wesentliche und neue Aufgabe des Controllers zur Lösung des Führungsproblems angesehen werden.

[24] Vgl. in diesem Sinne auch die mangelnde Akzeptanz nicht-medizinischen Wissens durch die Ärzte FREIDSON, Professions, 1988, S.178f.

[25] Die Struktur der Willensbildung ist stark davon abhängig, ob ein Therapiepfad gebildet wird oder nicht. Inhaltlich bedeutet ein Therapiepfad aber auch eine viel genauere Festlegung, so daß Ärzte, die keine inhaltliche Festlegung wünschten, auch schon die vorgesehene Struktur der Willensbildung ablehnen könnten.

[26] An dieser Stelle wird deutlich, wie wesentlich neben der ausreichenden Anzahl von Aufgaben ihre Trennbarkeit ist. Sie ist im Krankenhaus, wie auch an diesem Beispiel gezeigt, gegeben.

z.B. ein großer Teil der Durchsetzungsaufgaben zu rechnen, der sich schriftlicher Medien bedient.

1.2.2 Krankenhausleitung und Controller im Rahmen der Kontrolle

Im Rahmen der Kontrolle werden ebenfalls das unterschiedliche Können und Wollen der Handlungsträger geprüft, um eine Aussage darüber vornehmen zu können, ob sich ein Spezialisierungsvorteil durch das Einrichten einer Controllerstelle ergibt.

Den **Controller** zeichnet bei der Kontrolle und der Entwicklung von Kontrollinstrumenten eine **überlegene Wissensbasis** gegenüber der Krankenhausleitung aus. Gerade die Fragen der Ausprägung eines Kostenrechnungssystems, die im Krankenhaus schon lange diskutiert wird, oder die Entwicklung geeigneter Indikatoren ist vom Controller fundierter zu diskutieren als von einem Generalisten.[27] Dem reinen Kostenrechner im Krankenhaus ist der Controller insoweit überlegen, als er die Probleme der Strukturgestaltung auch mit den anderen Führungshandlungen, insbesondere denen bei der Willensbildung, für die die kostenrechnerische Bewertung ebenfalls eine Rolle spielt, in Verbindung bringen kann.[28]

Der Controller trägt durch die strukturgestaltenden Aufgaben der Entwicklung eines geeigneten Kostenrechnungssystems und der Kennzahlen wiederum dazu bei, **Biases zu reduzieren**. Denn dadurch, daß er Prozesse und Prozeßschritte bewertet, gewährleistet er, daß Kontrollsituationen vollständig erfaßt werden können.

Die **Unabhängigkeit**, die der Controller gemäß der beschriebenen Aufgabenteilung genießt, erhält im Rahmen der Kontrolle eine **besondere Relevanz**. Denn im Konfliktfeld zwischen den Extrempositionen der Ärzte und der Krankenhausleitung kann durchaus vermutet werden, die Fremdkontrolle sei durch Versuche, Fehler zu finden und mit Sanktionen zu versehen, geprägt. Die Unabhängigkeit bei der Analyse,

---

[27]   Vgl. hierzu auch die Beschreibung der Entstehung des Controlling aus dem Wunsch heraus, den Unternehmen ein *„more adequate and scientific accounting and more exact financial control"* zu verschaffen, JACKSON, Comptroller, 1949, S.5.

[28]   Das erweiterte Aufgabenspektrum wird nicht nur in der vorliegenden Arbeit deutlich, sondern ist auch von Krankenhauscontrollern inzwischen erkannt worden, vgl. SCHIRMER, Controller im Krankenhaus, 1993, S.316. Daraus resultiert die Überlegenheit des Controllers gegenüber dem reinen Kostenrechner.

die der Controller repräsentieren könnte, würde die Vermutung abmildern und damit negative Auswirkungen auf den Handlungsrahmen der Ärzte vermindern. Zudem ist es gerade bei der Selbstkontrolle wichtig, zwar Abweichungen zu identifizieren, nicht aber den Anschein zu vermitteln, in den Bereich der selbstkontrollierenden Ärzte einzudringen. Denn die Selbstkontrolle ist vor allem dann funktionsfähig, wenn unter Nutzung des Kontrollwissens der Ärzte die von ihnen angestrebte Autonomie erhalten bleibt. Die „Neutralität" des Controllers kann dabei eher dienlich sein als die Extremposition der Krankenhausleitung.[29]

Im Rahmen der Kontrolle fallen außerdem Aufgaben an, die keine echten Führungsaufgaben in dem Sinne sind, daß durch sie Freiheitsgrade eingeschränkt würden. Dabei handelt es sich vor allem um die **System-** und **Berichtsverantwortung.** Das Einrichten von Systemen als führungsgestaltende und -unterstützende Aufgabe erfordert vor allem **Quasi-Ausführungsaufgaben,** genauso wie das Erstellen der Berichte. Mit den Berichten kann allerdings eine Koordinationswirkung verbunden sein, wenn sie einheitlich und konsistent gestaltet sind. Die System- und Berichtsverantwortung **dem Controller zuzuordnen** ist insofern sinnvoll, als beide Aufgaben auf seinem Wissensvorsprung die notwendigen Instrumente betreffend basieren. Bei der Systemverantwortung kann der Controller zudem eine Rolle als Ansprechpartner für den richtigen Gebrauch der Instrumente erhalten, wirkt damit also führungsunterstützend.[30]

Insgesamt ist auch im Rahmen der Kontrolle festzustellen, daß es **sinnvoll** erscheint, eine **Controllerstelle zu etablieren** und mit bestimmten Aufgaben zu versehen. Dadurch sind Spezialisierungsvorteile realisierbar, die einerseits die Wissensbasis betreffen, andererseits aus der besonderen Rolle des Controllers als Moderator zweier extremer Positionen resultieren. Gerade durch diese Rolle, verbunden mit Aufgaben wie der Präzisierung des Wissensdefizites, kann der Controller ein anderes Image als das des „bean-counters" realisieren. Er wirkt dadurch für die Führung sowohl gestal-

---

[29] Hier paßt sich auch das Bild des Controllers als Hofnarr ein, der unangenehme Wahrheiten in verhältnismäßig angenehmer Form beidseitig, also den beiden Extremen, verdeutlicht, vgl. WEBER, Controlling, 1995, S.366f.

[30] Das kann auch die Interpretation potentieller von ihm durchgeführter Analysen mit den eingerichteten Systemen betreffen.

tend als auch unterstützend. Diese Aufgaben sind, wie im folgenden auch zu zeigen sein wird, eindeutig von den echten Führungshandlungen zu trennen.

Bislang wurden die Führungshandlungen geordnet nach Willensbildungs-, Willensdurchsetzungs- und Kontrollhandlungen dargestellt. Dabei war erkennbar, daß die Bildung und die Durchsetzung des Willens in zweierlei Hinsicht mitcinander verknüpft sind: Erstens ist ausnahmslos das durchzusetzen, was geistig antizipiert wurde. Zweitens dient das Ergebnis der Willensbildungshandlung, beispielsweise die schriftlich formulierten Faktoreinsatzpläne, auch der Durchsetzung. Durch die solchermaßen enge Verknüpfung werden nachfolgend die Controlleraufgaben für die Willensbildung und Willensdurchsetzung gemeinsam dargestellt.

Bei der folgenden Darstellung wird zudem deutlich, daß verschiedene Controlleraufgaben wie beispielsweise die Implementierung einer Kostenrechnung für unterschiedliche Führungshandlungen strukturbildend wirken. Die Zuordnung erfolgt in der Regel dorthin, wo die Aufgabe die größte Relevanz hat. Daher wird z.B. die Kostenrechnung im Rahmen der Kontrolle beschrieben.

2 Controlleraufgaben zur Willensbildung und Willensdurchsetzung

Im Rahmen der Willensbildung wurde behandelt, wie die Ziele des Krankenhauses zu bilden sind, wie die Leistungsbereitschaft zu schaffen und die Leistungserstellung zu führen ist. Damit die einzelnen Führungshandlungen in der gewünschten Form stattfinden, sind vom Controller, aus den Führungshandlungen abgeleitet, bestimmte Aufgaben zu erfüllen, die im folgenden jeweils gemeinsam dargestellt werden.[31]

2.1 Controlleraufgaben zur Zielbildung und -durchsetzung

Die Zielbildung im Krankenhaus ist dadurch geprägt, daß aus der Diskussion von Einzelfällen generelle Ziele abgeleitet und ausformuliert werden. Dazu ist eine

---

[31] Im Umkehrschluß schreiben BRAUN/BOZEM, ohne einen Unterschied zwischen Controller und Controlling vorzunehmen: *„Das Ergebnis der Controllingaktivitäten mündet in Führungsentscheidungen, ... "* BRAUN/BOZEM, Controlling, 1990, S.9.

möglichst weite Wissensbasis nutzbar zu machen. Grundlage für einen solchen Prozeß stellt das Verständnis für die Zielbildung bei den Beteiligten dar. Dabei sind **verschiedene Phasen** zu differenzieren, in denen **unterschiedliche Controlleraufgaben** notwendig sind.

Das **Verständnis** für die **Ziele und** ihre **Bildung** beruht im wesentlichen auf der Diskussion von einzelnen Leistungen und Fällen. Begleitend können die wesentlichen Begriffe, wie der der Zielhierarchie, der Wirtschaftlichkeit oder der Allokation, geklärt werden. Die Schulung des Begriffsverständnisses vorzubereiten und die einzelnen Leistungen und Fälle einschließlich möglicher Alternativen zu konstruieren, sind Aufgaben des Controllers.[32]

Die auf der Basis der Vorbereitung geführte Diskussion der Begriffe, Leistungen und Fälle läuft in kleinen Gruppen ab und wird vom Controller moderiert.[33] Innerhalb der Moderation sollte dabei auf das breite Verständnis für die Bildung von Zielen hingearbeitet werden, damit es darauf aufbauend gelingt, in einem ausgewählten kleineren Kreis von Handlungsträgern mögliche **Ziele** für das Krankenhaus **abzuleiten.** Neben der Krankenhausleitung sind an diesem Kreis die Vertreter der Berufsgruppen zu beteiligen.

Ergebnis des Diskussionskreises stellen unstrukturierte Ziele dar. Die Aufgabe des Controllers besteht nun darin, die Ziele auszuformulieren und in eine Ordnung im Sinne eines Zielsystems zu bringen.[34] In diesem Prozeß hat der Controller zudem zur

---

[32] Vgl. auch BOTTLER, Controlling, 1975, S.198, der die Aufgabe der Motivation zur Teilnahme an Führungshandlungen, in dem von ihm geschilderten Fall die Planung, dem Controller zuordnet.

[33] An dieser Stelle wird die herausgearbeitete Moderationsfunktion des Controllers besonders wichtig, da die Extrempositionen bei der Zielbildung deutlich zum Ausdruck kommen.

[34] Vgl. zu Zielbeziehungen exemplarisch: HAHN, PuK, 1996, S.20f.

Aufgabe, die Auswirkungen[35] der angestrebten Ziele zu analysieren und darzustellen,[36] bevor das **Zielsystem** in seiner endgültigen Form **verabschiedet** werden kann.[37]

Die **Durchsetzung der Ziele** erfolgt primär durch die Kommunikation des erstellten Zielsystems. Eine Ergänzung erfährt das durch die Begriffserläuterungen und die beispielhaft diskutierten Einzelfälle, die zur Repräsentation abstrakten Wissens eine höhere Aussagekraft haben als verbale Formulierungen. In diesem Sinne ist das Zielsystem vom Controller aufzubereiten und mit eventuell erläuternden Beiblättern zu versehen.

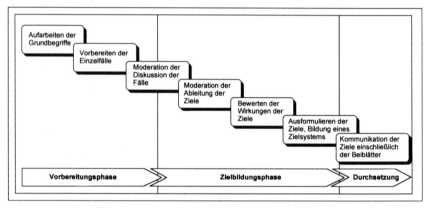

Abbildung 17: Controlleraufgaben zur Zielbildung und -durchsetzung

Bei der Darstellung der Controlleraufgaben zur Zielbildung ist erkennbar, daß der Controller jeweils nur die strukturbildenden und ablaufgestaltenden Aufgaben übernimmt, nicht aber die Führungshandlung selbst, indem er die Ziele betreffend einen Willen bildet. In diesem Sinne sind die Führungshandlungen und die Aufgaben des Controllers zu trennen.

---

[35] Das kann z. B. auch dadurch geschehen, daß potentielle Zielkonflikte beispielhaft operationalisiert werden, vgl. ADAM, Krankenhausmanagement, 1972, S.47ff.

[36] Das geschieht insbesondere im Hinblick auf die verschiedenen Ziele zueinander, denn eine gleichzeitige Erreichung aller Ziele erscheint im Krankenhaus in der Regel nicht möglich, vgl. EICHHORN, Zielsystem, 1969, S.227ff.

[37] Vgl. zur Beurteilung unterschiedlicher Ziele und ihrer Beziehungen auch RÖHRIG, Controllingsystem, 1983, S.109ff.

2.2 Controlleraufgaben zur Leistungsbereitschaft

Die **Leistungsbereitschaft** im Krankenhaus wird durch das Vorhandensein der Produktionsfaktoren und ihren planvoll koordinierten Einsatz hergestellt. Dazu ist ein Wille und seine Durchsetzung erforderlich, der vorsieht, zu welchem Zweck welche Faktoren in der jeweiligen Periode einzusetzen sind. Grundlage der Willensbildung ist die zugrundeliegende Ausführung und damit letztendlich die **Frage, welche Leistungen** der Heilung und Linderung von Körperschäden auf Basis der Leistungsbereitschaft erstellt werden sollen. Was ihre Beschreib- und Prognostizierbarkeit betrifft, sind im Krankenhaus sehr unterschiedliche Leistungen zu erkennen. In Abhängigkeit des daraus resultierenden unterschiedlichen Wissensdefizites beim Führungshandlungsträger ergeben sich verschiedene Führungshandlungen. Damit diese in der gewünschten Form stattfinden können, sind vom Controller ebenso unterschiedliche Aufgaben zu erfüllen, die auf diese Weise der Strukturgestaltung der Führung dienen.

Als **erste Aufgabe** ist die unabhängige Variable, also die die Führung erklärende **Leistung** in ihren für die Führung wesentlichen Eigenschaften, zu **definieren**. Das ist im Sinne eines auf das jeweilige Krankheitsbild des Patienten bezogenen Prozesses von Diagnose und Therapie geschehen. Grundlage der Führung stellt folglich die Krankheit dar, die diagnostiziert und mit der adäquaten Therapie behandelt werden muß. Die vielen verschiedenen im jeweiligen Krankenhaus vorkommenden Krankheiten sind mit Hilfe von **Diagnosestatistik**en zu erfassen. Dazu kann sich der Controller an die neue Bundespflegesatzverordnung anlehnen, die eine solche Statistik zur Pflicht erhoben hat.[38] Die Diagnosestatistik dient als Grundlage für eine Analyse der Häufigkeiten von Krankheiten und Leistungserstellungsprozessen. Zur Durchführung eignet sich eine ABC-Analyse, die im Ergebnis die Aussage verspricht, ob es sinnvoll ist, einen generellen Willen in der Form eines Therapiepfades zu bilden. Zudem ist die Diagnosestatistik der Ausgangspunkt für die Differenzierung der Leistungsprozesse nach ihrer Beschreib- und Prognostizierbarkeit.

Diese **Differenzierung** stellt die nachfolgende wesentliche Aufgabe für den Controller dar. Sie dient der Zuordnung, welche Führungshandlungen für welche Lei-

---

[38] Vgl. MÜLLER, GSG, S.9.

stungsprozesse in Abhängigkeit vom **Wissensdefizit** zu ergreifen sind. Gemäß der Abbildung 2 ist sie in **zwei Schritten** zu lösen. Im **ersten Schritt** werden Anhaltspunkte für die objektive Komplexität gewonnen. Zu einer solchen Analyse eignen sich alle objektivierbaren Maßgrößen wie die Verweildauer im Krankenhaus, die Therapiedauer einzelner Schritte, der Ressourceneinsatz oder auch durchschnittliche Krankheitsverläufe und die Abweichungen von diesen Maßgrößen. Zudem sind die Komplikationsraten heranzuziehen. Insbesondere letztere geben ein gutes Bild über die Prognostizierbarkeit der Leistungserstellung wieder. Überdies bietet es sich an, Aufnahme und Entlassungsdiagnosen zu vergleichen, um anhand der Differenz eine Aussage über die Sicherheit der Diagnose bei Vorliegen eines bestimmten Krankheitsbildes vornehmen zu können. Im **zweiten Schritt** sind die Komplexität und Dynamik subjektiv zu bewerten, um zu einer Aussage über die Beschreib- und Prognostizierbarkeit zu gelangen. Das kann durch strukturierte Befragungen auf Basis der objektiven Maßgrößen geschehen. Der Vorteil dieser Vorgehensweise liegt darin, daß sich der Controller durch die Befragung die Wissensbasis der die Leistungserstellung fachlich beherrschenden Ärzte und Pfleger nutzbar macht. Ergebnis des zweiten Schrittes muß eine Differenzierung der Prozesse der Leistungserstellung nach dem potentiellen Wissensdefizit beim Führungshandelnden sein. Sie bildet die Grundlage für alle weiteren Führungshandlungen.

Auf der Basis der beiden vorangegangenen Schritte kann die Bildung von Therapiepfaden beginnen. Das betrifft **alle gut beschreib- und prognostizierbaren Leistungserstellungsprozesse.** Zuerst muß dazu die Entscheidung getroffen werden, ob eigene Pfade formuliert werden sollen oder ob auf einem bestehenden System aufgebaut wird.[39] Die möglicherweise notwendige Auswahl eines Systems zur Fallgruppenbildung kann auf Basis der in dieser Arbeit vorgestellten Systeme erfolgen. Die Entscheidung ist durch den Controller entsprechend vorzubereiten und von der Krankenhausleitung und dem ärztlichen Personal zu vollziehen.[40] In weiteren vom Control-

---

[39] Vgl. für diese Entscheidung auch „Anforderungen für Patientenklassifikationssysteme" in: MARTIUS, Patientenkalkulation, 1989, S.39ff., unter Rekurs auf WOOD/AMENT/KOBRINSKI, Hospital Case Mix, 1981, S.248ff.

[40] Letzteres ist aufgrund ihrer Wissensbasis einzubeziehen.

ler zu moderierenden Sitzungen sind die Therapiepfade mit Hilfe der Wissensbasis der Ärzte und Pflegekräfte an das jeweilige Krankenhaus anzupassen.[41] Das kann die Diskussion von Alternativen umfassen und somit an der beschriebenen Zielbildung ansetzen. Dem optimalen Therapiepfad ist ebenfalls auf Basis des ärztlichen und pflegerischen Wissens und unter Berücksichtigung möglicher Komplikationen bzw. Abweichungen die Faktorbeanspruchung zuzuordnen. Sind die Fallzahlen pro Periode bekannt, kann daraus der Faktoreinsatz pro Periode abgeleitet werden.[42]

Für die **schlecht beschreib- und prognostizierbaren Leistungserstellungsprozesse**, über die das potentielle Wissensdefizit beim Führungshandelnden hoch ist, gestaltet sich die Willensbildung über den Faktoreinsatz im Rahmen eines Regressionsmodells. An einem Beispiel demonstriert, ergeben sich die benötigten Arbeitsstunden aus einem fixen und einem variablen Anteil, der von der unabhängigen Variablen, z.B. dem Pflegetag, erklärt ist, gemäß folgender Beziehung:[43]

$$A_b = A_f + A_v \cdot X_E$$

mit A_b -   benötigte Arbeitsstunden[44]

      A_f -   fixe Arbeitszeit

      A_v -   von der unabhängigen Variablen abhängige Arbeitszeit

      X_E -   unabhängige Variable

Mit Hilfe dieser allgemeinen Formel ist der Arbeitseinsatz für das Personal und bei geeigneten unabhängigen Variablen wie der Anzahl der Pflegetage auch für die

---

[41] Die Sitzungen dienen auch dem Erfahrungsaufbau, der bei der Anwendung eines Systems von Fallgruppen bzw. Therapiepfaden notwendig ist, vgl. NEUBAUER, Erprobung, 1991, S.162.

[42] Das Ableiten des Faktoreinsatzes folgt dem Schema aus Abbildung 11.

[43] Vgl. analog: CLEVERLEY, Hospital Budgeting, 1975, S.38, LAVE/LAVE, Cost-Function, 1970, S.5ff., und analog eine empirische Kostenfunktion auf Basis einer Regression: SCHMIDT, Krankenhauskosten, 1987, S.198f.

[44] Dabei sollten die betrieblichen Einheiten, für die die Arbeitsstunden errechnet werden, nicht über die Stationsgröße hinausgehen, vgl. dazu die Diskussion um die Einflußgrößen in eine Kostenfunktion bei BERRY, Production of Hospital Services, 1967, S.123ff., und CARR/FELDSTEIN, Relationship, 1967, S.50ff.

anderen Inputfaktoren zu schätzen.[45] Dem Controller obliegt dabei die Aufgabe, die Daten für die Regression zu sammeln und darauf aufbauend die Regressionskoeffizienten zu formulieren. Dazu kann er auch unter Einbeziehen des Wissens der auf den einzelnen Stationen Tätigen in einer Näherungslösung die Regressionskoeffizienten schätzen, um sie erst bei Vorhandensein ausreichender Daten analytisch zu ermitteln. Auf diese Weise sorgt er dafür, daß analog zur Bildung der Therapiepfade dezentrales Wissen in die Willensbildung einfließt.

Die **beiden Teile** der Willensbildung **zusammenführend**, können die Faktoreinsatzpläne formuliert werden.[46] Dem Controller obliegt dabei die Zusammenstellung der Daten, die Krankenhausleitung hat die Aufgabe, die Strukturbrüche, Veränderungen in den Therapiepfaden und der Faktorausstattung, die veränderten Fallzahlen, ein verändertes Fallmix, die Verteilung auf die Stationen, also auch die Allokationsentscheidung sowie potentielle Engpässe und dergleichen, einfließen zu lassen.

Der Faktoreinsatz dient als Ausgangspunkt für die **weiteren Pläne**, die daraus abgeleitet werden können. Diese betreffen beispielsweise die Bettenzahlen, die Fallzahlen pro Bett oder die Auslastung.[47] Zudem ist die Budgetierung zu beginnen.[48] Fließen die gesamten Daten in eine einzige Datenverarbeitungseinheit ein, so wird dadurch die Basis geschaffen, auch die kurzfristigen Koordinationsbedarfe plänedomi-

---

[45] Evtl. muß bei der Ermittlung der Regressionskoeffizienten eine Differenzbildung vorgenommen werden, das bedeutet, es sind die Werte zu erheben unter Einbezug aller Diagnosen und davon sind Faktorverbräuche für die Fälle abzuziehen, für die Therapiepfade vorliegen. Zudem kann die Krankenhausleitung in den ansonsten eher mechanischen Prozeß an dieser Stelle einschränkend eingreifen, indem sie beispielsweise durch Interpretation der fixen Zeiten als Leerzeiten diese durch Prozeßverbesserungen zu verkürzen versucht und damit indirekt die Regressionskoeffizienten verändert.

[46] Vgl. hier auch die Teilschritte der Kostenplanung: Leistungsplanung, Planung der Personalkosten, der Sachkosten und der Kostenträgerkosten, z.B. bei HENTZE, Kosten- und Leistungsrechnung, 1993, S.162ff.

[47] Vgl. auch die Auswirkung der Bettenzahl, der Fälle pro Bett und zusätzlich die Zahl der Intensivpatienten auf die Kosten im Krankenhaus und damit auf die nachfolgende Budgetierung: SIEBIG, Wirtschaftlichkeit, 1980, S.218ff.

[48] Vgl. zur Budgetierung ihren Funktionen und zu den Aufgaben des Controllers: FREYMANN/PAFFEN, Controlling, 1986, S.203ff., RÖHRIG, Krankenhaus-Controlling, 1991, S.135ff., TAUCH, Budgetierung, 1986, S.30ff., und PHILIPPI, Budgetierung, 1989, S.533ff. Die von SIEBEN/MARMOR/ROSSELS, Krankenhausgeschäftsführung, 1982, S.272f., angeführten Vorbehalte des medizinischen Personals gegenüber der Budgetierung sind in dem in der Arbeit beschriebenen Prozeß als gering anzusehen.

niert zu befriedigen. Um den Faktorverbrauch innerhalb der Periode einzubeziehen, sind die Ankunftswahrscheinlichkeiten der Patienten mit Hilfe von Saisonfiguren oder Warteschlangenmodellen zu prognostizieren.[49] Dazu existiert eine Reihe von Modellen,[50] die allerdings selbst von ihren Autoren zuweilen kritisch betrachtet werden.[51] Bei statistisch ausreichender Anzahl von Patienten gleicher Fallgruppe erscheint allerdings eine Vorhersage möglich, so daß mit einem diese Fälle einbeziehenden Warteschlangenmodell[52] die saisonale Verteilung zumindest grob berücksichtigt ist.[53] Dem Controller obliegt hierbei, die Daten zu sammeln, mit denen er dann das Modell formuliert.

Das stellt den strukturgestaltenden Teil seiner Aufgabe dar, der ablaufgestaltende ergibt sich aus der periodischen Anwendung des Modells mit den aktuellen Fällen unter Berücksichtigung des Willens der Krankenhausleitung zur Veränderung des Fallmixes.

---

[49] Schwierigkeiten bereitet allerdings nicht nur die Generierung von Wissen über den genauen Zeitpunkt der zukünftigen Inanspruchnahme der Ressourcen, sondern insbesondere dann erwächst ein Problem der Prognose, wenn Tätigkeitsdauern breiter Steuerung zu beobachten sind, vgl MATTHES, Terminierungsmodelle, 1973.

[50] Hierzu vgl. die Anwendung verschiedener Modelle zur Planung der Patientenankünfte, der Bereitstellung von Faktoren und der Ablaufplanung im Gesundheitswesen: CLEVERLEY, Hospital Budgeting, 1975, DOWLING, Hospital Production, 1976, FELDSTEIN, Health Services Efficiency, 1968, FISCHER, Dimensionierung, 1978, LAVE/LAVE/SILVERMAN, Hospital Costs, 1972, SCHLÄGER, Planung, 1976, und im Zusammenhang mit Fallgruppenbildung, SLOAN/STEINWALD, Hospital Costs, 1980, CONRAD/STRAUSS, Hospital Industry, 1983, und ALLAN/GARRETT, Emergency Room, 1977. Insbesondere in den USA wird dem Problem der Prognose von Patienten, von Patientenankünften und dem Zusammenhang zu den Kosten ein breiter Raum in der Forschung eingeräumt. Vgl. eine Übersicht über die Modelle bei RÖHRIG, Controllingsystem, 1983, S.99 und S.102.

[51] So schreibt DOWLING über das von ihm formulierte Modell: „It would probably not be possible to forecast the number of patients in each of the 55 diagnostic categories used in the present model. These categories are sufficiently detailed that relatively minor changes in the incidence of illness...could have a significant impact on the monthly volumes of certain types of patients." DOWLING, Hospital Production, 1976, S.149.

[52] Bei statistisch ausreichender Grundgesamtheit haben die Beziehungen zwischen einer Fallgruppe und der Inanspruchnahme von Ressourcen erhebliche Aussagekraft. Das gilt auch trotz der Betonung durch die Mediziner, daß sich jeder Fall als einmalig erweisen würde, denn die Beanspruchung von Ressourcen zeigt keine Einmaligkeit. Infolgedessen zeigen auch die auf der Ressourcenbeanspruchung aufbauenden Kostenschätzmodelle gute Ergebnisse, vgl. beispielhaft GRANNEMANN/BROWN/PAULY, Hospital Costs, 1986, oder LAVE/LAVE/SILVERMAN, Hospital Cost, 1972.

[53] Zur Saisonfigur vgl. SCHMIDT, Gesamtplanung, 1985, S.28.f.

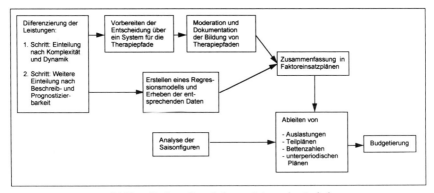

Abbildung 18: Controlleraufgaben zur Leistungsbereitschaft

Insgesamt ist bei der bisherigen Beschreibung der Controlleraufgaben zu erkennen, daß die strukturbildenden Aufgaben einen erheblichen Zeitaufwand verursachen. Das beginnt bei der Differenzierung der Fälle und setzt sich mit der Formulierung der Therapiepfade und des Regressionsmodells sowie des Modells für die saisonale Verteilung fort, damit es schließlich in die Einzelpläne und die Budgetierung münden kann.

2.3 Controlleraufgaben zur Leistungserstellung

Controlleraufgaben, die struktur- und ablaufgestaltend für die Führung der **Leistungserstellung** zu erbringen sind, **knüpfen** nahtlos **an** die bereits beschriebenen **Aufgaben an.** Denn auch die Führung der Leistungserstellung basiert auf der Differenzierung der zugrundeliegenden Leistungserstellungsprozesse gemäß ihrer Beschreib- und Prognostizierbarkeit.

Für alle **gut beschreib- und prognostizierbaren Prozesse** wurden im Rahmen der Willensbildung über den Faktoreinsatz bereits Therapiepfade gebildet. Diese Pfade gelten gleichfalls als Ablaufprogramm der Leistungserstellung. Dazu sind sie, nachdem sie unter Berücksichtigung der Durchführbarkeit im jeweiligen Krankenhaus gebildet wurden, vom Controller so aufzubereiten, daß sie als Programm wirksam werden können.[54]

---

[54] Idealerweise sind sie dazu in das Datenmodell integriert.

Für alle **Prozesse**, über die das **Wissensdefizit größer** ist, gilt es, bei der Willensbildung einen Weg der fruchtbaren Kombination aus unterschiedlich bestimmbaren Führungshandlungen zu beschreiten. Der Controller erhält folglich die strukturbildenden Aufgaben, die Möglichkeiten zu schaffen, den Patienten in die vorherbestimmten Führungshandlungen einzubeziehen, so daß trotzdem die nicht festlegbaren Freiheitsgrade offen bleiben können.[55]

In einer vom Controller zu konzipierenden **Datenverarbeitungseinheit**, die in optimaler Ausstattung schon die Daten über die Leistungsbereitschaft enthält, wird der Patient bei seiner Aufnahme erfaßt.[56] Beinhalten sollte die Erfassung evtl. vorhandene Vordiagnosen und das Krankenblatt. Diesen Daten ist im nächsten Schritt einerseits die Kennzeichnung, ob es sich um einen Notfallpatienten handelt, und andererseits die Eingangsdiagnose, sofern sie gestellt werden kann, hinzuzufügen. Durch die datenmäßige Erfassung wird ermöglicht, daß eine Abstimmung mit der vorhandenen Leistungsbereitschaft und eine evtl. notwendige Terminierung erfolgen kann.[57] Zudem wird der Patient in Routinen eingepaßt, die zumindest die Struktur seines Durchlaufs bis zur Therapie vorgeben.[58] Auf Basis der Diagnose ist im folgenden die Therapie durchzuführen. Entweder es ist ein Therapiepfad zu durchlaufen, dann ist dieser in die Leistungsbereitschaft einzupassen, oder es werden zumindest die weiteren Maßnahmen der Therapie, die im Hinblick auf das Wissensdefizit festlegbar erscheinen, determiniert. Je nach Dringlichkeitsstufe erfolgt ebenfalls eine Einordnung in die bestehende Leistungsbereitschaft.[59]

---

[55] Dazu werden die allgemeinen Patienteninformationen erfaßt und die Diagnose, soweit sie zu stellen ist, formuliert, um darauf aufbauend die Therapieschritte sukzessive zu bestimmen und den Patienten in die weitere operative Planung wie die Operationssaalbelegung einzubeziehen.

[56] Vgl. zu den Besonderheiten einer solchen Einheit auch: GRIESSER, Krankenhaus-Informations-System, 1972, S.13ff.

[57] Vgl. hier auch die Anwendung von Modellen zur Terminierung: MATTHES, Terminierungsmodelle, 1973.

[58] Zur Möglichkeit der kurzfristigen Prognose der Verweildauern mit einem entsprechenden Modell: GUSTAFSON, Length of Stay, 1967, S.287ff.

[59] Vgl. eine modellhafte Möglichkeit der Terminplanung und der Planung der Kapazitätsauslastung in: SCHLÄGER, Planung, 1976, S.91ff.

Auf Basis der Leistungsbereitschaft einerseits und der potentiellen Inanspruchnahme durch den zu therapierenden Patienten andererseits sind die **kurzfristigen Dis-
positionen** als Routinen ableitbar. Das kann beispielsweise die Abstimmung der Ta-
gesplanung, die Optimierung der Abläufe im Operationssaal, die Allokationsentscheidung, die Verringerung der Durchlaufzeiten sowie der Leerzeiten und die Abstimmung
der Unterstützungsleistungen auf die Therapie betreffen.[60] Die vom Controller zu
entwickelnde Datenverarbeitungseinheit ist in ihren Grundzügen in der folgenden
Abbildung dargestellt.[61]

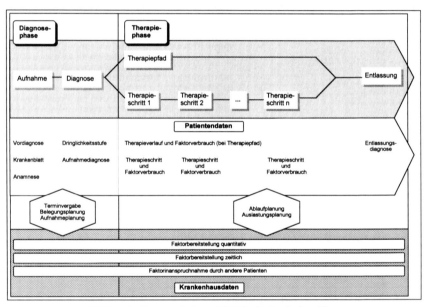

Abbildung 19: Datenverarbeitungseinheit für die Krankenhausführung

Anhand der Abbildung wird deutlich, wie die einzelnen Teile der **Willensbildung**, **Willensdurchsetzung** und die **Controlleraufgaben** im Krankenhaus **zusammenarbeiten**. Die Willensbildung über die Leistungsbereitschaft stellt die Grundlage
für die Leistungserstellung dar und bildet somit auch die Ausgangsdaten des Kranken-

---

[60] Vgl. hierzu auch die Anmerkungen von RÖHRIG, Controllingsystem, 1983, S.143ff.

[61] Dabei handelt es sich nur um den für die Arbeit wesentlichen Teil einer solchen Datenverarbei-
      tungseinheit, ergänzend dazu siehe DAUM/ETZEL, Krankenhaus, 1991, S.413, oder RÖHRIG, Con-
      trolling im Kreiskrankenhaus, 1990, S.95ff.

hauses.[62] Sie sind im unteren Teil der Abbildung zu erkennen. Der Patient als eigentliches Objekt der Leistungserstellung wird durch die Patientendaten repräsentiert. Diese befinden sich in der Abbildung im unschraffierten Pfeil. Je nach Wissensdefizit und damit je nach Möglichkeit zur Willensbildung über die Leistungserstellung können im Anschluß an die Diagnose ein Therapiepfad oder zumindest die nächsten zu ergreifenden Therapieschritte und ihre Faktorverbräuche abgebildet werden. Ist der Wille über die Leistungsbereitschaft, also die zur Verfügung stehenden Faktoren, und über die Leistungserstellung gebildet, sind die kurzfristigen Planungen, wie die Aufnahmeplanung, die Terminvergabe und die Auslastungsplanung durchzuführen.[63] Der Begriff Planung bezeichnet hier eine Art Routine, die aus der Abstimmung von Kapazitäten mit den potentiellen Leistungsnehmern unter Beachten von Nebenbedingungen wie der Dringlichkeit besteht.[64] Dabei handelt es sich im Charakter eher um eine Durchführungshandlung denn um eine Führungshandlung, da die Freiheitsgrade über Faktoren und Leistungen schon festgelegt sind. Insofern kann die Handlung auch in den Tätigkeitsbereich des Controllers fallen und stellt damit eine wichtige ablaufgestaltende Aufgabe dar.[65]

Insgesamt ist wiederum zu erkennen, daß die strukturbildenden Aufgaben für den Controller mit einem erheblichen Aufwand verbunden sind. Das gilt insbesondere für die Datenverarbeitungseinheit. Zusätzlich dazu wird die Abhängigkeit der Aufgaben des Controllers von den zahlenmäßig faßbaren Prozessen deutlich. Überall dort,

---

[62] Mit einer solchen Datenverarbeitungseinheit kann mit Hilfe der Patientendaten auch die Ausstattung, also die Krankenhausdaten, modellhaft ermittelt werden, indem die über eine bestimmte Periode behandelten Patienten und ihre Ressourceninanspruchnahme zur Prognose der zukünftigen Kapazität dienen, vgl. LIPSCOMB et al., Physician Requirements, 1995, S.697ff.

[63] Das kann bis hin zur systematischen Entlassungsplanung, *„Discharge Planning"* gehen, vgl. OLSON/ADAMEK, Discharge Planning, 1995, S.210ff., MCNAMARA/SULLIVAN, Discharge Planning, 1995, S.33ff., ROCK et al., Management, 1995, S.133ff., und die Probleme bei der Gestaltung der Übernahme der Patienten nach der Entlassung behandelt CLEMENS, Discharge Planning, 1995, S.254ff.

[64] Vgl. als Schilderung der dabei existierenden Möglichkeiten: HANSEN, Operational Research, 1975, S.2ff.

[65] Die Abläufe begleiten können auf dieser Basis auch sog. Patient Manager, deren Aufgabe es ist, die Patienten durch ihren Leistungserstellungsprozeß im Krankenhaus zu begleiten und zumindest für genau die genannten Daten, wie beispielsweise die nächsten Behandlungsschritte, zu sorgen, wenn nicht sogar die Planung teilweise zu übernehmen, vgl. beispielsweise SULLIVAN, Patient-Care Coordinator, 1995, S.221ff.

wo Führungshandlungen mit bestimmbarer Produktionsfunktion ablaufen können, besitzt der Controller umfangreiche struktur- und ablaufgestaltende Aufgaben, die ihm aufgrund der dargestellten Spezialisierungsvorteile zuzuordnen sind. Im intuitiven Bereich der Willensbildung dagegen ist sein Handlungsbedarf stark eingeschränkt. Das zeigt, daß es zwar notwendig war, zur Fundierung der Handlungen des Controllers auch den irrationalen Teil der Führung einzubeziehen, die eigentlichen Controlleraufgaben aber auf den Bereich beschränkt sind, der in der Controllingliteratur mit dem Begriff plandominant koordiniert bekannt ist. Das wird insbesondere auch in der vorgestellten Datenverarbeitungseinheit deutlich. Auch bei erweiterter theoretischer Fundierung des Controlling erscheint im Krankenhaus die Eingrenzung der Controlleraufgaben auf plandominant koordinierte Bereiche sinnvoll.

3 Controlleraufgaben zur Kontrolle

Die **zentralen Aufgaben** für den Controller im Rahmen der Kontrolle betreffen erstens das interne **Rechnungswesen** und zweitens die Entwicklung von **Indikatoren** bzw. Kennzahlen.[66] Aus der dargestellten Anwendung der beiden Instrumente im Rahmen der Führung lassen sich die struktur- und ablaufgestaltenden Aufgaben für den Controller ableiten.[67]

Das **interne Rechnungswesen** ist auf der Grundlage des dargestellten Produktionsprozesses zu gestalten. Dies umfaßt im wesentlichen den Aufbau einer Kostenarten-, Kostenstellen- und Kostenträgerrechnung und lehnt sich im ersten Schritt stark an die gesetzlichen Vorgaben an.[68]

Die **Kostenartenrechnung** wird in der Regel nicht als eigenständige Rechnung geführt, sondern ist aus der Finanzbuchhaltung abgeleitet.[69] Bei ihrer Ausgestaltung

---

[66] Vgl. KOCH, Controlling, 1990, S.14, der von der Kostenrechnung als zentraler Informationsquelle für die Krankenhausbetriebsführung spricht, allerdings ein anderes Controllingverständnis als das der Arbeit zugrundeliegende voraussetzt.

[67] In dieser Weise sind die Kostenrechnung und zu entwickelnde Kennzahlen Controlling-Objekt und kein Instrument. Instrumentellen Charakter erhalten sie erst durch ihre Nutzung durch Führungshandelnde, vgl. WEBER, Rechnungswahl, 1991, S.41.

[68] Einen Überblick über mögliche Vorschriften gibt FUCHS, Rechnungswesen, S.50ff.

[69] Vgl. TUSCHEN, Selbstkostenermittlung, 1991, S.64ff. Allgemein zur Frage, ob eine mögliche Umgruppierung der Kosten sinnvoll sein kann: WEBER, Kostenrechnung, 1985, S.24ff.

geht es vor allem um die vollständige Erfassung aller Kosten. Im Rahmen der Personalkosten ist es dabei wichtig, eine sinnvolle Differenzierung zwischen Arbeits- und
Bereitschaftszeiten zu realisieren. Der Schwerpunkt bei der Erfassung der Sachkosten
liegt in einer zweckmäßigen Bewertung der Faktoren.[70] Die **Kostenstellenrechnung**
ist gemäß Anlage 5 der KHBV zu führen. Darin ist eine Kostenstellengliederung ausgewiesen, die eine sinnvolle Einteilung für die Frage, wo die Kosten angefallen sind,
beinhaltet. Von ihr kann im Ausnahmefall und unter Erstellen einer Überleitungsrech-
nung auch abgewichen werden.[71] Die Aufgabe des Controllers stellt die zum Teil zeitlich sehr aufwendige Kostenstellenbildung im jeweils eigenen Krankenhaus und die
Zuordnung von Kosten zu den Stellen einschließlich der Benennung eines Kostenstel-
lenverantwortlichen dar.[72] Hinzu kommt die Verrechnung von Leistungsströmen zwischen Kostenstellen bzw. die Kontierung aller Kostenstellenkosten auf Endkostenstel-
len. Die **Kostenträgerrechnung** stellt den anspruchsvollsten Teil der Kostenrechnung
dar, als es zu ihrer Ausgestaltung gilt, eine sinnvolle Trägerstruktur zu entwickeln.[73]
Zu den Trägern zählen aufgrund der gesetzlichen Vorgaben Pflegesätze und Fallpauschalen.[74] Zudem müssen zur Realisierung der geschilderten Führungshandlungen einzelne Leistungen bzw. Handlungen als Kostenträger dienen. Denn nur über die Verknüpfung von einzelnen Leistungen und deren Kosten kann es gelingen, Therapiepfade
mit einem Kostensatz zu belegen sowie unter verschiedenen Pfaden unterschiedlicher
Effektivität und Kosten auszuwählen.[75] Die Schlüsselungsproblematik und den Auf-

---

[70] Vgl. zu einer stärkeren Berücksichtigung von Bereitschaftskosten: WEBER, Bereitschaftskosten,
1984, S.38f.

[71] Vgl. zur Kostenstellengliederung, aber auch zur Kostenarten- und Kostenträgerrechnung:
HAUSLADEN, Kostenrechnung, 1985, S.126ff., insbesondere 132ff.

[72] Die Kostenstellenbildung und die Benennung eines Verantwortlichen ist auch für die Budgetierung von Interesse, denn Budgets werden in der Regel für die gleichen Einheiten abgeleitet. Durch
die Ähnlichkeit der Finanzbuchführung und der Kostenrechnung können aggregierte Sätze aus der
Kostenrechnung als Ausgangspunkt für die Budgetierung dienen, um dann im zweiten Schritt innerhalb der Willensbildung einer Veränderung aufgrund eines anderen Leistungsspektrums oder
anderer Therapien und Therapiepfade zu unterliegen. Durch die Nähe der Finanzbuchführung zur
Kostenrechnung können Soll-Ist-Vergleiche auch auf die Budgets reduziert werden.

[73] Vgl. in der Praxis: DAUM/ETZEL, Krankenhaus, 1991, S.417f.

[74] Vgl. dazu die Struktur der Marktleistungsmatrix bei HENTZE, Kosten- und Leistungsrechnung,
1993, S.165. Zur Ermittlung der Selbstkosten vgl. RÖHRIG, Controllingsystem, 1983, S.168ff.

[75] Insofern spielt die strukturbildende Aufgabe der Erstellung einer Kostenrechnung auch eine wesentliche Rolle für die Willensbildung.

wand, der mit den unterschiedlichen Kostenträgern verbunden ist, gilt es dabei als Ne-benbedingung zu beachten.[76]

Insgesamt sind als **strukturbildende Aufgaben** im Rahmen der **Kostenrech-nung** die Erfüllung des gesetzlichen Teils und die zusätzliche Abbildung von Thera-piepfaden zu bearbeiten.[77] Zudem können zur Vorbereitung der Kontrolle die Soll-Ist Vergleiche der Kostenstellen dienen. Denn auf dieser Basis sind erstens Vergleiche über den Faktoreinsatz je Kostenstelle möglich. Zweitens kann dadurch die Stichpro-benauswahl von in Selbstkontrolle zu diskutierenden Kombinationsprozessen unter-stützt werden.[78] Die **ablaufgestaltenden Aufgaben** betreffen vor allem die regelmäßi-ge Erhebung der Daten und Erstellung der Berichte.[79]

Die **Indikatoren** im Krankenhaus füllen die Rolle aus, die Kostenrechnung zu ergänzen, um die notwendigen Kontrollhandlungen zu vervollständigen. Die Aufgabe des Controllers ist, aufbauend auf der Theorie zu Maßzahlen, geeignete Indikatoren und Kennzahlen zu generieren, die die Abbildung der Leistungserstellung, ihren Fak-toreinsatz und ihr Ergebnis im Krankenhaus gewährleisten.[80] Insbesondere muß es da-bei zum einen um diejenigen **Kombinationsprozesse** gehen, die für die Krankenhaus-leitung noch unzureichend repräsentiert sind, zum anderen sind in diesem Rahmen mögliche Gesundheitsindikatoren zu erproben. Der Bereich des **Ergebnisses** der Lei-stungserstellung erscheint insofern wichtig, als im Rahmen der Kosten- und Leistungs-rechnung zwar Erlöse für die vom Gesetzgeber definierten Leistungen, wie beispiels-weise die Pflegetage, ausgewiesen werden, die eigentliche Leistung am Patienten, die Verbesserung des Gesundheitszustandes, aber nicht abzubilden gelingt. Im Rahmen der **Faktorkontrolle** können die Fortbildungsaktivitäten durch Indikatoren erfaßt wer-

---

[76]   Vgl. ausführlicher und an einem praktischen Beispiel: TAUCH, Kosten- und Leistungsrechnung, 1987, S.25ff.

[77]   Vgl. auch die Checklisten als Hilfestellung für die strukturbildenden Aufgaben: HILDEBRAND, Kosten- und Leistungsrechnung, 1979, S.7ff. Diese Listen basieren allerdings auf einem veralteten gesetzlichen Stand, müssen also insofern bereinigt werden.

[78]   Es können insbesondere in solchen Kostenstellen Stichproben gewählt werden, in denen die Soll-Ist-Vergleiche signifikante Abweichungen zeigen.

[79]   Vgl. insgesamt RÖHRIG, Controllingsystem, 1983, S.151ff.

[80]   Einen ausführlichen Überblick über Kennzahlen für das Krankenhaus gibt: HAUKE, Kennzahlen, 1978, S.39ff.

den. Indem der Controller Maßzahlen für die gewünschte Ausprägung der Führung auswählt, hat er darauf zu achten, daß einerseits die Nebenbedingungen bei der Auswahl der Indikatoren beachtet werden und daß andererseits die notwendigen Daten mit einem sinnvollen Aufwand zur Verfügung zu stellen sind.

Zu den genannten sind noch **weitere Aufgaben** zu erfüllen, die sicherstellen, daß die Führung in der beschriebenen Form stattfinden kann. Unter die strukturbildenden Aufgaben zur **Fremdkontrolle** fallen erstens die Diagnosestatistik und zweitens eine evtl. Einrichtung und Auswertung von Patientenbefragungen. Für die **Selbstkontrolle** sind als Aufgaben vor allem die Qualitätszirkel sicherzustellen. Diese sind in bezug auf die Diskussion von Therapiepfaden mit den notwendigen bzw. zur Verfügung stehenden Daten zu versehen. Zudem ist die turnusmäßige gegenseitige Beurteilung zu gestalten und zusammen mit den übrigen Ergebnissen der Fremdkontrolle auszuwerten. Je nach gewähltem Anreiz, beispielsweise der Veröffentlichung der Fortbildungsaktivitäten und Fortbildungsdefizite zur Einflußnahme auf das Prestige, das die Ärzte genießen, wird die Auswertung der Krankenhausleitung und der Öffentlichkeit zugänglich gemacht und zur erneuten Willensbildung aufgearbeitet.

Werden die so beschriebenen Aufgaben vom Controller durchgeführt, so wird damit zumindest ein Teil des Kontextes gestaltet, in dem die **Selbstkontrollhandlungen** auszuführen sind. Dieser **Kontext** umfaßt **zwei Dimensionen**: erstens müssen die vorbereitenden Aufgaben erfüllt werden, so daß die Führungshandlungen in der gewünschten Form stattfinden können. Dazu dienten die vorgenannten Aufgaben. Zweitens muß ihr reales Stattfinden sichergestellt werden. Dazu kann der Controller durch die oben genannten Maßnahmen der Veröffentlichung sowie weitere die Anreizwirkungen unterstützende Handlungen zu einem gewissen Teil beitragen. Abgesehen davon hat die Krankenhausleitung zur Aufgabe, dafür Sorge zu tragen, daß die Handlungen der Selbstkontrolle vonstatten gehen.[81] Die dazu notwendigen Führungshandlungen, mit denen die Selbstkontrolle initiiert und ihr Stattfinden realisiert wird, sind im Rahmen der Führungshandlungen geschildert worden.

---

[81] Zum Konzept der Kontextgestaltung und ihre Übertragung auf die Ebene der einzelnen Handlung im Unternehmen vgl. SCHÄFFER, Selbstabstimmende Gruppen, 1996, S.204ff.

In der folgenden **Abbildung** sind die Controlleraufgaben für die Fremd- und die Selbstkontrolle, geordnet nach den Kontrollgegenständen, Faktor, Prozeß und Ergebnis, zusammengefaßt.

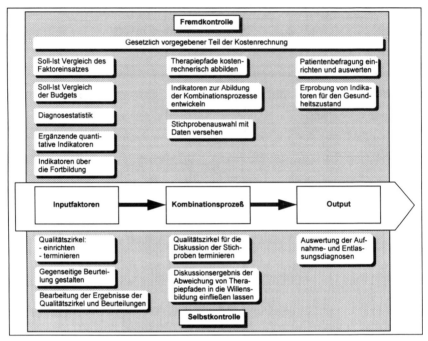

Abbildung 20: Controlleraufgaben zur Kontrolle

Im Anschluß an die dargestellten Controlleraufgaben im Krankenhaus ist festzuhalten, daß die Erstellung einer Kostenrechnung nicht nur die zeitaufwendigste, sondern auch die wesentliche Aufgabe zur Strukturbildung darstellt.[82] Denn erstens fußt ein Großteil der Kontrolle auf kostenrechnerischen Daten und zweitens ist es auch für die Willensbildung wichtig, beispielsweise Therapiepfade bewerten zu können. Dadurch wird zudem deutlich, wie stark die **Willensbildung und die Kontrolle verzahnt** sind: Das, worüber ein Wille gebildet werden konnte, wird auch kontrolliert. Hinzu

---

[82] Vgl. die Schilderung aus der Praxis von TAUCH, der von der Kosten- und Leistungsrechnung als Kernpunkt des Controlling spricht, TAUCH, Controlling, 1990, S.81.

kommen weitere Kontrollgegenstände wie die Qualität der Faktoren oder das Ergebnis der Behandlung.

Im Rahmen der Darstellung der Controlleraufgaben zur Kontrolle zeigt sich zudem, daß eine Abhängigkeit des **Aufwands** der **Controlleraufgaben** von der Führung besteht. Je größer der bestimmbare Anteil an der Willensbildung ist, desto umfangreicher werden auch die Aufgaben für den Controller. Beispielsweise gilt es, für alle Therapiepfade auch Kostensätze auszuweisen. Damit wird erneut die Abhängigkeit des Controllers von den zahlenmäßig zu erfassenden Bereichen, also der plandominanten Koordination, deutlich.

Teil F: Zusammenfassung und Ausblick

Die vorliegende Arbeit ist als Teil des Forschungsprogramms des Lehrstuhls für Betriebswirtschaftslehre, insbesondere Controlling und Logistik, entstanden. Die Zielsetzung dieser Arbeit war es, einen Beitrag zur Lösung des Führungsproblems in Krankenhäusern zu leisten. Dazu waren insgesamt drei Bearbeitungsschritte notwendig:

1. Erarbeiten eines theoretischen Bezugsrahmens zur Lösung des Führungsproblems

2. Darstellen des Erkenntnisobjekts Krankenhaus und seiner Besonderheiten

3. Gestalten der Führungshandlungen im Krankenhaus

In Ergänzung zur Lösung des Führungsproblems durch die erarbeiteten Führungshandlungen wurde die Frage behandelt, welche der Maßnahmen vom Controller als führungsgestaltende und führungsunterstützende Aufgaben in Abgrenzung zur reinen Führungsaufgabe vorzunehmen sind.

Ausgangspunkt der theoretischen Grundlegung stellte der koordinationsorientierte Controllingansatz dar, der definitorisch die Führungsgestaltung durch Struktur- und Ablaufgestaltung des Führungssystems als seine Aufgaben bezeichnet. Bei seiner Beschreibung und kritischen Überprüfung wurde deutlich, daß die alleinige Fundierung in der Systemtheorie nicht ausreichend für die Bewältigung dieser Aufgaben sein kann. Um die Strukturgestaltung inhaltlich auszufüllen, war eine Erweiterung der theoretischen Fundierung notwendig. Unter Bezugnahme auf einen umfassenden Ansatz zur betrieblichen Leistungserstellung, den von ERICH GUTENBERG, wurden als erster Baustein der Erweiterung Handlungen als zu einem gewünschten Ergebnis führende Faktorkombinationen im Führungs- wie im Ausführungssystem identifiziert. Den zweiten Baustein bildete der Handlungsträger, der durch sein Wissen und Können maßgeblichen Einfluß auf die Führungshandlungen auszuüben in der Lage ist. Diese beiden Bausteine wurden zusammengeführt, um ein Raster unterschiedlicher Führungshandlungen zu entwickeln, die in Abhängigkeit von den zugrundeliegenden Ausführungshandlungen anzuwenden sind und damit die Gestaltungsaufgabe der Führung inhaltlich ausfüllen.

Die im Krankenhaus erstellten Ausführungshandlungen wurden im zweiten Teil, der Darstellung des Erkenntnisgegenstandes der Arbeit, beschrieben. Einzelwirtschaftlich betrachtet werden im Krankenhaus als Inputfaktoren das medizinische und nicht-medizinische Personal mit Sachmitteln und Anlagegütern unter Hinzunahme des Patienten als externem Faktor kombiniert. Das geschieht in einem breiten Spektrum von Kombinationsprozessen, an deren Ende als Output die sogenannte Gesundheitsleistung steht. Als Gesundheitsleistung wird die Feststellung von Krankheiten, Leiden oder Körperschäden und ihre Heilung bzw. zumindest ihre Linderung sowie die Geburtsleistung angesehen. Das die Führungshandlungen konstituierende Wissensdefizit über die zur Erstellung dieses Outputs im einzelnen notwendigen Kombinationsprozesse ist dabei von ganz unterschiedlicher Höhe. Zudem ist das Wissen auf verschiedene Handlungsträger, insbesondere aber die Ärzte, verteilt, die höchst unterschiedliche Nutzenfunktionen als Wollen-Komponente verfolgen. Diese Problematik wurde als einzelwirtschaftliche Prämisse zur Ausgestaltung der Führungshandlungen dargestellt. Eingebunden ist die betriebliche Leistungserstellung in einen gesamtwirtschaftlichen Rahmen, der einerseits die Notwendigkeit einer die wirtschaftliche Leistungserstellung gewährleistende Führung und andererseits eine ganze Reihe von Regelungen, die die Ausprägung der Führung restringieren, offenbart. Mit dieser kombinierten gesamt- und einzelwirtschaftlichen Betrachtung von Krankenhäusern wurde die Grundlage gelegt, unter der die Bearbeitung der Problemstellung als Übertragung des theoretischen Bezugsrahmens auf das Erkenntnisobjekt stattfinden konnte.

Im Hauptteil der Arbeit wurde die theoriegeleitete Gestaltung der Führung im Krankenhaus vorgenommen. Dabei erwiesen sich grundsätzlich in Abhängigkeit vom Wissensdefizit über die zugrundeliegende Ausführung völlig unterschiedliche Führungshandlungen als effizient. Zudem wurde deutlich, daß die Wollen-Komponente eine weitere wesentliche Determinante bei der Gestaltung der Führungshandlungen darstellt. Dem beschriebenen theoretischen Bezugsrahmen kommt insgesamt also eine hohe Erklärungskraft zu.

Bei der Willensbildung war erkennbar, daß für die Diagnose- und Therapieprozesse, über die das Wissensdefizit beim Führungshandelnden gering ist, Therapiepfade gebildet werden können, die eine effiziente Faktorbereitstellung und -kombination gewährleisten. In Ergänzung zu den Therapiepfaden konnten für alle übrigen Leistungserstellungsprozesse, über die das Wissensdefizit größer ist, Führungshandlungen mit unbestimmbarer Produktionsfunktion identifiziert werden.

Bei der Willensdurchsetzung zeigte sich eine starke Abhängigkeit von der Willensbildung. Läßt sich der Wille in einem bestimmbaren Prozeß bilden, so kann er auch mit einer bestimmbaren Durchsetzungshandlung, also z.B. einer schriftlichen Faktordisposition, umgesetzt werden. Daneben konnten weitere Maßnahmen identifiziert werden, die zusätzlich zu den bestimmbaren Führungshandlungen die vollständige Durchsetzung gewährleisten. Dazu zählen die persönliche Weisung im Rahmen der Durchführung von Therapien oder die Reduktion der Inkommensurabilität durch entsprechenden Unterricht.

Die Kontrolle bewegte sich im Spannungsfeld zwischen der Verteilung des Kontrollwissens, der Akzeptanz dieses Wissens und der grundsätzlichen Notwendigkeit zur Kontrolle. Daraus ergab sich eine Mischung aus Fremd- und Selbstkontrolle, an deren Übergang das Vertrauen stand. Die Fremdkontrolle ist bei solchen Leistungsprozessen geeignet, über die hohes Wissen bei der Krankenhausleitung existiert. Das gilt allerdings nur, solange die dazu genutzten Instrumente der Kostenrechnung und der Indikatoren nicht an Grenzen aufgrund ihrer Anwendungsmethodik oder ihrer Akzeptanz treten. Dadurch war der Übergang zum Vertrauen und zur Selbstkontrolle erreicht. Die Krankenhausleitung baut Vertrauen auf, ein Prozeß, der sich durch stichprobenartige Kontrollen auszeichnet, wenn sie zu vollständiger Kontrolle nicht mehr fähig ist. Alternativ dazu sind Selbstkontrollhandlungen anzuwenden, wenn stichprobenweise die Prozesse, über die das Wissensdefizit bei der Krankenhausleitung größer ist, kontrolliert werden. Zudem ist die Fortbildung der Ärzte ein wichtiger Gegenstand für die Selbstkontrolle.

Damit die entwickelten Führungshandlungen konkrete Gestalt im Krankenhaus annehmen können, sind Controlleraufgaben notwendig. Grundsätzlich erwies es sich als notwendig, Controllerstellen zu etablieren, die führungsgestaltende und führungsunterstützende Aufgaben zu erfüllen haben. Dabei zeigte sich, daß die Arbeit der Controller auf die Bereiche beschränkt ist, die in der Literatur als plandominant koordiniert bezeichnet werden.

Insgesamt konnte gezeigt werden, daß es mit einem in der theoretischen Fundierung erweiterten Controllingansatz gelingt, einen Beitrag zur Lösung des Führungsproblems im Krankenhaus zu leisten. Durch die handlungsorientierte Erweiterung, das Einbeziehen des Wissensdefizites als maßgebliche Erklärungsdeterminante und unter Beachten der Nutzenfunktionen der Handlungsträger lassen sich effiziente Führungshandlungen erkennen und somit zur Führungsgestaltung beitragen. Die für die konkrete Umsetzung in den Krankenhäusern identifizierten Controlleraufgaben komplettieren die Lösung des gestellten Führungsproblems.

Die vorliegende Arbeit zeigt für die weitergehende Forschung verschiedene Ansatzpunkte auf. Im Rahmen der theoretischen Grundlegung wurden Wissensdefizite des Handlungsträgers beschrieben, von denen ausgehend im weiteren Verlauf der Arbeit Führungshandlungen abgeleitet wurden. Grundsätzlich wurde dabei dargestellt, woraus Wissensdefizite resultieren, dieser Ansatz kann jedoch noch weiter operationalisiert und in Bezug auf die einzelnen Leistungen verallgemeinert werden. Zu diesem Zweck sind zuerst die objektiven Kriterien der Komplexität und der Dynamik allgemeingültig zu definieren, um sie darauf aufbauend in der Beschreib- und Prognostizierbarkeit des Handlungsträgers zu konkretisieren. Dazu kann das skizzierte Modell der Datentransformation und deren Einschränkungen vertieft werden. Aus diesem Vorgehen lassen sich Leistungen der Ausführung nach dem Wissensdefizit ordnen und typisieren, so daß allgemeine Aussagen zu ihrer Führung vorgenommen werden können. Ziel dieser Forschungsbemühungen muß es letztendlich sein, über das Krankenhaus hinaus eine allgemeine Produktionsfunktion der Führungshandlungen in Abhängigkeit der zugrundeliegenden Ausführungshandlungen zu entwickeln.

Mit den erarbeiteten Führungshandlungen im Krankenhaus ist ein zusammenhängendes Konzept zur Führung des Krankenhauses gegeben. Dieses Konzept gilt es empirisch zu überprüfen und auf seine Tragfähigkeit hin zu testen. Dazu sind umfangreiche Feldstudien notwendig. In der momentan mit der Umsetzung der Fallpauschalen beschäftigten Krankenhauslandschaft wird es jedoch noch eine Zeit lang dauern - ein-

zelne Häuser sind davon sicher auszunehmen -, bis sich die geänderten und sich än-
dernden ökonomischen Rahmenbedingungen so restriktiv auf den Handlungsrahmen
der Krankenhäuser ausgewirkt haben, daß es auch zu den notwendigerweise radikalen
Konsequenzen innerhalb der Führung der Krankenhäuser kommt. Dann kann auch eine
breite Überprüfung der Tragfähigkeit der vorgeschlagenen Führungshandlungen erfolgen. Insofern war es wichtig, theoretische Erkenntnisse zur Lösung des Führungsproblems im Krankenhaus fernab momentan nicht generierbarer empirischer Daten zu
entwickeln. Denn zudem ist bei jeder Problemlösung zu beachten: *„Da alle Erkenntnis
theoriegetränkt ist, ist sie alle auf Sand gebaut; doch sie kann durch kritisches Tiefer-
Graben verbessert werden, nicht dadurch, daß irgendwelche „Daten" als unproblematisch zugrundegelegt werden."*[1]

---

[1] POPPER, Erkenntnis, 1974, S.121

Literaturverzeichnis

AARON, H.J./SCHWARTZ, W.B. [Hospital Care, 1984]: The Painful Prescription: Rationing Hospital Care, Washington 1984.

ABBOTT, A. [Professions, 1988]: The System of Professions, Chicago, University of Chicago Press 1988.

ABBOTT, A. [Professionalization, 1991]: The Order of Professionalization, An Empirical Analysis, in: Sociology of Work and Occupations 1991, S.355-384.

ABEL-SMITH, B. [Cost-Containment, 1984]: Cost-Containment in Health Care: A Study of 12 European Countries, London 1984.

ABROMEIT, H.G. [Controller, 1959]: Der Controller im Kommen!, in: Kostenrechnungspraxis 1959, S.127-128.

ACKOFF, R.L. [Systems, 1960]: Systems, Organizations and Interdisciplinary Research, in: General Systems, Bd.5 1960, S.1-8.

ADAM, D. [Krankenhausmanagement, 1972]: Krankenhausmanagement im Konfliktfeld zwischen medizinischen und wirtschaftlichen Zielen, Wiesbaden 1972.

ADAM, D. [Wirtschaftlichkeit in Krankenhäusern, 1978]: Die Abhängigkeit der Wirtshaftlichkeit in Krankenhäusern vom Preisrecht, Veröffentlichung des Instituts für industrielle Unternehmensforschung der Universität Münster, Nr.6, November 1978.

ADAM, D./ZWEIFEL, P. [Preisbildung 1985] (Hrsg.): Preisbildung im Gesundheitswesen, Gerlingen 1985.

ADAY, L./EICHHORN, R. [Health Services 1972]: The Utilization of Health Services: Indices and Correlates, Washington 1972.

ALBACH, H. [Vertrauen 1980]: Vertrauen in der ökonomischen Theorie, in: Zeitschrift für die gesamte Staatswissenschaft 1/1980, S.2-11.

ALBACH, H. [Organisations- und Personaltheorie, 1982]: Organisations- und Personaltheorie, in: KOCH, H. (Hrsg.): Neuere Entwicklungen in der Unternehmenstheorie, Wiesbaden 1982, S.1-22.

ALBACH, H. [Betriebswirtschaftslehre, 1986]: Allgemeine Betriebswirtschaftslehre: Zum Gedenken an Erich Gutenberg, in: Zeitschrift für Betriebswirtschaft 1986, S.578-613.

ALBACH, H. [Klinische Betriebswirtschaftslehre, 1988]: Klinische Betriebswirtschaftslehre, in: GRONEMANN, J./KELDENICH, K. (Hrsg.): Krankenhausökonomie in Wissenschaft und Praxis: Festschrift für Professor Dr. Siegfried Eichhorn zum 65.Geburtstag, Kulmbach 1988, S.15-21.

ALBACH, H. [Organisation, 1989] (Hrsg.): Organisation: mikroökonomische Theorie und ihre Anwendungen, Wiesbaden 1989.

ALBACH, H. [Geleitwort zu Petersen, 1989]: Geleitwort zu PETERSEN, T.: Optimale Anreizsysteme, Wiesbaden 1989, S.V-VII.

ALBACH, H. [Geleitwort zu de Pay, 1989]: Geleitwort zu: de PAY, D.: Die Organisation von Innovationen, Wiesbaden 1989, S.V-VI.

ALBACH, H. [Unternehmung, 1989] (Hrsg.): Zur Theorie der Unternehmung, Schriften und Reden von Erich Gutenberg, Aus dem Nachlaß, Berlin 1989.

ALBACH, H. [Betriebswirtschaftslehre, 1989]: Die Betriebswirtschaftslehre: Eine Wissenschaft, in: ALBACH, H. (Hrsg.): Zur Theorie der Unternehmung, Schriften und Reden von Erich Gutenberg, Berlin u.a. 1989, S.213-266.

ALBACH, H. [Dispositiver Faktor, 1990]: Der dispositive Faktor in Theorie und Praxis, in: Zeitschrift für Betriebswirtschaft 1990, S.533-548.

ALBACH, H. [Bildungsangebot - Massenware, 1992]: Bildungsangebot - Massenware oder wer schaufelt das Grab?, in: Hochschulnachrichten aus der Wissenschaftlichen Hochschule für Unternehmensführung Koblenz 3/1992, S.41-43.

ALBER, J. [Deutschland, 1992]: Bundesrepublik Deutschland, in: ALBER, J./BERNARDI-SCHENKLUHN, B. (Hrsg.): Westeuropäische Gesundheitssysteme im Verlgeich: Bundesrepublik Deutschland, Schweiz, Frankreich, Italien, Grossbritannien, Frankfurt/New York 1992.

ALBERT, H. [Kritische Vernunft, 1968]: Traktat über kritische Vernunft, Tübingen 1968.

ALCHIAN, A.A. [Property Rights, 1965]: Some Economics of Property Rights, in: Il Politico 1965, S.816-829.

ALCHIAN, A.A./DEMSETZ, H. [Economic Organization, 1972]: Production, Information Costs, and Economic Organization, in: American Economic Review 1972, S.777-795.

ALCHIAN, A.A./DEMSETZ, H. [Property Rights, 1973]: The Property Rights Paradigm, in: Journal of Economic History 1973, S.16-27.

ALTENBURGER, O.A. [Dienstleistungsproduktion, 1979]: Potentialfaktoren als derivative Produktionsfaktoren der Dienstleistungsproduktion, in: Zeitschrift für Betriebswirtschaft 1979, S.863-872.

ALTENBURGER, O.A. [Dienstleistungen, 1980]: Ansätze zu einer Produktions- und Kostentheorie der Dienstleistungen, Berlin 1980.

ALTMAN, S.H./EICHENHOLZ, J. [Hospital Costs, 1974]: Control of hospital costs under the Economic Stabilization Program, in: Weekly Compilation of Presidential Documents, Federal Register 39, 16/1974, S.2693-2700.

AMASA, B.F. et al. [Doctor's Perspective, 1967]: The Doctor's Perspective, Cleveland 1967.

AMENT, R.P. [Resource Need Index, 1976]: Resource Need Index and Average Charge Per Resource Need Unit. Distribution in SPC Hospitals, in: PAS Reporter, Aug.9th 1976, S.1-7.

AMIGIONI, F. [Planning management, 1978]: Planning management and control systems, in: Journal of Business Finance and Accounting 1978, S.279-291.

AMSHOFF, B [Controlling, 1993]: Controlling in deutschen Unternehmungen, Realtypen, Kontext und Effizienz, 2.Aufl., Wiesbaden 1993.

ANDERSCH, N. [Krankenhausentwicklung, 1990]: Krankenhausentwicklung und gewerkschaftliche Krankenhauspolitik, Marburg 1990.

ANDERSON, J.R. [Cognitive Psychology, 1985]: Cognitive Psychology and its Implications, 2nd Ed., New York 1985.

ANDREAE, C.-A./THEURL, E. (Hrsg.) [Marktsteuerung, 1985]: Marktsteuerung im Gesundheitswesen, Köln, Veröffentlichung der Hanns Martin Schleyer-Stiftung, Band 15 1985.

ANSCHÜTZ, F. [Diagnostik, 1985]: Probleme der Diagnostik aus klinischer Sicht, in: VOGEL, H.R. (Hrsg.): Effizienz und Effektivität medizinischer Diagnostik, Stuttgart 1985, S.3-11.

ARGYRIS, Ch. [Personality and Organization, 1957]: Personality and Organization, New York 1957.

ARGYRIS, Ch. [Double Loop Learning, 1977]: Double Loop Learning in Organizations, in: Harvard Business Review, Sept./Oct. 1977, S.115-125.

ARGYRIS, Ch, [Organizational Learning, 1990]: Overcoming Oranizational Defenses: Facilitating Organizational Learning, Needham Heights, Mass. 1990.

ARGYRIS, Ch. [Organizational Learning, 1992]: On Organizational Learning, Cambridge 1992.

ARGYRIS, Ch. [Action Science, 1995]: Action Science and Organizational Learning, in: Journal of Managerial Psychology 6/1995, S.20-26.

ARNOLD, M. [Wirtschaftlichkeit, 1991]: Zur Wirtschaftlichkeit im Krankenhaus, in: Krankenhaus-Umschau 1991, S.607-611.

ARNOLD, M./PAFFRATH, D. (Hrsg.): Krankenhaus-Report: aktuelle Beiträge, Trends und Statistiken, Stuttgart 1993.

ARROW, K.J. [Uncertainty, 1963]: Uncertainty and the welfare economics of medical care, in: American Economic Review 1963, S.941-973.

ARROW, K.J. [Control, 1963]: Control in Large Organisations, in: Management Science (9) 1963, S.397-410.

ARROW, K.J. [Limits of Organizations, 1974]: The Limits of Organization, London/ New York 1974.

ARROW, K.J. [Rationality, 1987]: Rationality of Self and Others in an Economic System, in: HOGART, R.M./REDER, M.W. (Hrsg.): Rational Choice, The Contrast between Economics and Psychology, Chicago/London 1987, S.201-215.

ASHBY, W.R. [Systems Theory, 1958]: General Systems Theory as a New Discipline, in: General Systems, Bd.3 1958, S.1-6.

ATKINSON, J.W./REITMAN, W.R. [Motive Strength, 1956]: Performance as a Function of Motive Strength and Expectancy of Goal-Attainment, in: Journal of Abnormal and Social Psychology 1956, S.361-366.

ATWATER, C.E. [Medical Profession, 1973]: The medical profession in New Society in 1811-1860, in: Bulletin of the History of Medicine 1973, S.221-235.

AXTNER, W. [Krankenhausmanagement, 1978]: Krankenhausmanagement: Empfehlungen zu Zielen, Rechtsform, Organisation, Information und Führung auf der Grundlage einer empirischen Untersuchung, Baden-Baden 1978.

BABBIE, E.R. [Medicine, 1970]: Science and Morality in Medicine, Berkeley 1970.

BAETGE, J. [Überwachung, 1990]: Überwachung, in: BITZ, M. u.a. (Hrsg.): Vahlens Kompendium der Betriebswirtschaftslehre, Bd.2, 2.Aufl., München 1990, S.165-208.

BAETGE, J./SCHUPPERT, A. [Wirtschaftlichkeit der Überwachung, 1991]: Zur Wirtschaftlichkeit der Überwachung von Routinetätigkeiten, in: Zeitschrift für Betriebswirtschaft 1991, S.1045-1061 und S.1131-1148.

BAKER, S.L. [Physicians, 1984]: Physicians' licensure in the United States, 1865-1910, in: Journal of the History of Medicine and Allied Science 1984, S.173-179.

BANNOW, W. [Controlling, 1983]: Controlling ist wichtiger denn je, in: Harvard Manager 1983, S.20-25.

BARBER, B. [Professions, 1963]: Some Problems in the Sociology of the Professions, in: Daedalus, Fall 1963, S.671ff.

BARNARD, C.I. [Functions of the Executive, 1938]: The Functions of the Executive, Cambridge, Mass. 1938.

BARNES, C.A. [Disease Staging, 1985]: Disease Staging: A Clinically Oriented Dimension of Case Mix, in: Journal of AMRA 1985, S.22ff.

BARTOLOMÉ, F. [Trust, 1989]: Nobody Trusts the Boss Completely - Now What?, in: Harvard Business Review 1989, S.135-142.

BASSETT, J.G. [Professional Activity Study, 1984]: Der Einlfuß der Professional Activity Study auf die Qualität ärztlichen Handelns, in: SELBMANN, H.-K. (Hrsg.): Qualitätssicherung ärztlichen Handelns, Gerlingen 1984.

BATESON, G. [Geist, 1982]: Geist und Natur, Frankfurt 1982.

BAUER, H.-D. [Krankenhausbetriebe, 1989]: Management von Krankenhausbetrieben, in: WIBERA (Wirtschaftsprüfungs Aktiengesellschaft, Düsseldorf) (Hrsg.): Wirtschaftliches Krankenhaus: Beiträge zu Management, Planung, Rechnungswesen, Prüfung, 3.Aufl., Köln 1989, S.13-27.

BAUER, K.-P. [Wirtschaftlichkeitsprüfung, 1979]: Wirtschaftlichkeitsprüfung im Krankenhaus, in: Zeitschrift für Betriebswirtschaft 1979, S.221-231.

BAUMGARTNER, B. [Controller-Konzeption, 1980]: Die Controller-Konzeption, Bern 1980.

BECHTLER, T.W. [Management, 1986] (Hrsg.): Management und Intuition, Zürich 1986.

BECKER, F.G. [Leistungsbeurteilungen, 1992]: Grundlagen betrieblicher Leistungsbeurteilungen: Leistungsverständnis und prinzipielle Beurteilungsproblematik und Verfahrensprobleme, Stuttgart 1992.

BECKER, G.S. [Altruism, 1976]: Altruism, Egoism, and Genetic Fitness: Economics and Sociobiology, in: Journal of Economic Literature 1976, S.817-826.

BECKER, G.S. [Menschliches Verhalten, 1982]: Der ökonomische Ansatz zur Erklärung menschlichen Verhaltens, Tübingen 1982.

BECKER, H. [Fehlleistung, 1930]: Fehlleistung im Betriebe, Köln 1930.

BECKER, H.-J. [Controller und Controlling, 1984]: Controller und Controlling, Grafenau 1984.

BECKER, N.-C. [Abrechnungssystem, 1983]: Entwurf eines patientenindividuellen Abrechnungssystems für stationäre Krankenhausleistungen, Köln 1983.

BECKER, W. [Funktionsprinzipien, 1990]: Funktionsprinzipien des Controlling, in: Zeitschrift für Betriebswirtschaft 1990, S.295-318.

BEER, S. [Management, 1962]: Kybernetik und Management, Frankfurt 1962.

BENDIXEN, P./KEMMLER, H.-W. [Innovative Planung, 1971]: Innovative Planung, in: Congena Texte 1/1971, S.26-37.

BEREKOVEN, L. [Dienstleistungsbetrieb, 1974]: Der Dienstleistungsbetrieb, Wiesbaden 1974.

BERKI, S.E. [Hospital Economics, 1972]: Hospital Economics, London 1972.

BERKI, S.E. u.a. [Diagnosis Related Groups, 1984]: Length-of-Stay Variations Within ICDA-8 Diagnosis Related Groups, in: Medical Care 1984, S.126-142.

BERMAN, H.J./WEEKS, H.J. [Financial Management, 1990]: The financial management of hospitals, 7.Aufl., Ann Arbor 1990.

BERRY, R.E. [Production of Hospital Services, 1967]: Returns to Scale in the Production of Hospital Services, in: Health Services Research, Summer 1967, S.123-139.

BERTALANFFY, L.von [Systemlehre, 1949]: Zu einer allgmemeinen Systemlehre, in: Biologia Generalis 1/1949, S.114-129.

BERTELSMANN STIFTUNG [Leistungs- und Kostenbudgetierung, 1987] (Hrsg.): Patientenbezogene Leistungs- und Kostenbudgetierung: Leitfaden zur Gestaltung und Handhabung eines entscheidungsorientierten Informations- und Berichtswesens im Krankenhaus; Ergebnisse aus der Pilotstudie im Städtischen Krankenhaus Gütersloh, Gütersloh 1987.

BERTHEL, J. [Informationssysteme, 1975]: Betriebliche Informationssysteme, Stuttgart 1975.

BERTHEL, J. [Information, 1975]: Information, in: Handwörterbuch der Betriebswirtschaft, 4. Aufl., Stuttgart 1975, Sp.1865-1873.

BERTSCH, L.H. [Dienstleistungskostenrechnung, 1990]: Expertensystemgestützte Dienstleistungskostenrechnung, Stuttgart 1990.

BESKE, F./NIEMANN, F.-M./HORN, G.-T. [Qualitätssicherung, 1988]: Qualitätssicherung im Krankenhaus in der Bundesrepublik Deutschland, Kiel 1988.

BESKE, F./ZALEWSKI, T. [Gesetzliche Krankenversicherung, 1981]: Gesetzliche Krankenversicherung, Analysen - Probleme - Lösungsansätze, hrsg. vom Institut für Gesundheits-System-Forschung, Kiel 1981.

BEUCK, H. [Leistung, 1976]: Begriff und Arten der betrieblichen Leistung, Mainz 1976.

BHIDE, A./STEVENSON, H.H. [Honesty, 1990]: Why Be Honest if Honesty Doesn't Pay, in: Harvard Business Review 1990, S.121-129.

BISIG, R. [Leitungsorganisation, 1981]: Spital-Leitungsorganisation: Ein Modell für mittelgrosse Spitäler in der Schweiz, Aarau 1981.

BLAU, P.M. /SCHOENHERR, F. [Organizations, 1971]: The Structure of Organizations, New York 1971.

BLAU, P.M. /SCOTT, W.R. [Organizations, 1962]: Formal Organizations, San Francisco 1962.

BLEICHER, K. [Unternehmungsentwicklung, 1979]: Unternehmungsentwicklung und organisatorische Gestaltung, Stuttgart, New York 1979.

BLEICHER, K./MEYER, E. [Führung, 1976]: Führung in der Unternehmung. Formen und Modelle. Reinbeck bei Hamburg 1976.

BLISS, T.V.P./LÖMO, T. [Long-lasting Potentation, 1973]: Long-lasting potentation of synaptic transmission in the dentate area of the unanasthetized rabbit following stimulation of the perforant path, in: Journal of Psychology 1973, S.331-356.

BLUESTEIN, B.E. [Neurologists, 1979]: New York neurologists and the specialization of American medicine, in: Bulletin of the History of Medicine 1979, S.170-183.

BÖING, W. [Budgetierung, 1990]: Interne Budgetierung im Krankenhaus: Beziehung zur externen Budgetierung, Gestaltungsformen, Voraussetzungen und Steuerungsmöglichkeiten, Heidelberg 1990.

BOETTCHER, E. [Kooperation, 1972]: Theorie und Praxis der Kooperation, Tübingen 1972.

BOLLES, R.C. [Cognition and Motivation, 1974]: Cognition and Motivation: Some Historical Trends, in: WEINER, B. (Hrsg.): Cognitive Views of Human Motivation, New York u.a. 1974, S.1-20.

BORMAN, W.C. [Rating, 1974]: The Rating of Individuals in Organizations - An Alternate Approach, in: Organizational Behavior and Human Performance 1974, S.105-124.

BORN, A. [Abrechnung, 1976]: Forderungen an eine krankenhausbetriebskonforme Abrechnung im Sinne der Bundespflegesatzverordnung, in: STUDIENSTIFTUNG DER VERWALTUNGSLEITER DEUTSCHER KRANKENANSTALTEN e.V. (Hrsg.): Zentrallehrgang, Solingen 1976, S.11-26.

The BOSTON CONSULTING GROUP [Studie, 1993]: BCG-Studie: Krankenhaus Heute, Abschlußbericht, angefertigt durch die Praxisgruppe Gesundheitswesen (BCG), München 1993.

BOTERMANN, W. [Finanzwirtschaft, 1985]: Finanzwirtschaftliche Möglichkeiten der Weiterexistenz nicht-öffentlich getragener Krankenhäuser, Köln 1985.

BOTTLER, J. [Controlling, 1975]: Controlling - eine Funktion auch im Krankenhaus, in: Das Krankenhaus 1975, S.195-203.

BOUFFIER, W. [Kennzahlen, 1952]: Kennzahlen im betrieblichen Rechnungswesen, in: Der Österreichische Betriebswirt 1952, S.26-40.

BOULDING, K.E. [Systems Theory, 1956]: General Systems Theory - The Skeleton of Science, in: General Systems, Bd.1 1956, S.11-17.

BOULDING, K.E. [Beyond Economics, 1968]: Beyond Economics, Ann Arbor 1968.

BOULDING, K.E [Health Care, 1973]: Economic aspects of health care, Milbank Memorial Quarterly 3/1973, New York.

BOULDING, K.E. [Theorie, 1978]: Zur Theorie des Bedarfs nach Gesundheitsleistungen, in: BRÜGGEMANN, I./SCHWEFEL, D./ZÖLLNER, H. (Hrsg.): Bedarf und Planung im Gesundheitswesen, Köln-Lövenich 1978, S.27-40.

BRAUN, G.E./BOZEM, K. [Controlling, 1990]: Ansatzpunkte für ein Controlling im kommunalen Bereich, in: BRAUN, G.E./BOZEM, K. (Hrsg.): Controlling im kommunalen Bereich, München 1990, S.8-27.

BRAUN, G.E./BOZEM, K. (Hrsg.): Controlling im kommunalen Bereich, München 1990.

BRAY, N. [Winners and Losers, 1994]: An Examination of Winners and Losers Under Medicares Prospective Payment System, in: Health Care Management Review 1994, S.44-55.

BRAYBROOKE, D./LINDBLOM, C.E. [Decision, 1963]: A Strategy of Decision, New York 1956.

BREDE, H. [Deckungsbeitragsrechnung, 1978]: Die Eignung des kostenrechnerischen Konzepts der Deckungsbeitragsrechnung für Krankenhäuser, in: Zeitschrift für öffentliche und gemeinwirtschaftliche Unternehmen 3/1978, S.1-15.

BRENNER, G. [Arzt und Recht, 1983]: Arzt und Recht: Leitfaden und Nachschlagewerk des medizinischen Rechts für die ärztliche Praxis, Stuttgart/New York 1983.

BREYER, F. [Krankenhaus-Kostenstudien, 1986]: Krankenhaus-Kostenstudien: Ein methodischer Überblick, in: Zeitschrift für Betriebswirtschaft 1986, S.260-286.

BREYER, F. u.a. [Krankenhaus-Kostenfunktion, 1987]: Die Krankenhaus-Kostenfunktion. Der Einfluß von Diagnosespektrum und Bettenauslastung auf die Kosten im Krankenhaus, Bonn 1987.

BROCKHOFF, K. [Informationsverarbeitung, 1983]: Informationsverarbeitung in Entscheidungsprozessen, in: Zeitschrift für Betriebswirtschaft (53) 1/1983, S.53-62.

BRUCKENBERGER, E. [Gesundheitswesen, 1976]: Konflikte zwischen Einzel- und Gesamtnutzen im Gesundheitswesen, in: Das Krankenhaus 1976, S.8-14.

BRUCKENBERGER, E. [Krankenhausfinanzierungsgesetz, 1986]: Landesrechtliche Umsetzungen des Krankenhausfinanzierungsgesetzes, in: STUDIENSTIFTUNG DER VERWALTUNGSLEITER DEUTSCHER KRANKENANSTALTEN (Hrsg): Zentrallehrgang, Karlsruhe 1986, S.13-28.

BRÜGGEMANN, I./SCHWEFEL, D./ZÖLLNER, H. (Hrsg.) [Gesundheitswesen, 1978]: Bedarf und Planung im Gesundheitswesen, Köln-Lövenich 1978.

BRUNER, J.S./GOODNOW, J.J./AUSTIN, G.A. [Thinking, 1956]: A Study of Thinking, New York 1956.

BUCHANAN, J.M. [Liberty, 1975]: The Limits of Liberty, Between Anarchy and Leviathan, Chicago 1975.

BUCHANAN, J.M. [Constitutional Contract, 1977]: Freedom in Constitutional Contracts - Perspectives of a Political Economist, College Station, London 1977.

BUCHANAN, A. [Gesundheitswesen, 1988]: Zur ethischen Bewertung des Gesundheitswesens in den USA, in: SASS, H.-M. (Hrsg.): Ethik und öffentliches Gesundheitswesen, Berlin u.a. 1988, S.191-205.

BUCHER, R. [Health Care Occupations, 1988]: On the Natural History of Health Occupations, in: Sociology of Work and Occupations 1988, S.131-147.

BUCHHOLZ, W. [Wettbewerb, 1983]: Krankenhäuser im Wettbewerb, Berlin 1983.

BUCHNER, R. [Stichprobenprüfung, 1983]: Stichprobenprüfung, Zufallsauswahl, in: COENENBERG, A.-G./WYSOCKI, K.von (Hrsg.): Handwörterbuch der Revision, Stuttgart 1983, Sp.1495-1502.

BÜTOW, L./DOROW, W. [Zielsetzung, 1977]: Zielsetzung und Zielsicherung als Kernfunktionen des Management, in: Zeitschrift für Betriebswirtschaft 5/1977, S.289-312.

BUNDESMINISTER FÜR ARBEIT UND SOZIALORDNUNG [Effektivitätsmessung und Qualitätsbeurteilung, 1981]: Effektivitätsmessung und Qualitätsbeurteilung im Gesundheitswesen, Forschungsbericht Gesundheitsforschung, Bd. 51, Bonn 1981.

BUNDESMINISTER FÜR JUGEND, FAMILIE, FRAUEN UND GESUNDHEIT [Gesundheitswesen, 1989] (Hrsg.): Daten des Gesundheitswesens, Ausgabe 1989, Schriftenreihe des Bundesminister für Jugend, Familie, Frauen und Gesundheit, Band 159, Bonn 1989.

BUONO, A.F. [Book Review, 1995]: Book Review: NONAKA, I./TAKEUCHI, H.: The Knowledge-Creating Company: How Japanese Companies Create the Dynamics of Innovation, New York 1995.

BURKENS, J.C.J./SWERTZ, P. [Qualitätsbeurteilung, 1976]: Effizienz- und Qualitätsbeurteilung in der Medizin, in: Zeitschrift für Organisation 1976, S.411-415.

BURNS, T./STALKER, G.M. [Innovation, 1961]: The Management of Innovation, 3.Aufl., London 1968.

BUSCH, B. [Patientenaufkommen, 1977]: Berechnung des Bedarfs an Krankenhausbetten auf der Grundlage der Schätzung des stationären Patientenaufkommens, Hamburg 1977.

CADUFF, T. [Kennzahlennetze, 1982]: Zielerreichungsorientierte Kennzahlennetze industrieller Unternehmungen. Bedingungsmerkmale, Bildung, Einsatzmöglichkeiten, Thun/Frankfurt/M. 1982.

CAHALAN, D. u.a. [Career Interests, 1957]: Career Interests and Expectations of U.S. Medical Students, in: Journal of Medical Education 1957, S.558ff.

CARR, J.W. [Economic Efficiency, 1970]: Economic Efficiency in the Allocation of Hospital Resources: Central Planning vs. Evolutionary Development, in: KLARMAN, H.E. (Hrsg.): Empirical Studies in Health Economics, Baltimore 1970, S.195-221.

CARR, J.W./FELDSTEIN, P.J. [Relationship, 1967]: The Relationship of Cost to Hospital Size, in: Inquiry 1967, S.45-65.

CASSEL, D./HENKE, K.D. [Gesetzliche Krankenversicherung, 1988]: Reform der Gesetzlichen Krankenversicherung in der Bundesrepublik Deutschland zwischen Utopie und Pragmatik: Kostendämpfung als Strukturreform?, in: SASS, H.-M. (Hrsg.): Ethik und öffentliches Gesundheitswesen, Berlin u.a. 1988, S.13-33.

CEDERBLOM, D./LOUNSBURY, J.W. [Peer Evaluations, 1980]: An investigation of user acceptance of peer evaluations, in: Personnel Psychology 1980, S.567-579.

CHAPMAN, L.J./CHAPMAN, J. [Test results, 1982]: Test results are what you think they are, in: KAHNEMANN, D./SLOVIC, P./TVERSKY, A. (Hrsg.): Judgement under uncertainty: Heuristics and biases, Cambridge 1982, S.239-248.

CHARDIN, T.DE [Zukunft, 1963]: Die Zukunft des Menschen, Olten et al. 1963.

CHARLES, C. [Patient Reports, 1994]: How Was Your Hospital Stay - Patient Reports About Their Care in Canadian Hospitals, in: Canadian Medical Association Journal 1994, S.1813-1822.

CHEN, R./ZIMMERMANN, V. [Prozeßkostenrechnung, 1995]: Prozeßkostenrechnung im Krankenhaus, in: SCHEER, A.-W. (Hrsg.): Rechnungswesen und EDV, 16. Saarbrücker Arbeitstagung 1995, Physica.Verlag, Heidelberg 1995, S.523-539.

CHERRY, C. [Kommunikationsforschung, 1963]: Kommunikationsforschung - eine neue Wissenschaft, Frankfurt 1963.

CHILINGERIAN, J.A./SHERMAN, H.D. [Hospital Services, 1990]: Managing Physician Efficiency and Effectiveness in Providing Hospital Services, in: Health Services Management Research, March 1990, S.3-15.

CHMIELEWICZ, K. [Betriebswirtschaftslehre, 1971]: Überlegungen zu einer Betriebswirtschaftslehre der öffentlichen Verwaltung, in: Zeitschrift für Betriebswirtschaft 1971, S.583-610.

CHRISTIE, A.G. [Code of Ethics, 1922]: A Proposed Code of Ethics for All Engineers, in: The Annals 1922, S.97-104.

CLEMENS, E.L. [Discharge Planning, 1995]: Multiple Perceptions of Discharge Planning in One Urban Hospital, in: Health & Social Work 1995, S.254-261.

CLEVERLEY, W.O. [Hospital Budgeting, 1975]: Input-Output Analysis and the Hospital Budgeting Process, in: Health Services Research, Spring 1975, S.36-50.

CLEVERLEY, W.O. [Budget System, 1976]: One step further. The multi-variable flexible budget system, in: Healthcare Financial Management 1976, S.34-44.

COASE, R.H. [Nature of the Firm, 1937]: The Nature of the Firm, in: Economica 1937, S.386-405.

COASE, R.H. [Social Costs, 1960]: The Problem of Social Costs, in: Journal of Law and Economics 1960, S.1-44.

COGAN, M.I. [Profession, 1953]: Toward a Definition of Profession, in: Harvard Educational Review 1953, S.33-50.

COLEMAN, J.S. [Inequality, 1974/75]: Inequality, Sociology, and Moral Philosophy, in: American Journal of Sociology, Bd.80 1974/1975, S.739-764.

COLEMAN, J.S. [Macht und Gesellschaftsstruktur, 1979]: Macht und Gesellschaftsstruktur, Tübingen 1979.

COLEMAN, J.S. [Trust, 1982]: Systems of Trust: A rough theoretical framework, in: Angewandte Sozialforschung 1982, S.277-299.

COLEMAN, J.S. [Social Theory, 1990]: Foundations of Social Theory, Cambridge, Mass. 1979.

COLEMAN, J.S. [Gesellschaft, 1986]: Die asymmetrische Gesellschaft. Vom Aufwachsen mit unpersönlichen Systemen, Weinheim 1986.

COMMISSION ON PROFESSIONAL AND HOSPITAL ACTIVITIES [Classification of Diseases, 1978]: The International Classification of Diseases, 9th Revision, Clinical Modification, Vol.1, Tabular List of Diseases, Ann Arbor 1978.

COMMONS, J.R. [Capitalism, 1924]: Legal Foundaitons of Capitalism, New York 1924.

COMMONS, J.R. [Economics, 1931]: Institutional Economics, in: American Economic Review 1931, S.648-657.

CONKLIN, J.E. et al. [Disease Staging, 1984]: Disease Staging: Implications for Hospital Reimbursement and Management, in: Health Care Financing Review, Annual Supplement, Nov. 1984, S.13-28.

CORSTEN, H. [Produktion, 1985]: Die Produktion von Dienstleistungen, Berlin 1985.

CORSTEN, H. [Dienstleistungsunternehmungen, 1990]: Betriebswirtschaftslehre der Dienstleistungsunternehmungen: Einführung. 2.Aufl., München/Wien 1990.

CULLEN, J.B. [Professionalism, 1978]: The structure of professionalism, New York 1978.

CULYER, A.J. [Incentives, 1989]: Incentives: For What? For Whom?, in: LÓPEZ-CASASNOVAS, G. (Ed.): Incentives in Health Systems, Berlin 1989, S.15-23.

DAHLGAARD, K. [Personalplanung, 1982]: Rationalisierung und Personalplanung im Krankenpflegebereich. Eine Untersuchung über die Problematik von Rationalisierungsbestrebungen in öffentlichen Krankenhäusern, München 1982.

DARR, K./RAKICH, J.S. (Hrsg.) [Organization, 1978]: Hospital Organization and Management, New York 1978.

DAUM, W./ETZEL, E. [Krankenhaus, 1991]: Der klassische Dreisprung in der Kostenrechnung des Krankenhauses, in: Krankenhaus-Umschau 1991, S.412-418.

DAVIS, K. [Economic Theories, 1972]: Economic Theories of Behavior in Nonprofit Private Hospitals, in: Economic and Business Bulletin 1972, S.1-13.

DAVIS, K. [Hospital Costs, 1973]: Hospital Costs and the Medicare Program, in: Social Security Bulletin, August 1973, S.18-36.

DAVIS, K. [Technology, 1974]: The Role of Technology, Demand and Labor Markets in the Determination of Hospital Cost, in: PERLMAN, M. (Hrsg.): The Economics of Health and Medical Care, New York/Toronto 1974, S.283-301.

DAWES, R.M. [Rational Choice, 1988]: Rational Choice in an Uncertain World, San Diego u.a. 1988.

DECKER, F. [Dienstleistungsökonomie, 1975]: Einführung in die Dienstleistungsökonomie, Paderborn 1975.

DELHEES, K.H. [Komunikation, 1994]: Soziale Kommunikation - Psychologische Grundlagen für das Miteinander in der modernen Gesellschaft, Opladen 1994.

DELLMANN, K. [Grundlagen, 1992]: Eine Systematisierung der Grundlagen des Controlling, in: SPREEMANN, K./ZUR, E. (Hrsg.): Controlling, Wiesbaden 1992, S.113-140.

DENEKE, J.F.V. [Qualitätssicherung, 1984]: Definitionen und Thesen zur Bedeutung der Qualitätssicherung für das ärztliche Handeln, in: SELBMANN, H.-K. (Hrsg.): Qualitätssicherung ärztlichen Handelns, Beiträge zur Gesundheitsökonomie, Bd.16, Gerlingen 1984, S.15-21.

DEMSETZ, H. [Property Rights, 1967]: Toward a Theory of Property Rights, in: American Economic Review 1967, S.347-359.

DÉSZY, J. [Krankenhausmanagement, 1993]: Einführung in das Krankenhausmanagement, Wien 1993.

DEUTSCH, E. [Arztrecht, 1983]: Arztrecht und Arzneimittelrecht, Berlin u.a. 1983.

DEUTSCHE KRANKENHAUSGESELLSCHAFT [Rechnungswesen, 1992] (Hrsg.): Hinweise der DKG zum Rechnungswesen der Krankenhäuser, Düsseldorf 1992.

DEYHLE, A. [Kommentar, 1991]: Kommentar der 12 Thesen im Beitrag Küpper/Weber/Zünd zum „Verständnis und Selbstverständnis des Controlling", in: Zeitschrift für Betriebswirtschaft, Ergänzungsheft 3/1991, S.1-8.

DIEDERICHS, G. [Kostenfunktionen, 1991]: Kostenfunktionen in Mehrproduktunternehmen: Das Beispiel einzelwirtschaftlicher Krankenhausfunktionen, Frankfurt 1991.

DIENER, F. [Wahl der Verträge, 1990]: Die Wahl der Verträge zwischen Versicherungen und Kliniken, Frankfurt u.a. 1990.

DIETL, H. [Institutionelle Koordination, 1995]: Institutionelle Koordination spezialisierungsbedingter Abhängigkeit, in: Zeitschrift für Betriebswirtschaft 1995, S.569-585.

DILL, P. [Unternehmenskultur, 1986]: Unternehmenskultur: Grundlagen und Anknüpfungspunkte für ein Kulturmanagement, Bonn 1988.

DILL, P./HUEGLER, G. [Unternehmenskultur, 1987]: Unternehmenskultur und Führung betriebswirtschaftlicher Organisationen - Ansatzpunkte für ein kulturbewußtes Management, in: HEINEN, E. (Hrsg.) [Unternehmenskultur, 1987]: Unternemenskultur, München, Wien 1987.

DILTS, D./KHALMALAH, J./PLOTKIN, A. [Cluster-Analysis, 1995]: Using Cluster-Analysis for Medical Resource Decision-Making, in: Medical Decision Making 1995, S.333-347.

DÖHLER, M. [Historie, 1988]: Historische und gesundheitspolitische Aspekte im Verhältnis zwischen medizinischer Profession und integrierten Versorgungssystemen in Deutschland, in: HAUSER, M./SCHULENBURG, M Graf v.d. (Hrsg.): Health Maintenance Organizations: Eine Reformkonzeption für die Gesetzliche Krankenversicherung in der Bundesrepublik Deutschland?, Gerlingen 1988, S.39-73.

DÖRNER, D. [Strategisches Denken, 1995]: Die Logik des Mißlingens: Strategisches Denken in komplexen Situationen, Reinbeck bei Hamburg 1995.

DÖRNER, D./VAN DER MEER, E. [Gedächtnis, 1995] (Hrsg.): Das Gedächtnis, Göttingen 1995.

DÖTTL, A. [Voll- oder Teilkostenrechnung, 1981]: Voll- oder Teilkostenrechnung im Krankenhaus?, in: Krankenhaus-Umschau 3/1981.

DONABEDIAN, A. [Medical Care, 1966]: Evaluating the Quality of Medical Care, in: Milbank Memorial Fund Quartlerly 1966, S.166-206.

DONABEDIAN, A. [Measuring and Evaluating, 1976]: Measuring and Evaluating Hospital and Medical Care, in: Bulletin of the New York Academy of Medicine, 52/1976, S.51-59.

DONABEDIAN, A. [Schätzung des Bedarfs, 1978]: Beispielhafte Untersuchung zur Schätzung des Bedarfs, in: BRÜGGEMANN, I./SCHWEFEL, D./ZÖLLNER, H. (Hrsg.): Bedarf und Planung im Gesundheitswesen, Köln-Lövenich 1978, S.75-107.

DONABEDIAN, A./WHEELER, J.R.C./WYSZEWIANSKI, L. [Health, 1982]: Quality, Cost, and Health: An Integrative Model, in: Medical Care 1982, S.975-992.

DOWLING, W.L. [Hospital Production, 1976]: Hospital Production, Lexington 1976.

DREYFUS, H.L./DREYFUS, S.E. [Künstliche Intelligenz, 1987]: Künstliche Intelligenz, Reinbeck bei Hamburg 1987.

DUBACH, U.C./CONEN, D. [Diagnostische Maßnahmen, 1985]: Untersuchung zur Effektivität von diagnostischen Maßnahmen, in: VOGEL, H.R. (Hrsg.): Effizienz und Effektivität medizinischer Diagnostik, Stuttgart 1985, S.75-91.

DUDEL, J. [Erregungsübertragung, 1990]: Erregungsübertragung von Zelle zu Zelle, in: Schmidt, R.F./Thews, G. (Hrsg.): Physiologie des Menschen, 24. Aufl., Berlin u.a. 1990, S.45-63.

EICHHOLZ, W. [Anhaltszahlen, 1969]: Anhaltszahlen für die Besetzung der Krankenhäuser mit Ärzten, in: Das Krankenhaus 1969, S.429-432.

EICHHORN, P. [Managementprobleme, 1982]: Managementprobleme in Universitätskliniken, in: Die Betriebswirtschaft 1982, S.257-265.

EICHHORN, S. [Zielsystem, 1969]: Das Zielsystem des Krankenhauses, in: BUSSE VON COLBE, W./SIEBEN, G. (Hrsg.): Betriebswirtschaftliche Information, Entscheidung und Kontrolle, Wiesbaden 1969, S.211-237.

EICHHORN, S. [Krankenhausbetriebslehre I, 1973]: Krankenhausbetriebslehre, Theorie und Praxis des Krankenhausbetriebes, Band I, 2.Aufl., Stuttgart 1973.

EICHHORN, S. [Wirtschaftliches Verhalten, 1975]: Möglichkeiten und Grenzen wirtschaftlichen Verhaltens, in: Das Krankenhaus 1975, S.329-340.

EICHHORN, S. [Krankenhausökonomie, 1977]: Das Krankenhaus als Dienstleistungsbetrieb - Probleme der Krankenhausökonomie -, in: Betriebswirtschaftliche Forschung und Praxis 1977, S.120-135.

EICHHORN, S. [Preisbildung, 1979]: Preisbildung im Krankenhaus nach dem Kostendeckungsprinzip, in: Zeitschrift für öffentliche und gemeinwirtschaftliche Unternehmen 1979, Beiheft 2, 39-55.

EICHHORN, S. [Theorie des Krankenhauses, 1979]: Betriebswirtschaftliche Ansätze zu einer Theorie des Krankenhauses, in: Zeitschrift für Betriebswirtschaft 1979, S.173-191.

EICHHORN, S. [Systemplanung, 1982]: Systemplanung im Krankenhaus und Gesundheitswesen, in: HERDER-DORNEICH, P./SIEBEN, G./THIEMEYER, T. (Hrsg.): Wege zur Gesundheitsökonomie II, Gerlingen 1982, S.11-82.

EICHHORN, S. [Leitung, 1983]: Struktur und Organisation der Krankenhausleitung, in: MÜLLER, H.-W. (Hrsg.): Führungsaufgaben im modernen Krankenhaus: ein Handbuch für Krankenhausträger, Verwaltungen, Behörden, Ärzte und Pflegepersonal, 2. Aufl., Stuttgart u.a. 1983, S.51-85.

EICHHORN, S. [Krankenhausversorgung, 1984]: Möglichkeiten und Grenzen der Beurteilung und Sicherung von Effektivität, Leistungsfähigkeit und Qualität der medizinischen Versorgung, insbesondere der Krankenhausversorgung, in: EICHHORN, S./SCHMIDT, R. (Hrsg.): Planung und Kontrolle im Krankenhaus, Gerlingen 1984, S.153-181.

EICHHORN, S. [Krankenhausbetriebslehre III, 1987]: Krankenhausbetriebslehre, Theorie und Praxis des Krankenhausbetriebes, Band III, Stuttgart 1987

EICHHORN, S. [Freigemeinnützige Krankenhäuser, 1988]: Die freigemeinnützigen Krankenhäuser aus der Sicht der betrieblichen Leistungserstellung, in: EICHHORN, S./LAMPERT, H. (Hrsg.): Ziele und Aufgaben der freigemeinnützigen Krankenhäuser, Gerlingen 1988, S.45-79.

EICHHORN, S. [Krankenhausrechnungswesen, 1988]: Das Krankenhausrechnungswesen im Gesamtsystem der entscheidungsorientierten Information und Berichterstattung, in: EICHHORN, S. (Hrsg.): Handbuch Krankenhaus-Rechnungswesen: Grundlagen - Verfahren - Anwendungen, 2.Aufl., Wiesbaden 1988, S.11-27.

EICHHORN, S. (Hrsg.): Handbuch Krankenhaus-Rechnungswesen: Grundlagen - Verfahren - Anwendungen, 2.Aufl., Wiesbaden 1988.

EICHHORN, S. [Krankenhausmanagement, 1990]: Professionalisierung des Krankenhausmanagements, ein Symposium der Bertelsmann Stiftung zur Führung und Organisation von Krankenhausleitungen, Gütersloh 1990.

EICHHORN, S. [Krankenhausfinanzierung, 1991]: Geschichtliche Entwicklung der Krankenhausfinanzierung, in: Krankenhaus-Umschau 1991, S.847-854.

EICHHORN, S. [Qualitätssicherung, 1991]: Qualitätssicherung im Krankenhaus heute - ordnungspolitische und betriebspolitische Aspekte, in: HAUKE, E. (Hrsg.): Qualitätssicherung im Krankenhaus: Ansätze zur Evaluation und Verbesserung der Krankenhausversorgung, Wien 1991, S. 29-59.

EICHHORN, S. (Hrsg.): Leitung und Leistung im Krankenhaus, Führungsorganisation aus Sicht des Krankenhausträgers, Bertelsmann Stiftung, Gütersloh 1993.

EICHHORN, S./LAMPERT, H. [Freigemeinnützige Krankenhäuser, 1988] (Hrsg.): Ziele und Aufgaben der freigemeinnützigen Krankenhäuser, Gerlingen 1988.

EICHHORN, S./SCHEGA, W./SELBMANN, H.-K. [Qualitätssicherung, 1989]: Qualitätssicherung in der stationären chirurgischen Versorgung: Ergebnisse einer Durchführbarkeitsstudie, Gerlingen 1989.

EICHHORN, S./SCHMIDT, R. [Planung und Kontrolle, 1984] (Hrsg.): Planung und Kontrolle im Krankenhaus, Gerlingen 1984

EINSTEIN, A. [Weltbild, 1955]: Mein Weltbild, hrsg. von Carl Seelig, Frankfurt 1955.

ELLWOOD, P.M. JR. et al. [Measurement, 1966]: Quantitative Measurement of Patient Care Quality, Part I and II, in: Hospital 1966, S.42-45 und 59-63.

ELLWOOD, P.M. jr. [Health Care Trends, 1991]: Modern Health Care Trends in the USA, in: Entwicklungstendenzen im Gesundheitswesen und ihre ökonomische Bedeutung, Beiträge zur Gesundheitsökonomie, Bd.12, Gerlingen 1991, S.377-389.

ENGEL, G.V./HALL, R.H. [Professions, 1973]: The Growing Industruialization of the Professions, in: FREIDSON, E. (Hrsg.): The Professions and their Prospects, London, Reprint 1973, S.75-88.

ERIKSON, E.H. [Kindheit und Gesellschaft, 1961]: Kindheit und Gesellschaft, 1961.

ERKERT, T. [Qualitätssicherung, 1991]: Qualitätssicherung im Krankenhaus: Übertragbarkeit nordamerikanischer Ansätze auf die Bundesrepublik Deutschland, Konstanz 1991.

ERNST & WHINNEY GmbH, Arbeitsgruppe für Gesundheitsökonomie [Pflegesatzformen, 1986]: Modellversuche zu alternativen Pflegesatzformen in Krankenhäusern, Vorstudie zu diagnosabhängigen Fallpauschalen, Forschungsbericht Nr.143 des Bundesministers für Arbeit und Sozialordnung, Bonn 1986.

ERVIN, F.R./ANDERS, T.R. [Memory, 1970]: Normal and Pathological Memory, data and a conceptual scheme, in: SCHMITT, F.O. (Hrsg): Neuroscience, Second Study Program, New York 1970.

ESCHENBACH, R. (Hrsg.): Controlling, Stuttgart 1995

ESCHENBACH, R./NIEDERMAYR, R. [Controlling, 1995]: Die Konzeption des Controlling, in: ESCHENBACH, R. (Hrsg.): Controlling, Stuttgart 1995, S.49-96.

EY, H. [Kostenrechnungsmodell, 1987]: Entwurf eines entscheidungsorientierten Kostenrechnungsmodells für ambulant und stationär erstellte Krankenhausleistungen, Frankfurt u.a. 1987.

FACK, W. [Wirtschaftlichkeitsanreize, 1988]: Wirtschaftlichkeitsanreize und -reserven aus Sicht der Krankenhäuser, in: Gesellschaft für Versicherungswirtschaft und -gestaltung (Hrsg.): Wirtschaftlichkeitsanreize im Bereich der stationären Versorgung, Bergisch-Gladbach 1988, S.24-42.

FAHR, J.-L./CANNELLA, A.A./BEDEIAN, A.G. [Peer Ratings, 1991]: Peer Ratings: The Impact of Purpose on Rating Qaulity and User Acceptance, in: Group and Organization Studies 1991, S.367-386.

FALTIN, J. [Krankenhausträger, 1986]: Freigemeinnutzige Krankenhausträger im System staatlicher Krankenhausfinanzierung, Köln u.a. 1986.

FEDER, J./HADLEY, J./ZUCKERMANN, S. [Prospective Payment System, 1987]: How Did Medicare's Prospective Payment System Affect Hospitals?, in: The New England Journal of Medicine 14/1987, S.867-873.

FEINSTEIN, A. R. [Clinical Judgement, 1976]: Clinical Judgement, Huntington, New York 1976.

FELDSTEIN, M.S. [Health Service Efficiency, 1968]: Economic Analysis for Health Service Efficiency, Markham, Chicago 1968.

FELDSTEIN, M.S. [Hospital Care, 1971]: The Rising Cost of Hospital Care, Washington 1971.

FELDSTEIN, M.S. [Cost of Hospitals, 1977]: The High Cost of Hospitals - and what to do about it, in: Public Interest, Summer 1977, S.40-54.

FENGLER, D./KRAUSE, H. [Krankenhaus-Controlling, 1994]: PC-gestützte Leistungs- und Kostenplanung für das Krankenhaus-Controlling, in: Kostenrechnungspraxis 1994, S.337-343.

FERBER, Ch.v. [Gesundheitswesen, 1985] (Hrsg.): Kosten und Effizienz im Gesundheitswesen: Festschrift für Ulrich Geissler, München 1985.

FESTINGER, L. [Cognitive Dissonance, 1957]: A Theory of Cognitive Dissonance, Stanford 1957.

FETTER, R.B. u.a. [Diagnostic Cost Profiles, 1977]: The application of diagnostic specific cost profiles to cost and reimbursement control in hospitals, in: Journal of Medical Systems 1977, S.137ff.

FETTER, R.B. u.a. [Diagnosis Related Groups, 1980]: Case Mix Definition by Diagnosis Related Groups, in: Medical Care, February 1980, Number 2, Supplement.

FETTER, R.B./THOMPSON, J.D./MILLS, J.E. [Reimbursement Control, 1976]: A System for Cost and Reimbursement Control in Hospitals, in: The Yale Journal of Biology and Medicine 1976, S.123-136.

FIEDLER, G. [Gesundheitswesen, 1978]: Einführung in das Gesundheitswesen der Bundesrepublik Deutschland, Kiel 1978.

FIELD, M.G. [Physician, 1993]: Physician in the Commonwealth of Independent States: The Difficult Passage from Bureaucrat to Professional, in: HAFFERTY, F.W./MCKINLAY, J.B. (Hrsg.): The Changing Medical Profession: An International Perspective, New York 1993, S.162-171.

FIRNKORN, H.-J. [Bericht, 1988]: Bericht der Kommission Krankenhausfinanzierung der Robert-Bosch-Stiftung, in: Gesellschaft für Versicherungswirtschaft und -gestaltung (Hrsg.): Wirtschaftlichkeitsanreize im Bereich der stationären Versorgung, Bergisch-Gladbach 1988, S.106-130.

FISCHER, D. [Dimensionierung, 1978]: Zur Dimensionierung eines mehrstufigen Krankenhaus-Systems, Nürnberg 1978.

FISCHER, D. [Krankenhauswirtschaft, 1988]: Marktstruktur und Marktverhalten in der Krankenhauswirtschaft, Spardorf 1988.

FITZGERALD, L. [Management, 1994]: Moving Clinicians into Management: A Professional Challenge or Threat?, in: Journal of Management in Medicine 6/1994, S.32-44.

FOERSTER, H. VON [Gedächtnis ohne Aufzeichnung, 1985]: Gedächtnis ohne Aufzeichnung, in: FOERSTER, H. VON (Hrsg.): Sicht und Einsicht, Braunschweig, Wiesbaden 1985, S.123-172.

FOERSTER, H. von [Einsicht, 1985] (Hrsg.): Sicht und Einsicht, Braunschweig, Wiesbaden 1985.

FOOTE, N. [Professionalization, 1953]: The professionalization of labour in Detroit, in: American Journal of Sociology 1953, S.371-380.

FORSTER, E. [Wettbewerb, 1980]: Der Wettbewerb zwischen Privater und Gesetzlicher Krankenversicherung, Frankfurt 1980.

FRANCISCO, E. [General Hospital, 1970]: Analysis of Cost Variations among Short-Term General Hospitals, in: KLARMAN, H.E. (Hrsg.): Empirical Studies in Health Economics, Baltimore 1970, S.321-332.

FRANKEN, R./FUCHS, H. [Systemtheorie, 1974]: Grundbegriffe der Allgemeinen Systemtheorie, in: GROCHLA, E./FUCHS, H./LEHMANN, H. (Hrsg.): Zeitschrift für Betriebswirtschaft, Sonderheft 3, Opladen 1974, S.23-46.

FREIDSON, E. [Dominance, 1970]: Professional Dominance, New York 1970.

FREIDSON, E. [Professions, 1973] (Hrsg.): The Professions and their Prospects, London, Reprint 1973.

FREIDSON, E. [Occupational Principle, 1973]: Professions and the Occupational Principle, in: FREIDSON, E. (Hrsg.): The Professions and their Prospects, London, Reprint 1973, S.19-38.

FREIDSON, E. [Ärztestand, 1979]: Der Ärztestand. Berufs- und wissenschaftssoziologische Durchleuchtung einer Profession, Stuttgart 1979.

FREIDSON, E. [Professions, 1983]: The reorganization of the professions by regulation, in: Law and Human Behavior 1983, S.279-290.

FREIDSON, E. [Profession, 1984]: The changing nature of professional control, in: Annual Review of Sociology 1984, S.1-20.

FREIDSON, E. [Medical Profession, 1986]: The Medical Profession in Transition, in: AIKEN, L.H./MECHANIC, D. (Hrsg.): Applications of social science to clinical medicine and health policy, New Brunswick 1986, S.163-179.

FREIDSON, E. [Profession, 1988]: Profession of Medicine. A Study of the Sociology of Applied Knowledge, Chicago, Reprint 1988.

FREIDSON, E. [Professionalism, 1994]: Professionalism Reborn: Theory, Prophecy and Policy, Chicago 1994.

FREIDSON, E.; RHEA, B. [Control, 1963]: Processes of Control in a Company of Equals, in: Social Problems, Fall 1963, S.119-131.

FREILING, C. [Überwachung, 1978]: Systeme unternehmungsinterner Überwachung, in: WiSt 1978, S.297-301.

FREYMANN, H./PAFFEN, K. [Controlling, 1986]: Budgetierung und Controlling im Krankenhaus, in: Das Krankenhaus 1986, S.203-208.

FRESE, E. [Kontrolle, 1968]: Kontrolle und Unternehmungsführung - Entscheidungs- und organisationstheoretische Grundfragen, Wiesbaden 1968.

FREY, S. [Kommunikation, 1984]: Die nonverbale Kommunikation, Band 1 der Stiftungsreihe, hrsg. von der SEL-Stiftung für technische und wirtschaftliche Kommunikationsforschung im Stifterverband für die deutsche Wissenschaft, Stuttgart 1984.

FRIEDMAN, M./FRIEDMAN, R. [Free to Choose, 1980]: Free to Choose, London 1980.

FRÖMMING, N. [Management im Krankenhaus, 1977]: Management im Krankenhaus aus verhaltenswissenschaftlicher Sicht, Baden-Baden 1977.

FUCHS, G./WAGNER, G. (Hrsg.): Krankenhaus-Informationssysteme: Erstrebtes und Erreichtes, Stuttgart/New York 1972.

FUCHS, H. [Systemtheorie, 1969]: Systemtheorie, in: GROCHLA, E. (Hrsg.): Handwörterbuch der Organisation, Stuttgart 1969, Sp.1618-1630.

FUCHS, M. [Rechnungswesen, 1988]: Grundlagen des betrieblichen Rechnungswesens, in: EICHHORN, S. (Hrsg.): Handbuch Krankenhaus-Rechnungswesen: Grundlagen - Verfahren - Anwendungen, 2.Aufl. 1988, S.29-70.

GABELE, E. [Unternehmensgrundsätze, 1981]: Unternehmensgrundsätze, in: Zeitschrift für Organisation 1981, S.245-252.

GÄFGEN, G. [Krankenhauswesen, 1979]: Die Allokationswirkungen verschiedener Eigentumsrechte im Krankenhauswesen, Diskussionsbeitrag der Universität Konstanz Nr.129, Serie A, Konstanz 1979.

GÄFGEN, G. [Leistungsmessung, 1980]: Leistungsmessung im Gesundheitswesen - ein Beispiel für die Ökonomie des Dienstleistungssektors, in: Hamburger Jahrbuch für Wirtschafts- und Gesellschaftspolitik, 25. Jg. 1980, S.177-195.

GÄFGEN, G. [Allokationsentscheidung, 1984]: Die ethische Problematik von Allokationsentscheidungen am Beispiel des Gesundheitswesens, Forschungsberichte der Forschungsstelle für Wirtschaftsethik an der Hochschule St. Gallen 1984.

GÄFGEN, G. [Krankenhausbedarfsplanung, 1985]: Effizienz- und Wettbewerbswirkungen der Krankenhausbedarfsplanung in der Bundesrepublik Deutschland, in: ANDREAE, C.-A./THEURL, E. (Hrsg.): Marktsteuerung im Gesundheitswesen, Köln, Veröffentlichung der Hanns Martin Schleyer-Stiftung, Band 15 1985.

GÄFGEN, G. [Allokationsentscheidung, 1985]: Die ethische Problematik von Allokationsentscheidungen - am Beispiel des Ressourceneinsatzes im Gesundheitswesen, in: ENDERLE, G. (Hrsg.): Ethik und Wirtschaftswissenschaft, Berlin 1985, S.249-274.

GÄFGEN, G. [Analyse, 1991]: Ökonomische Analyse und gesundheitspolitische Gestaltung: Was kann die Gesundheitsökonomie leisten?, in: Entwicklungstendenzen im Gesundheitswesen und ihre ökonomische Bedeutung, Beiträge zur Gesundheitsökonomie, Bd.12, Gerlingen 1991, S.57-99.

GAINES, T. [Inflation, 1974]: Who benefits from inflation?, in: Economic Report of Manufacturers, Hanover Trust, November 1974, S.1-4.

GALBRAITH, J.R. [Organizations, 1973]: Designing Complex Organizations, Reading, Mass. et al. 1973.

GEIßLER, U, [Gesundheitsberufe, 1985]: Die zukünftige Entwicklung des Angebots an Gesundheitsberufen, in: FERBER, Ch. von (Hrsg.): Kosten und Effizienz im Gesundheitswesen, München 1985, S.15-33.

GEMÜNDEN, H.G. [Informationsverhalten, 1986]: Informationsverhalten und Effizienz, Kiel 1986.

GEORGOPOULOS, B.S. [Organization, 1974]: The Hospital as an Organization and Problem-Solving System, in: GEORGOPOULOS, B.S. (Hrsg): Organizations Research on Health Institutions. 2.Edition, Ann Arbor 1974, S.9-48.

GEORGOPOULOS, B.S. [Organizations Research, 1974] (Hrsg.): Organizations Research on Health Institutions. 2.Edition, Ann Arbor 1974.

GEORGOPOULOS, B.S./MANN, F.C. [Hospital as an Organization, 1978]: The Hospital as an Organization, in: RAKICH, J.S./DARR, K. (Hrsg..): Hospital Organization and Management: Text and Readings, Second Edition, New York 1978, S.19-28.

GERDELMANN, W. [Krankenhausfinanzierung, 1985]: Auswirkungen und Reform der Krankenhausfinanzierung, in: FERBER, Ch.v. (Hrsg.): Kosten und Effizienz im Gesundheitswesen: Gedenkschrift für Ulrich Geissler, München 1985, S.167-184.

GERDELMANN, W. [GSG, 1996]: Wirkung und Bedeutung des GSG für die Krankenkassen, in: MAYER, E./WALTER, B. (Hrsg.): Management und Controlling im Krankenhaus, Stuttgart 1996, S.11-20.

GERHARDT, J. [Dienstleistungsproduktion, 1987]: Dienstleistungsproduktion: eine produktionstheoretische Analyse der Dienstleistungsprozesse, Bergisch-Gladbach 1987.

GILB, C.L. [Hierarchies, 1976]: Hidden Hierarchies: The Professions and Government, Reprint, New York 1976.

GINSBURG, P.G. [Krankenhauskosten, 1985]: Krankenhauskosten in den USA, in: FERBER, Ch.v. (Hrsg.): Kosten und Effizienz im Gesundheitswesen: Gedenkschrift für Ulrich Geissler, München 1985, S.201-219.

GIUDICE, H.W. [Krankenhausbetrieb, 1990]: Leistung und Kosten des Krankenhausbetriebes: Beobachtungen und Erfahrungen in einem Hochschulkrankenhaus während eines Praxisfreisemesters, Aachen 1990.

GOETZKE, W. [Kostenrechnung, 1979]: Betriebswirtschaftliche Kostenrechnung als Grundlage für die Kalkulation des Kassenarzthonorars, Köln-Lövenich 1979.

GOETZKE, W. [Betriebssteuerung, 1982]: Die Nutzung EDV-gestützter Informationssysteme für die Betriebssteuerung im Krankenhaus, in: Betriebswirtschaftliche Forschung und Praxis 1982, S.137-147.

GOETZKE, W./SIEBEN, G. (Hrsg.): Rechnungs- und Prüfungswesen im Krankenhaus, Köln 1978.

GOETZKE, W./SIEBEN, G. (Hrsg.): Controlling - Integration von Planung und Kontrolle, GEBERA-Schriften, Band 4, Köln 1979.

GONNELLA, J.S./GORAN, M.J. [Quality of Patient Care, 1975]: Quality of Patient Care - A Measurement of Change, in: Medical Care 1975, S.467-473.

GONNELLA, J.S./HORNBROOK, M.C./LOUIS, D.Z. [Staging of Diseases, 1984]: Staging of Diseases, in: Journal of the American Medical Association 1984, S.637-644.

GONNELLA, J.S./LOUIS, D.Z./MCCORD, J.J. [The Staging Concept, 1976]: The Staging Concept - An Approach to the Assessment of Outcome of Amnulatory Care, in: Medical Care 1976, S.13-21.

GOODE, W.J. [Community, 1957]: Community Within a Community: The Professions, in: American Sociological Review, April 1957, S.194-200.

GOODE, W. J. [Profession, 1960]: Encroachment, Charlatanism, and the Emerging Profession: Psychology, Medicine, and Sociology, in: American Sociological Review 1960, S.902-914.

GOODE, W.J. [Librarian, 1966]: The Librarian: From Occupation to Profession?, in: VOLLMER, H.M./MILLS, D.L. (Hrsg.): Professionalization, Englewood Cliffs 1966.

GORNAS, J. [Verwaltungskostenrechnung, 1992]: Grundzüge einer Verwaltungskostenrechnung: die Kostenrechnung als Instrument zur Planung und Kontrolle der Wirtschaftlichkeit in der öffentlichen Verwaltung, 2.Aufl., Baden-Baden 1992.

GOSS, M.E.W. [Authority, 1961]: Influence and Authority Among Physicians in an Outpatient Clinic, in: American Sociological Review, Feb. 1961, S.39-50.

GOSS, M.E.W./REED, J.J. [Hospital Care, 1974]: Evaluating the Quality of Hospital Care through Severity-Adjusted Death Rates: Some Pitfalls, in: Medical Care 1974, S.202-213.

GOTTWALD, I. [Teilkostenrechnung, 1976]: Teilkostenrechnung und flexible Budgetierung, in: Krankenhaus-Umschau 1976, S.40ff.

GRANNEMANN, T.W./BROWN, R.S./PAULY, M.V. [Hospital Costs, 1986]: Estimating Hospital Costs: A Multiple-Output Analysis, in: Journal of Health Economics 1986, S.107-127.

GREGG, L.W./SIMON, H.A. [Process Models, 1967]: Process Models and Stochastic Theories of Simple Concept Formation, in: Journal of Mathematical Psychology 1967, S.246-276.

GREGG, L.W./SIMON, H.A. [Learning, 1967]: An Information-processing Explanation of onetrial and incremental learning, in: Journal of Verbal Learning and Verbal Behavior 1967, S.780-787.

GRIESSER, G. [Krankenhaus-Informations-System, 1972]: Aspekte eines integrierten Krankenhaus-Informations-Systems (KIS), in: FUCHS, G./WAGNER, G. (Hrsg.): Krankenhaus-Informationssysteme: Erstrebtes und Erreichtes, Stuttgart/New York 1972, S.13-22.

GRIMALDI, P.L. [Case-mix reimbursement, 1980]: Equity and efficiency implications of case-mix reimbursement in New Jersey, in: Glandon, G.L./Shapiro, R.J. (Hrsg.): Profile of Medical Practice, Monroe 1980, S.81-90.

GROBER, J. [Krankenhaus, 1932]: Das deutsche Krankenhaus, 3. Aufl., Jena 1932.

GROCHLA, E. [Planung, 1964]: Planung, betriebliche, in: BECKERATH, E. von u.a. (Hrsg.): Handwörterbuch der Sozialwissenschaften, Stuttgart u.a. 1964, S.314-325.

GROCHLA, E. [Organisationstheorie, 1970]: Systemtheorie und Organisationstheorie, in: Zeitschrift für Betriebswirtschaft 1970, S.1-16.

GRONEMANN, J. [Krankenhäuser, 1988]: Kooperation zwischen Krankenhäusern, Stuttgart 1988.

GRONEMANN, J./KELDENICH, K. (Hrsg.): Krankenhausökonomie in Wissenschaft und Praxis: Festschrift für Professor Dr. Siegfried Eichhorn zum 65.Geburtstag, Kulmbach 1988.

de GROOT, A.D. [Chess, 1965]: Thought and Choice in Chess, Den Haag 1965.

GROOT, L.M.J. [Entscheidungsorientierte Kostenrechnung, 1979]: Entscheidungsorientierte Kostenrechnung, in: Krankenhaus-Umschau 1979, S.547ff.

GROSS, R. [Intuition, 1975]: Die Intuition in der ärztlichen Praxis und Forschung, in: Deutsches Ärzteblatt 1975, S.3500.

GROSS, R. [Rationalität, 1985]: Rationalität in der medizinischen Diagnostik, in: VOGEL, H.R. (Hrsg.): Effizienz und Effektivität medizinischer Diagnostik, Stuttgart 1985, S.113-129.

GROSSER, CH. [Informationsvermittlung, 1988]: Kommunikationsform und Informationsvermittlung: eine experimentelle Studie zu Behalten und Nutzung von Informationen in Abhängigkeit von ihrer formalen Präsentation, Wiesbaden 1988.

GROSSMANN, M.J. [Demand for Health, 1972]: The Demand for Health: A Theoretical and Empirical Analysis, New York 1972.

GROSSMAN, S.J./HART, O.D. [Principal-Agent Problem, 1983]: An Analysis of the Principal-Agent Problem, in: Econometrica 1983, S.7-45.

GRÜNBICHLER, A. [Reputation, 1989]: Reputation oder implizite Ansprüche? - Anmerkungen, in: Zeitschrift für Betriebswirtschaft 1989, S.440-442.

GRUPP, R. [Gesundheitsstrukturgesetz, 1993]: Gesundheitsstrukturgesetz 1993 - Abschied vom Selbstkostendeckungsprinzip, in: ARNOLD, M./PAFFRATH, D. (Hrsg.): Krankenhaus-Report: aktuelle Beiträge, Trends und Statistiken, Stuttgart 1993, S.1-16.

GUPTA, R.C./LABBETT, P. [Problem-solving, 1994]: Creative Problem-solving Techniques: Relevance to Doctors in Management, in: Journal of Management in Medicine 1/1994, S.24-28.

GUSTAFSON, P.H. [Length of Stay, 1967]: Length of Stay: Prediction and Explanation, Health Services Research, Fall 1967, S.287-298.

GUTENBERG, E. [Isolierter Staat, 1922]: Thünen's Isolierter Staat als Fiktion, München 1922.

GUTENBERG, E. [Unternehmung, 1929]: Die Unternehmung als Gegenstand betriebswirtschaftlicher Theorie, Frankfurt 1929.

GUTENBERG, E. [Planung, 1952]: Planung im Betrieb, in Zeitschrift für Betriebswirtschaftslehre 1952, S.569-684.

GUTENBERG, E. [Betriebswirtschaftslehre, 1957]: Betriebswirtschaftslehre als Wissenschaft, in: Zeitschrift für Betriebswirtschaftslehre 1957, S.606-612.

GUTENBERG, E. [Unternehmensführung, 1962]: Unternehmensführung - Organisation und Entscheidungen, Wiesbaden 1962.

GUTENBERG, E. [Fragen der neueren Betriebswirtschaftslehre, 1966]: Über einige Fragen der neueren Betriebswirtschaftslehre, in: Zeitschrift für Betriebswirtschaft, Ergänzungsheft, März 1966, S.1-17.

GUTENBERG, E. [Produktion, 1983]: Grundlagen der Betriebswirtschaftslehre - Erster Band: Die Produktion, 24.Aufl., Berlin et al. 1983.

GUTENBERG, E. [Rückblick, 1984]: Rückblick, in Zeitschrift für Betriebswirtschaftslehre 1984, S.1151-1168.

GUTENBERG, E. [Rückblicke, 1989]: Rückblicke, in: Albach, H. (Hrsg.): Zur Theorie der Unternehmung, Schriften und Reden von Erich Gutenberg, Berlin u.a. 1989, S.1-109.

GUTENBERG, E. [Theorie der Unternehmung, 1989]: Die Theorie der Unternehmung, in: Albach, H. (Hrsg.): Zur Theorie der Unternehmung, Schriften und Reden von Erich Gutenberg, Berlin u.a. 1989, S.121-211.

HABERFELLNER, R. [Unternehmung, 1975]: Die Unternehmung als dynamisches System - Der Prozeßcharakter der Unternehmungsaktivitäten, 2.Aufl., Zürich 1975.

HABERMAS, J. [Kommunikatives Handeln, 1995]: Theorie des kommunikativen Handelns, Band 2: Zur Kritik der funktionalistischen Vernunft, Frankfurt 1995.

HADAMARD, J. [Invention, 1945]: The Psychology of Invention in the Mathematical Field, Princeton 1945.

HAFFERTY, F. [Profession, 1988]: Theories at the Crossroads: A Discussion of Evolving Views on Medicine as a Profession, in: Milbank Memorial Fund Quarterly 2/1988, S.202-225.

HAFFERTY, F.W./MCKINLAY, J.B. (Hrsg.): The Changing Medical Profession: An International Perspective, New York 1993.

HAGE, J. [Communication, 1974]: Communication and Organizational Control - Cybernetics in Health and Welfare Settings, New York et al. 1974.

HAHN, D. [Führung, 1971]: Führung des Systems Unternehmung, in: Zeitschrift für Organisation 1971, S.161-169.

HAHN, D. [Führungsinstrument, 1974]: Planungs- und Kontrollrechnung als Führungsinstrument, Wiesbaden 1974.

HAHN, D. [Controller, 1978]: Hat sich das Konzept des Controllers in Unternehmungen der deutschen Industrie bewährt, in: Betriebswirtschaftliche Forschung und Praxis 1978, S.101-128.

HAHN, D. [Controlling, 1987]: Controlling - Stand und Entwicklungstendenzen unter besonderer Berücksichtigung des CIM-Konzeptes, in: SCHEER, A.W. (Hrsg.): Rechnungswesen und EDV, 8. Saarbrücker Arbeitstagung, Heidelberg 1987, S.4ff.

HAHN, D. [PuK, 1996]: Planung und Kontrolle, Controllingkonzepte, 5.Aufl., Wiebaden 1996.

HALEN, U. von [Rechnungswesen, 1977]: Entwurf eines dispositions- und kontrollbezogenen Rechnungswesens für Krankenhäuser, Dortmund 1977.

HALL, R.H. [Structural Variation, 1962]: Intraorganizational Structure Variation - Application of the Bureaucratic Model, in: Administrative Science Quarterly 1962, S.295-308.

HALLIDAY, T. [Monopoly, 1987]: Beyond Monopoly, Chicago, University of Chicago Press 1987.

HALPERN, S./ANSPACH, R.R. [Medical Institutions, 1993]: The Study of Medical Institutions, in: Sociology of Work and Occupation 1993, S.279-295.

HAMM, W. [Wettbewerb, 1985]: Wettbewerb in der Krankenhauswirtschaft, in: HAMM, W./NEUBAUER, G. (Hrsg.): Wettbewerb im deutschen und US-amerikanischen Gesundheitswesen, Gerlingen 1985, S.117-161.

HANSEN, K. [Operational Research, 1975]: Research Projects and Applications of Operational Research in the German Health System, Arbeitspapier Nr. 35 des betriebswirtschaftlichen Instituts für Betriebswirtschaftslehre, insbesondere Unternehmensforschung der Universität Erlangen-Nürnberg 1975.

HANSEN, K. [Kostenrechnung im Krankenhaus, 1979]: Entscheidungsorientierte Kostenrechnung im Krankenhaus, in: MEYER, M. (Hrsg.): Krankenhausplanung: die Lösung medizinisch-ökonomischer Probleme der Praxis mit Methoden der Systemforschung, Stuttgart/New York 1979, S.18-30.

HANSEN, K. [Wirtschaftlichkeitsanreize, 1988]: Wirtschaftlichkeitsanreize im Krankenhausrecht - Befund, Kritik, Reformvorschläge, in: Gesellschaft für Versicherungswirtschaft und -gestaltung (Hrsg.): Wirtschaftlichkeitsanreize im Bereich der stationären Versorgung, Bergisch-Gladbach 1988, S.6-23.

HARBERT, L. [Controlling-Begriffe, 1982]: Controlling-Begriffe und Controlling-Konzeptionen, Bochum 1982.

HARGEST, J. [Urteilsstichprobe, 1976]: Die Urteilsstichprobe des Abschlußprüfers, eine Stichprobe zweiter Klasse?, in WYSOCKI, K.von/HARGEST, J. (Hrsg.): Praxis des Prüfungswesens, München 1976, S.113-127.

HARRIS, J.E. [Organization of Hospitals, 1977]: The internal organization of hospitals: some economic implications, in: Bell Journal of Economics 1977, S.467-482.

HARTWELL, R.M. [History, 1974]: The Economic History of Medical Care, in: PERLMAN, M. (Hrsg.): The Economics of Health and Medical Care, Proceedings of a Conference held by the International Economic Association at Tokyo in 1973, New York - Toronto 1974, S.3-20.

HAUG, M. [Deprofessionalism, 1973] Deprofessionalism: An alternative hypothesis for the future, in: Sociological Review Monograph 1973, S.195-211.

HAUKE, E. [Kennzahlen, 1978]: Betriebswirtschaftliche Kennzahlen für das Kranken-haus, Wien 1978.

HAUKE, E. (Hrsg.): Qualitätssicherung im Krankenhaus: Ansätze zur Evaluation und Verbesserung der Krankenhausversorgung, Wien 1991.

HAUSER, M./SCHULENBURG, M.Graf v.d. (Hrsg.) [Health Maintenance, 1988]: Health Maintenance Organizations: Eine Reformkonzeption für die Gesetzliche Kran-kenversicherung in der Bundesrepublik Deutschland?, Gerlingen 1988.

HAUSLADEN, K.-H. [Kostenrechnung, 1985]: Entscheidungsorientierte Kostenrech-nung im Krankenhaus, Hamburg 1985.

HAVIGHURST, C. [Regulating Health, 1974]: Regulating Health Facilities Constructi-on, Washington 1974.

HAYEK, F.A.VON [Knowledge, 1945]: The Use of Knowledge in Society, in: American Economic Review (35) 4/1945, S.519-530.

HAYEK, F.A.VON [Studies, 1967]: Studies in Philosophy, Politics and Economics, Chi-cago 1967.

HAYEK, F.A. VON (Hrsg.): Freiburger Studien, Tübingen 1969.

HAYEK, F.A. VON [Arten der Ordnung, 1969]: Arten der Ordnung, in: HAYEK, F.A. VON (Hrsg.): Freiburger Studien, Tübingen 1969, S.32-46.

HAYEK, F.A. VON [Arten des Rationalismus, 1969]: Arten des Rationalismus, in: HAYEK, F.A. VON (Hrsg.): Freiburger Studien, Tübingen 1969, S.75-89.

HAYEK, F.A. VON [Ergebnisse menschlichen Handelns, 1969]: Die Ergebnisse menschlichen Handelns, aber nicht menschlichen Entwurfs, in: HAYEK, F.A. VON (Hrsg.): Freiburger Studien, Tübingen 1969, S.97-107.

HAYEK, F.A. VON [Gesellschaftsordnung, 1969]: Grundsätze einer liberalen Gesell-schaftsordnung, in: HAYEK, F.A. VON (Hrsg.): Freiburger Studien, Tübingen 1969, S.108-125.

HAYEK, F.A. VON [Verhaltensregeln, 1969]: Bemerkungen über die Entwicklung von Systemen von Verhaltensregeln: in: HAYEK, F.A. VON (Hrsg.): Freiburger Studien, Tübingen 1969, S.144-160.

HAYEK, F.A. VON [Verfassung der Freiheit, 1971]: Die Verfassung der Freiheit, Tübingen 1971.

HAYEK, F.A. VON [Komplexe Phänomene, 1972]: Die Theorie komplexer Phänomene, Tübingen 1972.

HAYEK, F.A. VON [Anmaßung, 1975]: Die Anmaßung von Wissen, in: Ordo (26) 1975, S.13-21.

HAYEK, F.A. VON [Konstruktivismus, 1975]: Die Irrtümer des Konstruktivismus und die Grundlagen legitimer Kritik gesellschaftlicher Gebilde, Tübingen 1975.

HAYEK, F.A. VON [Rules and Order, 1982]: Rules and Order, in: HAYEK, F.A.von (Hrsg.): Law, Legislation and Liberty, Volume 1, Cornwall, Reprint 1982.

HAYEK, F.A. VON [Knechtschaft, 1982]: Der Weg zur Knechtschaft, Den Sozialisten in allen Parteien, 5.Aufl., Landsberg am Lech 1982.

HEALTH CARE FINANCING ADMINISTRATION [Financing, 1983]: Health Care Financing, Grants and Contracts Reports, Baltimore 1983.

HEBB, D.O. [Organization of Behavior, 1949]: The Organization of Behaviour, New York 1949.

HEEB, M. [Krankenhausvergütung, 1988]: Formen der Krankenhausvergütung: Eine mikroökonomische Analyse alternativer Systeme, Bern u.a. 1988.

HEGGLIN, R. [Differentialdiagnose, 1960]: Differentialdiagnose innerer Krankheiten, 7.Aufl., Stuttgart 1960.

HEIDER, F. [Interpersonal Relations, 1958]: The Psychology of Interpersonal Relations, New York 1958.

HEIGL, A. [Controlling, 1978]: Controlling - Interne Revision, Stuttgart et al. 1978.

HEINEN, E. [Zielsystem, 1966]: Das Zielsystem der Unternehmung, Wiesbaden 1966.

HEINEN, E. [Entscheidungsorientierter Ansatz, 1970]: Der entscheidungsorientierte Ansatz in der Betriebswirtschaftslehre, in: Zeitschrift für Betriebswirtschaft 1970, S.429-444.

HEINEN, E. [Unternehmenskultur, 1987] (Hrsg.): Unternemenskultur, München/Wien 1987.

HEINER, R.A. [Behavior, 1983]: The Origin of Predictable Behavior, in: American Economic Review 1983, S.560-595.

HEISIG, U. [Vertrauen, 1989]: Verantwortung und Vertrauen im Großbetrieb: Untersuchungen und Anleitungen zur rationellen Organisation qualifizierter Agestelltenarbeit, Konstanz 1989.

HEISLER, W. [Qualitätssicherung, 1980]: Qualitätssicherung der Krankenhausleistungen - ein vielschlichtiges Problem, in: Krankenhaus Umschau 1980, S.718-723.

HEJL, P.M. [Gedächtnisproblem, 1992]: Wie Gesellschaften Erfahrungen machen oder: Was Gesellschaftstheorie zum Verständnis des Gedächtnisproblems beitragen kann, in: SCHMIDT, S.J. (Hrsg.): Gedächtnis. Probleme und Perspektiven der interdisziplinären Gedächtnisforschung, 2.Aufl., Frankfurt am Main 1992, S.293-336.

HELBIG, W. [Krankenhausphilosophie, 1993]: Krankenhausphilosophie - Leitbilder/Führungskonzepte und -richtlinien, in: EICHHORN, S. (Hrsg.): Leitung und Leistung im Krankenhaus, Führungsorganisation aus Sicht des Krankenhausträgers, Bertelsmann Stiftung, Gütersloh 1993, S.127-135.

HENDERSON, B.D. [Entscheidungsfindung, 1993]: Entscheidungsfindung, in: OETINGER, B.von (Hrsg.): Das Boston Consulting Group Strategie-Buch: Die wichtigsten Managementkonzepte für den Praktiker, 4.Aufl., Düsseldorf u.a. 1995, S.611-615.

HENKE, K.-D. [Gesundheitsausgaben, 1985]: Gesundheitsausgaben in der Bundesrepublik Deutschland: Ein zu hoher Preis für die Gesundheitsversorgung?, in: FERBER, Ch. von (Hrsg.): Kosten und Effizienz im Gesundheitswesen, München 1985, S.477-493.

HENTZE, J. [Kosten- und Leistungsrechnung, 1993] Kosten- und Leistungsrechnung in Krankenhäusern: systematische Einführung. 2., neubearb. Aufl., Stuttgart u.a. 1993.

HENZLER, C./HARPER, J.J. [Appropriateness Review, 1995]: Implementing a Computer-Assisted Appropriateness Review Using DRG-182/183, in: Joint Commission Journal on Quality Improvement 1995, S.239-247.

HERDER-DORNEICH, P. [Gesundheitswesen, 1976]: Wachstum und Gleichgewicht im Gesundheitswesen, Köln - Opladen 1976.

HERDER-DORNEICH, P./SIEBEN, G./THIEMEYER, T. [Gesundheitsökonomie II, 1982] (Hrsg.): Wege zur Gesundheitsökonomie II, Gerlingen 1982.

HERDER-DORNEICH, P./WASEM, J. [Krankenhausökonomik, 1986]: Krankenhausökonomik zwischen Humanität und Wirtschaftlichkeit, Baden-Baden 1986.

HERKNER, W. [Attribution, 1980]: Attribution - Psychologie der Kausalität, Bern u.a. 1980.

HERMANN, T. [Dispositiver Faktor, 1994]: Zur Theoriegeschichte des dispositiven Faktors, Stuttgart 1994.

HERMANNS, W.J. [Gütererstellung, 1986]: Aufbau und Gütererstellung von Hochschulen und Krankenhäusern: Ein betriebswirtschaftlicher Vergleich öffentlicher Dienstbetriebe, Hamburg 1986.

HERRIOT, S.R./LEVINTHAL, D./MARCH, J.G. [Erfahrungslernen, 1990]: Erfahrungslernen in Organisationen, in: MARCH, J.G. (Hrsg.): Entscheidung und Organisation: kritische und konstruktive Beiträge, Entwicklungen und Perspektiven, Wiesbaden 1990, S.245-254.

HERZBERG, F. [Motivate Employees, 1968]: One more time: How do you motivate employees?, in: Harvard Business Review 1968, S.53-62.

HERZOG, A. [Effizienz, 1994]: Zur Effizienz der Koordination durch Selbstabstimmung, Diplomarbeit, Vallendar 1994.

HICKSON, D.J./PUGH, D.S./PHESEY, D.C. [Organization Structure, 1969]: Operations Technology and Organization Structure: An Empirical Reappraisal, in: Administrative Science Quarterly 1969, S.378-397.

HILDEBRAND, R. [Kosten- und Leistungsrechnung, 1979]: Checkliste zur Einführung einer Kosten- und Leistungsrechnung gemäß §8 der KHBV, in: HILDEBRAND, R. (Hrsg.): Handbuch Krankenhausmanagement, München 1979.

HILDEBRAND, R. (Hrsg.): Handbuch Krankenhausmanagement, München 1979.

HILDEBRAND, R. [Kostenrechnung, 1988]: Kostenrechnung, in: EICHHORN, S. (Hrsg.): Handbuch Krankenhaus-Rechnungswesen: Grundlagen - Verfahren - Anwendungen, 2.Aufl. 1988, S.343-450.

HILDEBRAND, R./LITSCH, M. [Krankenhausbetriebsvergleiche, 1993]: Krankenhausbetriebsvergleiche als Instrument zur Überwachung der Wirtschaftlichkeit im Krankenhaus, in: ARNOLD, M./PAFFRATH, D. (Hrsg.): Krankenhaus-Report: aktuelle Beiträge, Trends und Statistiken, Stuttgart 1993, S.125-136.

HILL, W./FEHLBAUM, R./ULRICH, P. [Organisationslehre, 1981]: Organisationslehre - Ziele, Instrumente und Bedingungen der Organisation sozialer Systeme, 3.Aufl., Bern/Stuttgart 1981.

HIRSCHMANN, J. [Neurologie, 1973]: Neurologie, in: GROSS, R./SCHÖLMERICH, P. (Hrsg.): Lehrbuch der inneren Medizin, Stuttgart/New York 1973, S.927-964.

HIRSHLEIFER, J.R./RILEY, J. G. [Information, 1992]: The Analytics of Uncertainty and Information, Cambridge 1992.

HÖRMANN, W./INGRUBER, H. [Krankenhausbetriebslehre, 1988]: Krankenhausbetriebslehre: Grundzüge der Betriebsführung im Krankenhaus, Wien 1988.

HOFFMANN, F. [Krankenhaus, 1989]: Interne Budgetierung und Anreizsystem im Krankenhaus, Frankfurt u.a. 1989.

HOFFMANN, H. [Entgeltsysteme, 1988]: Möglichkeiten und Chancen diagnosebezogener Fallpauschalen und anderer alternativer Entgeltsysteme aus der Sicht der Medizin, in: Gesellschaft für Versicherungswissenschaft und -gestaltung (Hrsg.): Wirtschaftlichkeitsanreize im Bereich der stationären Versorgung, Bergisch Gladbach 1988, S.170-195.

HOFFMANN, J. [Aktives Gedächtnis, 1983]: Das aktive Gedächtnis, Berlin et al. 1983.

HOFFMANN, J. [Gedächtnis und Verhaltensorganisation, 1995]: Gedächtnis und Verhaltensorganisation, in: DÖRNER, D./VAN DER MEER, E. (Hrsg.): Das Gedächtnis, Göttingen 1995, S.227-252.

HOFSTADTER, D.R. [Gödel, 1993]: Gödel, Escher, Bach, ein endloses Geflochtenes Band, 3.Aufl., München 1993.

HOGART, R.M./REDER, M.W. (Hrsg.): Rational Choice, The Contrast between Economics and Psychology, Chicago/London 1987.

HOLLAND, J.H. et al. [Induction, 1987]: Induction, Cambridge, Mass. 1987.

HOLLANDER, E.P. [Peer Nominations, 1965]: Validity of Peer Nominations in Predicting a Distant Performance Criterion, in: Journal of Applied Psychology 1965, S.434-438.

HORAK, Ch. [Nonprofit-Organisationen, 1993]: Controlling in Nonprofit-Organisationen: Erfolgsfaktoren und Instrumente, Wiebaden 1993.

HORAK, Ch. [Besonderheiten, 1995]: Besonderheiten des Controlling in Nonprofit-Organisationen (NPO), in: ESCHENBACH, R. (Hrsg.): Controlling, Stuttgart 1995, S.600-608.

HORN, S.D. et al. [Severity of Illness, 1985]: Interhospital Differences in Severity of Illness, Problems for Prospective Payment based on Diagnosis Related Groups (DRGs), in: New England Journal of Medicine 1985, S.20ff.

HORN, S.D./HORN, R.A. [Severity of Illness, 1986]: Reliability and Validity of the Severity of Illness Index, in: Medical Care 1986, S.159ff.

HORN, S.D./HORN, S.A./SHARKEY, P.D. [Severity Adjustement, 1984]: The Severity of Illness Index as a Severity Adjustement to Diagnosis Related Groups, in: Health Care Financing Review, Annual Supplement 1984, S.33ff.

HORN, S.D./SHARKEY, P.D. [Severity of Illness, 1983]: Measuring Severity of Illness to Predict Patient Resource Use Within DRGs, in: Inquiry 1983, S.314ff.

HORN, S.D./SHARKEY, P.D./BERTRAM, D.A. [Severity of Illness, 1983]: Measuring Severity of Illness: Homogenous Case Mix Groups, in: Medical Care 1983, S 14-30.

HORNBROOK, M.C. [Hospital Case Mix, 1982]: Hospital Case Mix: Ist Definition, Measurement and Use: Part II. Review of Alternative Measures, in: Medical Care review 1982, S.73-123.

HORVÁTH, P. [Controller, 1978]: Aufgaben und Stellung des Controllers, in: Betriebswirtschaftliche Forschung und Praxis 1978, S.129-141.

HORVÁTH, P. [Controlling, 1978]: Controlling - Entwicklung und Stand einer Konzeption zur Lösung der Adaptions- und Koordinationsprobleme der Führung, in: Zeitschrift für Betriebswirtschaft 1978, S.194-208.

HORVÁTH, P. [Organisierte Anarchie, 1982]: Controlling in der „organisierten Anarchie": Zur Gestaltung von Budgetierungssystemen, in: Zeitschrift für Betriebswirtschaft 1982, S.250-280.

HORVÁTH, P. [Controlling, 1991]: Controlling, 4.Aufl., München 1991.

HORVÁTH, P. [Controlling, 1994]: Controlling, 5.Aufl., München 1994.

HUBBARD, J.P. et al. [Clinical Competence, 1965]: An Objective Evaluation of Clinical Competence, in: New England Journal of Medicine 1965, S.1321-1328.

HUBEL, D.H./WIESEL, T.N. [Receptive Fields, 1959]: Receptive fields of single neurones in the cat´s striate cortex, in: Journal of Physiology 1959, S.574-591.

HUBEL, D.H./WIESEL, T.N. [Verarbeitung visueller Informationen, 1986]: Die Verarbeitung visueller Informationen, in: Spektrum der Wissenschaft: Gehirn und Nervensystem, 7.Aufl., Heidelberg 1986, S.122-133.

HUDSON, J.I. [PSRO, 1984]: Quo vadis, PSRO?, in: SELBMANN, H.-K. (Hrsg.): Qualitätssicherung ärztlichen Handelns, Beiträge zur Gesundheitsökonomie, Bd.16, Gerlingen 1984, S.109-118.

HÜBNER, H.W. [Vollkosten- oder Teilkostenrechnung, 1976]: Vollkosten- oder Teilkostenrechnung im Krankenhaus?, in: Krankenhaus-Umschau 1976, S.81-85.

HÜBNER, H.W. [Kostenrechnung, 1977]: Kostenrechnung im Krankenhaus, Stuttgart 1977.

HÜBNER, H.W. [Kostenrechnung, 1980]: Kostenrechnung im Krankenhaus, 2.Aufl., Stuttgart 1980.

HÜGLER, G.L. [Controlling, 1988]: Controlling in Projektorganisationen, München 1988.

HULIN, C.L./BLOOD, M.R. [Job Enlargement, 1968]: Job enlargement, individual differences, and worker responses, in: Psychological Bulletin 1968, S.41-55.

HUMMEL, S./MÄNNEL, W. [Kostenrechnung, 1977]: Kostenrechnung, Wiesbaden 1977.

HUNGENBERG, H. [Zentralisation, 1995]: Zentralisation und Dezentralisation: strategische Entscheidungsverteilung in Konzernen, Wiesbaden 1995.

JACKSON, J.H. [Comptroller, 1949]: The Comptroller: His Functions and Organization, Cambridge 1949.

JACOBS, CH.-M./CHRISTOFFEL, T.H./DIXON, N. [Patient Care, 1976]: Measuring the Quality of Patient Care: The Rationale for Outcome Audit, Cambridge, Mass. 1976.

JACOBS, P. [Models of Hospitals, 1974]: A Survey of Economic Models of Hospitals, in: Inquiry 1974, S.83-97.

JANZER, H./SCHÖN, A./SCHWAB, G. [Kosten-Leistungs-Rechnung, 1979]: Kosten-Leistungs-Rechnung im Krankenhaus - ihre Aufgaben und die Probleme einer zweckgerechten Ausgestaltung, in: Krankenhaus-Umschau 1979, S.896-903.

JENKINS, L./SANDERSON, H. [Diagnosis Related Groups, 1985]: Diagnosis Related Groups Newsletter, London 1985.

JETTER, D. [Krankenhaus, 1976]: Das Krankenhaus: Geschichte und Gliederung, in: Blohmke, M. u.a. (Hrsg.): Handbuch der Sozialmedizin, Band 3, Stuttgart 1976.

JOHNSON, T. J. [Professions, 1979]: Professions and Power, London 1979.

KAH, A. [Profitcenter, 1994]: Profitcenter-Steuerung - Ein Beitrag zur theoretischen Fundierung des Controlling anhand des Principal-Agent-Ansatzes, Stuttgart 1994.

KAHNEMANN, D./SLOVIC, P./TVERSKY, A. [Uncertainty, 1982] (Hrsg.): Judgement under Uncertainty: Heuristics and biases, Cambridge 1982.

KAHNT, R. [Gesundheitsdienst, 1972]: Öffentlicher Gesundheitsdienst und Sozialarbeit, in: Das öffentliche Gesundheitswesen 1972, S.14-19.

KALTENBACH, T. [Qualitätsmanagement, 1993]: Qualitätsmanagement im Krankenhaus: Qualitäts- und Effizienzsteigerung auf der Grundlage des Total-Quality-Management, 2. Aufl., Melsungen 1993.

KANE, J.S./LAWLER, E.E. [Peer assessment, 1978]: Methods of Peer Assessment, in: Psychological Bulletin 1978, S.555-586.

KANEFEND, U. [Kostendämpfung, 1991]: Kostendämpfung im amerikanischen Gesundheitswesen: Neue Konzepte zur Förderung der Wettbewerbsfähigkeit durch staatliche Interventionsprogramme, Konstanz 1991.

KANTZEN, O. [Pankreas, 1990]: Krankheiten des Pankreas, in: SCHETTLER, G./GRETEN, H. (Hrsg.): Innere Medizin, Band II, 8. Aufl., Stuttgart/New York 1990, S.317-337.

KATZ, D./KAHN, R.L. [Social Psychology, 1966]: The Social Psychology of Organizations, New York 1966.

KHOURY, R.M. [Professionalization, 1980]: Is there a process of occupational professionalization?, in: International Behavioral Scientist 1980, S.39-60.

KIESER, A./KUBICEK, H. [Organisationsstruktur, 1974]: Organisationsstruktur und individuelles Verhalten als Einflußfaktoren der Gestaltung von Management-Informationssystemen, in: Zeitschrift für Betriebswirtschaft 1974, S.449-474.

KIESER, A./KUBICEK, H. [Organisation, 1992]: Organisation, 3.Aufl., Berlin/NewYork, 1992.

KIHLSTROM, J.F. [Unconscious, 1987]: The Cognitive Unconscious, in: Science 1987, S.1445-1452.

KINTSCH, W. [Gedächtnis und Kognition, 1982]: Gedächtnis und Kognition, Berlin 1982.

KIRSCH, W. [Entscheidungsprozesse II, 1970]: Entscheidungsprozesse, Band II, Wiesbaden 1970.

KIRSCH, W. [Entscheidungsprobleme, 1988]: Die Handhabung von Entscheidungsproblemen: Einführung in die Theorie der Entscheidungsprozesse, 3.Aufl., München 1988.

KIRSCH, W./MAAßEN, H. [Managementsysteme, 1990]: Managementsysteme, Planung und Kontrolle, 2.Aufl., München 1990.

KLAGES, H. [Wertorientierungen, 1984]: Wertorientierungen im Wandel - Rückblick, Gegenwartsanalyse, Prognosen, Frankfurt et al. 1984.

KLARMAN, H.E. (Hrsg.) [Health Economics, 1970]: Empirical Studies in Health Economics, Baltimore 1970.

KLAUSING, M. [Gesundheitswesen, 1981]: Effizienz und Effektivität im Gesundheitswesen: Der Beitrag der allgemeinen Systemtheorie für die Methode ihrer Ermittlung und Beurteilung, Karlsruhe 1981.

KLIMESCH, W. [Gedächtnispsychologische Repräsentationsannahmen, 1995]: Gedächtnispsychologische Repräsentationsannahmen und ihre möglichen neuronalen Grundlagen, in: DÖRNER, D./VAN MEER, E. (Hrsg.): Das Gedächtnis, Göttingen 1995, S.3-18.

KLIS, M. [Überzeugung und Manipulation, 1970]: Überzeugung und Manipulation. Grundlagen einer Theorie betriebswirtschaftlicher Führungsstile, Wiesbaden 1970.

KLÖPPNER, D. [Diagnosestatistik, 1986]: Neue Erkenntnisse durch die Diagnosestatistik, in: Das Krankenhaus 4/1986, S.153-156.

KLOOCK, J. [Input.Output-Analyse, 1967]: Betriebswirtschaftliche Input-Output-Analyse, Köln 1967.

KLUCKHOHN, C. [Values, 1951]: Values and Value-Orientation in the Theory of Action, in: PARSONS, T./SHILS, E.A. (Hrsg.): Towards a General Theory of Action, Cambridge 1951, S.388-433.

KNIGHT, F. H. [RISK, 1921]: Risk, Uncertainty, and Profit, Boston 1921.

KNORR, K.E./WERNICH, J. [Rechtsformen, 1991]: Rechtsformen der Krankenhäuser, Düsseldorf 1991.

KOCH, H.-J. [Revision, 1987]: Interne Revision im Krankenhaus, Köln 1987.

KOCH, H.-J. [Controlling, 1990]: Controlling im Krankenhaus, Köln 1990.

KÖHRER, D. [Gesetzliche Krankenversicherung, 1991]: Gesetzliche Krankenversicherung und Krankenhäuser: Treffpunkt Pflegesatzverhandlung: Eine Untersuchung zur wirtschaftlichen Betriebsführung von Krankenhäusern, Baden-Baden 1991.

KOLF, J. [Controllerfunktion, 1983]: Die Controllerfunktion im nicht erwerbswirtschaftlichen Betrieb unter besonderer Berücksichtigung des Krankenhauses, Siegen 1983.

KORMAN, A.K. [Prediction, 1968]: The Prediction of Managerial Performance - A Review, in: Personnel Psychology 1968, S.295-322.

KOSIOL, E. [Kostenbegriff, 1958]: Kritische Analyse der Wesensmerkmale des Kostenbegriffes, in: KOSIOL, E./SCHLIEPER, F. (Hrsg.): Betriebsökonomisierung, Festschrift für Rudolf Seyffert, Köln - Opladen 1958, S.7-37.

KOSIOL, E. [Organisation, 1962]: Organisation der Unternehmung, Wiesbaden 1962.

KOSIOL, E. [Unternehmung, 1966]: Die Unternehmung als wirtschaftliches Aktionszentrum - Einführung in die Betriebswirtschaftslehre, Reinbeck bei Hamburg 1966.

KOSIOL, E./SCHLIEPER, F. (Hrsg.): Betriebsökonomisierung, Festschrift für Rudolf Seyffert, Köln - Opladen 1958.

KOSIOL, E./SZYPERSKI, N./CHMIELEWICZ, K. [Systemforschung, 1965]: Zum Standort der Systemforschung im Rahmen der Wissenschaften, in: Zeitschrift für betriebswirtschaftliche Forschung 1965, S.337-378.

KOSMIDER, A. [Mittelstand, 1994]: Controlling im Mittelstand. Eine Untersuchung der Gestaltung und Anwendung des Controlling in mittelständischen Industrieunternehmen, 2. Aufl., Stuttgart 1994.

KRACHT, P.J. [Leistungsmessung, 1982]: Die Problematik der Leistungsmessung und Leistungsbeurteilung im Krankenhaus unter Berücksichtigung von Möglichkeiten der internen und externen Steuerung der Leistungserbringung, in: Betriebswirtschaftliche Forschung und Praxis 1982, S.121-136.

KRAUSE, H./FENGLER, D. [Krankenhaus-Controlling, 1994]: PC-gestützte Leistungs- und Kostenplanung für das Krankenhaus-Controlling, in: Kostenrechnungspraxis 1994, S.337-343.

KRELL, G. [Vertrauensorganisation, 1988]: „Vertrauensorganisation" als Antowrt auf Wertewandel und Technologieschub?, in: Zeitschrift für Organisationsentwicklung 1988, S.35-50.

KRESS, K.P. [Leistungsfunktionen, 1968]: Die Leistungsfunktionen des Krankenhauses in betriebswirtschaftlicher Sicht, München 1968.

KRETSCHMER, P. [Unternehmensplanung, 1976]: Unternehmungsplanung, München 1976.

KRÜGER, W. [Controlling, 1979]: Controlling: Gegenstandsbereich, Wirkungsweise und Funktionen im Rahmen der Unternehmenspolitik, in: Betriebswirtschaftliche Forschung und Praxis 1979, S.158-169.

KRYSTEK, U./ZUMBROCK, S. [Planung und Vertrauen, 1993]: Planung und Vertrauen, Die Bedeutung von Vertrauen und Mißtrauen für die Qualität von Planungs- und Kontrollsystemen, Stuttgart 1993.

KUBICEK, H. [Bestimmungsfaktoren, 1980]: Bestimmungsfaktoren der Organisationsstruktur, in: POTHOFF, E. (Hrsg.): RKW-Handbuch Führungstechnik und Organisation, Nr. 8, 1980, S.1-62.

KÜPPER, H.-U. [Investitions-Controlling, 1991]: Gegenstand, theoretische Fundierung und Instrumente des Investitions-Controlling, in: Zeitschrift für Betriebswirtschaft, Ergänzungsheft 3/1991, S.167-192.

KÜPPER, H.-U. [Controlling, 1993]: Controlling - in: WITTMANN, W. et al. (Hrsg.): Handwörterbuch der Betriebswirtschaft, Teilband I, Stuttgart 1993, Sp. 647-661.

KÜPPER, H.-U. [Controlling, 1995]: Controlling, Stuttgart 1995.

KÜPPER, H.-U./ WEBER, J./ZÜND, A. (1990): Zum Verständnis und Selbstverständnis des Controlling, in: Zeitschrift für Betriebswirtschaft 1990, S.281-293.

KUHLMANN, E. [Verbraucherpolitik, 1995]: Verbraucherpolitik, in: TIETZ, B.: Handwörterbuch des Marketing, 2. Aufl., Stuttgart 1995.

KUHN, A. [Unternehmensführung, 1990]: Unternehmensführung, 2. neubearb. Aufl., München 1990.

KUNZE, M./RUMPOLD, A. [Kostenrechnung, 1981]: Kostenrechnung im Krankenhaus, Wien 1981.

KUPFERMÜLLER, K. [Grundlagen, 1974]: Grundlagen der Informationstheorie und Kybernetik, in: GAUER, H.O./KRAMER, K./JUNG, R. (Hrsg.): Physiologie des Menschen, 2.Aufl., Band 10, München 1974.

KUTSCHERA, F.von [Erkenntnistheorie, 1982]: Grundfragen der Erkenntnistheorie, Berlin/New York 1982.

LAMPERT, H. [Freigemeinnützige Krankenhäuser, 1988]: Die Funktion freigemeinnütziger Krankenhäuser: Einführung in das Thema, in: EICHHORN, S./LAMPERT, H. (Hrsg.): Ziele und Aufgaben der freigemeinnützigen Krankenhäuser, Gerlingen 1988, S.11-15.

LANFERMANN, J. [Stichprobenprüfung, 1983]: Stichprobenprüfung, bewußte Auswahl, in: COENENBERG, A.-G./WYSOCKI, K.von (Hrsg.): Handwörterbuch der Revision, Stuttgart 1983, Sp.1468-1474.

LANK, A.G./LANK, E.A. [Intuition in Business, 1995]: Legitimizing the gut feel: The role of intuition in business, in: Journal of Managerial Psychology 5/1995, S.18-23.

LAßMANN, A. [Koordination, 1992]: Organisatorische Koordination, Konzepte und Prinzipien zur Einordnung von Teilaufgaben, Wiesbaden 1992.

LAUFS, A. [Arztrecht, 1993]: Arztrecht, 5.Aufl., München 1993.

LAUX H./LIERMANN F. [Organisation, 1993]: Grundlagen der Organisation. Die Steuerung von Entscheidungen als Grundproblem der Betriebswirtschaftslehre, 3.Aufl., Berlin u.a. 1993.

LAVE, J.R./LAVE, L.B. [Cost-Functions, 1970]: Estimated Cost Functions for Pennsylvania Hospitals, in: Inquiry 1970, S.3-15.

LAVE, J.R./LAVE, L.B./SILVERMAN, L.P. [Hospital Cost, 1972]: Hospital cost estimation controlling for case-mix, in: Applied Economics 1972, S.165-179.

LAWRENCE, P.R./LORSCH, J.W. [Organization, 1969]: Organization and Environment, Cambridge 1969.

LEAVITT, H.J. [Organizational Change, 1965]: Applied Organizational Change in Industry: Structural, Technological and Humanistic Approaches, in: MARCH, J.G. (Hrsg.): Handbook of Organizations, Chicago 1965, S.1144-1170.

LEE, M.L. [Hospital Behavior, 1971]: A Concpicious Production Theory of Hospital Behavior, in: Southern Economic Journal, July 1971, S.48-58.

LEFFSON, U. [Revision, 1983]: Revision, begriffliche Abgrenzung, in: Handwörterbuch der Revision, Stuttgart 1983, Sp.1288-1305.

LEIDL, R. [Krankenhausprodukt, 1987]: Die fallbezogene Spezifikation des Krankenhausprodukts: Ein methodischer und empirischer Beitrag, Berlin u.a. 1987.

LEIGHTON, A.H. et al. [Psychiatric Disorder, 1963]: Psychiatric Disorder Among the Yoruba, Ithaca 1963.

LENZEN, H. [Wirtschaftlichkeit, 1984]: Kriterien für die Beurteilung der Wirtschaftlichkeit von Krankenhäusern, Frankfurt 1984.

LEONHARDT, J. [Grenzplankostenrechnung, 1988]: Aufbau und Anwendungsmöglichkeiten einer Grenzplankostenrechnung in Krankenhausbetrieben, Hamburg 1988.

LEVY, W.B. [Changes at the Synapse, 1985]: Associative Changes at the Synapse: LTP in the Hippocampus, in: LEVY, W.B./ANDERSON, J.A./LEHMKUHLE, S. (Hrsg.): Synaptic Modification, Neuron Selectivity, and Nervous System Organization, Hillsdale 1985, S.5-33.

LEVY, W.B./ANDERSON, J.A./LEHMKUHLE, S. (Hrsg.): Synaptic Modification, Neuron Selectivity, and Nervous System Organization, Hillsdale 1985.

LIKERT, R. [New Patterns, 1961]: New Patterns of Management, New York 1961.

LIKERT, R. [Human organization, 1967]: The human organization, New York et al. 1967.

LINDBLOM, C.E. [Muddling Through, 1959]: The Science of Muddling Through, in: Public Administration Review 1959, S.79-88.

LIPSCOMB, J. et al. [Physician Requirements, 1995]: Determining VA Physician Requirements Through Empirically Based Models, in: Health Services Research 1995, S.697-717.

LITWAK, E. [Models, 1961]: Models of bureaucracy which permit conflict, in: American Journal of Sociology 1961, S.177-184.

LLINÁS, R.R. [Biology of the Brain, 1988]: The Biology of the Brain. From Neurons to Networks, New York 1988.

LOFTUS, E.F./PALMER, J.C. [Reconstruction, 1974]: Reconstruction of automobile destruction: An example of the interaction between language and memory, in: Journal of Verbal Learning and Verbal Behavior 1974, S.585-589.

LONGEST, B.B. [Relationship, 1974]: Relationships between Coordination, Efficiency, and Quality of Care in General Hospitals, in: Hospital Administration, Fall 1974, S.65-86.

LÓPEZ-CASASNOVAS, G. [Incentives in Health, 1989] (Ed.): Incentives in Health Systems, Berlin 1989.

LOVE, K.G. [Peer Assessment, 1981]: Comparison of Peer Assessment Methods: Reliability, validity, friendship bias, and user reaction, in: Journal of Applied Psychology 1981, S.451-457.

LÜER, G./WERNER, S./LASS, U. [Repräsentation, 1995]: Repräsentation analogen Wissens im Gedächtnis, in: Dorner, D./Van der Meer, E.: Das Gedächtnis, Göttingen 1995.

LUHMANN, N. [Zweckbegriff und Systemrationalität, 1973]: Zweckbegriff und Systemrationalität - Über die Funktion von Zwecken in sozialen Systemen, Tübingen 1973.

LUHMANN, N. [Vertrauen, 1989]: Vertrauen: Ein Mechanismus, der Reduktion sozialer Komplexität, 3.Aufl., Stuttgart 1989.

LUHMANN, N. [Soziale Systeme, 1994]: Soziale Systeme: Grundriß einer allgemeinen Theorie, 5.Aufl., Frankfurt 1994.

LULLIES, V./BOLLINGER, H./WELTZ, F. [Wissenslogistik, 1993]: Wissenslogistik: Über den betrieblichen Umgang mit Wissen bei Entwicklungsvorhaben, Frankfurt/New York 1993.

LUTHANS, F. [Organizational Behavior, 1985]: Organizational Behavior, 4.Aufl., New York et al. 1985.

LYSAUGHT, J.P. [Action, 1970]: An Abstract for Action. National Commission for the Study of Nursing and Nursing Education, New York 1970

MAAS, H.-J. [Zielsetzung, 1977]: Zielsetzung und Zielerreichung im Krankenhaus, Bochum 1977.

MACDONALD, A.S. [Management, 1994]: Integrating Management of Physician Groups and Hospitals, in: Topics in Health Care Financing, Summer 1994, S.48-54.

MACHARZINA, K./ROSENSTIEL, L.v. [Führungswandel, 1974] (Hrsg.): Führungswandel in Unternehmung und Verwaltung, Wiesbaden 1974.

MALENBAUM, W. [Health, 1970]: Health and Productivity in Poor Areas, in: KLARMAN, H.E. (Hrsg.): Empirical Studies in Health Economics, Baltimore 1970, S.31-54.

MALERI, R. [Dienstleistungsproduktion, 1970]: Betriebswirtschaftliche Probleme der Dienstleistungsproduktion, Mannheim 1970.

MANGOLD, T. ET AL. [Krankes Krankenhaus, 1990]: Krankes Krankenhaus, in: Stern, 16/1990, S.20-28.

MANN, R. [Controlling, 1974]: Die Praxis des Controlling - Instrumente, Einführung, Konflikte, München 1974.

MARCH, J.G. [Handbook, 1965] (Hrsg.): Handbook of Organizations, Chicago 1965.

MARCH, J.G. [Bounded Rationality, 1978]: Bounded Rationality, Ambiguity, and the Engineering of Choice, in: The Bell Journal of Economics, Autumn 1978, S.587-610.

MARCH, J.G. [Organisatorische Veränderung, 1990]: Anmerkungen zu organisatorischer Veränderung, in: MARCH, J.G. (Hrsg.): Entscheidung und Organisation: kritische und konstruktive Beiträge, Entwicklungen und Perspektiven, Wiesbaden 1990, S.187-208.

MARCH, J.G. [Beschränkte Rationalität, 1990]: Beschränkte Rationalität, Ungewißheit und die Technik der Auswahl, in: MARCH, J.G. (Hrsg.): Entscheidung und Organisation: kritische und konstruktive Beiträge, Entwicklungen und Perspektiven, Wiesbaden 1990, S.297-328.

MARCH, J.G. (Hrsg.): Entscheidung und Organisation: kritische und konstruktive Beiträge, Entwicklungen und Perspektiven, Wiesbaden 1990.

MARCH, J.G./OLSEN, J.P. [Unsicherheit, 1990]: Die Unsicherheit der Vergangenheit: Organisatorisches Lernen unter Ungewißheit, in: MARCH, J.G. (Hrsg.): Entscheidung und Organisation: kritische und konstruktive Beiträge, Entwicklungen und Perspektiven, Wiesbaden 1990, S.373-398.

MARCH, J.G./SEVÓN, G. [Information, 1990]: Unterhaltung, Information und Entscheidungsfindung, in: MARCH, J.G. (Hrsg.): Entscheidung und Organisation: kritische und konstruktive Beiträge, Entwicklungen und Perspektiven, Wiesbaden 1990, S.479-494.

MARCH, J.G./SIMON, H.A. [Organisation und Individuum, 1976]: Organisation und Individuum, Wiesbaden 1976.

MARCH, J.G./SIMON, H.A. [Organizations, 1993]: Organizations, 2nd Ed., Cambridge, Mass. 1993.

MARKOWITSCH, H.J. [Gedächtnis, 1992]: Neuropsychologie des Gedächtnisses, Göttingen 1992.

MARSCHAK, J. [Economics, 1968]: Economics of Inquiring, Communicating, Deciding, in: American Economic Review (58) 2/1968, Papers and Proceedings of the Eightieth Annual Meeting of the American Economic Association, S.1-18.

MARSCHAK, J./RADNER, R. [Economic Theory, 1972]: Economic Theory of Teams, New Haven/London 1972.

MARTIUS, G.H. [Patientenkalkulation, 1989]: Die Patientenkalkulation im Krankenhausbetrieb, Berlin 1989.

MASLOW, A.H. [Motivation and Personality, 1954]: Motivation and Personality, New York 1954.

MAST, H.-P. [KOLK, 1978]: Grundkonzeption von KOLK - Vollkostenrechnung und Auswertung über regionale Rechenzentren, in: GOETZKE, W./SIEBEN, G. (Hrsg.): Rechnungs- und Prüfungswesen im Krankenhaus, Köln 1978, S.125-128.

MATTHES, W. [Terminierungsmodelle, 1973]: Terminierungsmodelle für Klinische Prozesse I-III, Beiträge zur Unternehmensforschung am Institut für Unternehmensführung, insbesondere Unternehmensforschung der FU Berlin, Heft 4 und 5, Berlin 1973.

MATURANA, H.R. [Erkennen, 1982]: Erkennen - Die Organisation und Verkörperung von Wirklichkeit, Braunschweig, Wiesbaden 1982.

MÄURER, W./MEHMEL, H. [Koronare Herzkrankheit, 1984]: Koronare Herzkrankheit, in: SCHETTLER, G. (Hrsg.): Innere Medizin, 6.Aufl., Stuttgart/New York 1984, S.101-123.

MAUL, C. [Systemtheorie, 1993]: Der Beitrag der Systemtheorie zum strategischen Führungsverhalten in komplexen Situationen, in: Zeitschrift für Betriebswirtschaft 1993, S.715-740.

MAYER, E. [Controlling, 1990]: Controlling als Denk- und Steuerungssystem. 4. Fassung, Freiburg 1990.

MAYER, E. [Führungskonzept, 1990]: Controlling als Führungskonzept, in: MAYER, E./WEBER, J. (Hrsg.): Handbuch Controlling, Stuttgart 1990, S.33-89.

MAYER, E./WEBER, J. (Hrsg.): Handbuch Controlling, Stuttgart 1990.

MAYNTZ, R. [Organisation, 1968] (Hrsg.): Bürokratische Organisation, Köln, Berlin 1968.

MAYNTZ, R. [Bürokratie, 1968]: Max Webers Idealtypus der Bürokratie und die Organisationssoziologie, in: Mayntz, R. (Hrsg.): Bürokratische Organisation, Köln, Berlin 1968, S.27-35.

MCAULIFFE, W.E. [Process-Outcome Correlations, 1978]: Studies of Proess-Outcome Correlations in Medical Care Evaluations: A Critique, in: Medical Care 1978, S.907-930.

MCCARTHY, C.M. [DRGs, 1988]: DRGs - Five Years Later, in: The New England Journal of Medicine 1988, S.1683-1686.

MCCASKEY, M.B. [Planning, 1974]: A Contingency approach to planning - Planning with goals and planning without goals, in: Academy of Management Journal 1974, S.281-291.

MCCLURE, W. [Medical Care, 1985]: Competition Strategy on Medical Care, in: HAMM, W./NEUBAUER, G. (Hrsg.): Wettbewerb im deutschen und US-amerikanischen Gesundheitswesen, Gerlingen 1985, S.271-296.

MCEWIN, R./HALL, J. [Nachfrage oder Bedarf, 1978]: Planung von Gesundheitsdiensten.Nachfrage oder Bedarf?, in: BRÜGGEMANN, I./SCHWEFEL, D./ZÖLLNER, H. (Hrsg.): Bedarf und Planung im Gesundheitswesen, Köln-Lövenich 1978, S.41-46.

MCGREGOR, D. [Mensch im Unternehmen, 1973]: Der Mensch im Unternehmen, 3.Aufl., Düsseldorf 1973.

MCNAMARA, S.T./SULLIVAN, M.K. [Discharge Planning, 1995]: Patient-Care Coordinators - Successfully Merging Utilization Management and Discharge Planning, in: Journal of Nursing Administration 11/1995, S.33-38.

MCMAHON, J.A./DRAKE, D.F. [Hospital, 1981]: Inflation and the Hospital, in: MCKINLAY (Hrsg.): Economics and Health Care, Cambridge 1981, S.181-199.

MEAD, G.H. [Gesellschaft, 1969]: Geist, Identität und Gesellschaft, Frankfurt 1969.

MEFFERT, H./WINDHORST, K.-G. [Werttypen, 1984]: Sieben Werttypen auf der Spur, in: Absatzwirtschaft 1984.

MENRAD, S. [Leistung, 1975]: Kosten und Leistung, in: WITTMANN, W. u.a. (Hrsg.): Handwörterbuch der Betriebswirtschaft, Stuttgart 1975, Sp.2280-290.

METZE, I. [Gesundheitspolitik, 1982]: Gesundheitspolitik: ökonomische Instrumtente zur Steuerung von Angebot und Nachfrage im Gesundheitswesen, Stuttgart u.a. 1982.

METZE, I [Honorierung, 1985]: Honorierung der Ärzte und Effizienz der Behandlung, in: FERBER, Ch.v. (Hrsg.): Kosten und Effizienz im Gesundheitswesen; Gedenkschrift für Ulrich Geissler, München 1985, S.59-65.

MEYER, M. [Krankenhausplanung, 1979]: Elemente und Methoden der Krankenhausplanung, in: MEYER, M. (Hrsg.): Krankenhausplanung: die Lösung medizinisch-ökonomischer Probleme der Praxis mit Methoden der Systemforschung, Stuttgart/New York 1979, S.3-17.

MEYER, M. (Hrsg.): Krankenhausplanung: die Lösung medizinisch-ökonomischer Probleme der Praxis mit Methoden der Systemforschung, Stuttgart/New York 1979.

MEYER, M. [Systemanalyse, 1983]: Systemanalyse, in: WITTMANN, W. u.a. (Hrsg.): Handwörterbuch der Betriebswirtschaft, 5.Aufl., Stuttgart 1993, Sp.4121-4127.

MEYER, M. [Krankenhausfinanzierung, 1995]: Krankenhausfinanzierung, in: GERKE, W./STEINER,M. (Hrsg.): Handwörterbuch des Bank- und Finanzwensens, 2.Aufl., Stuttgart 1995, Sp.1234-1242.

MEYER, M./ROHDE, M. [Krankenhausplanung, 1971]: Zur Bedeutung der Unternehmensforschung für die Krankenhausplanung, in Betriebswirtschaftliche Forschung und Praxis 1971, S.445- 456.

MEYER, M./WOHLMANNSTETTER, V. [Effizienzmessung, 1985]: Effizienzmessung in Krankenhäusern, in: Zeitschrift für Betriebswirtschaft 1985, S.262-280.

MICHAELIS, E. [Transaktionskosten, 1985]: Organiation unternehmerischer Aufgaben - Transaktionskosten als Beurteilungskriterium, Frankfurt u.a. 1985.

MILDNER, R. [Rationalität, 1982]: Zur Rationalität von Entscheidungen im Krankenhaus, in: Krankenhaus-Umschau 1982, S.536-537.

MILLER, G.A. [Magical Number Seven, 1956]: The Magical Number Seven, Plus or Minus Two, in: Psychological Review 1956, S.81-97.

MILLER, G.A. [Disorders, 1964]: Disorders of Communication, New York 1964.

MILLERSON, G. [Professionalism, 1964]: Dilemmas of Professionalism, in: New Society, June 1964, S.1-17.

MILLMAN, M. [Unkindest Cut, 1977]: The Unkindest Cut, New York 1977.

MINTZBERG, H. [Organizations, 1979]: The Structuring of Organizations, Englewood Cliffs 1979.

MINTZBERG, H. [Management, 1991]: Mintzberg über Management: Führung und Organisation, Mythos und Realität, Wiesbaden 1991.

MIS, U. [Krankenhauswesen, 1983]: Möglichkeiten zur Beeinflussung der Kosten im Krankenhauswesen: Die Kosten- und Leistungsrechnung als Instrumtne zur Kontrolle und Verbesserung der Wirtschaftlichkeit des Verhaltens im Rahmen der stationären Versorgung, Bad Homburg 1983.

MIS, U. [Pflegesatz, 1985]: Der prospektive Pflegesatz: Kritische Darstellung möglicher Varianten nach dem KHNG, in: Die Ortskrankenkasse 1985, S.401-405.

MISES, L.v. [Gemeinwirtschaft, 1932]: Die Gemeinwirtschaft, 2. Aufl., Jena 1932.

MISES, L.v. [Nationalökonomie, 1940]: Nationalökonomie - Theorie des Handelns und Wirtschaftens, Genf 1940.

MITCHELL, J.B. [DRGs, 1985]: Physician DRGs, in: New England Journal of Medicine 1985, S.670-675.

MITSCHERLICH, A. (Hrsg.): Der Kranke in der modernen Gesellschaft, Frankfurt 1984.

MOONEY, G. [Economics, 1992]: Economics, medicine and health care, 2.Aufl., Savage 1992.

MOORE, W.E. [Professions, 1970]: The Professions: Roles and Rules, New York 1970.

MORMAN, M.T. [Pathology, 1984]: Clinical pathology in America: Philadelphia as a test case, in: Bulletin of the History of Medicines 1984, S.198-214.

MORSE, E.V./GORDON, G./MOCH, M. [Quality of Care, 1974]: Hospital Costs and Quality of Care. An Organizational Perspective, in: Milbank Memorial Fund Quarterly 1974, S.315-346.

MÜLLER, H. [Krankenhausfinanzierung, 1985]: Die Neuordnung der Krankenhausfinanzierung - Eine zwingende Notwendigkeit der Gesundheitspolitik, in: FERBER, Ch.v. (Hrsg.): Kosten und Effizienz im Gesundheitswesen: Gedenkschrift für Ulrich Geissler, München 1985, S.185-200.

MÜLLER, H. [Gesundheits-Strukturgesetz, 1993]: Das Gesundheits-Strukturgesetz und seine Auswirkungen auf das Krankenhaus, in: Krankenhaus-Umschau 1993, S.13-22.

MÜLLER, H. [GSG, 1996]: Wirkung und Bedeutung des GSG für das Krankenhausmanagement, in: MAYER, E./WALTER, B. (Hrsg.): Management und Controlling im Krankenhaus, Stuttgart 1996, S.7-10.

MÜLLER, H.-W. [Führungsaufgaben, 1983] (Hrsg.): Führungsaufgaben im modernen Krankenhaus: ein Handbuch für Krankenhausträger, Verwaltungen, Behörden, Ärzte und Pflegepersonal, 2. Aufl., Stuttgart u.a. 1983

MÜLLER, J. [Diagnosstrukturen, 1986]: Patienten- und Diagnosestrukturen in Akutkrankenhäusern 1985, in: Das Krankenhaus 1986, S.454-456.

MÜLLER, W. [Koordination, 1974]: Die Koordination von Informationsbedarf und Informationsbeschaffung als zentrale Aufgabe des Controlling, in: Zeitschrift für betriebswirtschaftliche Forschung 1974, S.683-693.

MUMFORD, M.D. [Peer Evaluations, 1983]: Social Comparison theory of peer evaluations: A review and some applied implications, in: Personnel Psychology 1983, S.867-881.

NAEGLER, H. [Krankenhaus-Management, 1992]: Struktur und Organisation des Krankenhaus-Managements unter besonderer Berücksichtigung der Abgrenzung zwischen Krankenhausträger und Krankenhaus-Direktorium: Ergebnis einer empirischen Untersuchung, Frankfurt 1992.

NEUBAUER, F.F./SOLOMON, N.B. [Managerial Approach, 1977]: A Managerial Approach to Environmental Assessment, in: Long Range Planning 1977, S.13-20.

NEUBAUER, G. [Diagnosebezogene Fallpauschalen, 1988]: Möglichkeiten und Chancen diagnosebezogener Fallpauschalen und anderer alternativer Entgeltverfahren aus der Sicht der Wirtschaftswissenschaften, in: Gesellschaft für Versicherungswissenschaft und -gestaltung (Hrsg.): Wirtschaftlichkeitsanreize im Bereich der stationären Versorgung, Bergisch Gladbach 1988, S.146-169.

NEUBAUER, G. [Erprobung, 1991]: Erprobung der Fallklassifikation „Patient Management Categories", in: Krankenhaus-Umschau 9/1991, S.160-164.

NEUBAUER, G. [Fallklassifikation, 1992]: Erprobung der Fallklassifikation „patient management categories" für Krankenhauspatienten, Ergebnisbericht, in: Schriftenreihe des Bundesministeriums für Gesundheit (Hrsg.), Bd.8, Baden-Baden 1992.

NEUBAUER, G./GÜNTHER, E. [Finanzierung, 1988]: Krankenhausausgaben und deren Finanzierung im internationalen Verlgeich, in: Das Krankenhaus 1988, S.552-558.

NEUBAUER, G./SIEBEN, G. (Hrsg.): Alternative Entgeltverfahren in der Krankenhausversorgung, Gerlingen 1991.

NEUBAUER, G./UNTERHUBER, H. [Entgeltverfahren, 1984]: Prospektive Entgeltverfahren - Versuch einer Systematisierung 1984, S.467-471.

NEUBURGER, E. [Rechnungslegung, 1980]: Zur Rechnungslegung beim Sachanlagevermögen von Krankenhäusern, in: Zeitschrift für Betriebswirtschaft 1980, S.875-896.

NEUMANN, J.VON/MORGENSTERN, O. [Economic Behaviour, 1953]: Theory of Games and Economic Behaviour, Princeton 1953.

NEWELL, A./SIMON, H.A. [Problem Solving, 1972]: Human Problem Solving, Englewood Cliffs, New Jersey 1972.

NEWMAN, W.H. [Administrative Action, 1963]: Administrative Action - The Techniques of Organisation and Management, London 1963.

NICKLISCH, H. [Leistung, 1927]: Leistung, in: Handwörterbuch der Betriebswirtschaft, 1. Aufl., Band 3, Stuttgart 1927, Sp.1155.

NISBETT, R./ROSS, L: [Human Inference, 1980]: Human Inference: Strategies and Shortcomings of Social Judegement, Englewood Cliffs, New Jersey 1980.

NONAKA, I./TAKEUCHI, H. [Knowledge-Creating Company, 1995]: The Knowledge-Creating Company - How Japanes Companies Create the Dynamics of Innovation, New York et al. 1995.

OCHSENBAUER, C. [Hierarchie, 1989]: Organisatorische Alternativen zur Hierarchie - Überlegungen zur Überwindung der Hierarchie in Theorie und Praxis der betriebswirtschaftlichen Organisation, München 1989.

OELMEIER, M./WESSEL, M. [Vollkostenrechnung oder Teilkostenrechnung, 1982]: Zur Frage Vollkostenrechnung oder Teilkostenrechnung aus der Sicht bundesrechtlicher Vorschriften, in: Krankenhaus-Umschau 1982, S.886-892.

OETTLE, K. [Betriebsführung, 1983]: Die Problematik der Betriebsführung im Krankenhaus der Gegenwart, in: MÜLLER, H.-W. (Hrsg.): Führungsaufgaben im modernen Krankenhaus: Ein Handbuch für Krankenhausträger, Verwaltungen, Behörden, Ärzte und Pflegepersonal, 2.Aufl., Stuttgart u.a. 1983, S.1-49.

OETTLE, K./THIEMEYER, Th. [Thesen, 1969]: Thesen über die Unterschiede zwischen privater Absatzpolitik und öffentlicher Angebotspolitik, in: Die öffentliche Wirtschaft 1969, S.37-41.

O.V. [Krankenhausführung, 1978]: Grundsätze für die Organisation der Krankenhausführung, in: Das Krankenhaus 1978, S.198-202.

O.V. [Steigende Defizite, 1993]: DKG warnt vor steigenden Defiziten, GSG-Bilanz mit negativer Tendenz, in: Krankenhaus Umschau 1993, S.698-699.

OLSON, B.W./ADAMEK, M.E. [Discharge Planning, 1995]: Streamlining Discharge Planning for Patient Returning to Nursing-Homes - The Electronic Transmission of Medical Records, in: Journal of Applied Gerontology 1995, S.210-224.

OLSON, M. jr. [Kollektives Handeln, 1968]: Die Logik des kollektiven Handelns, Tübingen 1968.

ORDELHEIDE, D. [Institutionelle Theorie, 1983]: Institutionelle Theorie und Unternehmung, in: WITTMANN, W. u.a. (Hrsg.): Handwörterbuch der Betriebswirtschaft, 5.Aufl., Stuttgart 1993, Sp.1838-1855.

OSKAMP, S. [Overconfidence, 1982]: Overconfidence in case-study judgements, in: KAHNEMANN, D./SLOVIC, P./TVERSKY, A. (Hrsg.): Judgement under uncertainty: Heuristics and biases, Cambridge 1982, S.287-293.

OSTHEIMER, E. [Wirtschaftsführung in Krankenhäusern, 1979]: Methodik einer vergleichenden Bewertung der Wirtschaftsführung in Krankenhäusern, in: MEYER, M. (Hrsg.): Krankenhausplanung: die Lösung medizinisch-ökonomischer Probleme der Praxis mit Methoden der Systemforschung, Stuttgart/New York 1979, S.80-94.

OUCHI, W. [Williamson, 1977]: Rezension zu: WILLIAMSON, O.E.: Markets and Hierarchies, New York 1975, in: Administrative Science Quarterly 1977, S.540-544.

PARIDON, K.v. [Mauer, 1995]: Wer anderen eine Mauer baut. Wie die DDR-Wirtschaft sich selbst zugrunde richtete, Köln 1995.

PARSONS, T./SHILS, E.A. (Hrsg.): Towards a General Theory of Action, Cambridge 1951.

PATRICK, D.L./BUSH, J.W./CHEN, M.M. [Definition of Health, 1973]: Toward an Operational Definition of Health, in: Journal of Health and Social Behavior 1973, S.6-23.

PAULY, M. [Physicians, 1974]: Hospital Capital Investement: The Role of Demand, Profits, and Physicians, in: Journal of Health Research 1974, S.7-20.

PAULY, M. [Economic aspects, 1974]: Economic aspects of the consumer use, in: MUSHKIN, S.J. (Hrsg.): Consumer Incentives for Health Care, New York 1974, S.219-250.

PAY, D. de [Organisation von Innovationen, 1989]: Die Organisation von Innovationen, Wiesbaden 1989.

PERLMAN, M. (Hrsg.) [Medical Care, 1974]: The Economics of Health and Medical Care, New York/Toronto 1974.

PERRIDON, L./STEINER, M. [Finanzwirtschaft, 1991]: Finanzwirtschaft der Unternehmung, 6.Aufl., München 1991.

PETERS, S.H.F./SCHÄR, W. [Krankenhaus, 1994]: Betriebswirtschaft und Management im Krankenhaus, Berlin 1994.

PETERSMANN, L. [Rechnungswesen, 1974]: Die Kostenstellenrechnung im Rechnungswesen des Krankenhauses, Köln u.a. 1974.

PETERSMANN, L. [Krankenhausplanung, 1984]: Krankenhausplanung am Beispiel eines Versorgungsgebietes, in: Das Krankenhaus 1984, S.254-255.

PETTENGILL, J./VERTREES, J. [Case Mix Index, 1980]: New Uses for Old Data: A Medicare Hospital Case Mix Index, in: National Center for Health Statistics (Hrsg.): New Challenges for Vital and Health Records, DHHS Publication, No.81-1214, Washington 1980, S.113-118.

PFOHL, H.Ch. [Planung und Kontrolle, 1981]: Planung und Kontrolle, Stuttgart u.a. 1981.

PHELPS, C.E. [Health Insurance, 1973]: Demand for Health Insurance: A Theoretical and Empirical Investigation, Santa Monica 1973.

PHILIPPI, M. [Krankenhausvergütung, 1987]: Krankenhausvergütung und Verhaltensanreize. Vergütungsverfahren als Gestaltungselemente anreizorientierter Krankenhausfinanzierung, GEBERA-Schriften, Bd. 7., Köln 1987.

PHILIPPI, M. [Budgetierung, 1989]: Interne Budgetierung im Krankenhaus - ein geeignetes Instrument zur Überwindung von Zilekonflikten, in: Betriebswirtschaftliche Forschung und Praxis 1989, S.533-544.

PHILLIPS, B.S. [Preference, 1964]: Expected Value Deprivation and Occupational Preference, in: Sociometry 1964, S.151-160.

PINA, V./TORRES, L. [Hospitals, 1996]: Methodological Aspects in Efficiency Evaluation of Public Hospitals, in: Financial Accountability and Management, Feb. 1996, S.21-36.

PICOT, A. [Organisationsforschung, 1975]: Zur Ableitung von empirisch überprüfbaren Aussagen aus systemtheoretischen Ansätzen der Organisationsforschung, in: JEHLE, E. (Hrsg.): Systemforschung in der Betriebswirtschaftslehre, Stuttgart 1975, S.87-105.

PICOT, A. [Transaktionskostenansatz, 1982]: Transaktionskostenansatz in der Organisationstheorie: Stand der Diskussion und Aussagewert, in: Die Betriebswirtschaft 1982, S.267-284.

PICOT, A. [Organisation, 1989]: Organisation, in: BITZ, M. et al. (Hrsg.): Vahlens Kompendium der Betriebswirtschaftslehre, Band 2, 2.Aufl., München 1989, S.99-209.

PICOT, A. [Überblick, 1991]: Ökonomische Theorien der Organisation - Ein Überblick über neuere Ansätze und deren betriebswirtschaftliches Anwendungspotential, in: ORDELHEIDE, D./RUDOLPH, B./BÜSSELMANN, E. (Hrsg.): Betriebswirtschaftslehre und ökonomische Theorie, Stuttgart 1991, S.143-172.

PICOT, A./REICHWALD, R. [Bürokommunikation, 1987]: Bürokommunikation: Leitsätze für den Anwender, 3.Aufl., München 1987.

PICOT, A./REICHWALD, R. [Informationswirtschaft, 1991]: Informationswirtschaft, in HEINEN, E. (Hrsg.): Industriebetriebslehre, Wiesbaden 1991, S.241-393.

PICOT, A./SCHNEIDER, D./LAUB, U. [Transaktionskosten, 1989]: Transaktionskosten und innovative Unternehmensgründung, eine empirische Analyse, in: Zeitschrift für betriebswirtschaftliche Forschung 1989, S.358-387.

PLATZKÖSTER, M. [Vertrauen, 1990]: Vertrauen: Theorie und Analyse interpersoneller, politischer und betrieblicher Implikationen, Essen 1990.

PLOMANN, M.P. [Case Mix, 1982]: Case Mix Classification Systems: Development, Description and Testing, Chicago 1982.

PLOMANN, M.P./SHAFFER, F.A. [Case Mix, 1983]: DRGs as One of Nine Approaches to Case Mix in Transition, in: Nursing and Health Care 1983, S.438ff.

POHLMEIER, H./BIEFANG, S. [Krankheit, 1977]: Kann man Krankheit messen? Zur Diskussion des Krankheitsbegriffs, in: Medizin Mensch Gesellschaft 1977, S.158-165.

POLANYI, M. [Liberty, 1951]: The Logic of Liberty - Reflections and Rejoinders, London 1951.

POLANYI, M. [Personal Knowledge, 1962]: Personal Knowledge - Towards a Post-Critical Philosophy, Chicago 1962.

POLANYI, M. [Implizites Wissen, 1985]: Implizites Wissen, Frankfurt 1985.

POPPER, K.R. [Historizismus, 1971]: Das Elend des Historizismus, 2.Aufl., Tübingen 1971.

POPPER, K.R. [Erkenntnis, 1974]: Objektive Erkenntnis, 2. Aufl., Hamburg 1974.

POTT, H.-M. [Gesundheitswesen, 1991]: Neue Organisationsformen im Gesundheitswesen - Rechtliche Möglichkeiten und Grenzen, in: Entwicklungstendenzen im
Gesundheitswesen und ihre ökonomische Bedeutung, Beiträge zur Gesundheitsökonomie, Bd.12, Gerlingen 1991, S.321-368.

PRAHL, G. [Krankenhauskosten, 1986]: Ein Kassenarzt senkt die Krankenhauskosten,
in: Selecta 1986, S.1326ff.

PREIßLER, P. [Controlling, 1994]: Controlling: Lehrbuch und Intensivkurs, 5.Aufl.,
München/Wien 1994.

PRICE, P.B. et al. [Physician Performance, 1964]: Measurement of Physician Performance, in: Journal of Medical Education 1964, S.203-211.

PROBST, G.J.B. [Selbst-Organisation, 1987]: Selbst-Organisation, Ordnungsprozesse
in sozialen Systemen aus ganzheitlicher Sicht, Berlin und Hamburg 1987.

PRÖßDORF, K. [Krankenhäuser, 1989]: Investitionsförderung der Krankenhäuser, in:
Das Krankenhaus 1989, S.615-620.

PSCHYREMBEL, W. [Klinisches Wörterbuch, 1982]: Klinisches Wörterbuch: mit klinischen Syndromen und nomina anatomica, 254.Aufl., Berlin/New York 1982.

PUGH, D.S. et al. [Organization Structure, 1968]: Dimensions of Organization Structure, in: Administrative Science Quarterly 1968, S.65-105.

PUGH, D.S. et al. [Organization Structures, 1969]: The Context of Organization
Structures, in: American Science Quarterly 1969, S.91-114.

PUGH, D.S./HICKSON, D.J. [Aston Programme, 1976] (Hrsg.): Organizational Structure in its Context. The Aston programme I, Westmead 1976.

PUGH, D.S./HINNINGS, C.R. [Aston II, 1976]: Organizational Structure. Extension and
Replications. The Aston Programme II, Westmead 1976.

PURZER, K./HÄRTLE, R. [Rechnungswesen-Handkommentar]: Das Rechnungswesen
der Krankenhäuser, Handkommentar, Stuttgart, Boorberg Verlag, o.J.

RAFFÉE, H. [Betriebswirtschaftslehre, 1974]: Grundprobleme der Betriebswirtschaftslehre, Göttingen 1974.

RAFFÉE, H./ABEL, B. (Hrsg.): Wissenschaftstheoretische Grundfragen, München 1979.

RAKICH, J.S./DARR, K. (Hrsg..): Hospital Organization and Management: Text and
Readings, Second Edition, New York 1978.

RAPOPORT, A. [Systemtheorie, 1988]: Allgemeine Systemtheorie: wesentliche Begriffe und Anwendungen, Darmstadt 1988.

RAUSCH, R. [Freigemeinnützig, 1984]: Freigemeinnützige Krankenhäuser in der Bundesrepublik Deutschland - Entwicklung, Lage, Leistungen und Zukunftsaussichten, Beiträge zur Gesundheitsökonomie, Bd.14, Gerlingen 1984.

RAYACK, E. [Professional, 1967]: Professional Power and American Medicine, Cleveland 1967.

REERINK, E. [Qualitätssicherung, 1991]: Alternativen in der zukünftigen Rolle des Staates, der Krankenhausträger, der Krankenkassen im Rahmen der Qualitätssicherung, in: HAUKE, E. (Hrsg.): Qualitätssicherung im Krankenhaus: Ansätze zur Evaluation und Verbesserung der Krankenhausversorgung, Wien 1991, S.129-149.

REICHMANN, T. [Controlling, 1985]: Controlling mit Kennzahlen, München 1985.

REICHMANN, T. [Kennzahlen, 1985]: Controlling mit Kennzahlen: Grundlagen einer systemgestützten Controlling-Konzeption, München 1985.

REICHWALD, R. [Zeitfaktor, 1989]: Der Zeitfaktor in der industriellen Forschung und Entwicklung, in: Wildemann, H. (Hrsg.): Gestaltung CIM-fähiger Unternehmungen, München 1989, S.313-339.

REINHARDT, U. [Physicians in the United States, 1985]: The Compensation of Physicians in the United States, in: ADAM, D./ZWEIFEL, P. (Hrsg.): Preisbildung im Gesundheitswesen, Gerlingen 1985, S.151-176.

REINHARDT, U. [Gewinnorientierte Krankenhäuser, 1988]: Ökonomische Aspekte gewinnorientierter Krankenhäuser: Eine Studie über die amerikanischen Erfahrungen vom Institute of the US-National Academy of Sciences, in: EICHHORN, S./LAMPERT, H. (Hrsg.): Ziele und Aufgaben der freigemeinnützigen Krankenhäuser, Gerlingen 1988, S.257-285.

REISS, H.-Ch. [Krankenhaus, 1991]: Strategisches Controlling im Krankenhaus, in: Zeitschrift für Betriebswirtschaft, Ergänzungsheft 3/1991, S.291-308.

REISS, H.-Ch. [Soziale Arbeit, 1993]: Controlling und soziale Arbeit: ein Beispiel aus der freien Wohlfahrtspflege, Neuwied 1993.

RICHTER, H.J. [Controlling, 1987]: Theoretische Grundlagen des Controlling, Strukturkriterien für die Entwicklung von Controlling-Konzeptionen, Schriften zum Controlling, Band 4, Frankfurt et al. 1987.

RHEE, S.O. [Quality of Physician Performance, 1976]: Factors Determining the Quality of Physician Performance in Patient Care, in: Medical Care 1976, S.733-750.

RIEBEL, P. [Grundrechnung, 1979]: Zum Konzept einer zweckneutralen Grundrechnung, in: Zeitschrift für betriebswirtschaftliche Forschung 1979, S.785-798.

RIEBEL, P. [Unternehmensrechnung, 1990]: Einzelkosten- und Deckungsbeitragsrechnung: Grundfragen einer markt- und entscheidungsorientierten Unternehmensrechnung, 6.Aufl., Wiesbaden 1990.

RIEDL, B. [Controlling, 1990]: Controlling im Krankenhaus unter besonderer Berücksichtigung der EDV-technischen Realisation und Implementation, Hamburg 1990.

RIEFENSTAHL, R. [Motivationssysteme, 1990]: Motivationssysteme im Krankenhaus, Berlin 1990.

RIESER, J. [Frühwarnsysteme, 1978]: Frühwarnsysteme, in: Die Unternehmung 1978, S.51-68.

RITZER, G. [Professionalism, 1973]: Professionalism and the Individual, in: FREIDSON, E. (Hrsg.): The Professions and their Prospects, London, Reprint 1973, S.59-74.

ROBERT BOSCH-STIFTUNG [Zwischenbericht Krankenhausfinanzierung, 1983] (Hrsg.): Kommission Krankenhausfinanzierung, Zwischenbericht der Kommission Krankenhausfinanzierung der Robert Bosch Stiftung GmbH, Stuttgart 1983.

ROBERTS, J.S./WALCZAK, R./WIDMANN, D.E. [Qualitätssicherungsprogramm, 1984]: Das Qualitätssicherungsprogramm der Gemeinsamen Kommission zur Akkreditierung von Krankenhäusern (JCAH), in: SELBMANN, H.-K. (Hrsg.): Qualitätssicherung ärztlichen Handelns, Beiträge zur Gesundheitsökonomie, Bd.16, Gerlingen 1984, S.43-59.

ROCK, B.D. et al. [Management, 1995]: Management of Alternate Level of Care Patients Using Computerized Database, in: Health & Social Work 1995, S.133-139.

RÖHM, H.-R. [Krankenhauswesen, 1986]: Die Kostenexplosion im Krankenhauswesen, Freiburg 1986.

RÖHRIG, R. [Kosten- und Leistungsrechnung, 1978]: Die Entwicklung eines Kosten-
und Leistungsrechnungssystems als Grundlage für die Einführung des Con-
trollingkonzeptes in Krankenhäusern, Controlling Forschungsbericht 78/2,
Darmstadt 1978.

RÖHRIG, R. [Controllingsystem, 1983]: Die Entwicklung eines Controllingsystems für
ein Krankenhaus, Darmstadt 1983.

RÖHRIG, R. [Möglichkeiten und Grenzen, 1984]: Möglichkeiten und Grenzen des
Krankenhauscontrolling, in: Zeitschrift für öffentliche und gemeinwirtschaftliche
Unternehmen 1984, S.467-477.

RÖHRIG, R. [Krankenhauscontrolling, 1989]: Strategisches Krankenhauscontrolling,
in: Controlling 1989, S.276-283.

RÖHRIG, R. [Controlling im Kreiskrankenhaus, 1990]: Möglichkeiten und Teilsysteme
des Controlling im Kreiskrankenhaus Bad Homburg v.d.Höhe, in: BRAUN,
G.E./BOZEM, K. (Hrsg.): Controlling im kommunalen Bereich, München 1990,
S.90-102.

RÖHRIG, R. [Krankenhaus-Controlling, 1991]: Krankenhaus-Controlling, in: WEBER,
J., TYLKOWSKI, O. (Hrsg.): Perspektiven der Controlling-Entwicklung in öffentlichen Institutionen, Stuttgart 1991, S.131-156.

ROEMER, M.I. [Bed supply, 1961]: Bed supply and hospital utilization: A natural experiment, in: Journal of the American Hospital Association, November 1961,
S.36-40.

ROEMER, M.I./HOPKINS, C.E. [Death Rates, 1974]: Comment on: Evaluating the
Quality of Hospital Care through Severity - Adjusted Death Rates: Some Pitfalls,
in: Medical Care 1974, S.882-883.

ROEMER, R. [Regulating Health Personnel, 1968]: Legal Systems Regulating Health
Personnel: A Comparative Analysis, in: Milbank Memorial Fund Quarterly 1968,
S.431-473.

ROHDE, J.J. [Soziologie, 1974]: Soziologie des Krankenhauses, 2. Aufl., Stuttgart
1974.

ROHDE, J.J. [Arztberuf, 1984]: Probleme des Arztberufes im Krankenhaus, in:
MITSCHERLICH, A. (Hrsg.): Der Kranke in der modernen Gesellschaft, Frankfurt
1984, S.349-361.

ROSENBERG, P. [Selbstbeteiligung, 1983]: Selbstbeteiligung als Instrument zur Steigerung von Effektivität und Effizienz in Gesundheitswesen und Krankenversicherung?, in: PFAFF, M. (Hrsg.): Effizienz und Effektivität staatlicher Transferpolitik in der Wirtschaftskrise, Berlin 1983, S.165-177.

ROSENTHAL, G. [Demand, 1964]: The Demand for General Hospital Facilities, Chicago 1964.

ROSENZWEIG, M.R./LEIMANN, A.L. [Physiological Psychology, 1982]: Physiological Psychology, Lexington, Mass. 1982.

ROSEWITZ, B./WEBBER, D. [Reformversuche, 1990]: Reformversuche und Reformblockaden im deutschen Gesundheitswesen, Frankfurt 1990.

ROSS, L. [Intuitive Psychologist, 1977]: The Intuitive Psychologist an his Shortcomings, in: BERKOWITZ, L. (Hrsg.): Advances in Experimental Social Psychology, New York 1977.

ROSS, L./ANDERSON, C.A. [Attribution process, 1982]: Shortcomings in the attribution process: On the origins and maintenance of erroneous social assessments, in: KAHNEMANN, D./SLOVIC, P./TVERSKY, A. (Hrsg.): Judgement under uncertainty: Heuristics and biases, Cambridge 1982, S.129-152.

ROSS, L./SICOLY, F. [Egocentric biases, 1982]: Egocentric biases in availability and attribution, in: KAHNEMANN, D./SLOVIC, P./TVERSKY, A. (Hrsg.): Judgement under uncertainty: Heuristics and biases, Cambridge 1982, S.179-189.

ROTERING, J. [Kooperation, 1993]: Zwischenbetriebliche Kooperationen als alternative Organisationsform: ein transaktionskostentheoretischer Erklärungsansatz, Stuttgart 1993.

ROTH, G. [Gehirn und Selbstorganisation, 1990]: Gehirn und Selbstorganisation, in: KROHN, W./KÜPPERS, G. (Hrsg.): Selbstorganisation - Aspekte einer wissenschaftlichen Revolution, Braunschweig/Wiesbaden 1990, S.167-180.

ROTH, J.A. [Professionalism, 1974]: Professionalism: the Sociologist's decoy, in: Sociology of Work and Occupations 1974, S.6-23.

RÜHLI, E. [Unternehmensführung, 1973 und 1977]: Unternehmungsführung und Unternehmungspolitik, Bern/Stuttgart, Band 1 1973, Band 2 1977.

RÜHLI, E. [Führungsmodell, 1977]: Grundsätzliche Betrachtungen zu einem integrierten Führungsmodell, in: Zeitschrift für betriebswirtschaftliche Forschung 1977, S.729-741.

RÜHLI, E. [Zürcher-Ansatz, 1984]: Der „Zürcher Ansatz" zu einer Führungslehre, Konzept - Hypothesen - Anwendung in der Praxis, in: Die Unternehmung 4/1984, S.347-357.

RÜSCHMANN, H.-H. [Krankenhaus-Diagnosestatistik, 1982]: Die Bedeutung der Krankenhaus-Diagnosestatistik bei der Analyse zentraler Probleme des Gesundheitswesens, Kiel 1982.

RÜSCHMANN, H.-H. [Krankenhausstudie, 1986]: Kieler Krankenhausstudie: Kostendämpfung durch „diagnosebezogene Festpreise", in: Deutsches Ärzteblatt 1986, S.1760-1762.

RÜSCHMANN, H.-H. [Gesundheitswesen, 1991]: Grundlagen, Prinzipien und Konzeption einer Modellbildung im Gesundheitswesen - Modellvariation am Beispiel „Pflege älterer Menschen", in: Entwicklungstendenzen im Gesundheitswesen und ihre ökonomische Bedeutung, Beiträge zur Gesundheitsökonomie, Bd.12, Gerlingen 1991, S.11-55.

RÜßMANN, R. [Zielsystem, 1982]: Das Zielsystem der medizinischen Versorgung durch das Krankenhaus, Dissertation, Köln 1982.

RUSSEL, L.B./MANNING, C.L. [Prospective Payment, 1989]: The Effect of Prospective Payment on Medicare Expenditures, in: New England Journal of Medicine 1989, S.439-444.

RYAN, M. [Health Care, 1994]: Agency in Health Care: Lessons for Economists from sociologists, in: American Journal of Economics and Sociology 1994, S.207-217.

SACHS, I. [Krankenhausmamagement, 1994]: Handlungsspielräume des Krankenhausmanagements, Wiesbaden 1994.

SASS, H.-M. [Gesundheitswesen, 1988] (Hrsg.): Ethik und öffentliches Gesundheitswesen, Berlin u.a. 1988.

SCHADEWALDT, H. [Wirklichkeit des Krankenhauses, 1971]: Idee und Wirklichkeit des Krankenhauses, in: Das Krankenhaus 1971, S.286-291.

SCHÄFER, E. [Selbstliquidation, 1952]: Selbstliquidation der Betriebswirtschaftslehre?, in: Zeitschrift für Betriebswirtschaft 1952, S.605-615.

SCHÄFFER, U. [Selbstabstimmung, 1996]: Controlling für selbstabstimmende Gruppen?, Wiesbaden 1996.

SCHAEFFLE, A. [Menschliche Wirthschaft, 1867]: Das gesellschaftliche System der menschlichen Wirthschaft - ein Lehr- und Handbuch der Nationalökonomie für höhere Unterrichtsanstalten und Gebildete jeden Standes, 2.Aufl., Tübingen, 1867.

SCHANZ, G. [Betriebswirtschaftslehre, 1979]: Die Betriebswirtschaftslehre und ihre sozialwissenschaftlichen Nachbardisziplinen - Das Integrationsproblem, in: RAFFÉE, H./ABEL, B. (Hrsg.): Wissenschaftstheoretische Grundfragen, München 1979, S.121-137.

SCHANZ, G. [Wertewandel, 1985]: Wertewandel als personalpolitisches und organisatorisches Problem, Teil 1: Wertewandel und Arbeitsorientierung, Teil 2: Praktische Konsequenzen, in WiSt 1985, S.559-565 und 609-614.

SCHANZ, G. [Methodologie, 1988]: Methodologie für Betriebswirte, 2. Aufl., Stuttgart 1988.

SCHEER, A. W. [Rechnungswesen 16, 1995] (Hrsg.): Rechnungswesen und EDV, 16. Saarbrücker Arbeitstagung 1995, Physica-Verlag, Heidelberg 1995.

SCHEIN, E.H. [Organizational Psychology, 1965]: Organizational Psychology, Englewood Cliffs, New Jersey 1965.

SCHEIN, E.H. [Organizaitonal Culture, 1985]: Organizational Culture and Leadership, San Francisco 1985.

SCHEIN, E.H. [Organizations, 1993]: How Can Organizations Learn Faster? The Challenge of Entering the Green Room, in: Sloan Management Review 1993, S.85-92.

SCHELLHAAß, U. [Controlling im Krankenhaus, 1994]: Leistungsdefinition, Preise, Kostenmanagement und Controlling im Krankenhaus, in: SCHEER, A.-W. (Hrsg.): Rechnungswesen und EDV, 15.Saarbrücker Arbeitstagung 1994, Heidelberg 1994.

SCHERER, K.R. [Gespräch, 1977]: Die Funktionen des nonverbalen Verhaltens im Gespräch, in: WEGNER, D. (Hrsg.): Gesprächsanalyse, Hamburg 1977, S.275-297.

SCHICKE, R.K. [Bewertung, 1974]: Die Bewertung ärztlicher Leistungen in den USA, in: Das Krankenhaus 1974, S.572-587.

SCHICKE, R.K. [Gesundheitswesen, 1981]: Ökonomie des Gesundheitswesens, Göttingen 1981.

SCHIEMENZ, B. [Systemtheorie, 1983]: Systemtheorie, betriebswirtschaftliche, in: WITTMANN, W. u.a. (Hrsg.): Handwörterbuch der Betriebswirtschaft, 5.Aufl., Stuttgart 1993, Sp.4127-4140.

SCHLÄGER, W. [Planung, 1976]: Die Planung der Aufnahme stationärer Patienten in einem Krankenhaus - dargestellt am Beispiel der Medizinischen Klinik der Universität Erlangen-Nürnberg, Nürnberg 1976.

SCHLICKSUPP, H. [Ideenfindung, 1987]: Kreative Ideenfindung in der Unternehmung - Methoden und Modelle, Berlin et al. 1987.

SCHMIDT, A. [Controlling, 1986]: Das Controlling als Instrument zur Koordination der Unternehmensführung - Eine Analyse der Koordinationsfunktion des Controlling unter entscheidungsorientierten Gesichtspunkten, Frankfurt 1986.

SCHMIDT, R. [Gesamtplanung, 1985]: Gesamtplanung im Krankenhaus, in: EICHHORN, S./SCHMIDT, R. (Hrsg.): Planung und Kontrolle im Krankenhaus, Gerlingen 1984, S.13-35.

SCHMIDT, R. [Krankenhauskosten, 1987]: Krankenhauskosten und Krankheitsarten, in: Die Ortskrankenkasse 1987, S.197-199.

SCHMIDT, R.-B. [Unternehmung, 1969]: Wirtschaftslehre der Unternehmung. Grundlagen, Stuttgart 1969.

SCHMIDT, R.F. [Zentralnervensystem, 1990]: Integrative Leistungen des Zentralnervensystems, in: SCHMIDT, R.F./THEWS, G. (Hrsg.): Physiologie des Menschen, 24. Aufl., Berlin u.a. 1990, S.132-175.

SCHMIDT, R.F./THEWS, G. [Physiologie, 1990] (Hrsg.): Physiologie des Menschen, 24. Aufl., Berlin u.a. 1990.

SCHMIDT, S.J. [Gedächtnisforschungen, 1992]: Gedächtnisforschungen - Positionen, Probleme, Perspektiven, in: SCHMIDT, S.J. (Hrsg.): Gedächtnis - Probleme und Perspektiven der interdisziplinären Gedächtnisforschung, 2. Auflage, Frankfurt 1992.

SCHMIDT, S.J. [Gedächtnis, 1992] (Hrsg.): Gedächtnis - Probleme und Perspektiven der interdisziplinären Gedächtnisforschung, 2. Auflage, Frankfurt 1992.

SCHMIDT-RETTIG, B. [Entscheidungsfindung, 1984]: Entscheidungsfindung im Krankenhaus - unter besonderer Berücksichtigung von Informationsbedarf und Informationsbedarfsdeckung, Konstanz 1984.

SCHMITT, S.O./WORDEN, F.G. [Neuroscience, 1974]: The Neuroscience Third Study Program at Cambridge/Mass. and London 1974.

SCHMITZ, R.M. [Patientenbezogene Steuerung, 1993]: Patientenbezogene Steuerung im Krankenhaus, WIBERA Fachschriften 12, Düsseldorf 1993.

SCHNEIDER, D. [Investition und Finanzierung, 1983]: Investition und Finanzierung, 5.Aufl., Wiesbaden 1983.

SCHNEIDER, D. [Betriebswirtschaftslehre, 1987]: Geschichte betriebswirtschaftlicher Theorie, Allgmeine Betriebswirtschaftslehre für das Hauptstudium, 3.Aufl., München, Wien 1987.

SCHNEIDER, M. et al. [Gesundheitssysteme, 1989]: Gesundheitssysteme im internationalen Vergleich, Augsburg 1989.

SCHNELLER, E.S./OTT, J.B. [Health Professions, 1996]: Contemporary Models of Change in the Health Professions, in: Hospital and Health Services Administration, Spring 1996, S.121-136.

SCHOLZ, Ch. [Personalmanagement]: Personalmanagement: informationsorientierte und verhaltenstheoretische Grundlagen, 3.Aufl., München 1993.

SCHREYÖGG, G. [Organisationsstruktur, 1978]: Umwelt, Technologie und Organisationsstruktur: Eine Analyse des kontingenztheoretischen Ansatzes, Bern/Stuttgart 1978.

SCHRÖDER, E.F. [Unternehmens-Controlling]: Modernes Unternehmens-Controlling, 5.Aufl., Ludwigshafen 1992.

SCHUCHART, G. [Erfolgsrechnung, 1982]: Die kurzfristige Erfolgsrechnung im Krankenhaus, Braunschweig 1982.

SCHÜLLER, S. [Controllingsysteme, 1984]: Organisation von Controllingsystemen in Kreditinstituten, Münster 1984.

SCHULENBURG, J.-M.v.d. [Ärzteschwemme, 1985]: Die „Ärzteschwemme" und ihre Auswirkungen auf die ambulante Versorgung, Diskussionspapier IIM/IP 85-6 des Wissenschaftszentrums, Berlin 1985.

SCHULZ, R.I./JOHNSON, A.C. [Management, 1990]: Management of Hospitals, 3.Aufl., New York/Toronto 1990.

SCHWARZ, P. [Morphologie, 1979]: Morphologie von Kooperationen und Verbänden, Tübingen 1979.

SCHWEFEL, D./BRENNER, G./SCHWARZ, F.W. [Wirtschaftlichkeit, 1979]: Beiträge zur Analyse der Wirtschaftlichkeit ambulanter Versorgung, Köln 1979.

SCHWEFEL, D./LEIDL, R. [Bedarfsplanung, 1988]: Bedarfsplanung und Selbstregulierung der Beteiligten im Krankenhauswesen, in: GÄFGEN, G. (Hrsg.): Neokorporatismus und Gesundheitswesen, Baden-Baden 1988, S.187-207.

SCHWEITZER, M./FRIEDL, B. [Controlling-Konzeption, 1992]: Beitrag zu einer umfassenden Controlling-Konzeption, in: SPREMANN, K. (Hrsg.): Controlling, Wiesbaden 1992, S.141-167.

SCHWEITZER, M./KÜPPER, H.-U. [Kostenrechnung, 1986]: Systeme der Kostenrechnung, 4. Aufl., Landsberg 1986.

SCHWENDENWEIN, W. [Professionalisierung, 1990]: Profession - Professionalisierung - Professionelles Handeln, in: ALISCH, L.-M./BAUMERT, J./BECK, K. (Hrsg): Professionswissen und Professionalisierung, Braunschweig 1990, S.359-381.

SCOTT, R.W. [Supervision, 1965]: Reactions to Supervision in a Heteronomous Professional Organization, in: Administrative Science Quaterly, June 1965, S.65-81.

SECKENDORFF, J.von [Messung ärztlicher Leistungen, 1983]: Messung ärztlicher Leistungen im Krankenhaus, München 1983.

SEELOS, H.-J. [Gesundheitsleistungsproduktion, 1994]: Zum semantischen Differential der Gesundheitsleistungsproduktion, in: CORSTEN, H. (Hrsg.): Integratives Dienstleistungsmanagement: Grundlagen, Beschaffung, Produktion, Marketing, Qualität; ein Reader, Wiesbaden 1994.

SEITER, F.J./PAGNOTTA, R.R./CIOTTI, V.G. [Information Systems Costs, 1994]: It's a jungle out there: Strategies for controlling information systems costs, in: Healthcare Financial Management, June 1994, S.41-46.

SELBMANN, H.-K. [Standards, 1984]: Standards ärztlichen Handelns, in: SELBMANN, H.-K. (Hrsg.): Qualitätssicherung ärztlichen Handelns, Beiträge zur Gesundheitsökonomie, Bd.16, Gerlingen 1984, S.161-168.

SELBMANN, H.-K. [Qualitätssichernde Maßnahmen, 1991]: Konzeption, Voraussetzung und Durchführung qualitätssichernder Maßnahmen im Krankenhaus, in: HAUKE, E. (Hrsg.): Qualitätssicherung im Krankenhaus: Ansätze zur Evaluation und Verbesserung der Krankenhausversorgung, Wien 1991, S.67-81.

SERFLING, K. [Controlling, 1983]: Controlling, Stuttgart et al. 1983.

SHANNON, C.E. [Mathematical Theory, 1949]: The Mathematical Theory of Communication, in: SHANNON, C.E./WEAVER, W. (Hrsg.): The Mathematical Theory of Communication, Urbana 1949, S.29-125.

SHANNON, C.E./WEAVER, W. [Communication, 1949] (Hrsg.): The Mathematical Theory of Communication, Urbana 1949.

SIEBIG, J. [Wirtschaftlichkeit, 1980]: Beurteilung der Wirtschaftlichkeit im Krankenhaus, Stuttgart u.a. 1980.

SIEBEN,G. [Planungs- und Kontrollhemmnisse, 1985]: Planungs- und Kontrollhemmnisse im Krankenhaus und Ansätze zur Überwindung, in: EICHHORN, S./SCHMIDT, R. (Hrsg.): Planung und Kontrolle im Krankenhaus, Gerlingen 1984, S.59-103.

SIEBEN, G. [Krankenhaus-Controlling, 1986]: Krankenhaus-Controlling, Köln 1986.

SIEBEN G./MARMOR, L./ROSSELS, H. [Krankenhausgeschäftsführung, 1982]: Instrumente einer effizienten Krankenhausgeschäftsführung, in: Zeitschrift für öffentliche und gemeinwirtschaftliche Unternehmen 1982, S.260-275.

SIEBEN, G./PHILIPPI, M. [Krankenhaus-Controlling, 1986]: Krankenhaus-Controlling, in: f&w 2/1986, S.18-19.

SIEBIG, J. [Wirtschaftlichkeit, 1980]: Beurteilung der Wirtschafltichkeit im Krankenhaus, Stuttgart 1980.

SIEGENTHALER, W./STEURER, J./VOGT, M. [Anamnese, 1988]: Anamnese, klinischer Blick und wichtige subjektive Symptome, in: SIEGENTHALER, W. (Hrsg.): Differentialdiagnose innerer Krankheiten, 16.Aufl., Stuttgart/NewYork 1988.

SIEGENTHALER, W./VOGT, M./SIEGENTHALER-ZUBER, G. [Differentialdiagnose, 1988]: Allgemeine Gesichtspunkte zu Diagnose und Differentialdiagnose, in: SIEGENTHALER, W. (Hrsg.): Differentialdiagnose innerer Krankheiten, 16.Aufl., Stuttgart/NewYork 1988.

SIEGWART, H. [Controlling-Konzepte, 1986]: Controlling-Konzepte und Controller-Funktionen in der Schweiz, in: MAYER, E./LANDSBERG, G.VON/THIEDE, W.(Hrsg.): Controlling-Konzepte im internationalen Vergleich, Freiburg 1986, S.105-131.

SIEPMANN, K. [Betriebswirtschaftslehre, 1996]: Das Elend der Betriebswirtschaftslehre: kritische Anmerkungen zum derzeitigen Erscheinungsbild der Betriebswirtschaftslehre und Änderungsvorschläge, Köln 1996.

SIMON, H.A. [Administrative Behavior, 1947]: Administrative Behavior - A Study of Decision-Making Processes in Admonistration Organization, New York 1947.

SIMON, H.A. [Comparison, 1952/53]: A comparison of organization theories, in: Review of Economic Studies 1952/53, S.40-48.

SIMON, H.A. [Verwaltungshandeln, 1955]: Das Verwaltungshandeln, Stuttgart 1955.

SIMON, H.A. [Behavioral Model, 1955]: A Behavioral Model of Rational Choice, in: Quarterly Journal of Economics 1955, S.99-118.

SIMON, H.A. [Rational Choice, 1956]: Rational Choice and the Structure of Envorinment, in: Psychological Review 1956, S.129-138.

SIMON, H.A. [Models of Man, 1957]: Models of Man: Social and Rational, New York 1957.

SIMON, H.A. [Artificial, 1969]: The Science of the Artificial. Cambridge, Mass. 1969.

SIMON, H.A. [Product of Thought, 1978]: Rationality as Process and as Product of Thought, in: American Economic Review, Papers and Proceedings 1978, S.1-16.

SIMON, H.A. [Entscheidungsverhalten, 1981]: Entscheidungsverhalten in Organisationen - Eine Untersuchung von Entscheidungsprozessen in Management und Verwaltung, Landsberg am Lech 1981.

SIMON, H.A. ET AL. [Decision Making, 1992]: Decision Making and Problem Solving, in: ZEY, M. (Hrsg.): Decision Making: Alternatives to Rational Choice Models, Newburg Park u.a. 1992, S.32-53.

SIMON, H.A. [Homo rationalis, 1993]: Homo rationalis: die Vernunft im menschlichen Leben, Frankfurt 1993.

SLEE, V.N. [Medical Audit Program, 1974]: Die Professional Activity Study und das Medical Audit Program - Methoden zur Messung von Effizienz und Qualität im Bereich der Diagnostik und Therapie, in: Das Krankenhaus 1974, S.196-199.

SLOAN, F.A./MORRISEY, M.A./VALVONA, J. [Prospective Payment System, 1988]: Effects of Medicare Prospective Payment System on Hospital Cost Containment: An Early Appraisal, in: The Milbank Quarterly, Spring 1988.

SLOAN, F.A. [Das DRG-Experiment, 1991]: Erfahrungen mit dem diagnosespezifischen Entgelt von Krankenhausleistungen in den USA: Das DRG-Experiment, in: NEUBAUER, G./SIEBEN, G.: Alternative Entgeltverfahren in der Krankenhausversorgung, Gerlingen 1991, S.177-205.

SLOVIC, P./FISCHHOFF, B./LICHTENSTEIN, S. [Risk Taking, 1976]: Cognitive Processes and Societal Risk Taking, in: CARROL, J.S./PAYNE, J.W. (Hrsg.): Cognition and Social Behavior, New Jersey 1976.

SMITH, D./BALDWIN, B./WHITE, E. [Nonprofit Sector, 1988]: The Nonprofit-Sector, in: CONNORS, T.D. (Hrsg.): The Nonprofit Organization Handbook, 2.Aufl., New York 1988, S.1.3-1.15.

SOMMERLATTE, T./D'HALLUIN, M. [Entwicklungsplanung,1979]: Bedarfsorientierte Entwicklungsplanung, in: HILDEBRAND, R. (Hrsg.): Handbuch Krankenhausmanagement, München 1979.

SORKIN, A. [Health Care, 1986]: Health Care and the Changing Economic Environment, Lexingto, Toronto 1986.

SOßNA, W. [GSG-Bedingungen, 1996]: Betriebswirtschaft im Krankenhaus unter GSG-Bedinungen, in: MAYER, E./WALTER, B. (Hrsg.): Management und Controlling im Krankenhaus, Stuttgart 1996, S.21-28.

SPÄLTLI P. [Strategiefindung, 1986]: Intuition in der Strategiefindung, in: BECHTLER, T.W. (Hrsg.): Management und Intuition, Zürich 1986, S.85-96.

SPICKER, S.F. [Gesundheitswesen, 1988]: Rechte, Ansprüche und Rationalisierungen im Gesundheitswesen, in: SASS, H.-M. (Hrsg.): Ethik und öffentliches Gesundheitswesen, Berlin u.a. 1988, S.65-78.

SPIEGELHALTER, F. [Krankenhaus, 1977]: Der Wolf im Schafspelz der Krankenhausplanung, in: Das Krankenhaus 1977, S.132-135.

SPREMANN, K. [Reputation, 1988]: Reputation, Garantie, Information, in: Zeitschrift für Betriebswirtschaft 1988, S.613-629.

STAEHLE, W.H. [Führung von Unternehmen, 1969]: Kennzahlen und Kennzahlensysteme als Mittel der Organisation und Führung von Unternehmen, Wiesbaden 1969.

STAEHLE, W.H. [Organisation und Führung, 1973]: Organisation und Führung soziotechnischer Systeme - Grundlagen einer Situationstheorie, Stuttgart 1973.

STAEHLE, W.H. [Management, 1994]: Management, 7.Aufl., überarbeitet von CONRAD, P./SYDOW, J., München 1994.

STEINBUCH, K. [Automat und Mensch, 1971]: Automat und Mensch, Heidelberg 1971.

STEINMETZ, F. [Krank in Hamburg, 1984] (Hrsg.): Krank in Hamburg. Ein Ratgeber für Patienten in Hamburgs Krankenhäusern, Hamburg 1984.

STENGEL, R.v. [Rationalität, 1992]: Eingeschränkte Rationalität, Diplomarbeit, Bonn 1992.

STEVENS, Ch.F. [Neuron, 1988]: The Neuron, in: LLINÁS, Rodolfo R.: The Biology of the Brain. From Neurons to Networks. New York 1988.

STIEHL, A. [Gallenwege, 1990]: Krankheiten der Gallenblase und der Gallenwege, in: SCHETTLER, G./GRETEN, H. (Hrsg.): Innere Medizin, Band II, 8. Aufl., Stuttgart/New York 1990, S.338-356.

STÖRIG, H.J. [Philosophie, 1995]: Kleine Weltgeschichte der Philosophie, erweiterte Neuausgabe 1995.

STOLTE, J.B./BAUGUT, G. [Organisation, 1976]: Organisation des ärztlichen Dienstes am Krankenhaus, in: Zeitschrift für Organisation, 1976, S.388-394.

STRAUS, R. [Medical Sociology, 1957]: The nature and status of medical Sociology, in: American Sociological Review 1957, S.200-204.

SULLIVAN, M.K. [Patient-Care Coordinator, 1995]: Facilitating Continuity of Care - The Role of the Patient-Care Coordinator, in: Nursing Clinics of North America 1995, S.221-230.

SWERTZ, P. [Krankenhaus, 1968]: Rollenanalyse im Krankenhaus, Köln 1968.

SZYPERSKI, U. [Informationsbedarf, 1980]: Informationsbedarf, in: GROCHLA, E. (Hrsg.): Handwörterbuch der Organisation, 2.Auflage, Stuttgart 1980, Sp.904-913.

TACK, W.H. [Repräsentation, 1995]: Repräsentation menschlichen Wissens, in: DÖRNER, D./VAN DER MEER, E. (Hrsg.): Das Gedächtnis, Göttingen 1995, S.53-74.

TADIC, D. [Krankenversorgung, 1982]: Qualitäts- und Effizienzbeurteilung in der Krankenversorgung, Tübingen 1982.

TAUCH, J.G. [Budgetierung, 1986]: Budgetierung im Krankenhaus, Gütersloh 1986.

TAUCH, J.G. [Kosten- und Leistungsrechnung, 1987]: Kosten- und Leistungsrechnung im Krankenhaus, Gütersloh 1987.

TAUCH, J.G. [Controlling, 1990]: Controlling im Städtischen Krankenhaus Gütersloh, in: BRAUN, G.E./BOZEM, K. (Hrsg.): Controlling im kommunalen Bereich, München 1990, S.80-89.

TAUCH, J.G. [Krankenhaus, 1991]: Patientenorientierte Kosten- und Leistungsrechnung im Krankenhaus, in: NEUBAUER, G./SIEBEN, G.: Alternative Entgeltverfahren in der Krankenhausversorgung, Gerlingen 1991, S.379-388.

TAYLOR, D. [Benefits, 1973]: Benefits and Risks in Medical Care, London 1973.

TEICHMANN, H. [Planungshorizont, 1975]: Der optimale Planungshorizont, in: Zeitschrift für Betriebswirtschaft 1975, S.295-312.

TERHART, E. [Professionen, 1990]: Professionen in Organisationen: Institutionelle Bedingungen der Entwicklung von Professionswissen, in: ALISCH, L.-M./BAUMERT, J./BECK, K. (Hrsg): Professionswissen und Professionalisierung, Braunschweig 1990, S.151-170.

THIEMEYER, T. [Krankenhausfinanzierung, 1975]: Krankenhausfinanzierung, in: LAMPERT, H. (Hrsg.): Aktuelle Probleme der Gesundheitspolitik in der BRD, Berlin 1975, S.95-157.

THIEMEYER, T. [Wirtschaftslehre, 1975]: Wirtschaftslehre öffentlicher Betriebe, Reinbeck bei Hamburg 1975.

THIEMEYER, T. [Gemeinwirtschaft, 1985]: Die Idee der Gemeinwirtschaft und deren ordnungs- und gesellschaftspolitischer Standort, in: BOETTCHER, E. (Hrsg): Die Genossenschaft im Wettbewerb der Ideen, Tübingen 1985, S.49-71.

THIEMEYER, T. [Honorierungsprobleme, 1985]: Honorierungsprobleme in der bundesrepublik Deutschland (Ärzteeinkommen, Steuerungsprobleme usw.), in: FERBER,
Ch.v. (Hrsg.): Kosten und Effizienz im Gesundheitswesen: Gedenkschrift für Ulrich Geissler, München 1985, S.35-58.

THIEMEYER, T. [Krankenhauswirtschaft, 1988]: Die freigemeinnützige Krankenhauswirtschaft aus gesellschafts-, wirtschaftsordnungs- und gesundheitspolitischer
Sicht, in: EICHHORN, S./LAMPERT, H. (Hrsg.): Ziele und Aufgaben der freigemeinnützigen Krankenhäuser, Gerlingen 1988, S.17-35.

THOMPSON, J.D./FETTER, R.B./MROSS, C.D. [Case Mix, 1975]: Case Mix and Resource Use, in: Inquiry 1975, S.300-312.

THOMPSON, R.F. [Brain, 1985]: The Brain. An Introduction to Neuroscience, New
York 1985.

THOMS, W. [Leistung, 1940]: Rentabilität und Leistung, Stuttgart 1940.

THÜNEN, J.H.von [Isolierter Staat, 1842]: Der isolierte Staat in Beziehung auf Land-
wirthschaft und Nationalökonomie oder Untersuchungen über den Einfluß, den
die Getreidepreise, der Reichthum des Bodens und die Abgaben auf den Acker-
bau ausüben, 2 Teile, Hamburg (1.Teil); Rostock (2.Teil), 1826 und 1850.

THUN, F.S.von [Reden, 1993]: Miteinander Reden, Störungen und Klärungen, Allgemeine Psychologie der Kommunikation, 2 Bände, Reinbek bei Hamburg 1993.

TIETZ, B. [Marekting-Management, 1976]: Grundlagen des Marketing: Marketing-
Management, Landsberg 1976.

TIMMERMANN, M./SIEBIG, J. [Wirtschaftlichkeitsmessung, 1980]: Möglichkeiten und
Grenzen der Wirtschaftlichkeitsmessung im Krankenhaus: kritische Analyse ausgewählter Effizienzindikatoren, in: Betriebswirtschaftliche Forschung und Praxis
1980, S.125-139.

TÖPFER, A. [Planungssysteme, 1976]: Planungs- und Kontrollsysteme industrieller
Unternehmungen - Eine theoretische, technologische und empirische Analyse.
Berlin 1976.

TUSCHEN, K.-H. [Kosten- und Leistungsnachweise, 1985]: Kosten und Leistungsnachweise der Krankenhäuser, in: Die Betriebskrankenkasse 12/1985, S.390-399.

TUSCHEN, K.-H. [Wirtschaftliche Aspekte, 1986]: Wirtschaftliche Aspekte der neuen
Bundespflegesatzverordnung 1986, in: Das Krankenhaus 10/1985, S.383-386.

TUSCHEN, K.-H. [Kosten- und Leistungsrechnung, 1988]: Die Kosten- und Leistungs-rechnung, in: f&w 1/1988, S.23-26 und 2/1988, S.14-16.

TUSCHEN, K.-H. [Selbstkostenermittlung, 1991]: Vereinfachter Kosten- und Lei-stungsnachweis `91 sowie Grundsätze der Selbstkostenermittlung, Düsseldorf 1991.

TVERSKY, A./KAHNEMANN, D. [Uncertainty, 1974]: Judgement under Uncertainty: Heuristics and Biases, in: Science 9/1974, S.1124-1131.

TVERSKY, A./KAHNEMANN, D. [Subjective Probability, 1982]: Subjective Probability: A judgement of representativeness, in: TVERSKY, A./KAHNEMANN, D. (Hrsg.): Judgement under Uncertainty: Heuristics and Biases, New York 1982, S.32-47.

TVERSKY, A./KAHNEMANN, D. (Hrsg.): Judgement under Uncertainty: Heuristics and Biases, New York 1982.

TVERSKY, A./KAHNEMANN, D. [Framing of Decisions, 1986]: Rational Choice and the Framing of Decisions, in: HOGART, R.M./REDER, M.W. (Hrsg.): Rational Choice, The Contrast between Economics and Psychology, Chicago/London 1987, S.67-94.

ULRICH, H. [Management, 1984]: Management, Bern 1984.

ULRICH, P./FLURI, E. [Management, 1992]: Management: Eine konzentrierte Einfüh-rung, 6.Aufl., Bern/Stuttgart 1992.

ULRICH, P./PROBST, G.J.B. [Denken und Handeln, 1991]: Anleitung zum ganzheitli-chen Denken und Handeln: ein Brevier für Führungskräfte, 3.Aufl., Bern/Stuttgart 1991.

UNTERHUBER, H. [Krankenhausversorgung, 1986]: Preissteuerung in der Kranken-hausversorgung - Möglichkeiten und Grenzen der Anwendung von Preisen zur Steuerung der Versorgung mit Krankenhausleistungen, München 1986.

VOGEL, H.R. (Hrsg.) [Medizinische Diagnostik, 1985]: Effizienz und Effektivität me-dizinischer Diagnostik, Stuttgart 1985.

VOLLMER, H.M./MILLS, D.L. [Professionalization, 1966] (Hrsg.): Professionalization, Englewood Cliffs 1966.

VOLLMER, Th. [Portfolio-Konzepte, 1983]: Kritische Analyse und Weiterentwicklung ausgewählter Portfolio-Konzepte im Rahmen der strategischen Planung, Frank-furt 1983.

WAGNER, A. [Theoretische Sozialökonomik, 1907]: Theoretische Sozialökonomik, 1. Abteilung, Leipzig 1907.

WAGNER, H. [Zielbildung, 1972]: Zielbildung und Entscheidungsprozeß bei multipolarer Struktur der betrieblichen Willensbildung, in: BOETTCHER, E.: Theorie und Praxis der Kooperation, Tübingen 1972, S.91-104.

WALTER, B. [GSG, 1996]: in: Wirkung und Bedeutung des GSG für den Ärztlichen Dienst, in: MAYER, E./WALTER, B. (Hrsg.): Management und Controlling im Krankenhaus, Stuttgart 1996, S.1-5.

WATZLAWICK, P./BEAVIN, J.H./JACKSON, D.D. [Kommunikation, 1990]: Menschliche Kommunikation, 8. Auflage, Stuttgart 1990.

WATZLAWICK, P./WEAKLAND, J.H. [Interaktion, 1980] (Hrsg.): Interaktion, Bern 1980.

WEAVER, W. [Complexity, 1948]: Science and Complexity, in: American Scientist 1948, S.536-544.

WEBER, H. [Managementsystem, 1983]: Konzept eines integrierten Management-Systems für die Krankenhausverwaltung, Konstanz 1983.

WEBER, J. [Studentenwerke, 1983]: Zielorientiertes Rechnungswesen öffentlicher Betriebe - dargestellt am Beispiel von Studentenwerken, Baden-Baden 1983.

WEBER, J. [Kosten-Grundrechnung, 1983]: Kosten-Grundrechnung im entscheidungsorientierten Rechnungswesen - Konzept und Entwicklungsmöglichkeiten, in: Das Wirtschaftsstudium 1983, S.500-504 (Teil I) und S.550-554 (Teil II).

WEBER, J. [Bereitschaftskosten, 1984]: Zum Thema: Bereitschaftskosten, in: Kostenrechnungspraxis 1984, S.38-39.

WEBER, J. [Grundrechnung, 1984]: Zum Thema: Grundrechnung, in: Kostenrechnungspraxis 1984, S.242-243.

WEBER, J. [Soziale Indikatoren, 1984]: Soziale Indikatoren, in: Management-Enzyklopädie, Band 8, 2. Auflage, Landsberg a.L. 1984, S.489-499.

WEBER, J. [Kostenrechnung, 1985]: Kostenrechnung als Controllinginstrument, in: Kostenrechnungspraxis, Sonderheft 1985, S.23-31.

WEBER, J. [Logistikleistung, 1986]: Zum Begriff Logistikleistung, in: Zeitschrift für Betriebswirtschaft 1986, S.1197-1212.

WEBER, J. [Logistikkostenrechnung, 1987]: Logistikkostenrechnung, Berlin u.a. 1987.

WEBER, J. [Kosten, 1987]: Varaible oder fixe Kosten: Eine überflüssige Unterteilung der Kosten?, in: Wirtschaftswissenschaftliches Studium, August 1987, S.393-398.

WEBER, J. [Übertragbarkeit, 1988]: Controlling - Möglichkeiten und Grenzen der Übertragbarkeit eines erwerbswirtschaftlichen Führungsinstruments auf öffentliche Institutionen, in: Die Betriebswirtschaft 1988, S.171-194.

WEBER, J. [Verwaltungsführung, 1991]: Controlling als Koordinationsfunktion innerhalb der Verwaltungs- bzw. Unternehmensführung - Ein Beitrag zur Lösung des Definitionsproblems, in: WEBER, J., TYLKOWSKI, O. (Hrsg.): Perspektiven der Controlling-Entwicklung in öffentlichen Institutionen, Stuttgart 1991, S.15-54.

WEBER, J. [Rechnungswahl, 1991]: Rechnungswahl im Prozeßmanagement, in: WITT, J. (Hrsg.): Aktivitätscontrolling und Prozeßkostenmanagement, Stuttgart 1991, S.39-70.

WEBER, J. [Beteiligungscontrolling, 1992]: Strategisches Beteiligungscontrolling, in: Zeitschrift für Planung 1992, S.95-111.

WEBER, J. [Koordinationssicht, 1992]: Die Koordinationssicht des Controlling, in: SPREMANN, K./ZUR, E. (Hrsg.): Controlling, Wiesbaden 1992, S.169-184

WEBER, J. [Bereichscontrolling, 1993]: Bereichscontrolling, in: WITTMANN, W. u.a. (Hrsg.): Handwörterbuch der Betriebswirtschaft, 5.Aufl., Teil 1, Stuttgart 1993.

WEBER, J. (Hrsg.): Zur Neuausrichtung der Kostenrechnung - Entwicklungsperspektiven für die 90er Jahre, Stuttgart 1993.

WEBER, J. [Kommunikationsmanagement, 1993]: Controlling, Informations- und Kommunikationsmanagement - Grundsätzliche begriffliche und konzeptionelle Überlegungen, in: Betriebswirtschaftliche Forschung und Praxis 6/1993, S.628-649.

WEBER, J. [Strukturierung, 1994]: Zur Bildung und Strukturierung spezieller Betriebswirtschaftslehren - Ein Beitrag zur Standortbestimmung und weiteren Entwicklung, WHU-Forschungspapier Nr.27, August 1994.

WEBER, J. [Controlling, 1994]: Einführung in das Controlling, 5.Auflage, Stuttgart 1994.

WEBER, J. [Verhaltens- und Entscheidungsorientierung, 1994]: Kostenrechnung zwischen Verhaltens- und Entscheidungsorientierung, in: Kostenrechnungspraxis 2/1994, S.99-104.

WEBER, J. [Bilanzierung, 1996]: Einführung in das Rechnungswesen I: Bilanzierung, 5. Auflage, Stuttgart 1996.

WEBER, J. [Kostenrechnung, 1995]: Einführung in das Rechnungswesen II: Kostenrechnung, 4. Auflage, Stuttgart 1995.

WEBER, J. [Dynamik, 1995]: Kostenrechnung - (s) - Dynamik - Einflüsse hoher unternehmensex- und interner Veränderungen auf die Gestaltung der Kostenrechnung, WHU-Forschungspapier Nr.31, Mai 1995.

WEBER, J. [Controlling, 1995]: Einführung in das Controlling, 6.Auflage, Stuttgart 1995.

WEBER, J. [Selektives Rechnungswesen, 1996]: Selektives Rechnungswesen, in: Zeitschrift für Betriebswirtschaft 1996, S.925-945.

WEBER, J. [Non-Profit-Management, 1996]: Controlling versus New Public Management als alternative oder sich ergänzende Konzepte der Umgestaltung öffentlicher Institutionen?, WHU-Forschungspapier Nr.33, März 1996.

WEBER, J. [Hochschulcontrolling, 1996]: Hochschulcontrolling. Das Modell WHU, Stuttgart 1996.

WEBER, J./BRETTEL, M./GROßKLAUS, A./HAMPRECHT, M./RÖSCH, B.E./SCHÄFFER, U. [Grundgedanken, 1995]: Grundgedanken zur Entwicklung einer Theorie der Unternehmensführung, WHU-Forschungspapier Nr.30, Mai 1995.

WEBER, J./BRETTEL, M./SCHÄFFER, U. [Unternehmensführung, 1996]: Gedanken zur Unternehmensführung, WHU-Forschungspapier Nr.35, April 1996.

WEBER, J./GOELDEL, H./SCHÄFFER, U. [Planung, 1996]: Zur Gestaltung der strategischen und operativen Planung, WHU-Forschungspapier Nr.34, April 1996.

WEINER, B. [Cognitive Views, 1974] (Hrsg.): Cognitive Views of Human Motivation, New York u.a. 1974.

WEINERT, A.B. [Organisationspsychologie, 1987]: Lehrbuch der Organisationspsychologie: Menschliches Verhalten in Organisationen, München/Weinheim, 2.Aufl. 1987.

WEITZ, J. [Peer Ratings, 1958]: Selecting Supervisors with Peer Ratings, in: Personel Psychology 1958, S.25-35.

WEIZENBAUM, J. [Ohnmacht der Vernunft, 1978]: Die Macht der Computer und die Ohnmacht der Vernunft, Frankfurt 1978.

WELGE, M.K. [Controlling, 1988]: Unternehmensführung, Bd. 3: Controlling, Stuttgart 1988.

WENNBERG, J.E. [Professionalism, 1994]: Health Care Reform and Professionalism, in: Inquiry, Fall 1994, S.296-302.

WHERRY, R.J./FRYER, D.H. [Ratings, 1949]: Buddy Ratings - Popularity Contest or Leadership Criterion?, in: Personnel Psychology 1949, S.147-159.

WIBERA (Wirtschaftsprüfungs Aktiengesellschaft, Düsseldorf) [Wirtschaftliches Krankenhaus, 1989] (Hrsg.): Wirtschaftliches Krankenhaus: Beiträge zu Management, Planung, Rechnungswesen, Prüfung, 3.Aufl., Köln 1989.

WIEMEYER, J. [Krankenhausfinanzierung, 1984]: Krankenhausfinanzierung und Krankenhausplanung in der Bundesrepublik Deutschland, Berlin 1984.

WILD, J. [Führung, 1971]: Führung als Prozeß der Informationsverarbeitung. In: Macharzina, K./Rosenstiel, L.v. (Hrsg.). Führungswandel in Unternehmung und Verwaltung, Wiesbaden 1974, S.153-174.

WILD, J. [Unternehmensplanung, 1974]: Führung als Prozeß der Informationsverarbeitung, in: MACHARZINA, K.; ROSENSTIEL, L.von (Hrsg.): Führungswandel in Unternehmung und Verwaltung, Wiesbaden 1974, S.153-168.

WILD, J. [Unternehmensplanung, 1982]: Grundlagen der Unternehmensplanung, 4. Aufl., Opladen 1982.

WILENSKY, H.L. [Professionalization, 1964]: The Professionalization of Everyone, in: American Journal of Sociology, Sept. 1964, S.134-158.

WILLE, E. [Rationalität, 1985]: Rationalität, Effizienz und Effektivität aus der Sicht des Ökonomen, in: VOGEL, H.R. (Hrsg.): Effizienz und Effektivität medizinischer Diagnostik, Stuttgart 1985, S.15-36.

WILLIAMS, S. et al. [Case-Mix Accounting, 1982]: Improved Cost Allocation in Case-Mix Accounting, in: Medical Care 1982, S.450-459.

WILLIAMSON, O.E. [Market Failure, 1971]: The Vertical Integration of Production: Market Failure Considerations, in: American Economic Review 1971, S.112-123.

WILLIAMSON, O.E. [Internal Efficiency, 1973]: Organizational Forms and Internal Efficiency: Markets and Hierarchies: Some Elementary Considerations, in: American Economic Review 1973, S.317-325.

WILLIAMSON, O.E. [Markets and Hierarchies, 1975]: Markets and Hierarchies: Analysis and Antitrust Implications, New York 1975.

WILLIAMSON, O.E. [Market Restrictions, 1979]: Assessing Vertical Market Restrictions: Antitrust Ramifications of the Transaction Cost Approach, in: University of Pennsylvania Law Review 1979, S.953-993.

WILLIAMSON, O.E. [Transaction-Cost-Economics, 1979]: Transaction-Cost Economics: The Governance of Contractual Relations, in: Journal of Law and Economics 1979, S.233-261.

WILLIAMSON, O.E. [Modern Corporation, 1981]: The Modern Corporation: Origins, Evolution, Attributes, in: Journal of Economic Literatur 1981, S.1537-1568.

WILLIAMSON, O.E. [Nature of the Firm, 1981]: On the Nature of the Firm: Some Recent Developements, in: Zeitschrift für die gesamte Staatswissenschaft 1981, S.675-680.

WILLIAMSON, O.E. [Economics of Governance, 1984]: The Economics of Governance: Framework and Implications, in: Zeitschrift für die gesamte Staatswissenschaft 1984, S.195-223.

WILLIAMSON, O.E. [Economic Institutions, 1985]: The Economic Institutions of Capitalism. Firms, Markets, Relational Contracting, New York 1985.

WILLIAMSON, O.E. [Economic Organization, 1990]: A Comparison of Alternative Approaches to Economic Organization, in: Zeitschrift für die gesamte Staatswissenschaft 1990, S.61-71.

WILLIAMSON, O.E. [Organization, 1991]: Comparative Economic Organization, in: ORDELHEIDE, D./RUDOLPH, B./BÜSSELMANN, E. (Hrsg.): Betriebswirtschaftslehre und ökonomische Theorie, Stuttgart 1991, S.13-49.

WILLIAMS, SANKEY V. U.A. [Cost Allocation, 1982]: Improved Cost Allocation in Case-Mix Accounting, in: Medical Care 5/1982, S.450-459.

WILSON, L. [Academic Man, 1942]: The Academic Man, New York: Oxford University Press 1942.

WINTERSTEIN, H. [Soziale Sicherung, 1980]: Das System der Sozialen Sicherung in der Bundesrepublik Deutschland, München 1980.

WITT, J. (Hrsg.): Aktivitätscontrolling und Prozeßkostenmanagement, Stuttgart 1991.

WITTE, E. [Informationsverhalten, 1972]: Das Informationsverhalten in Entscheidungsprozessen, Tübingen 1972.

WITTE, E./HAUSCHILDT, J. [Öffentliche Unternehmung, 1966]: Die öffentliche Unternehmung im Interessenkonflikt. Betriebswirtschaftliche Studie zu einer Zielkonzeption der öffentlichen Unternehmung, Berlin 1966.

WITTMANN, W. [Unvollkommene Information, 1959]: Unternehmung und unvollkommene Information. Unternehmerische Voraussicht, Ungewißheit und Planung, Köln und Opladen 1959.

WITTMANN, W. [Information, 1980]: Information, in: Grochla, E. (Hrsg.): Handwörterbuch der Organisation, 2.Aufl., Stuttgart 1980, Sp.894-904.

WÖHE, G. [Einführung, 1986]: Einführung in die allgemeine Betriebswirtschaftslehre, 16.Aufl., München 1986.

WOLINSKY, F. [Professional Dominance, 1993]: The Professional Dominance, Deprofessionalization, Proletarianization, and Corporatization Perspectives: An Overview and Synthesis, in: HAFFERTY, F.W./MCKINLAY, J.B. (Hrsg.): The Changing Medical Profession: An International Perspective, New York 1993, S.11-24.

WOOD, W.R./AMENT, R.P./KOBRINSKI, E.J. [Hospital Case Mix, 1981]: A Foundation for Hospital Case Mix Measurement, in: Inquiry, Fall 1981, S.248-254.

WOODWARD, J. [Management, 1958]: Management and technology, London 1958.

WOODWARD, J. [Industrial Organisation, 1965]: Industrial Organisation: Theory and Practice, London 1965.

YOUNG, W.W. [Case Mix Measurement, 1984]: Incorporating severity of illness and comorbidity in case-mix measurement, in: Health Care Financing Review, Annual Supplement, November 1984, S.23-31.

YOUNG, W.W. [Patient Management Categories, 1985]: Measuring the Costs of Care Using Patient Management Categories, Vol.I-III, Pittsburgh, Pennsylvania.

YOUNG, W.W./SWINKOLA, R.B./HUTTON, M.A. [Patient Classification System, 1980]: Assessment of the AUTOGRP Patient Classification System, in: Medical Care 1980, S.228-244.

Deutscher Universitäts Verlag

GABLER · VIEWEG · WESTDEUTSCHER VERLAG

"Unternehmensführung & Controlling"

Herausgeber: Prof. Dr. Wolfgang Becker, Prof. Dr. Jürgen Weber

GABLER EDITION WISSENSCHAFT

Zuletzt sind erschienen:

Martin Grothe
Ordnung als betriebswirtschaftliches Phänomen
Die Bedeutung von Koordination und Komplexität
1997. XXI, 428 Seiten, Broschur DM 128,-/ ÖS 934,-/ SFr 114,-
ISBN 3-8244-6436-5

Markus Hamprecht
Controlling von Konzernplanungssystemen
Theoretische Ableitung und betriebliche Realität führungsstrukturabhängiger
Ausprägungsmuster
1996. XX, 357 Seiten, Broschur DM 118,-/ ÖS 861,-/ SFr 105,-
ISBN 3-8244-6320-2

Ulrich von Rechberg
Systemgestützte Kostenschätzung
Eine Controlling-Perspektive
1997. XI, 336 Seiten, Broschur DM 98,-/ ÖS 715,-/ SFr 89,-
ISBN 3-8244-6574-4

Frank Rösler
Target Costing für die Automobilindustrie
1996. XIX, 235 Seiten, Broschur DM 98,-/ ÖS 715,-/ SFr 89,-
ISBN 3-8244-6353-9

Utz Schäffer
Controlling für selbstabstimmende Gruppen?
1996. XVI, 317 Seiten, Broschur DM 98,-/ ÖS 715,-/ SFr 89,-
ISBN 3-8244-6348-2

Reinhard Schneider
Prozeßkostenrechnung in der Industrie
Konzeption und praktische Anwendung eines erweiterten Ansatzes
1996. XXIV, 286 Seiten, Broschur DM 98,-/ ÖS 715,-/ SFr 89,-
ISBN 3-8244-6367-9

Barbara E. Weißenberger
Die Informationsbeziehung zwischen Management und Rechnungswesen
Analyse institutionaler Koordination
1997. XX, 301 Seiten, Broschur DM 98,-/ ÖS 715,-/ SFr 89,-
ISBN 3-8244-6422-5